"十四五"职业教育国家规划教材

高等职业教育精品教材·电子商务专业

企业资源计划（ERP）原理及应用（第4版）

陈孟建　陈奕婷　刘家晔　编著

电子工业出版社

Publishing House of Electronics Industry

北京·BEIJING

内 容 简 介

本书是高等学校电子商务专业、工商管理专业的一门专业课程。书中全面讲述了 ERP 系统的基本原理、实施方法和技术，每章内容由理论知识、能力训练、课后练习三部分组成，本书收集的内容和案例都是目前较为流行的，在编写手段上采取理论知识与实际案例相结合，由浅入深、循序渐进、易看懂、易操作的方式，易被广大读者所接受。

主要内容包括：认识 ERP，ERP 发展历程及原理，制造业生产类型与 ERP 术语，销售管理，生产规划（PP）与主生产计划（MPS），物料需求计划（MRP），能力需求计划（CRP），车间作业计划（PAC），采购管理，库存管理，企业经营管理沙盘模拟训练等。

本书可作为高等学校（本科、专科）电子商务专业、工商管理专业教材或参考用书，也适合具有中等以上文化程度的读者自学之用。

图书在版编目（CIP）数据

企业资源计划（ERP）原理及应用 / 陈孟建，陈奕婷，刘家晔编著. —4 版. —北京：电子工业出版社，2018.3

ISBN 978-7-121-33636-2

Ⅰ. ①企… Ⅱ. ①陈… ②陈… ③刘… Ⅲ. ①企业管理—计算机管理系统—高等学校—教材 Ⅳ. ①F270.7

中国版本图书馆 CIP 数据核字（2018）第 022053 号

策划编辑：贾瑞敏
责任编辑：裴　杰
印　　刷：北京盛通数码印刷有限公司
装　　订：北京盛通数码印刷有限公司
出版发行：电子工业出版社
　　　　　北京市海淀区万寿路 173 信箱　邮编　100036
开　　本：787×1 092　1/16　印张：19.25　字数：567 千字
版　　次：2006 年 1 月第 1 版
　　　　　2018 年 3 月第 4 版
印　　次：2024 年 12 月第 11 次印刷
定　　价：46.00 元

凡所购买电子工业出版社图书有缺损问题，请向购买书店调换。若书店售缺，请与本社发行部联系，联系及邮购电话：(010) 88254888，88258888。

质量投诉请发邮件至 zlts@phei.com.cn，盗版侵权举报请发邮件至 dbqq@phei.com.cn。

本书咨询联系方式：peijie@phei.com.cn。

第 4 版前言

党的二十大报告指出"高质量发展是全面建设社会主义现代化国家的首要任务。"在高质量发展、创新驱动的大背景下，本书在修订过程中本书注重推进文化自信自强，凸显文化在建设富强民主文明和谐美丽的社会主义现代化强国中的重要地位与作用。本书中的案例，主要围绕信息技术领域的新技术新产业，案例内容积极向上，让学生在学习过程中，充分认识到我国发展独立性、自主性、安全性的重要性，激发爱国情怀。

在修订过程中，为强化现代化建设人才支撑，秉持"尊重劳动、尊重知识、尊重人才、尊重创造"的思想，以人才岗位需求为目标，突出知识与技能的有机融合，让学生在学习过程中举一反三，创新思维，以适应高等职业教育人才建设需求。

随着中国市场的快速发展，作为企业级重要的管理工具之一，ERP 解决方案被中国企业普遍采用，但是很多却难以完全贴近企业的实际需求，从而导致整个项目的失败。继业界倡导"适合中国国情的 ERP"之后，新一代 ERP 又迎来了"行业应用"的新阶段。这一新阶段不但迎合了企业个性化、集成协同管理之需，而且企业在选择这种类型的软件后，无需放弃既有的管理经验和优势，避免无效的资金、人力的投入，确保 ERP 软件功能的成熟度、灵活度、可扩展性以及个性化。为了使广大学生能适应新一代 ERP 的需要，我们在本次修订工作中做了以下几个方面的调整。

（1）在书写手法上更加贴近学生，贴近实际，贴近老师，真正做到观点新颖，论述深入浅出，内容丰富，可读性好、实践性强。

（2）删除了原第 9 章、第 10 章的内容。

（3）删除所有章节"相关链接"的内容。

（4）新增了第 9 章"采购管理"的内容。

（5）新增了第 10 章"库存管理"的内容。

（6）新增了所有章节"典型案例"的内容。

（7）更新了习题参考答案的内容。

（8）更新了 PPT 课件的内容。

（9）更新了学习参考资料的内容。

（10）更新了参考文献的内容。

总之，我们尽量保持原书的固有风格，既能方便学生学习，又能方便教师教学，希望本书能够给广大读者带来更大的帮助。

本书由浙江经贸职业技术学院陈孟建、杭州艺术学校陈奕婷、上海沃森房地产有限公司刘家晔共同编著，浙江工商大学沈美莉参与了此书的编写。在编写过程中，得到了李华、李锋之、刘逸平等专家的帮助，在此表示衷心的感谢！

由于编者水平有限，加之时间仓促，书中难免存在错误和不妥之处，恳请读者批评指正。

编 者

本书音频

目　　录

第1章 认识ERP

学习目标

◎ 知识点 ◎	◎ 能力点 ◎
● ERP 的思想和内涵 ● ERP 软件系统功能 ● MIS、MRP、MRP Ⅱ、ERP 等发展阶段的管理思想	● ERP 实施过程 ● 中小企业 ERP 选型 ● ERP 给企业带来的效益

第一节 ERP 概念

情景案例

杭州金鱼集团公司为了提升企业自身的管理水平，决定使用 ERP 软件，由朱雪峰负责此项工作。

会议结束后，朱雪峰组建了 ERP 建设团队，从基础知识开始学习认识 ERP，打算利用一年的时间完成此项工作。

任务思考

1. 朱雪峰应如何组织学习，保证在最短的时间内认识 ERP？
2. 朱雪峰怎样确保学习质量？

任务分析

ERP 是企业资源计划（Enterprise Resource Planning，ERP）的英文缩写，是一个庞大的管理信息系统。经过多年的推广应用，ERP 已经在中国的制造企业中得到了深化应用，也在其他行业的企业中得到了一定程度的普及，成功应用 ERP 系统所带来的效益已得到国内外制造企业的普遍认可。那么如何保证在最短的时间内认识 ERP 呢？

首先，对 ERP 的学习了解，最好的办法莫过于同了解它的人——任何人都可以，所有人都可以包括在内——进行交谈了。这些人可以是合作伙伴公司的工作人员，也可以是有经验的咨询顾问，还可以是你的同行。其次，扩大知识面，全面接触 ERP 的相关观点。可以找到很多关于 ERP 的杂志、电子刊物和书籍。通过在线搜索，还可以找到近五年内更为丰富的阅读材料。从中挑选一些精华内容进行阅读。

一、ERP 的定义

ERP 是 Enterprise Resource Planning（企业资源计划）的简称，是 20 世纪 90 年代美国一家 IT

公司根据当时计算机信息、IT 技术发展及企业对供应链管理的需求，预测在今后信息时代企业管理信息系统的发展趋势和即将发生的变革，而提出了这个概念。ERP 是针对物资资源管理（物流）、人力资源管理（人流）、财务资源管理（财流）、信息资源管理（信息流）集成一体化的企业管理软件。它包含客户/服务架构，使用图形用户接口，应用开放系统制作。除了已有的标准功能，它还包括其他特性，如品质、过程运作管理，以及调整报告等。

ERP 的核心思想是供应链管理。它跳出了传统企业边界，从供应链范围去优化企业的资源，是基于网络经济时代的新一代信息系统。它对于改善企业业务流程、提高企业核心竞争力的作用是显而易见的。

换言之，ERP 将企业内部所有资源整合在一起，对采购、生产、成本、库存、分销、运输、财务、人力资源等进行规划，以达到最佳资源组合，取得最佳效益。

运用 ERP 软件可以帮助企业实现内部业务操作合理化；运用功能丰富的协作/合作技术，可以帮助企业提高在行业跨合作企业群体和贸易伙伴之间的管理水平，扩展企业竞争空间，提高综合能力，企业实施 ERP 前后的模块如图 1.1 所示。从图中可知，实施 ERP 前的企业领导与员工的关系是层次关系，而实施 ERP 后则是平等关系。

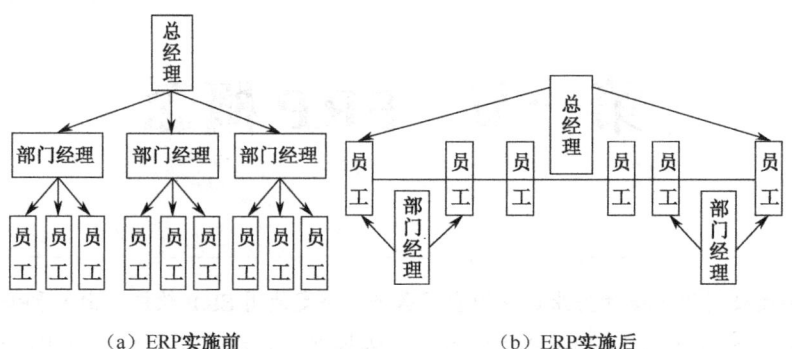

（a）ERP实施前　　　　　　　　　　（b）ERP实施后

图 1.1　ERP 实施前后模块对照图

具体来讲，对 ERP 有以下几种认识。

（1）ERP 给出了新的结构，把客户需求和企业内部的经营活动及供应商的资源融合在一起，体现了以客户为中心的现代企业经营管理思想。

（2）ERP 的主要宗旨是充分调配和平衡企业内部和外部资源，从而对不断变化的市场需求做出快速反应，提高企业的市场竞争力。

（3）ERP 集各种先进技术与先进管理思想于一身，成为现代企业的运行模式，反映了时代对企业合理调配资源、最大化地创造社会财富的要求，成为企业在信息时代生存、发展的基石。

概括地说，ERP 是一个面向供应链的管理思想，是一个软件产品，是一个整合了企业管理理念、业务流程、基础数据、人力物力、计算机硬件和软件于一体的企业资源管理系统。

二、ERP 的功能特点

ERP 具有以下几个功能特点。

（1）ERP 更加面向市场，面向经营，面向销售，能够对市场做出快速响应；它融入了供应链管理的功能，更强调供应商、制造商与分销商之间的新型伙伴关系，并且支持企业后勤管理。

（2）ERP 更强调企业流程与工作流，通过工作流实现企业的人员、财务、制造与分销之间的集成，支持企业过程重组。

（3）ERP 更多地强调财务，具有较完善的企业财务管理体系，这使得价值管理概念得以实施，使得资金流与物流、信息流更加有机地结合。

（4）ERP 较多地考虑人力资源在生产经营规划中的作用，也考虑了人员培训的成本等。

（5）在生产制造计划中，ERP 支持 MRPⅡ与 JIT（Just in Time）的混合生产管理模式，也支持多种生产方式（离散制造、连续流程制造等）的管理模式。

（6）ERP 采用了最新的计算机技术，如客户/服务器分布式结构、面向对象技术、电子数据交换（EDI）、多数据库集成、图形用户界面、第四代语言及辅助工具。

此外，一些 ERP 系统还包含了金融投资管理、质量管理、运输管理、项目管理、法规与标准、过程控制等补充功能，使得企业的物流、信息流与资金流更加有机地集成。它能更好地支持企业经营管理各方面的集成，并将给企业带来更广泛、更长远的经济效益与社会效益。

三、ERP 技术的产生和发展

自从制造业出现以来，大部分企业都具有基本相似的运营目标，即在给定资金、设备、人力的前提下，达到尽可能大的有效产出，或寻求最佳的投入/产出比。就其外延而言，是为了获得利润；就其内涵而言，是为了使企业资源得到合理有效的利用。

ERP 管理思想与技术经历了 30 多年的发展变革，从管理信息系统（Management Information System，MIS）到物料需求计划（Material Requirement Planning，MRP）再到制造资源计划（Manufacturing Resource Planning，MRPⅡ），最后发展到企业资源计划 ERP。ERP 技术大致经历了以下几个阶段：MIS→MRP→MRPⅡ→ERP。

（一）管理信息系统（MIS）阶段

1. MIS 的主要任务

从概念上讲，管理信息系统由 4 个部件构成：信息源、信息处理器、信息用户和信息管理者。它们之间的联系如图 1.2 所示。

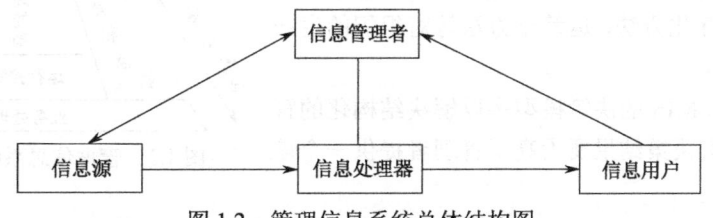

图 1.2　管理信息系统总体结构图

由图 1.2 中可知，信息源是信息的产生地；信息处理器负责信息的传输、加工、保存等任务；信息用户是信息的使用者，它利用信息进行决策；信息管理者负责信息系统的设计、实现和维护。

管理信息系统辅助企业完成日常结构化的信息处理任务。一般认为，MIS 的主要任务有如下几方面。

（1）对基础数据进行严格的管理，要求计量工具标准化、程序和方法被正确使用，使信息流通渠道顺畅。有一点要明确："进去的是垃圾，出来的也是垃圾"，即必须保证信息的准确性、一致性。

（2）确定信息处理过程的标准化，统一数据和报表的标准格式，以便建立一个集中统一的数据库。

（3）高效地完成日常事务处理业务，优化分配各种资源，包括人力、物力和财力等。

（4）充分利用已有的资源（包括现在的和历史的数据信息等），运用各种管理模型，对数据进行加工处理，对管理和决策工作加以支持，以便实现组织的目标。

2. MIS 的特点

（1）MIS 是一个人机结合的辅助管理系统。管理和决策的主体是人，计算机系统只是工具和辅助设备。

（2）MIS 主要用于解决结构化问题。

（3）MIS 主要用于完成例行的信息处理业务，包括数据的输入、存储、加工、输出，生产计划的制订，生产和销售数据的统计等。

（4）MIS 可以高速度、低成本地完成数据处理业务，追求系统处理问题的效率。

（5）其目标是要实现一个相对稳定、协调的工作环境。因为系统的工作方法、管理模式和处理过程是确定的，所以系统能够稳定协调地工作。

（6）数据信息成为系统运行的驱动力。因为信息处理模型和处理过程的直接对象是数据信息，只有保证完整的数据资料的采集，系统才有运行的前提。

（7）在设计系统时，强调应用科学、客观的处理方法，且系统设计要符合实际情况。

3. MIS 的结构

管理信息系统一般被认为是一个金字塔形的结构，从信息处理的工作量看，信息处理所需资源的数量是随管理任务的层次而变化的。在一般的层次，业务处理的信息处理量较大，而业务的层次越高，信息量越小，形成如图1.3所示的金字塔形的结构。由图可见，塔底部的业务量最大，是一种基层的管理工作，从业务处理、运行控制到管理控制，表示明确的管理和决策过程，是一个结构化的决策过程；而塔顶部的业务量最小，是一种较高层次的管理工作，是一个非结构化的决策过程。

一个组织的管理信息系统可分解为以下4个基本部分。

（1）电子数据处理系统（EDPS）部分。电子数据处理部分主要完成数据的收集、输入，数据库的管理、查询、基本运算、日常报表的输出等任务。

（2）分析部分。分析部分的主要功能是在 EDPS 基础之上，对数据进行深加工。例如，运用各种管理模型、定量化分析手段、程序化方法、运筹学方法等对组织的生产经营情况进行分析。

（3）决策部分。MIS 的决策模型多以解决结构化的管理决策问题为主，其决策结果要为高层管理者提供一个最佳的决策方案。

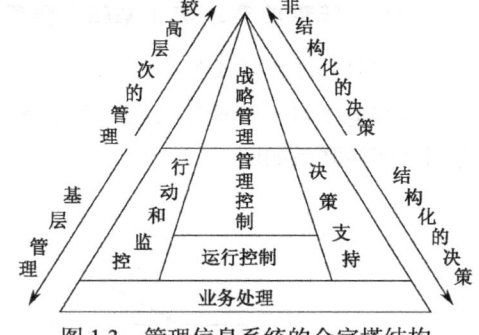

图1.3　管理信息系统的金字塔结构

（4）数据库部分。数据库主要完成数据文件的存储、组织、备份等功能，是管理信息系统的核心部分。

此外，一个组织的管理信息系统可以根据管理功能的不同划分为不同的纵向子系统，主要的子系统有以下几种。① 销售与市场子系统。其功能包括创立订单、撤销订单、销售计划的制订、销售状况分析、顾客信息的管理和销售合同的管理等。② 生产管理子系统。其功能包括物料需求计划的制订、生产计划的安排、生产调度和日常生产数据的管理分析等。③ 物资供应子系统。其功能包括采购、收货、发放、库存控制、库存台账的管理、订货计划的制订和仓库自身管理等。④ 财务会计子系统。其功能包括财务账目管理、生产经营成本管理、财务状况分析和财务计划的制订等。⑤ 人事管理子系统。其功能包括人员的档案管理、人员考勤情况管理、人员各种保险基金的管理和人员培训计划的制订等。⑥ 高层管理子系统。其功能包括信函和备忘录及高层领导向各职能部门发送的指示、信息动态查询、决策支持等。⑦ 信息处理子系统。其功能包括企业经营信息收集、整理，日常任务的调度，差错率和设备故障信息等。

（二）闭环物料需求计划（MRP）阶段

1. 基本 MRP 阶段

（1）概述。MRP 是英文 Material Requirements Planning（物料需求计划）的缩写，MRP 的概念是在 20 世纪 50 年代末提出并于 60 年代中期实现的。在 18 世纪的工业化革命之后，人类社会便进入工业经济时代。工业经济时代竞争的特点就是产品生产成本上的竞争，大规模生产（mass production）是降低生产成本的有效方式。由于生产的发展和技术的进步，大规模生产给制造业带来了许多困难，主要表现在：生产所需的原材料不能准时供应或供应不足；零部件生产不配套，且积压严重；产品生产周期过长且难以控制，劳动生产率下降；资金积压严重，周转期长，资金使用效率降低；市场和客户需求的变化；等等，使得企业经营计划难以适应。总之，降低成本的主要矛盾就是要解决库存积压与短缺问题。

为了解决这个关键问题，美国生产与库存控制协会（APICS）于 1957 年开始进行生产与库存控制方面的研究与理论传播。随着 20 世纪 60 年代计算机开始商业化应用，第一套物料需求计划 MRP 软件面世，并开始应用于企业物料管理工作中。

（2）基本 MRP 用途。基本 MRP 主要应用于制造业，因为其必然要从供应方买来原材料，经过加工或装配，制造出产品，销售给需求方。这就是制造业区别于金融业、商业、采掘业、服务业的主要特点。

任何制造业的经营生产活动都是围绕其产品展开的，制造业的信息系统也体现了这种特点。基本 MRP 就是从产品的结构或物料清单出发，实现了物料信息的集成。制造业的经营生产活动表现为一个上小下宽的锥状产品结构，如图 1.4 所示。

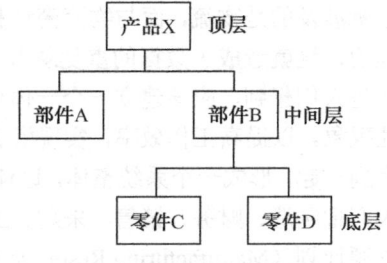

图 1.4　产品 X 的结构图

从图 1.4 中可知，其顶层是出厂产品，属于企业市场销售部门的业务；底层是采购的原材料或配套件，属于企业物资供应部门的业务；介于其间的是中间层，制造部件，属于生产部门的业务。

（3）基本 MRP 的功能。基本 MRP 的功能是实现物料信息的集成，保证及时供应物料，降低库存，提高生产效率。物料需求信息由以下 4 个要素组成：需要什么？何时需要？需要多少？何时订货？物料的需求信息、产品结构、采购提前期、库存信息是运行 MRP 的 4 项主要数据。这些数据的准确度将决定 MRP 的有效性。

（4）基本 MRP 的模块。基本 MRP 的模块包括以下几个。① 主生产计划（Master Production Schedule，MPS）模块，该模块主要解决企业要生产什么产品的问题。② 物料需求计划模块，该模块主要解决企业需要什么物料的问题。③ 物料清单（Bill Of Material，BOM）模块，该模块主要解决企业产品结构的零件计划的问题。④ 库存控制（Inventory Control）模块、采购订单（Purchasing Order）模块、加工订单（Manufacturing Order）等模块，这些模块主要解决生产过程中的具体问题。

2. 闭环 MRP 阶段

（1）概述。基本 MRP 是建立在下面两个假设基础上的：一是假设生产计划是可行的，即假定有足够的设备、人力和资金来保证生产计划的实现；二是假设采购计划是可行的，即有足够的供货能力和运输能力来保证完成物料供应。但在实际生产中，能力资源和物料资源总是有限的，因而往往出现生产计划无法完成的情况。

20世纪70年代，人们在此基础上，一方面把生产能力作业计划、车间作业计划和采购作业计划纳入MRP中；另一方面，在计划执行过程中加入来自车间、供应商和计划人员的反馈信息，并利用这些信息进行计划的平衡调整，从而围绕着物料需求计划，使生产的全过程形成一个统一的闭环系统，这就是闭环MRP。

（2）闭环MRP结构。MRP系统的正常运行需要有一个现实可行的主生产计划，它除了要反映市场需求和合同订单以外，还必须满足企业的生产能力约束条件。因此，除了要编制资源需求计划外，还要制订能力需求计划（CRP），同各个工作中心的能力进行平衡。只有在采取了措施做到能力与资源均满足负荷需求时，才能开始执行计划。

而要保证实现计划就要控制计划，执行MRP时要用派工单来控制加工的优先级，用采购单来控制采购的优先级，可见，一个完整的闭环MRP结构是建立在基本MRP之上的。

通俗地说，MRP是一种保证既不出现短缺又不积压库存的计划方法，解决了制造业所关心的缺件与超储的矛盾。所有ERP软件都把MRP作为其生产计划与控制的功能模块，MRP是ERP不可缺少的核心功能。

（三）制造资源计划（MRP II）阶段

1. MRP II 的概念

闭环MRP将物料需求按周甚至按天进行分解，使得MRP成为一个实际的计划系统和工具，而不仅仅是一个订货系统，这是企业物流管理的一项重大发展。只要将主生产计划真正制订好，那么闭环MRP系统就能够平稳运行。但这还不够，因为在企业的管理中，生产管理只是一个方面，它所涉及的是物流，而与物流密切相关的还有资金流。但资金流在许多企业中是由财会人员另行管理的，这就造成了数据的重录入与存储，甚至造成数据的不一致性，降低了效率，浪费了资源。于是人们想到，应该建立一个一体化的管理系统，去掉不必要的重复性工作，减少数据间的不一致性现象，以提高工作效率，实现资金流与物流的统一管理。这就要求把财务子系统与生产子系统结合到一起，形成一个系统整体，这使得闭环MRP向MRP II前进了一大步。最终在20世纪80年代，人们把制造、财务、销售、采购、工程技术等各个子系统集成为一个一体化的系统，并称其为制造资源计划（Manufacturing Resource Planning，MRP）系统。为了区别于物料需求计划系统（其缩写为MRP）而将其记为MRP II。MRP II可在周密的计划下有效地利用各种制造资源，控制资金占用，缩短生产周期，降低成本，但它仅局限于企业内部物流、资金流和信息流的管理，其最显著的效果是减少库存量及减少物料短缺现象。

2. MRP II 的特点

MRP II的特点可以从以下几个方面来说明，而每一项特点都含有管理模式的变革和人员素质或行为的变革两方面的内容，这些特点是相辅相成的。

（1）计划的一贯性与可行性。MRP II是一种计划主导型管理模式，计划层次从宏观到微观、从战略到技术、从粗到细逐层优化，但始终保证与企业经营战略目标一致。它把通常的三级计划管理统一起来，计划编制工作集中在厂级职能部门，车间班组只能执行计划、调度和反馈信息。在计划下达之前，要反复验证和平衡生产能力，并根据反馈信息及时调整，处理好供需矛盾，保证计划的一贯性、有效性和可执行性。

（2）数据共享性。MRP II是一种制造企业管理信息系统。企业各部门都依据同一数据信息进行管理，任何一项数据变动都能及时地反映到所有部门，做到数据共享。在统一的数据库支持下，按照规范化的处理程序进行管理和决策，改变了过去那种信息不通、情况不明、盲目决策、相互矛盾的现象。

（3）动态应变性。MRP II是一个闭环系统，它要求跟踪、控制和反馈瞬息万变的实际情况，管理人员可随时根据企业内外环境条件的变化迅速做出响应，及时调整决策，保证生产正常进行。它可以及时掌握各种动态信息，保持较短的生产周期，因而有较强的应变能力。

（4）管理的系统性。MRPⅡ是一项系统工程，它把企业所有与生产经营直接相关的部门的工作联结成一个整体，各部门都从系统整体出发做好本职工作，每个员工都知道自己的工作质量同其他职能的关系。这只有在"一个计划"下才能成为系统，条块分割、各行其是的局面应被团队精神所取代。

（5）模拟预见性。MRPⅡ具有模拟功能。打一个形象的比喻，它可以解决"如果怎样……将会怎样"的问题，可以预见在相当长的计划期内可能发生的问题，这样可以事先采取措施消除隐患，而不是等问题已经发生了再花几倍的精力去处理。这将使管理人员从忙碌的事务堆里解脱出来，致力于实质性的分析与研究，提供多个可行方案供领导决策。

（6）物流、资金流的统一。MRPⅡ包含了成本会计和财务功能，可以由生产活动直接产生财务数据，把实物形态的物料流动直接转换为价值形态的资金流动，保证生产和财务数据一致。财务部门可以及时得到资金信息用于控制成本，通过资金流动状况反映物料和经营情况，随时分析企业的经济效益，参与决策，指导和控制经营和生产活动。

以上几个特点表明，MRPⅡ是一个比较完整的生产经营管理计划体系，是实现制造业企业整体效益的有效管理模式。

（四）企业资源计划（ERP）阶段

ERP 是在 MRPⅡ基础上发展起来的，是一个企业全面的电脑化管理，是一种包含现代前沿管理思想方法的软件系统。简单地说，通过应用 ERP，可以完成企业的现代化、规范化管理，达到降低库存、降低成本、及时发货的目的，提高企业的应变能力。

1. ERP 与 MRPⅡ的主要区别

ERP 与 MRPⅡ的主要区别表现在以下几方面。

（1）在资源管理范围方面的差别。MRPⅡ主要侧重于对企业内部人、财、物等资源的管理，而 ERP 系统在 MRPⅡ的基础上扩展了管理范围，它把客户需求和企业内部的制造活动，以及供应商的制造资源整合在一起，形成一个完整的供应链并可对供应链上的所有环节（如订单、采购、库存、计划、生产制造、质量控制、运输、分销、服务与维护、财务管理、人事管理、实验室管理、项目管理、配方管理等）进行有效管理。

（2）在生产方式管理方面的差别。MRPⅡ系统把企业归类为几种典型的生产方式进行管理，如重复制造、批量生产、按订单生产、按订单装配、按库存生产等，对每一种类型都有一套管理标准。而在 20 世纪 80 年代末、90 年代初期，为了紧跟市场的变化，多品种、小批量生产以及看板式生产等则是企业主要采用的生产方式，由单一的生产方式向混合型生产发展，ERP 则能很好地支持和管理混合型生产环境，满足了企业的这种多元化经营需求。

（3）在管理功能方面的差别。ERP 除了具备 MRPⅡ系统的制造、分销、财务管理功能外，还增加了支持整个供应链上物料流通体系中产、供、销各个环节之间的运输管理和仓库管理的功能，支持生产保障体系的质量管理、实验室管理、设备维修和备品备件管理的功能，支持对工作流（业务处理流程）管理的功能。

（4）在事务处理控制方面的差别。MRPⅡ通过计划的及时滚动来控制整个生产过程，它的实时性较差，一般只能实现事中控制；而 ERP 系统支持在线分析处理（Online Analytical Processing，OLAP）、售后服务（即质量反馈）方面，强调企业的事前控制能力，它可以将设计、制造、销售、运输等集成起来并行地进行各种相关的作业，为企业提供了对质量、适应变化的能力、客户满意度、绩效等关键问题的实时分析能力。

此外，在 MRPⅡ中，财务系统只是一个信息的归结者，它的功能是将产供销中的数量信息转变为价值信息，是物流的价值反映；而 ERP 系统则将财务计划和价值控制功能集成到了整个供应链上。

（5）在跨国（或地区）经营事务处理方面的差别。现在，企业的发展已使得企业内部各个组织单元之间、企业与外部的业务单元之间的协调变得越来越多且越来越重要，ERP 系统应用完整的组织架构，从而可以支持跨国经营的多国家地区、多工厂、多语种、多币制应用需求。

（6）在计算机信息处理技术方面的差别。随着 IT 技术的飞速发展，网络通信技术的应用，使得 ERP 系统得以实现对整个供应链信息进行集成管理。ERP 系统采用客户/服务器（C/S）体系结构和分布式数据处理技术，支持 Internet/Intranet/Extranet、电子商务（E-business 或 E-commerce）、电子数据交换（EDI）。此外，还能实现在不同平台上的互操作。

2. ERP 的发展

由于 ERP 代表了当代先进的企业管理模式与技术，能够解决企业所面临的提高整体管理效率和市场竞争力的问题，所以近年来 ERP 系统在国内外得到了广泛的应用。随着信息技术、先进制造技术的不断发展，企业对于 ERP 的需求日益增加，进一步促进了 ERP 技术不断向前发展。

多数 ERP 专家认为，推动 ERP 发展主要有如下几个因素。

（1）全球化市场的形成和不断发展，以及多企业合作生产经营方式的出现，使得 ERP 支持异地企业运营、异种语言操作和异种货币交易。

（2）企业不断进行经营过程重组（Business Process Reengineering，BPR），使得 ERP 支持基于全球范围内实时的、可重构的、过程的供应链及供应网络结构。

（3）制造商需要灵活性与敏捷性以适应新的生产方式与经营实践，这使得 ERP 也必须越来越灵活地适应多种生产制造方式的管理模式。

（4）ERP 将越来越多地应用于流程工业，这会大大刺激 ERP 系统及软件的快速发展。

（5）功能越来越强大的计算机技术不断出现，将会为 ERP 提供功能越来越灵活和强大的软硬件平台，尤其是客户/服务器分布式结构、面向对象技术与 Internet 的发展会使 ERP 的功能与性能迅速提高。

第二节　企业 ERP 选型

情景案例

朱雪峰团队成员经过一阶段的学习，对 ERP 有了一个比较清晰的认识，决定根据自己企业的特点选择适合于本企业的 ERP 软件。

任务思考

1. 朱雪峰应如何进行产品定位？
2. 朱雪峰应如何进行 ERP 选型？

任务分析

今天中国的 ERP 市场可以用如火如荼来形容，能提供 ERP 产品的厂商也如同雨后春笋般层出不穷，使人感到 ERP 的春天真的来了。然而，ERP 是一个严肃而又对企业影响重大的科学手段，是需要经过学习、研究并花大力气才能掌握的高级工具，决不是靠着一股热血、一份冲劲、一个决策就能成功的短期工作。

首先，应根据自己企业的实际情况对产品进行定位，了解 ERP 会对企业带来哪些效益，然后

制定 ERP 目标。ERP 的目标可以列出许多：对于企业领导者来说，希望看到成本下降、市场扩大、利润提高；对于企业管理者来说希望优化企业的管理流程、加强经营控制；对信息主管来说要消除信息孤岛、提高信息集成度。最后选择适合本企业的 ERP 软件。

一、ERP 给企业带来的效益

应用 ERP 系统可以为制造企业带来多方面的效益。应当指出，因为 ERP 最初是作为减少库存和改善客户服务水平的方法而提出的，所以，这方面的效益在大多数企业中首先引起了关注。随着 ERP 的发展，它为企业带来的多方面的效益也已显现出来。最低的库存、最短的生产周期、最合理的资源利用、最高的生产率、最低的成本、准确的交货日期、最强的市场适应能力……这是企业管理者们追求的共同目标，ERP 作为实现以上目标的有效工具，正备受企业管理层的青睐；企业需要通过利用 ERP 系统管理和协调内部各种资源以及外部众多合作伙伴之间的关系，从而提高核心竞争力。

（一）相关效益

1. 提高效率和效益

实施了 ERP 系统后，通过产品结构和物料清单，定义了每个物料期数量标准，把企业的产、供、销这三项主要业务信息集合起来，同步地将生产计划和采购计划一次生成。如果需求有了变化，不出半个小时，就可以把上千种物料的管理计划重新编排，使得采购计划员从忙忙碌碌的事务中彻底解放出来。

在市场经济环境下，企业增加利润的一个极其重要的途径就是降低成本。产品的成本中的外购材料及配套件的采购任务，归根结底是由产品开发部门定的基调。例如，有一家企业，通过 ERP 系统的物料分类查询，发现有 2.0mm、2.5mm、3.0mm 三种规格十分相近的花纹钢板，每种需求批量都很小，这无疑增加了采购、运输、仓库保管的费用。如果企业没有采用成组技术（成组技术是一门生产技术科学，它研究如何识别和挖掘生产活动中有关事务的相似性，并对其进行充分利用），标准化工作不力，设计工程师信息不沟通，将极大地增加企业的采购成本。而这类现象在企业中是极其普遍的。为了降低采购成本，采购人员必须与设计人员和工艺人员一起，按照价值工程的原理和同步工程的方法，在保证产品功能的前提下，采用最低成本的方案。可见，ERP 系统不仅对管理人员有用，而且对产品开发人员同样也有帮助。

2. 降低采购成本

ERP 系统通过规范业务处理流程，对降低采购成本起到一系列的保证作用。例如：

（1）通过物料分类查询，对每一类物料，按需用的频度规定优选原则，以简化物料的品种规格并保持一定批量，争取优惠。

（2）周密计划。ERP 的计划可以延续到未来某个任意日期，这样不但可以按需采购，而且可以保证足够的采购提前期和采购预算，防止因突发性采购而增加额外的采购费用。

（3）设置目标成本（标准成本）。每一个会计年度，企业都必须通过运行 ERP 系统的模拟成本以确定标准成本，即必须严格控制成本限额。在保证一定利润的前提下确定标准成本。

（4）控制采购权限。要严格控制成本，首先要控制资金流出。采购管理系统要设置每一个采购员的采购物料范围和支付权限，同时规定超过限额的审批层次和权限，以规范采购管理。

（5）控制存量。在系统中，要对每一种物料规定最大存储量和最长存储期限。超过最大值时，系统会发出提示信号，以便管理人员采取纠正措施。

（6）供应商认证。根据 ISO 9000 的要求，为了保证产品质量，首先要保证进厂材料的质量。各种物料的供应商都必须经过认证。

（7）跟踪采购订单。系统可以提供多种查询途径，可以从采购单编码、物料号、供应商号、采购员代码、交货日期等方面进行查询，跟踪采购合同执行情况。

（8）严格控制付款程序。付款前，系统将自动进行一系列的对比，例如，物料的规格性能、合格数量、交货日期是否与采购单一致，报价单与发票金额是否一致。必须几方面都相符才能执行付款程序，以严格控制不良资金流出。

3. 重组与供应商的业务流程

产品的质量首先取决于原材料的质量。对供应商进行认证是质量保证体系的必要条件，要从行业地位、信誉、履约率、产品发展、工艺技术、质量、成本、服务、运输、通信联系方法等方面正确选择供应商。

传统采购管理往往倾向于一种物料有多个供应商，这样自我感觉比较保险；而现代化管理的趋势是减少供应商的数量，并与某些供应商建立互信、互利、互助的长期稳定合作伙伴关系。这样做的好处是：简化采购计划及调配；可以形成经济采购批量，争取优惠；减少供方的专用工艺装备费用；简化运输管理；减少库存。从而有利于控制质量，降低成本。

当前企业之间的竞争，已从企业之间的竞争逐渐发展为企业的供需链之间的竞争。与供应商建立长期稳定的合作伙伴关系，把各个供应商看做企业供需链的各个环节，形成一种"虚拟"的企业或"动态联盟"，减少许多重复的中间环节，这被称为 21 世纪制造业战略的"敏捷制造"精神。通过信息技术的应用，提高供应商对企业需求市场信息的透明度，有助于提高供应商对物料供应的预见性，这是当前竞争形势的需要。

4. 采购管理职能的变化

ERP 系统将给采购管理的日常工作带来质的变化，对采购供应部门的员工提出了更高的素质要求。采购人员的主要精力将放在与企业内部人员和供应商一起研究如何降低成本上，主要内容有以下几方面。

（1）从降低成本和保证质量出发，参与确定零件自制还是外购的原则。

（2）与设计和工艺部门一起，参与零件设计的价值分析，以最低成本满足功能需求。

（3）统一管理零件工序外协和外包业务，控制企业资金支出。

（4）利用系统提供的物料与资金信息集成功能，编制和审定采购预算和采购权限。

（5）确定每个采购件的合理批量、安全库存量，控制库存资金占用。

（6）与计划部门和供应商一起，研究缩短采购提前期的措施，提高响应变化的灵敏度。

（7）选择正确的供应商，并根据系统提供的供应商业绩报告，对其进行筛选。

ERP 系统是从企业整体利益出发的管理信息系统。国外的一些公司每年都要向采购部门提出降低采购成本的目标，采购人员经过努力实现目标后将得到应有的奖励。这种奖励不比拿回扣低，却是正大光明的收入，企业和个人都能得利。这是提高管理水平的结果，是采购人员的荣誉。我们应当学习国外企业的科学管理方法，建立有利于发展生产的激励机制，通过正面引导来消除腐败现象，改变采购管理的面貌。

（二）绝对效益

1. 降低库存投资

（1）降低库存量。使用 ERP 系统之后，由于有了更合理的需求计划，使得企业可以在恰当的时间得到恰当的物料，从而可以不必保持很多的库存。根据统计数字，在使用 ERP 系统之后，库存量一般可以降低 20%～35%。

（2）降低库存管理费用。库存量降低还会导致库存管理费用的降低，这些费用包括仓库维护费用、管理人员费用、保险费用、物料损坏和失盗等。库存管理费用通常占库存总投资的 25%。

（3）减小库存损耗。一方面，由于库存量减小，库存损耗也随之减小；另一方面，ERP 对库存记录的准确度有相当高的要求，为了保证库存记录的准确性，就要实行循环盘点法，从而能够及时发现造成库存损耗的原因，并及时予以消除，减小库存损耗。

【例 1.1】 假定企业年产值为 10 000 000 美元，库存成本占年产值的 75%，库存维护费用占库存投资的 25%。使用 ERP 之后，每年库存周转次数提高一次，如表 1.1 所示（其中，未计库存损耗减小所产生的效益）。

表 1.1 使用 ERP 后降低的库存投资

说　　明	产　　值
总产值	$10 000 000
库存成本——占总产值的 75%	$7 500 000
库存投资——每年周转 2 次	$3 750 000
库存投资——每年周转 3 次	$2 500 000
库存投资降低	$1 250 000
库存维护费用——占库存投资的 25%	$2 500 000
库存维护费用降低产生的利润	$312 500

2. 降低采购成本

ERP 把供应商视为自己的外部工厂，通过采购计划与供应商建立长期稳定、双方受益的合作关系。这样既保证了物料供应，又为采购人员节省了大量的时间和精力，使其可对采购工作进行有价值的分析。

采购计划法既提高了采购效率，又降低了采购成本。使用 ERP，可以使采购成本降低 5%。

【例 1.2】 假定企业年产值为 10 000 000 美元，采购原材料及运输的费用为年产值的一半，使用 ERP 之后可得到如表 1.2 所示的结果。

3. 提高生产率

（1）提高直接劳力的生产率。使用 ERP 之后，由于减少了生产过程中的物料短缺，从而减少了生产和装配过程的中断现象，使直接劳力的生产率得到提高。生产线生产率平均提高了 5%～10%，装配线生产率平均提高了 25%～40%。

（2）提高间接劳力生产率。以 ERP 作为通信工具，减少了文档及其传递工作，减少了混乱和重复的工作，从而提高了间接劳力的生产率。间接劳力生产率可以提高 25%。

（3）减少加班。过多的加班会大大降低生产率，还会造成过多的库存。使用 ERP 后，可以提前做出能力需求计划，从而减少加班。加班时间可以减少 50%～90%。

【例 1.3】 假定生产率提高用一个统一的数字（如 10%）来表示，且直接劳力成本节约了 10%，间接劳力成本节约了 5%，则可算得如表 1.3 所示的结果。

表 1.2 使用 ERP 后降低的采购成本

说　　明	产　　值
总产值	$10 000 000
采购原材料及运输的费用	$5 000 000
采购成本降低 5%	$500 000
采购成本降低产生的利润	$250 000

表 1.3 使用 ERP 后提高生产率

说　　明	产　　值
总产值	$10 000 000
增加产值	$1 000 000
直接劳力成本节约 10%	$1 000 000×0.10=$100 000
间接劳力成本节约 5%	$1 000 000×0.05=$50 000
提高利润	$150 000

4. 提高客户服务水平

要提高市场竞争力，既要有好的产品质量，又要有高水平的客户服务。要提高客户服务水平，就

必须有好的产销配合。ERP 系统作为计划、控制和通信的工具，使得市场销售和生产制造部门可以在决策级以及日常活动中有效地相互配合，从而可以缩短生产提前期，迅速响应客户需求，并按时交货。

客户服务水平的提高将带来销售量的提高。假定因此提高销售量 10%，那么

$$提高的销售收入为\$10\,000\,000\times10\%=\$1\,000\,000$$

假定利润率为 10%，则增加的利润为$\$1\,000\,000\times10\%=\$100\,000$

5. 增加利润

根据以上的分析，可以计算出增加的全部利润。

（1）库存投资降低产生的利润：$312 500。

（2）采购成本降低产生的利润：$250 000。

（3）生产率提高（直接劳力成本节约）产生的利润：$100 000。

（4）生产率提高（间接劳力成本节约）产生的利润：$50 000。

（5）提高客户服务水平增加的利润：$100 000。

（6）增加的利润总和：$812 500。

6. 现金总收益

根据以上分析，可以计算出全部的现金收益，即增加的流动资金。

（1）库存投资降低：$1 250 000。

（2）库存投资降低产生的利润：$312 500。

（3）降低采购成本：$250 000。

（4）提高生产率所带来的利润：$150 000。

（5）提高销售量：$100 000。

至此得到的现金总收益为$20 625 000。

由于客户服务水平的提高，可以减少应收账款；由于信息准确、情况明确，可以更加精确地对应收账款进行管理。假定这两项产生的现金收益分别为$500 000 和$150 000，那么现金总收益将增加到$2 712 500。

（三）定性效益

相对于定量的效益来说，定性的效益也许更为深刻。前者更多地反映企业的业绩表现，而后者更多地反映企业的行为实践。

1. 提高工程开发效率，促进新产品开发

由于使用统一的数据库，所以很容易获取工程开发所需的数据，而且数据恢复和维护所花的时间也大大减少。此外，由于诸如"模块化物料清单"技术的使用，可以从根本上减少生成和维护物料清单的时间，对于客户定制的产品更是如此。可见，ERP 提高了工程开发的效率，从而有助于新产品的开发，尤其是对于那些引入新产品较多的企业。

一些企业反映，过去 85%的产品具有 10 年以上的生产历史，而使用 ERP 之后，85%以上的产品是投产不到 3 年的新产品，可见企业明显加快了产品更新换代的步伐。

2. 提高产品质量

在 ERP 环境下，企业的员工在自己的岗位上按部就班地按统一的计划做着自己的工作，使得企业的生产摆脱了混乱或物料短缺，可以井井有条地进行着。企业的工作质量提高了，产品质量肯定会得到提高。事实上，ISO 9000 体系所认证的正是企业的工作质量。对于标准 MRP Ⅱ 系统来说，并不要求有质量管理模块，但 MRP Ⅱ 可以与 ISO 9000 相辅相成却是不争的事实。而对于 ERP 来说，质量管理则是必要的功能。因此，质量管理有了技术上的保证。

3. 提高管理水平

通过 ERP 系统，可以使信息的传递和获取更准确、更及时，使管理人员提前把握住企业运营的发展趋势，从而为他们赢得时间，可以去做自己应该做的事情，使管理更有成效。把 ERP 作为整个企业的通信系统，加强了企业整体合作的意识和作用。通过准确和及时的信息传递，把大家的精力集中在同一个方向上，以工作流程的观点和方式来运营和管理企业，而不是把企业看做一个一个部门的组合。在这种情况下，特别是在市场销售和生产制造部门之间可以形成从未有过的、更深层次的合作，共同努力以满足客户需求，赢得市场。

4. 为科学决策提供依据

通过 ERP，把诸如经营规划、销售与运作规划这样的高层管理计划分解转换为低层次的各种详细的计划。这些计划要由企业的每位员工去遵照执行。因此，将这些计划合在一起，企业的所有员工执行的是一个统一的计划。以统一的计划指导企业的运作，上层的变化可以灵敏地传递到下层，而下层的情况也可以及时地反馈到上层。通过 ERP，使得有计划、有控制的管理成为可能。

5. 充分发挥人的作用

生产率的最大提高来自于充分利用人力资源。

应用 ERP 系统，不但为全面提高企业管理水平提供了工具，而且为全面提高员工素质提供了机会。二者相辅相成，相互促进。从根本上说，生产率的提高不是来自于工具，而是来自于使用这些工具能更有效地工作的人。ERP 系统只有和对其有充分理解并努力工作的人相结合，才能提高生产率。从根本上说，ERP 的成功来自于企业全体员工的理解和努力。因此，生产率的提高应归功于使 ERP 系统很好地运转起来的人。

6. 提高企业生活质量

每一个成功的 ERP 用户都反映他们企业的生活质量得到了明显的改善。这方面的收益几乎是出乎预料的。其实原因很简单：好的运营计划使公司的整体工作协调起来；执行一个协调的运营计划要比被一个混乱的计划所驱使要愉快得多。

总之，ERP 给企业带来的许多效益，主要表现在体制与观念变革上。实施 ERP，首先要学习和领悟先进的管理思想，只有企业内部对 ERP 所代表的先进管理思想有充分认识，才能加强企业上下级之间、各部门之间、企业与 ERP 软件厂商和管理咨询公司之间的沟通和协作，共同把 ERP 实施工作做好。

二、ERP 应用实例

1. ERP 应用实例一

国内某医药（集团）有限公司是一家有着 80 余年历史的医药制剂生产厂商，拥有各种品种及规格的产品 300 余种。由于该企业生产品种繁多，工艺过程复杂，物流存储流转环节点多，涉及面广，管理难度很大。为此，该企业在贯彻执行 GMP 和企业的运作管理方面一直在苦苦寻找一条可以提高企业管理能级的新路，以便在日益激烈的市场竞争中为企业创造一个良好的发展空间，可以持续发展。企业领导层经专题研究，最后一致认为必须实施 ERP，对企业进行全面的管理。

在实施 ERP 的短短 6 个月内，企业便取得了如下的巨大成绩。

（1）用最低的费用在较短的时间实现了管理上的突破，实现了国内医药生产企业前所未有的成功。

（2）该厂共有员工 400 多人，实现电脑化操作的员工达 200 多人，普及率达 60% 以上，"让每一个员工都会用这才叫真正的成功"。

（3）从试验运行到正式验收会议结束短短的 3 个月内，共及时发现质量事故 12 起，更为重要的是，通过信息化整改，纠正了大量的质量管理漏洞，并优化了质量管理流程。

（4）单批药品物料生产成本从最初的超出定额几千元迅速降到了目前的几十元，质量效益不可低估。

（5）物料采购成本大幅降低，物料采购质量同时达到了历史最好水平。

（6）企业生产效率呈现几十倍的能级跨越，使企业产量迅速成倍扩张。

2. ERP 应用实例二

美国的一家塑料公司使用 ERP 系统后各项成本得到降低，使用 ERP 前后成本情况如表 1.4 所示。

表 1.4　使用 ERP 前后成本情况一览表

成本项目	使用 ERP 前	使用 ERP 后	每年节省
计算机支持、运行和维护	$94 000	$38 000	$56 000
计算机硬件	$62 000	$7000	$55 000
计算机开发	$74 000	$30 000	$44 000
采购/物流	$525 000	$210 000	$315 000
制造费用	$729 000	$120 000	$609 000
成本项目	使用 ERP 前	使用 ERP 后	每年节省
局部人员服务费用	$1 260 000	$840 000	$420 000
库存费用	$299 000	$117 000	$182 000
年成本总和	$3 043 000	$1 362 000	$1 681 000

随着企业规模的扩大，原来的一些固有的模块功能已不能够适应企业在生产计划、生产物料分析、生产成本计算等方面日益复杂的管理需要。

ERP 实现了根据销售订单生成生产计划，根据 BOM 分解成生产任务和用料需求，产生用料计划，并对照库存自动产生采购计划；生存用料定额实现多级 ERP 运算，满足复杂产品的物料需求计划分析，完善半成品、子装配件的生产过程管理。特别是对像该公司这样的塑料企业，公司的原材料、半成品、产成品的品种多达 12 280 余种，管理起来相当烦琐，ERP 有效地解决了该公司的实际问题。

同时，ERP 延续了易学易用的特色，采用更人性化的界面，Web 风格的导航图、模块操作的自动记忆功能，以及随处可见的帮助功能，充分满足了用户的需求与操作习惯。

实施 ERP 后，显著地降低了公司的生产成本和各项费用支出，节省了资金。同时，ERP 软件所提供的强大的销售管理、采购管理、生产管理、库存管理等报表功能，可及时地为管理者提供企业运行状况的实时数据，也为企业建立了一个科学的管理模式，提高了公司的整体管理水平。

具体地说，实施 ERP 后的情况如下。

（1）运用 ERP 管理思想和计算机系统，使管理和业务流程得到了规范和优化。

（2）夯实了管理基础，规范和统一了基础数据，实现了数据共享。

（3）实现了物流、资金流、信息流的统一，使物料变化的同时，资金形态的变化也随之得到反映。

（4）使物料管理的透明度大大增加，从而压缩了库存资金，减少了采购费用。规范了生产计划管理，理顺了物流，使计划细化到以日为单位。

（5）为管理人员摆脱简单、重复的劳动提供了工具，为管理人员从事更高层次的管理活动创造了条件。

（6）培养和锻炼了一批既懂计算机知识又懂管理的专业人才，使职工素质得到明显提高。

（7）为企业持续不断地改进工作提供了工具。

（8）ERP 项目的实施，绝不仅是实施一个计算机系统，最重要的是通过引进、消化、吸收 ERP 管理思想和原理，全面提高企业的管理水平，使企业在竞争中立于不败之地。

三、中小企业 ERP 选型

1. 公司简介

某企业是国家某重点钢铁集团的下属公司,拥有冶炼工程施工、钢结构工程、起重设备安装工程等承包一级资质,拥有各种大型工程设备。该企业主要从事大型土石方、地基处理、工业建筑施工、工业机电设备安装调试与检修等业务,年施工能力上亿元。

该企业除了按照项目设置有基础工程处、土方工程处、机电工程处等机构外,还建有一个轻钢厂,可对钢材进行二次加工;此外,还有涉及物资出入的机构,主要包括混凝土公司、物资供应站、料具租赁站、综合服务站等单位。

对于这样一个中型工程企业来说,其物料管理是否科学,将对其运行成本和全年的绩效产生很大的影响。于是,在对 ERP 进行一番调研之后,公司领导决定上马 ERP。

2. 项目定位

在 ERP 项目立项之初,一定要对项目做出既明确又准确的定位。实践证明,正确的定位对项目选型乃至项目实施都可以起到极强的指导作用,直接影响到项目的实施效果。项目定位主要围绕"是管理项目还是 IT 项目"这一问题展开。这是关于 ERP 项目的本质性认识问题。

ERP 项目本质上是一个管理项目,而不是纯粹的 IT 项目,它的导入和实施会涉及企业管理的方方面面,需要对企业传统管理模式、业务流程、作业方式和作业习惯进行系统整合,以企业管理系统的再思考和不断完善为主线,而不是以现有管理模式、业务流程、作业方式甚至习惯的计算机实现为主线。

在项目定位后,选型就有了两个基本要求:一是要求能够实现相应的效果,二是希望厂商有一定的名气。选型由此开始,结果就局限在几家大的厂商中。

3. 产品选型

在正式选型之前,应对企业自身的需求有大致的了解,即评估一下自身的实施基础,再确定选择的方向。例如,选择大型系统还是中小型系统,自主开发还是联合开发,选择国外产品还是国内产品,等等。一般来说,对于中小型企业来说,如果在管理上还没有形成固定模式,仍应以中小型软件为主要考虑对象;对于仍处于起步阶段的或者希望通过 ERP 改进企业管理的企业来说,如果业务重点在生产、计划方面,国外的中小型软件相对比较成熟,并且一般也提供二次开发平台和各种接口以满足日后功能扩展的需要;如果业务重点在进销存和财务总账方面,则国内软件已经具备这方面的实力,且国内软件具有本土化和易于维护的优点,不失为一种较佳的选择。

在选择方向确定后,就可以着手与 ERP 供应商们进行广泛的接触,对其提供的软件产品和服务进行评价。软件产品评价的标准主要有:软件产品的功能,即产品是否能满足企业管理上的需求,以及满足到何种程度,对于部分特殊的需求,是否有针对性的解决方案;软件产品的成熟程度;产品的可扩展性;系统的人性化程度等。

对软件供应商的评价主要包括:① 软件供应商的顾问实施力量。对于一个管理项目而言,实施顾问的管理背景和合理的知识结构、丰富的项目经验是非常重要的。企业实施顾问应具备企业一线管理的经验,对企业的业务和管理运作非常熟悉,有过在国际大公司任职的经历以及多年的 ERP 项目实施经验,而不是以具有 IT 背景的人员作为实施的主力。② 软件供应商的行业经验。在供应商目前实施的客户中,是否有与本公司生产和业务管理以及实施基础等方面相似的类型,这可以为成功导入项目提供强有力的支持。③ 供应商的合作态度和合作诚意。④ 科学、系统的实施方法论。供应商是否能够提供完整的实施方法论体系,作为双方项目导入和实施工作的指导。好的系统必须要在科学的方法论体系的指导下实施,才有可能取得真正的成功。

4. 选型时的误区

企业在选型过程中,普遍存在以下几个误区:

（1）对自身的需求与基础缺乏认识，盲目追求形式，目标不明确。

（2）高层领导对选型工作不关心、不表态、不参与，从而导致选型工作的滞后。

（3）在制订选型标准时，不要过于相信品牌的力量，要请一线的业务骨干参与到选型工作中。

（4）对ERP项目的实施抱以过高的期望，规划过于全面而脱离实际。

典型案例

中小企业 ERP 实施效果浅谈

《科学研究》2015.1 期

1 引言

在经济全球化的时代，我国中小企业大批涌现和飞速发展，为中国的经济发展做出了巨大贡献。但中小企业规模小、人才缺乏、管理水平低，其生存和发展面临重重压力。因此，越来越多的中小企业力图通过实施专业的 ERP（企业资源计划）来规范企业管理。但国内企业 ERP 用户中，实施成功率不足30%，出现了ERP的"三分论"，即"三分之一能用、三分之一失败、三分之一修改后能用"，为此许多企业陷入资金深渊，无力发展。

2 我国中小企业发展现状

根据百度百科，中小企业，又称中小型企业，它是与所处行业的大企业相比人员规模、资产规模与经营规模都比较小的经济单位。在国际经济环境大格局下，中小企业面临的将不再仅仅是产品、人才的竞争，更是面对不断变化的市场和跨国公司的挑战。

3 ERP 定义

ERP 是 Enterprise Resource Planning 的缩写，中文翻译为"企业资源计划"，是由 Gartner Group.Inc 咨询顾问与研究机构于20世纪90年代初提出来的。ERP 的形成大致经历了四个阶段：基本 MRP 阶段、闭环 MRP 阶段、MRP II 阶段和 ERP 阶段。

据美国生产与库存控制学会（APICS）统计，使用一个 MRP II/ERP 系统，平均可以为企业带来如下经济效益，库存下降30%～50%；延期交货减少80%；采购提前期缩短50%；停工待料减少60%；制造成本降低12%；管理水平提高，管理人员减少10%，生产能力提高10%～15%。

4 中小企业实施 ERP 效果研究

ERP 系统在国内外企业实践中已得到广泛的应用，这些应用中既有失败案例，也不乏成功案例。国内外大量文献通过案例分析的方法，对 ERP 实施成功的因素进行了探讨。通常如果未能获得项目批准阶段所确定的投资回收率（ROI），那么实施就可看作失败的，据此失败的比率高达60%～90%。目前业界公认的最乐观的成功率估计仅达1/3，甚至曾有过"成功几率等于零"的观点。还有学者的调查数据显示，国外企业的实施成功率只有约33%，国内则更低，不到10%。

5 案例分析

天津市金桥焊材集团有限公司（以下简称"金桥"）是国际大型焊材企业，生产经营"金桥焊材"，目前已成为世界焊材销量第一的领军企业，其销量占据了国内三分之一、国际六分之一的市场份额，属典型的制造型企业。金桥于2008年8月份正式使用SAP系统。截至目前，公司SAP系统已经运行六年有余的时间，系统现有功能已实现了顺畅运行。虽然各基本功能模块，如财务、销售、生产等均已实施，但各模块真正的精华功能却没有实现，从这个意义上说，公司的 ERP 实施是失败的。具体实施效果分析如下。

5.1 成本控制粗放

（1）物料消耗不准确：产品种类丰富，同一产品可能药粉配方不同或对应多种包装形式，但由

于保密性或使用复杂性，系统做不到如实"消耗"相关物料。

（2）工时消耗不准确：因为有一些原料或半成品的特殊性，也因为效率或条件的限制，有些工序的产品工时无法及时准确计量。另外，产品的二次加工，或者入库后更换包装形式所耗用工时无法体现。

（3）水、电、煤的消耗分摊不准确。

5.2 大库存

由于行业特性或供应商供货问题，各类主要原材料都备有大量库存，有时甚至够用 1 个月以上的时间，而小品种所需原材料由于订购批量大而公司又想满足重要客户需求，可能会积压几个月甚至一年。

5.3 "无用武之地"系统排产模块

由于配方的保密性、供应商送货的不及时，以及生产情况的复杂性，系统的排产功能派不上用场，完全依赖生产计划员手工排产，相应的物料需求也完全依赖物料计划员系统外控制。

5.4 "高攀不起"的数据分析功能

从数据仓库中抓取各数据字段形成的报表是 SAP 系统的精华，可以方便用户查看，更是领导形成各类决策的重要依据。排除 PP 模块，以报表使用最多也是用的最好的财务和销售部门为例，两个部门均自开发各类报表，销售设专门岗位为相关领导提供各类分析数据，财务部门的报表也大多是经过自己加工后才能满足需求。

5.5 "费时"的系统结账

系统结账时间已成为系统实施是否成功的标志之一，凡系统实施成功的企业，其结账时间都由原来的半个月或者一周时间缩短为 1~2 天时间。金桥实施 SAP 系统以来，每个月结账时间都在 7~10 天左右，且结账期间需要多个部门加班共同完成。

以上既有行业方面的因素，也有企业管理方面的原因。既已花费巨资实施 SAP 系统，企业目前只能不断改善自身问题，以更好地利用 SAP 系统，从而助推企业快速发展。

6 结语

目前，金桥在国内的市场份额已经达到饱和，企业发展也到了二次创业的转型关键期，此时金桥更应夯实各项业务基础，用 ERP 的思想规范各项业务流程。首先，重新宣扬 ERP 思想，不光要领导重视，直接接触业务的员工们更要积极支持；其次，重新梳理各项流程，将存在问题最突出的环节积极进行流程重组；再次，整顿数据不统一、不完整、不准确的混乱局面，做到准确、规范、及时的数据传递及共享。

思考与练习 1

一、填空题

1．ERP 是英文_____的缩写，中文意思是_____。它的核心思想是_____，它改善了企业的_____，提高了企业_____力。

2．ERP 是在_____基础上发展起来的，是一个企业全面的_____管理，是一种包含_____思想方法的软件系统。

3．概括地说，ERP 是一个面向_____思想；是一个_____；是一个整合了_____理念、业务流程、_____、_____、计算机硬件和软件于一体的企业资源管理系统。

4. MRP 是英文＿＿＿＿＿＿＿＿＿＿＿＿的缩写，中文的意思是＿＿＿＿＿＿＿＿，MRP 的概念是在＿＿＿＿＿＿＿ 年代末提出，并于＿＿＿＿＿＿＿＿中期实现的。

5. ERP 与 MRP Ⅱ的主要区别表现在＿＿＿＿＿＿＿＿方面的差别、＿＿＿＿＿＿＿方面的差别、＿＿＿＿＿＿＿方面的差别、＿＿＿＿＿＿＿方面的差别。

6. 应用 ERP 系统可以为＿＿＿＿＿＿＿带来多方面的效益。应当指出，因为 MRP 最初是作为＿＿＿＿＿＿＿和＿＿＿＿＿＿＿＿服务水平的方法而提出的，所以，这方面的效益在大多数企业中首先引起了关注。

7. MRPⅡ是＿＿＿＿＿＿＿＿＿＿的英文缩写，中文的意思是＿＿＿＿＿＿＿＿，MRP Ⅱ可在＿＿＿＿＿＿的计划下有效地利用各种＿＿＿＿＿＿＿，＿＿＿＿＿＿占用，缩短生产周期，＿＿＿＿＿＿。

8. 一般来说，实施 ERP 的绝对效益有：＿＿＿＿＿＿＿＿、＿＿＿＿＿＿＿、提高客户服务水平、＿＿＿＿＿＿＿、＿＿＿＿＿＿＿、＿＿＿＿＿＿＿等。

二、选择题

1. ERP 是英文 Enterprise Resource Planning 的缩写，中文意思是企业资源计划。它是从（　　　）。
   A. 库存订货点理论发展而来的新一代集成化管理信息系统
   B. MIS（管理信息系统）发展而来的新一代集成管理信息系统
   C. MRP（物料资源计划）发展而来的新一代集成化管理信息系统
   D. 闭环 MRP 发展而来的新一代集成化管理信息系统

2. 库存定货点理论诞生于（　　　）。
   A. 20 世纪 30 年代　　B. 20 世纪 40 年代　　C. 20 世纪 50 年代　　D. 20 世纪 60 年代

3. ERP 的核心思想是（　　　）。
   A. 供应链管理　　　　B. 财务管理　　　　C. 企业管理　　　　D. 仓库管理

4. ERP 技术大致经历了以下几个阶段（　　　）。
   A. MRP→MRP Ⅱ→ERP　　　　　　B. MIS→MRP→ERP
   C. MIS→MRP→MRP Ⅱ→ERP　　　D. 以上三种说法都不正确

5. MRP Ⅱ是一个（　　　）体系。
   A. 比较完整的生产经营管理计划体系
   B. 实现制造业企业整体效益的有效管理模式
   C. 具有模拟预见性和物流、资金流的统一
   D. 以上三种说法都正确

三、简答题

1. 请简述 ERP 的定义。
2. 请简述供应链的思想。
3. 请简述 ERP 的特点。
4. 请简述基本 MRP 的概念。
5. 请简述 MRP Ⅱ的概念。
6. 请简述 ERP 给企业带来什么。
7. 请简述 ERP 给企业带来的绝对效益有哪些。
8. 请简述 ERP 软件开发的几种方式。

第 2 章 ERP 发展历程及原理

学习目标

◎ 知识点 ◎	◎ 能力点 ◎
● 库存订货点的理论和内涵 ● 物料定义的理论和内涵 ● MRP、MRP Ⅱ、ERP 的原理	● ERP 发展历程 ● 物料需求的计算 ● 能力需求的计算

第一节 基本 MRP 原理

情景案例

朱雪峰团队人员在学习 ERP 的基本概念后，提出一个问题：早在 20 世纪 30 年代的企业怎样知道在什么时候发出订货通知呢？

这一问题引出了库存订货点理论和基本 MRP 的原理。

任务思考

1. 20 世纪 30 年代，企业如何发出订单和进行催货？
2. 20 世纪 30 年代，企业如何进行物料需求分析？

任务分析

在计算机出现之前，发出订单和进行催货是一个库存管理系统在当时所能做的一切。库存管理系统发出生产订单和采购订单，但是，确定对物料的真实需求却是靠缺料表，这种表上所列的是马上要用，但却发现没有库存的物料。然后，派人根据缺料表进行催货。

订货点法是在当时的条件下，为改变这种被动的状况而提出的一种按过去的经验预测未来的物料需求的方法。这种方法有各种不同的形式，但其实质都是着眼于"库存补充"的原则。"补充"的意思是把库存填满到某个原来的状态。库存补充的原则是保证在任何时候仓库里都有一定数量的存货，以便需要时随时取用。当时人们希望用这种做法来弥补由于不能确定近期内准确的必要库存储备数量和需求时间所造成的缺陷。订货点法依据对库存补充周期内的需求量预测，并保留一定的安全库存储备，来确定订货点。安全库存的设置是为了应对需求的波动。一旦库存储备低于预先规定的数量，即订货点，则立即进行订货来补充库存。

一、库存订货点理论

1. 库存订货点概念

在 20 世纪 30 年代初期，企业为了控制物料的需求，通常采用控制库存物品数量的方法，即为需求的每种物料设置一个最大库存量和安全库存量。最大库存量是为库存容量、库存占用资金的限制而设置的，安全库存量也称最小库存量，即物料的消耗不能大于安全库存量。

为了不出现因物料短缺而影响生产的情况，应该在安全库存量的基础上增加一定数量的库存，而不能等到物料的库存量消耗到安全库存量时才补充库存，因为物料的供应需要一定的时间（即供应周期，如物料的采购周期、加工周期等），所以必须有一定的时间提前期。

在安全库存量的基础上增加的库存量作为物料订货期间的供应量，就应满足这样的条件：当物料的供应到货时，因物料消耗，库存量刚好达到安全库存量。这种控制模型必须确定两个参数：订货点、订货批量，如图 2.1 所示。

从图 2.1 中可知，订货点的时间必须在安全库存量之前，才能保证满足企业物料的需求。这种库存订货点有两种模型，即定量库存控制模型和定期库存控制模型，在以后的章节中将会详细介绍它们，并给出在不同模型下的订货点和订货批量两个参数的具体算法和案例。

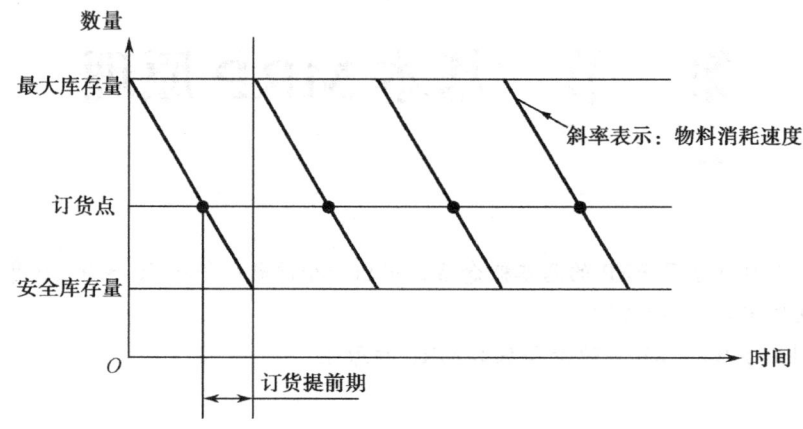

图 2.1　订货点法

20 世纪 40 年代初期，西方经济学家通过研究库存物料随时间推移而被使用和消耗的规律，提出了订货点的方法和理论，并将其运用于企业的库存计划管理中。这种模型在当时的生产环境下起到了一定的作用，但随着市场的变化和产品复杂性的增加，在实际应用中它受到以下条件的限制：物料的消耗相对稳定，物料的供应比较稳定，物料的需求是独立的，物料的价格不是很高。

2. 库存订货点理论的局限性

库存订货点的理论在当时的生产环境下也起到了一定的作用，但随着市场的变化和产品复杂性的增加，它的应用受到了一定的限制。以下就是订货点应用的必要条件：

（1）物料的消耗相对稳定；

（2）物料的供应比较稳定；

（3）物料的需求是独立的；

（4）物料的价格不是很高。

应该说，订货点法受到许多条件的制约，而且不能反映物料的实际需求，往往为了满足生产需求而不断提高订货点的数量，而造成库存数量和库存物料资金占用的数量增加，使产品的成本升高，

使企业缺乏市场竞争力。为此，在 20 世纪 60 年代中期，美国的管理专家约瑟夫·奥里奇（Joseph A.Orlicky）博士提出了"物料独立需求和相关需求"的学说，在此基础上，人们形成了"在需要的时候提供需要的数量"的认识，发展并形成了物料需求计划（MRP）的理论，即基本的 MRP。

二、物料需求计划理论

1. 物料的定义

物料的英文单词在 MRP Ⅱ/ERP 系统中一般用"Item"表示，有的进口软件译为"项目"。但是对那些能支持"按设计专项订货（Engineer to Order）"的单件/小批量生产的软件，也就是有"项目管理（Project Management）"模块的软件，再把"Item"译为"项目"就容易同"Project"相混淆。此外，国内已公认把 MRP（Material Requirements Planning）译为"物料需求计划"，这里的 Material 与 Item 指的是同一个内容，因此按中文用词严谨的习惯，统称为物料。

物料的定义：为了产品销售，所有需要列入计划、控制库存、控制成本的一切物的统称。它的范围包括原材料、配方成分、配套件、标准件、毛坯、副产品、联产品、在制品、产成品、甚至是设备备件、工艺装备或某些能源，它们是组成物料清单（BOM）的最基本元素。绝大多数物料是库存型的，但也可以是非库存型的，例如，电能或某种形式的"虚拟件"。不论是否列入库存，都要列入计划并计算成本。总之，物料是计划的对象，也是库存和计算制造成本的对象。

2. 物料的管理特性

物料具有相关性、流动性、价值性三种管理特性。

（1）物料的相关性。任何物料总是由于有某种需求而存在的，没有需求的物料就没有存在的必要。

（2）物料的流动性。既然有需求，物料总是不断地从供方向需方流动。物料的相关性决定了物料的流动性。

（3）物料的价值性。一方面，物料要占用资金，为了加速资金周转，就要加快物料流动；另一方面，在物料形态变化和流动的过程中，要用创新竞争（不仅是削价竞争）提高物料的技术含量和附加值，用最小的成本、最短的周期、最优的服务向客户提供最满意的价值，并为企业自身带来相应的利润。

以上是物料的三种管理特性，它们是相互作用、相互影响的，理解物料的管理特性有助于理解物料需求管理的特点。

3. 物料的需求类型

对制造业而言，由于物料需求来源的不同，MRP Ⅱ 系统把物料分为独立需求和相关需求两大类。

（1）独立需求是指位于产品结构最顶层的销售产品，其需求是由市场或客户订货决定的，也就是由企业外部的因素决定的，称为"独立需求"。

（2）相关需求是指构成销售产品的各种零部件、配套件、毛坯、原材料等在产品结构最顶层以下的各层物料，它们的需求是由销售产品的需求决定的，称为"相关需求"。

有些物料具有双重性质，例如，某些零部件可以安装在产品上，也可以作为备品、备件直接出售。所以，只要管理好独立需求（销售产品的需求），其余一切物料的需求计划都可以根据产品结构或物料清单按照 MRP 运算逻辑得出。物料清单是制造业信息化管理必不可少的重要管理文件，如果缺少 MRP 软件的支持，建立复杂产品的物料清单是有困难的。这说明：先进的管理思想和方法需要信息技术的支持。

4. 物料的管理过程

按照供需链管理的思想，需求管理是一种系统管理，概括起来有三个过程，即了解需求、获取需求、保证需求。前两个过程主要是处理"独立需求"，后一个过程主要是处理"相关需求"。这三个过程是有内在联系的，而且都需要得到相应信息技术的支持。

（1）了解需求。所谓"了解需求"，是指进行市场分析、销售分析，建立与客户的长期合作伙伴关系。在了解需求方面，由于传统的 MRP Ⅱ 系统是面向企业内部的，还仅限于一种等待客户上门接收订单的被动姿态，这在剧烈的市场竞争环境下是远远不够的，所以必须建立一支强大的营销队伍，主动出击，建立"竞争情报网"，"刺探"各个行业、各个地区、各类客户的需求。这里，政府为企业提供信息服务是非常必要的，企业纳了税，尽了义务，就应当有权无偿享受必要的行业和地区需求和发展信息，以利于公平竞争。

（2）获取需求。了解需求并不等于获取需求，不等于合同就一定能拿到手。在获取需求上，不仅要有信息技术的支持，还需要有机智灵活的营销战略。下面介绍一个实例：某塑料制品企业从 Internet 上得知，全球塑料原料供过于求，预计价格会大幅度下跌。于是在一个工程项目上，该企业决定按盈亏平衡点以其他企业不敢想象的低价格投标，赢得了合同。不久，原料价格大跌，该企业依然获得可观的利润。这里，Internet 提供了重要的信息，而企业家的智慧和胆略同样起到了不可忽视的作用。

获取需求往往表现在时间上的竞争——抢在竞争对手之前，以最快的速度回答客户的询价，并做出可靠的承诺。面对客户询问，任何地点的销售人员都要能及时访问企业各地仓库的库存状态，调用生产信息，对需求计划、企业能力和资源进行模拟，寻求优化方案，落实交货期。必要时组织有关合作伙伴形成敏捷制造的动态联盟（虚拟企业），来满足客户的需求。这些都离不开 Intranet、OLTP（Online Transaction Processing）、同步运行需求计划和能力计划的 APS（Advanced Planning and Scheduling）技术、分销需求计划（DRP）和 MPS/MRP 的模拟功能等信息技术。

（3）保证需求。所谓"保证需求"，是指企业拿到订单后，必须保证按客户需求履行合同，企业履约率是持续不断地获取更多需求订单的前提。不同类型的物料确定其需求量的方法不同。企业的生产加工计划和物资供应计划是通过展开物料清单由 MRP 一揽子形成的，简化了编制计划的方法，提高了编制计划的效率，保证了需求的一致性，也体现了信息集成的优势。

三、基本 MRP 的原理

1. 基本 MRP 所要解决的问题

基本 MRP 所要解决的主要问题是间歇生产的生产计划和控制问题。在间歇生产的情况下，如何保证生产计划高效运行，保证及时供应物料以满足生产需要，是生产管理中的重要问题。这个问题解决不好，就会造成库存积压且物料短缺的情况。

2. 基本 MRP 的基本任务

基本 MRP 的基本任务有以下两个：

（1）从最终产品的生产计划（独立需求）导出相关物料（原材料、零部件等）的需求量和需求时间（即相关需求）。

（2）根据物料的需求时间和生产（订货）周期来确定其开始生产（订货）的时间。

3. 基本 MRP 的基本功能

基本 MRP 的基本功能：实现物料信息的集成，保证及时供应物料，降低库存，提高生产效率。物料需求信息由以下 4 个要素组成：需要什么，何时需要，需要多少，何时订货。物料的需求信息、产品结构、采购提前期、库存信息是运行 MRP 的 4 项主要数据，这些数据的准确度决定了 MRP 的有效性。

4. 基本 MRP 的基本内容

基本 MRP 的基本内容是编制零件的生产计划和采购计划。然而，要正确编制这两项计划，首先必须落实产品的生产进度计划，用 MRP II 的术语就是主生产计划（Master Production Schedule，MPS），这是 MRP 展开的依据。MRP 还需要知道产品的零件结构，即物料清单（Bill of Material，BOM），才能把 MPS 展开成零件计划；同时，必须知道库存数量才能准确计算出零件的采购数量。基本 MRP 的依据是 MPS、BOM、库存信息。它们之间的逻辑流程关系如图 2.2 所示。

从图 2.2 中可知，基本 MRP 一般包含以下几个模块。

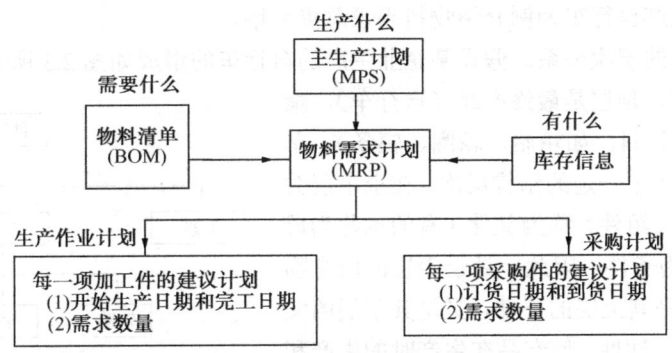

图 2.2　MRP 逻辑流程关系图

（1）MPS 模块。MPS 模块是确定每一具体的最终产品在每一具体时间段内生产数量的计划。这里的最终产品是指企业要最终完成并出厂的完成品，它要具体到产品的品种、型号。这里的具体时间段通常以周为单位，在某些情况下也可以是日、月或旬。

MPS 通常根据客户合同（订单）和市场预测，把经营计划或生产计划中的产品系列具体化，使之成为展开 MRP 的主要依据，起到了从综合计划向具体计划过渡的承上启下的作用。MPS 最终将作为生产部门执行的目标，并成为考核工厂服务水准的依据。在 MRP 系统中，MPS 作为驱动的一整套计划数据，反映企业打算生产什么，什么时候生产，以及生产多少。MPS 必须考虑客户订单、预测、未完成订单、可用物料的数量、现有能力、管理方针和目标等。

（2）MRP 模块。MRP 模块是根据生产计划来制订未来物料的需求和控制的方法。它提供了物料需求的准确时间和数量，是生产管理的核心，它的主要作用是将 MPS 排程的产品分解成各个自制零部件的生产计划和原料采购件的采购计划。它向用户提供每一项加工件和采购件的建议计划，把生产作业计划与物资供应计划统一起来。它为生产控制、采购以及高层领导决策提供了日常业务所需要的信息。

根据 MPS、能力需求计划、库存数据、车间数据和生产数据等，该 MRP 可以自动形成动态闭环计划系统。它可以及时反映企业需要生产什么，什么时候生产，生产多少。MRP 子系统能帮助企业摆脱旧的按台套组织生产的管理方式，为企业提供一套全新的科学管理方式，从而提高企业的管理水平和经济效益。

（3）BOM 模块。BOM 模块主要用于 MRP 计算、成本计算、库存管理。BOM 有多种形式，采用何种形式取决于它的用途。BOM 有如下具体的用途：①它是计算机识别物料的基础依据。②它是编制计划的依据。③它是配套和领料的依据。④根据它进行加工过程的跟踪。⑤它是采购和外协的依据。⑥根据它进行成本的计算。⑦它可以作为报价参考。⑧进行物料追溯。⑨它使设计系列化，标准化，通用化。

（4）库存控制模块。库存控制模块是用 JIT 来实施库存控制管理的模块，其核心内容有：选择最佳的供应商，并对供应商进行有效的管理；供应商与用户的紧密合作；卓有成效的采购过程质量控制。

准时化采购包括供应商的支持与合作，以及制造过程、货物运输系统等一系列的内容。准时化采购不但可以减少库存，还可以加快库存周转，缩短提前期，提高购物的质量，获得满意交货等效果。

四、基本 MRP 案例

1. 物料需求总提前期

下面以某企业生产自行车为例介绍物料需求总提前期。

（1）自行车组成的层次关系。假设某企业生产的自行车的组成如图 2.3 所示。

从图 2.3 中可知，顶层是最终产品（自行车），最下层是采购件（指原材料，如轮胎、轮圈、辐条），车轮是中间层，从而形成了一定的结构层次。在上下层关系中，把上层的物料（组件）称为父件（有的也称为母件），下层的构件称为子件。因此，处于中层的所有物料（组件、部件）既是其上层的子件，又是其下层的父件。由于产品构成的层次性，使产品在生产时的生产和组装就存在一定的顺序或层次。

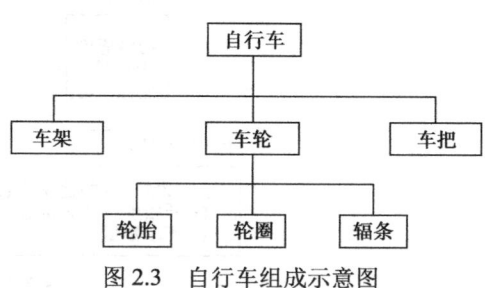

图 2.3　自行车组成示意图

（2）自行车的 BOM。为了便于计算机识别，必须把产品结构图转换成规范的数据格式，这种用规范的数据格式来描述产品结构的文件就是 BOM，它必须说明组件（部件）中各种物料需求的数量和相互之间的组成结构关系。如表 2.1 所示的是自行车产品生产中的各层零部件的制造时间周期。

表 2.1　产品加工周期一览表

名称	层次	数量	采购提前期（h）	单件加工周期（h）	总加工周期（h）	总提前期（h）
轮胎	2	2	6			
轮圈	2	2	6			
辐条	2	20	3	6		
车轮	1	2		3	3	11
车架	1	1	8			
车把	1	1	8			
自行车	0	1		5	8	16

（3）计算总提前量。将以上的数据转换成时间坐标来表示就比较直观了，如图 2.4 所示。

从表 2.1 和图 2.4 中可知，要完成自行车产品，必须提前 16h 采购；也就是说，产品的累计提前期为 16（即 8+3+5）h。可以看出，由于产品各层次需求时间不同，就要求"在需要的时候"可"提供需要的数量"。

产品结构是多层次和树状的，其最长的一条加工线就决定了产品的加工周期，图 2.4 中最长的一条加工线是 16h。这个原理也就是网络计划中的关键线路法原理。

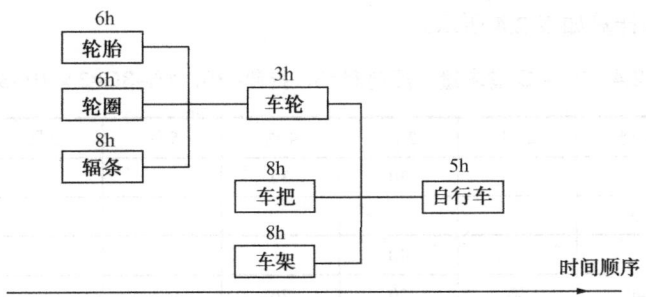

图 2.4　自行车加工时间顺序

2. 物料需求总量

（1）某产品总需求量的计算。假设某产品的结构如图 2.5 所示。

从图 2.5 中可知，产品 A 有两个部件 B 和 C，B 部件有两个零件 D 和 E。部件 B 和 C 为第一层，零件 D 和 E 是第二层。下面根据图 2.5 的产品结构图计算该产品及其相应部件的需求量。

在这里要特别提醒：由于提前期的存在，使得物料的计划交付时间和净需求的时间有时会不一致。另外，为了简化计算，也暂时没有将安全库存量考虑在内。产品 A 的需求量计算如表 2.2 所示。

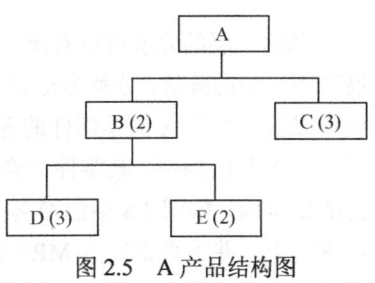

图 2.5　A 产品结构图

表 2.2　产品 A 需求量（提前期=2，批量=10）

时段（周）	1 周	2 周	3 周	4 周	5 周	6 周	7 周	8 周
毛需求量	20	10		30	30	10		
已分配量	0							
计划收到			40					
现有库存（40）	20	10	50	20	−10	−20		
净需求量					10	10		
计划交付			10	10				

以上计算过程表明：虽然第 1、2、4、5、6 周均需要 A，但实际 A 只需要在第 3 周和第 4 周各交付 10 个即可。这个计划下达的时间和数量就是部件 B 和 C 的毛需求的时间和数量。

部件 B 的需求量计算如表 2.3 所示。

表 2.3　部件 B 需求量（提前期=1，批量=20，1A=2B=2×10=20）

时段（周）	1 周	2 周	3 周	4 周	5 周	6 周	7 周	8 周
毛需求量			20	20				
已分配量	0							
计划收到			40					
现有库存（40）	40	40	60	40				
净需求量				20	20			
计划交付		20	20					

部件 C 的需求量计算如表 2.4 所示。

表 2.4　部件 C 需求量（提前期=3，批量=30，1A=3C=3×10=30）

时段（周）	1周	2周	3周	4周	5周	6周	7周	8周
毛需求量			30	30				
已分配量	0							
计划收到			40					
现有库存（40）	40	40	50	20				
净需求量			30	30				
计划交付	30	30						

注：表 2.3 和表 2.4 中数据所采用的计算公式分别是 1A=2B=2×10=20 和 1A=3C=3×10=30

　　从这一层的分解可以看出，对于部件 B，它还需在第 2 周交付 20 个，为此还要按照产品结构展开下一层的分解，分解方法和步骤前面已经讲过，在此就不一一展开了。经过以上的展开计算后，就可以得出产品 A 的零部件的各项相关需求量。

　　在产品结构中，某零件可能会同时出现在不同的层次上。在所有层次中，位置最低的称为该零件的低位码，如图 2.5 中的 D 零件和 E 零件。进行物料需求量计算时，各层次需求量只是先加到总需求量上，并不真正地按 MRP 的逻辑进行分配，而在遇到此零件的低位码时，才综合地进行毛需求量和净需求量的计算。这样就将同一个产品结构中所有层次对此零件的毛需求量按需求时间计算，以免提前将现有库存分配给时间上最迟需求的层次的零件，而在时间上最早需求的层次的零件不得不提前下达计划，这无形中增大了库存。

　　（2）相关需求与独立需求。在现实的生产过程中，企业的情况远没有这样简单。在许多加工制造性的企业中，由于产品种类繁多，并不只是产品 A 要用到部件 B 和 C，以及零件 D 和 E，可能还有其他产品也需要用到它们，也可能对零件 D、E 还有一定的独立需求（如作为服务件用的零件等）。在相关需求与独立需求同时存在的情况下，毛需求量等于将相关需求部分按产品结构树推算的结果加上独立需求部分的需求量。在制造企业的实际生产环境中，一个物料可能完全是相关需求的物料，也可能既有相关需求又有独立需求，是两者兼顾的。所以，MRP 要做的工作是要先把企业在一定时段内对同一零部件的毛需求汇总，然后再据此算出它们在各个时段内的净需求量和计划交付量，并据此安排生产计划和采购计划。

　　例如，企业还有某一个产品 X 需要用到零件 D，另一个产品 Y 也需要用到零件 D，零件 D 本身还有一定的独立需求，则对零件 D 的总需求计算如图 2.6 所示。

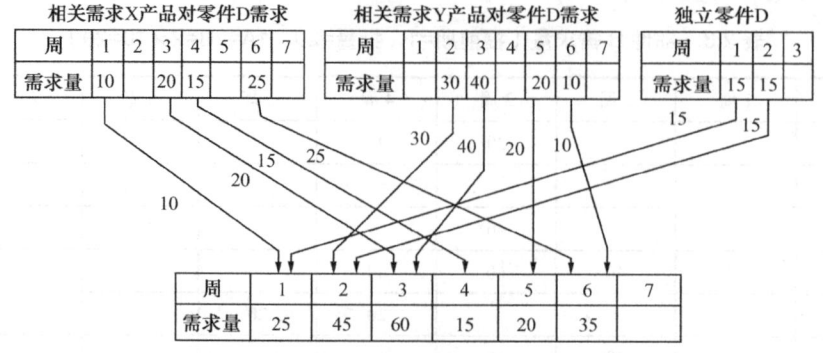

图 2.6　相关需求与独立需求同时存在时的需求量计算

从图 2.6 中可知，产品 X 对零件 D 的需求为相关需求，产品 Y 对零件 D 的需求也为相关需求，而零件 D 又是服务件（独立需求），所以对零件 D 的实际需求应包含这 3 方面的内容。例如，第 1 周零件 D 的需求量为 25，它是由相关需求 X 第 1 周对零件 D 的需求量 10 加上独立需求第 1 周对零件 D 需求量 15 而得到的。以此类推，就可以得到零件 D 在各周的需求量 25、45、60、15、20 及 35。

（3）提前期。在确定毛需求量的需求时间时，提前期是一个重要的因素。例如，在图 2.6 中增加提前期这一参数时，将会改变零件 D 在各周的毛需求量，具体的计算方法如图 2.7 所示。

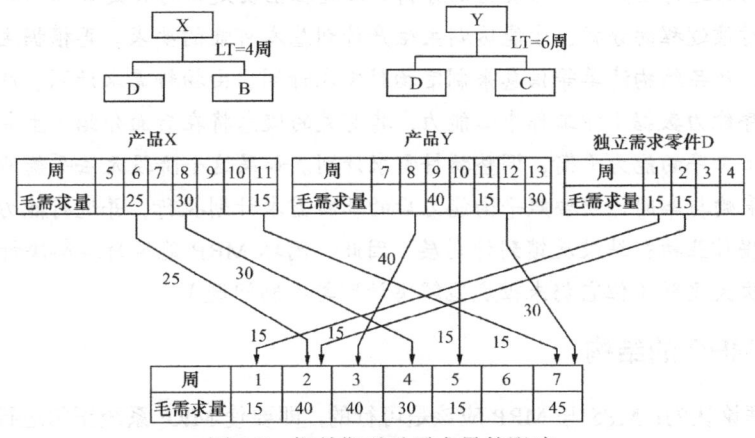

图 2.7 提前期对毛需求量的影响

产品 X 和 Y 属于相关需求，它们的结构中都包含了零件 D，而且均属于子件与层次在数量上为一一对应的组成关系，若产品 X 需要 1 个，零件 D 也需要 1 个。但是产品 X 和 Y 对零件 D 的需求提前期是不一样的。产品 X 对零件 D 的需求提前期 LT 为 4 周，而产品 Y 对零件 D 的需求提前期 LT 为 6 周。也就是说，如果产品 X 第 6 周毛需求量为 25 个，实际上零件 D 在第 2 周毛需求量为 25 个，因此零件 D 需要提前 4 周生产。同理，产品 Y 在第 9 周毛需求量为 40 个，实际上零件 D 在第 3 周毛需求量为 40 个，因此零件 D 需要提前 6 周生产。

除了相关需求之外，对零件 D 还有独立需求部分，这一部分的毛需求量就是对零件 D 的毛需求量，不需要提前期。MRP 对毛需求量的处理方法是按照相关需求部分推算出的结果加上独立需求部分，得到的和便是对零件总的毛需求量。例如，第 1 周零件 D 的毛需求量为 15 个，而相关需求部分没有；第 2 周零件 D 的毛需求量为 40 个，这是由于第 6 周产品 X 毛需求量为 25 个，零件 D 提前 4 周生产，零件 D 在第 2 周相关需求量为 25 个，再加上第 2 周独立需求量为 15 个，因此第 2 周对零件 D 的毛需求量合计为 40 个。

第二节 闭环 MRP 原理

情景案例

基本 MRP 解决了根据物料的需求时间和生产（订货）周期来确定其开始生产（订货）的时间。但在实际生产过程中应如何考虑企业的生产能力和设备能力呢？

这一问题引出了闭环 MRP 的原理。

任务思考

1. 根据物料的需求时间和生产周期来确定其开始生产的时间，能满足实际的需求吗？
2. 如何保证实现计划呢？

任务分析

闭环 MRP 的过程是：企业根据发展的需要与市场需求来制定企业生产规划；根据生产规划制定主生产计划，同时进行生产能力与负荷的分析。该过程主要是针对关键资源的能力与负荷的分析过程。只有通过对该过程的分析，才能达到主生产计划基本可靠的要求。再根据主生产计划、企业的物料库存信息、产品结构清单等信息来制定物料需求计划；由物料需求计划、产品生产工艺路线和车间各加工工序能力数据（即工作中心能力，其有关的概念将在后面介绍）生成对能力的需求计划，通过对各加工工序的能力平衡，调整物料需求计划。如果这个阶段无法平衡能力，还有可能修改主生产计划；采购与车间作业按照平衡能力后的物料需求计划执行，并进行能力的控制，即输入输出控制，并根据作业执行结果反馈到计划层。因此，闭环 MRP 能较好地解决计划与控制问题，是计划理论的一次大飞跃（但它仍未彻底地解决计划与控制问题）。

一、闭环 MRP 的结构

闭环 MRP 理论认为：MPS 与 MRP 应该是可行的，即要使 MRP 系统正常运行，需要有一个切实可行的 MPS。它除了要反映市场需求和合同订单以外，还必须满足企业的生产能力约束条件。因此，除了要编制资源需求计划外，还要制订能力需求计划，与各个工作中心的能力进行平衡。只有在采取措施做到能力与资源均满足负荷需求时，才能开始执行计划。

而要保证实现计划就要控制计划，执行 MRP 时要用派工单来控制加工的优先级，用采购单来控制采购的优先级。这样，基本 MRP 系统进一步发展，把能力需求计划和执行及控制计划的功能也包括进来，形成一个环形回路，称为闭环 MRP，其结构如图 2.8 所示。

从图 2.8 中可知，首先根据长期生产计划制订短期的 MPS 和资源需求计划，而 MPS 和资源需求计划必须经过产能负荷分析，才能够真正被实现，才是可行的。然后，根据库存信息和 BOM 信息确定 MRP 和能力需求计划，经可行性分析后，执行 CRP 和 MRP，最后交车间作业控制。

从图 2.8 中可知，闭环 MRP 的特点有以下几个：①MPS 来源于企业的生产经营规划与市场需求（如合同、订单等）。②MPS 与 MRP 的运行（或执行）伴随着能力与负荷的运行，从而保证计划是可靠的。③采购与生产加工的作业计划与执行是物流的加工变化过程，同时又是控制能力的投入/产出过程。④能力的执行情况最终反馈到计划制订层，整个过程是一个能力被不断执行与调整的过程。

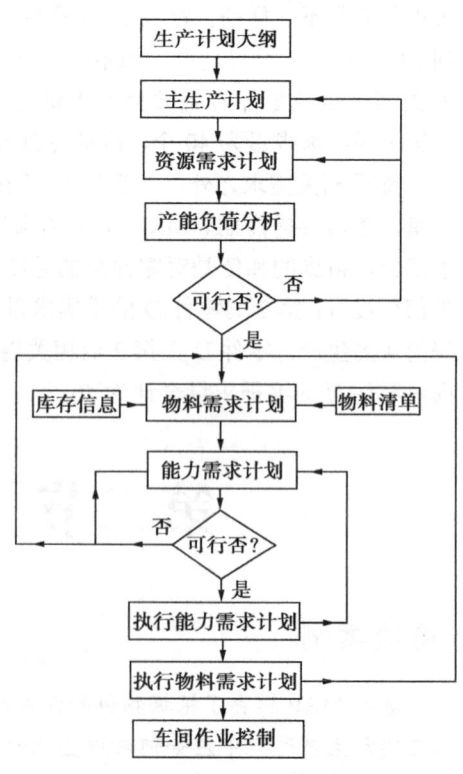

图 2.8　闭环 MRP 结构图

二、能力需求计划

1. 能力需求计划

在闭环 MRP 系统中，把关键工作中心的负荷平衡称为资源需求计划或粗能力计划，它的计划对象为独立需求件，主要面向的是 MPS；把全部工作中心的负荷平衡称为能力需求计划（Capacity Requirement Planning，CRP）或详细能力计划，而它的计划对象为相关需求件，主要面向的是所有工作中心车间。

2. CRP 的依据

CRP 的依据可以从以下几个方面考虑。

（1）工作中心。工作中心是各种生产或加工能力单元和成本计算单元的统称。对于工作中心，统一用工时来量化其能力的大小。

（2）工作日历。工作日历是用于编制计划的特殊形式的日历，它是由普通日历除去每周双休日、假日、停工和其他不生产的日子，并将日期表示为顺序形式而形成的。

（3）工艺路线。工艺路线是一种反映制造某项"物料"的加工方法及加工次序的文件。它说明加工和装配的工序顺序，每道工序使用的工作中心，各项时间定额，外协工序的时间和费用等。

（4）由 MRP 输出的零件作业计划，该零件是企业产品结构中底层的。

3. 能力需求计划的计算逻辑

闭环 MRP 的基本目标是满足客户和市场的需求，在编制计划时，总是先不考虑能力约束而优先保证计划需求，然后再编制能力计划。经过多次反复运算，调整核实，才转入下一个阶段。CRP 的运算过程就是把 MRP 订单换算成能力需求数量，生成能力需求报表。这个过程可用图 2.9 来表示。

从图 2.9 中可知，需用负荷、需用能力和可用能力同时进入 CRP 后，实现负荷平衡。当然，在计划时段中也有可能出现能力需求超负荷或低负荷的情况。闭环 MRP 能力计划通常通过报表的形式（直方图是常用工具）向计划人员报告，但是并不进行能力负荷的自动平衡，这个工作由计划人员人工完成。

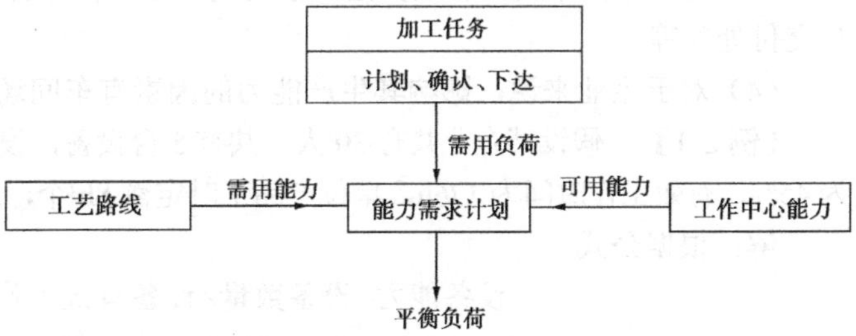

图 2.9 能力需求报表生成过程

三、车间作业控制

各工作中心能力与负荷需求基本平衡后，下一步就要集中解决如何具体地组织生产活动，使各种资源既能被合理利用，又能如期完成各项订单任务，并将客观生产活动中的状况及时反馈到系统中，以便根据实际情况进行调整与控制，这就是车间作业控制。它的工作内容一般包括以下 4 个方面。

（1）车间订单下达。订单下达是核实 MRP 生成的订单计划，并转换下达订单。

（2）作业排序。作业排序是指从工作中心的角度控制加工工件的作业顺序或作业优先级。

（3）投入/产出控制。投入/产出控制是一种监控作业流（正在作业的车间订单）通过工作中心的技术方法。利用投入/产出报告，可以分析生产中存在的问题，以便采取相应的措施。

（4）作业信息反馈。作业信息反馈主要是跟踪作业订单在制造过程中的运动，收集各种资源消耗的实际数据，更新库存余额并完成 MRP 的闭环。

四、能力计算实例

1. 生产能力计算

生产能力是指一定时期内，直接参与生产的固定资产在一定的组织技术条件下，可能生产一定种类和质量的产品的最高数量，或者是可能加工处理一定原材料的最大数量的能力。生产能力中的计划能力即指现有能力，它是指企业依据现有的生产技术条件在计划期所能够达到的生产能力。计划能力是编制年度生产计划的重要依据。

生产能力计算主要是对生产设备能力和人员能力进行计算的，其公式为

生产设备能力=设备数量×设备有效工作时间×设备利用率

$$=\frac{\text{设备数量}\times\text{设备有效工作时间}}{\text{单位产品台时定额}}$$

人员能力=人员数量×有效工作时间×工时利用率

$$=\frac{\text{人员数量}\times\text{有效工作时间}}{\text{单位产品工时定额}}$$

式中，设备利用率是反映设备工作状态及生产效率的技术经济指标，主要是指生产设备在数量、时间、能力等方面利用程度的指标；工时利用率是实际工作工时（工日）数减去加班工时（工日）数之差与制度工作工时（工日）数的比例。

生产能力是针对一定的生产环节而言的，有单台设备的生产能力、工作中心生产能力、车间生产能力和企业生产能力等。而企业生产能力则是制订生产计划的依据之一。

在以上生产能力公式中，应注意如下几个问题。

（1）对于单台设备来说，影响其能力的因素有每周加工时间、开机时间、关机时间、工具和材料的利用率、成品率、劳动技能、机器维护和保养及机器的可用时间等。

（2）对于工作中心来说，影响其生产能力的因素有劳动人员的分配、材料搬运、替代工序等。

（3）对于车间来说，影响其生产能力的因素有产品组合、库存能力、装备形式、场地空间、产品交付处理等。

（4）对于企业来说，影响其生产能力的因素有车间场所、运输、仓库、协作能力、整修等。

【例2.1】 假设某企业共有30人，共有5台设备，设备有效工作时间为1 000h/台，设备利用率为45%，有效工作时间为176h，单位产品工时定额8h/个，求设备能力和人员能力。

解：根据公式

设备能力=设备数量×设备有效工作时间×设备利用率

=5×1 000×0.45=2 250h

人员能力=人员数量×有效工作时间/单位产品工时定额

=30×176/8=660h

所以，设备能力为2250h，人员能力为660h。

2. 生产负荷计算

生产负荷是指在制造业中，设备或人员所能承担的生产任务，即完成生产计划所需要的实际能力就是生产负荷。生产负荷的计算公式为

计划负荷需人员能力=计划产量×单位产品标准工时定额

计划负荷需设备能力=计划产量×单位产品台时定额

3. 生产能力与生产负荷平衡

计算了生产能力和生产负荷之后，可以根据这两方面进行综合平衡。

$$\begin{cases} \text{生产能力}-\text{生产负荷}<0 & \text{能力不足} \\ \text{生产能力}-\text{生产负荷}>0 & \text{能力过剩} \end{cases}$$

生产能力不足就表示超负荷，而生产能力过剩则表示有空闲。找出生产能力与生产负荷之间的关系，目的是发现生产能力的余缺，采取消除薄弱环节和利用多余生产能力的措施，提高负荷的均衡性。

如图 2.10 所示的是负荷能力函数图，图中 X、Y 分别为两个产品，它们的单位生产标准工时分别为 5h 和 10h。图中的左上表为产品 X、Y 的应交付情况，左下表为产品 X、Y 的计划情况，图中右表为工作中心 101 号的以周为单位的应交付负荷标准工时、计划负荷标准工时、总负荷、平均能力、超负荷或不足负荷、累积负荷。

应交付						以周为单位标准工时				
过去截止	1	2	3	4		过去截止	1	2	3	4
X	4	6	6	2	2	应交付负荷	20	50	40	30	20
Y	—		2	1	2	1	计划负荷	—		20	40	30
						总负荷	20	50	60	70	50
计划	1	2	3	4		平均能力	—	50	50	50	50
X	—		2	2		超负荷或不足	20(−)	—	10(−)	20(−)	—
Y		1	3	3		累积	20(−)	20(−)	30(−)	50(−)	50(−)

图 2.10　负荷能力函数图

下面对图 2.10 中的各项数据的来源进行说明。

（1）过去截止总负荷。

① 应交付过去截止数负荷计算公式。

应交付过去截止数负荷=产品 X 应交付过去截止数×产品 X 单位产品标准工时+
　　　　　　产品 Y 应交付过去截止数×产品 Y 单位产品标准工时

即　　　　　　　　　　　4×5+0×10=20

② 计划过去截止数负荷计算公式。

计划过去截止数负荷=产品 X 应交付过去截止数×产品 X 单位产品标准工时+
　　　　　　产品 Y 应交付过去截止数×产品 Y 单位产品标准工时

即　　　　　　　　　　　0×5+0×10=0

③ 总负荷计算公式。

　　　　　　总负荷=应交付过去截止数+计划过去截止数

即　　　　　　　　　　　20+0=20

④ 平均能力过去截止数为零。

⑤ 能力与负荷平均计算公式。

　　　　　　能力与负荷平均=能力-负荷

即　　　　　　　　　　　0-20=-20

累积负荷结果为-20，也可写成 20（−）。

（2）计划总负荷（以第 4 周为例）。

① 应交负荷计算公式。

应交负荷=产品 X 应交付数×产品 X 单位产品标准工时+
　　　　　　产品 Y 应交付数×产品 Y 单位产品标准工时

即　　　　　　　　　　　2×5+1×10=20

② 计划负荷计算公式。

计划负荷=产品 X 计划数×产品 X 单位产品标准工时+

产品 Y 计划数×产品 Y 单位产品标准工时

即 $0×5+3×10=30$

③ 总负荷计算公式。

总负荷=应交负荷+计划负荷

即 $20+30=50$

（3）能力。平均能力为50。

（4）能力与负荷平衡计算公式。

能力与负荷平衡=能力－负荷

即 $50-50=0$

累积负荷为：

第1周累积负荷为-20。

第2周由于超负荷10，因此累积负荷为-30。

第3周由于超负荷20，因此累积负荷为-50。

第4周平衡，因此累积负荷仍为-50。

（5）负荷率。根据生产负荷与生产能力还可以算出负荷率，其公式为

$$负荷率=\frac{生产负荷}{生产能力}×100\%$$

以第3周为例，生产总负荷为70，平均能力为50，则可求得负荷率为

$$负荷率=\frac{70}{50}×100\%=140\%$$

（6）影响能力的因素。

① 单台机器。影响制造能力的因素有每周工作时间、准备和拆修时间、维护时间、工具和材料的利用率、加工成品率、工人熟练程度、返修及机器可用时间等。

② 由多种机器所组成的加工中心。影响制造能力的因素有劳动力的分配、物料的搬运、替代工序、支持系统等。

③ 由多个加工中心所组成的车间。影响制造能力的因素有产品组合、设备布局、场地、发运/接收能力、库存能力、供货能力、副产品处理能力等。

④ 由多个车间所组成的企业。影响制造能力的因素有车间的位置，车间布局、卫星厂、仓库、运输、子承包能力、现场服务能力、整修和返修能力等。

第三节　MRP Ⅱ 的原理

情景案例

　　闭环 MRP 是在物料需求计划（MRP）的基础上，增加对投入与产出的控制，也就是对企业的能力进行校检、执行和控制。但实际上应该把企业作为一个有机整体，从整体最优的角度出发，通过运用科学方法对企业各种制造资源和产、供、销、财各个环节进行有效的计划、组织和控制，使

它们得以协调发展，并充分地发挥作用。MRPⅡ的基本思想就是以 MRP 为核心，将 MRP 的信息共享程度扩大，由此可引出 MRPⅡ的原理。

任务思考

1. MRP 向 MRPⅡ迈开一步的主要原因是什么？
2. MRPⅡ有哪些主要特点？

任务分析

MRP 向 MRPⅡ迈开一步的主要原因是将财务子系统与生产子系统结合为一体。它实现了业务数据同财务数据的集成，同时将 JIT（Just in Time，意为"即时"）的运营模式和 MRP 的计划模式进行了整合，改变了财务信息严重滞后于生产信息的现象，并成为指导和修正生产活动的标准，从而达到企业整体盈利的总体目标。在 MRPⅡ中，强调了对企业内部的人、财、物等资源的全面管理，把制造企业归类为不同的生产方式如重复制造、批量生产、按订单生产等来管理，每一种生产方式类型都对应一套管理标准。

MRPⅡ具有以下几个主要特点：①MRPⅡ把企业的各个子系统有机地结合起来，形成一个面向整个企业的一体化的系统，尤其是生产和财务子系统；②MRPⅡ的所有数据来源于企业的中央数据库；③MRPⅡ具有模拟功能，能根据不同的决策方针模拟出各种未来将会发生的结果。

一、MRPⅡ的结构

MRPⅡ的基本思想就是以 MRP 为核心，将 MRP 的信息共享程度扩大，把企业作为一个有机整体，从整体最优的角度出发，通过运用科学方法对企业各种制造资源和产、供、销、财各个环节进行有效的计划、组织和控制，使它们得以协调发展，并充分地发挥作用。其中，制造资源包括生产资源（如物料、人力、设备等）、市场资源（如销售资源、供应市场等）、财政资源（如资金来源、资金支出等），以及工程设计资源（如产品结构、工艺路线设计等）。MRPⅡ的结构如图 2.11 所示。

从图 2.11 中可知，MRPⅡ包括决策层、管理层、执行层的有关计划，集成了应收、应付、成本及总账的财务管理。其中总账管理包括：成本中心、会计科目、库存信息、物料清单、工作中心、工艺路线等。

采购作业根据采购单、供应商信息、收货单及入库单形成应付款信息（资金计划）。销售商品后，会根据客户信息、销售订单及产品出库单生成应收款信息，可根

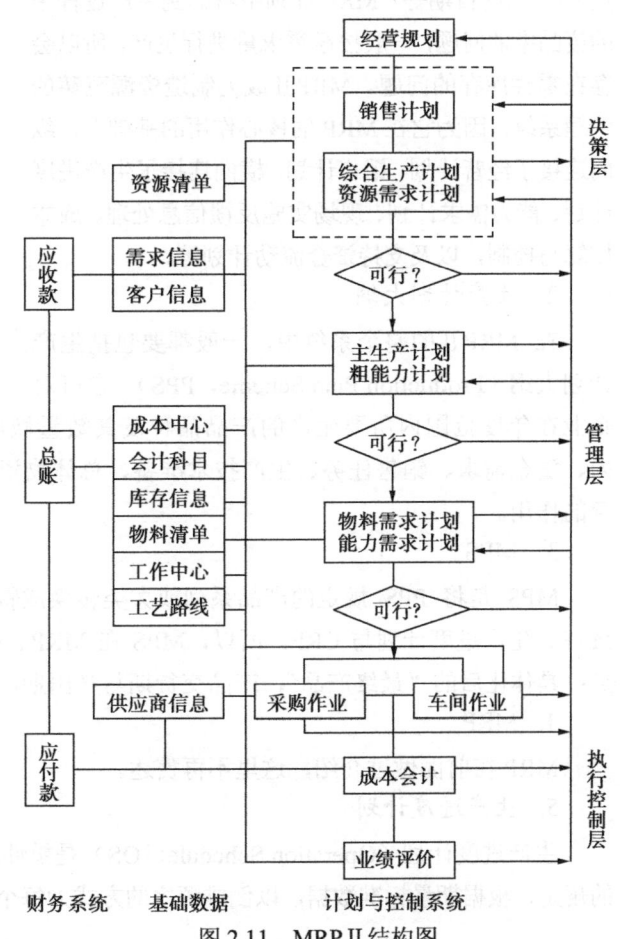

图 2.11　MRPⅡ结构图

据采购作业成本、生产作业信息、产品结构信息、库存领料信息等生成生产成本信息，能把应付款信息、应收款信息、生产成本信息和其他信息等记入总账。产品的整个制造过程都伴随着资金流通的过程。通过对企业生产成本和资金运作过程的掌握，调整企业的生产经营规划和生产计划，因而得到更为可行、可靠的生产计划。

从一定意义上讲，MRP II 系统实现了物流、信息流与资金流在企业管理方面的集成。由于 MRP II 系统能为企业生产经营提供一个完整而详尽的计划，可使企业内各部门的活动协调一致，形成一个整体，它能提高企业的整体效率和效益。

二、MRP II 的主要模块功能

1. MRP II 系统的功能模块

在 MRP II 的功能模块中，包含 MRP 的处理模块，主要用于解决产品生产中的零部件及物料需求量的问题。MRP 的主要处理模块及逻辑关系如图 2.12 所示。

MRP 的对象是相关需求类型的物件。例如，一个复杂的机械产品可以由成千上万个与产品呈相关需求的零件构成，每个零件有其生产工艺和周期，而每道工艺又涉及相应的加工资源。产品要定期按量完成，必须明确每种相关零件的生产量、资源投入量、投入/产出的日期等。MRP 计划中考虑到生产过程中的废品率的问题，一般按净需求量进行生产，所以会存在零件库存的问题。MRP II 成为制造资源范畴的管理系统，因为它在 MRP 的核心作用的基础上，纵向连接了经营计划、销售计划，横向连接了生产进度计划、能力需求计划、现场实施反馈信息处理、成本核算与控制，以及支持资金流动计划等。

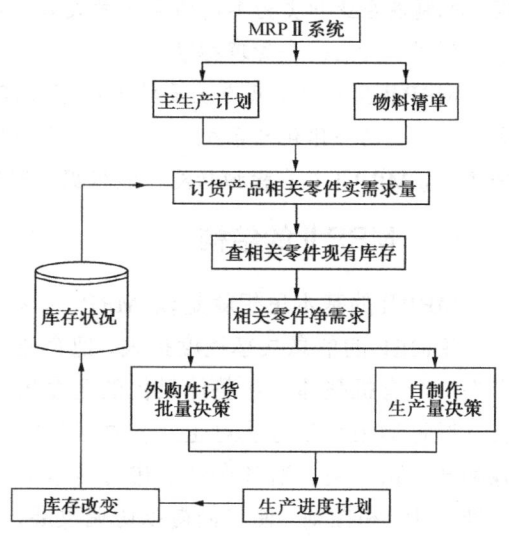

图 2.12　MRP II 系统主要模块

2. 生产计划大纲

在 MRP II 的整个系统中，一般都要包括生产计划大纲（Production Plan Scheme，PPS），它可对企业在年度范围内所要生产的产品品种及其数量做出结构性的决策，以平衡企业总体的生产能力、资金需求、销售任务、生产技术准备、总体物资及配套供应等，起到了总体协调企业年度经营的作用。

3. MPS

MPS 是将 PPS 规定的产品系列或大类转换成特定的产品或特定部件的计划，据此可以制订 MRP、生产进度计划与 CRP。所以，MPS 在 MRP II 中起到交叉枢纽的作用。在 MPS 中要明确两点：具体化后的"最终产品"，产品交货期与产出期。

4. MRP

MRP 在前面做过介绍，这里不再赘述。

5. 生产进度计划

生产进度计划（Operation Schedule，OS）是零件或部件一级的作业进度计划，就是按照交货期的规定，根据期量标准数据，以倒排顺序的方式为每个零部件制订投入期、产出期。

6. CRP

CRP 可对计划的可行性进行验证并对所需生产能力进行合理配置,其核心是寻求企业生产能力与任务的平衡方案,进行必要的调整,使 OS 得到优化。

三、MRP Ⅱ 系统的实施环境

1. 适合 MRP Ⅱ 系统的企业

到目前为止,所开发出来的 MRP Ⅱ 系统主要适合于具有下述特点的企业。

(1)产品的 BOM 层次较多。

(2)有较大的批量规模。

(3)需求量、生产工艺、生产能力以及供应商有一定的稳定性和可靠性。

(4)多品种、中小批量的生产组织形式。

由于 MRP Ⅱ 系统很好地解决了相关需求物料的管理问题,因此 MRP Ⅱ 首先在机械、电子等行业得到了应用,这些行业的产品的 BOM 层次一般较多。

2. 建立科学的管理

进行 MRP Ⅱ 系统中的逻辑计算的另一个前提是要求对需求的预测有一定的可靠性,同时也要求生产工艺和生产能力有一定的稳定性,要求供应商的交货时间比较可靠。如果生产现场经常出废品,生产能力经常出现卡壳的瓶颈环节,外购件经常不能按时交货或经常出现质量问题,等等,都会影响到 MRP Ⅱ 系统的正常运行。从这个意义上来说,企业要想实施 MRP Ⅱ,首先需要建立科学的企业管理基础。

在生产组织方式上,采用中小批量生产方式的企业(即采用混合生产组织方式的企业)能够从 MRP Ⅱ 的实施中获得更大的益处。这种企业通常有多个产品品种,每一品种有一定的批量,采取轮番生产的方式。在这种环境下,MRP Ⅱ 系统能够被最好地应用,发挥其最大的优势;而在工艺对象专业化和产品对象专业化这两种极端的组织方式之下,MRP Ⅱ 的优势就不那么明显。

总之,MRP Ⅱ 的思想和管理观念具有广泛的适用性,但在其具体方法的应用上,必须结合产品的工艺特点和需求特点来考虑,否则将会事倍功半。当然,随着 MRP Ⅱ 系统的继续发展,它将会克服在使用中的许多约束(到目前为止存在的),在更大范围内发挥其优势。但在任何情况下,MRP Ⅱ 系统的实施都离不开对具体应用环境的仔细考虑和科学管理基础的建立。

第四节 ERP 的原理

情景案例

MRP Ⅱ 是一个比较完整的生产经营管理计划体系,是实现制造业企业整体效益的有效管理模式。到了 20 世纪 90 年代提出了有效利用和管理整体资源的管理思想。

由此引出 ERP 的管理思想。

任务思考

1. MRP Ⅱ 向 ERP 迈开一步的主要原因是什么?

2. ERP 与 MRP Ⅱ 有哪些主要差别?

任务分析

进入 20 世纪 90 年代，随着市场竞争的进一步加剧，企业竞争空间与范围的进一步扩大，80 年代 MRP Ⅱ 主要面向企业内部资源全面计划管理的思想逐步发展为 90 年代 ERP（Enterprise Resource Planning）——企业资源计划也就随之产生。ERP 在 MRP Ⅱ 的基础上扩展了管理范围，给出了新的结构。

ERP 与 MRP Ⅱ 主要差别在于：资源管理范围方面的差别、生产方式管理方面的差别、管理功能方面的差别、事务处理控制方面的差别、跨国（或地区）经营事务处理方面的差别、计算机信息处理技术方面的差别等。

一、MRP Ⅱ 的局限性

前面已经讨论了解决制造问题的 MRP、开始解决企业生产能力的能力需求计划的闭环 MRP，以及与企业财务、销售、生产相结合的 MRP Ⅱ 的理论。这些理论在相应的阶段都为企业管理水平的提高提供了良好的环境和技术，尤其是 MRP Ⅱ 的发展与应用对企业全面生产管理发挥了重要作用。但是，MRP Ⅱ 仅能管理企业内部的物流和资源流。随着全球经济一体化的加速，企业与其外部环境的关系越来越密切，MRP Ⅱ 已不能满足需要，逐渐显示出其局限性，主要表现在以下几个方面。

（1）企业竞争范围的扩大，要求对企业的各个方面加强管理，并要求企业有更高的信息化集成，要求对企业的整体资源进行集成管理，而不仅仅对制造资源进行集成管理。现代企业的竞争是综合性的实力竞争，要求具有更强的资金实力、更快的市场响应能力，因此，要求企业能及时掌握物流、信息流和资金流，并能及时做出反应，MRP Ⅱ 是无法满足这些要求的。

（2）随着知识经济的发展，企业规模不断地扩大，大集团、多工厂要求协同作战，统一部署，已超出了 MRP Ⅱ 的管理范围。

（3）信息全球化趋势的发展要求企业之间加强信息交流和信息共享。企业之间既是竞争对手又是合作伙伴。信息管理要求扩大到整个供应链的管理，这些更是 MRP Ⅱ 无法解决的问题。

由于 MRP Ⅱ 的局限性，1997 年后开始引入 ERP 概念，于是新的企业管理理念和软件应运而生。ERP 把原来的 MRP Ⅱ 拓展为围绕市场需求而建立的企业内、外部资源计划系统。ERP 给出了新的结构，把客户需求和企业内部的经营活动以及供应商的资源融合到一起，体现了完全以用户需求为中心的经营思想。ERP 的基本思想是将企业的业务流程看做一条紧密联系的供应链，其中包括供应商、制造工厂、分销网络和客户等；将企业内部划分成几个相互协同作业的支持子系统，如财务、市场营销、生产制造、质量控制、服务维护、工程技术等，还包括企业的融资、投资以及对竞争对手的监视管理。此外，ERP 打破了 MRP Ⅱ 只局限于传统制造业的旧的观念和格局，把触角伸向各个行业，特别是金融业、通信业、零售业等。总之，ERP 的应用范围大大扩展了。

二、ERP 与 MRP Ⅱ 的区别

ERP 同 MRP Ⅱ 的主要区别从以下几个方面考虑。

1. 在资源管理范围方面的差别

MRP Ⅱ 主要侧重对企业内部人、财、物等资源的管理，ERP 系统在 MRP Ⅱ 的基础上扩展了管理范围，它把客户需求和企业内部的制造活动、以及供应商的制造资源整合在一起，形成企业一个完整的供应链并对供应链上所有环节如订单、采购、库存、计划、生产制造、质量控制、运输、分销、服务与维护、财务管理、人事管理、实验室管理、项目管理、配方管理等进行有效管理。

2. 在生产方式管理方面的差别

MRP Ⅱ 系统把企业归类为几种典型的生产方式进行管理，如重复制造、批量生产、按订单生产、

按订单装配、按库存生产等，对每一种类型都有一套管理标准。而在 20 世纪 80 年代末、90 年代初期，为了紧跟市场的变化，多品种、小批量生产以及看板式生产等则是企业主要采用的生产方式，由单一的生产方式向混合型生产发展，ERP 则能很好地支持和管理混合型制造环境，满足了企业的这种多角化经营需求。

3．在管理功能方面的差别

ERP 除了 MRP Ⅱ 系统的制造、分销、财务管理功能外，还增加了支持整个供应链上物料流通体系中供、产、需各个环节之间的运输管理和仓库管理；支持生产保障体系的质量管理、实验室管理、设备维修和备品备件管理；支持对工作流（业务处理流程）的管理。

4．在事务处理控制方面的差别

MRPII 是通过计划的及时滚动来控制整个生产过程，它的实时性较差，一般只能实现事中控制。而 ERP 系统支持在线分析处理 OLAP（Online Analytical Processing）、售后服务即质量反馈，强调企业的事前控制能力，它可以将设计、制造、销售、运输等通过集成来并行地进行各种相关的作业，为企业提供了对质量、适应变化、客户满意、绩效等关键问题的实时分析能力。

5．在跨国（或地区）经营事务处理方面的差别

现在企业的发展，使得企业内部各个组织单元之间、企业与外部的业务单元之间的协调变得越来越多和越来越重要，ERP 系统应用完整的组织架构，从而可以支持跨国经营的多国家地区、多工厂、多语种、多币制应用需求。

6．在计算机信息处理技术方面的差别

随着 IT 技术的飞速发展，网络通信技术的应用，使得 ERP 系统得以实现对整个供应链信息进行集成管理。ERP 系统采用客户/服务器（C/S）体系结构和分布式数据处理技术，支持 Internet/Intranet/Extranet、电子商务（E-Business、E-Commerce）、电子数据交换（EDI）。此外，还能实现在不同平台上的互相操作。

三、ERP 的运营过程和总流程

1．ERP 的运营过程

ERP 是由美国 Garter Group Inc.咨询公司于 20 世纪 90 年代首先提出的，其宗旨是对企业所拥有的人、财、物、信息、时间和空间等资源进行综合平衡和优化管理，为企业提供决策、计划、控制与业绩评估的全方位和系统化的管理平台。

ERP 的主线是计划，管理重心是财务，财务成本控制贯穿于企业整个经营运作过程中，涉及企业所有供需过程。如图 2.13 所示的是 ERP 中物流和资金流的运营过程。

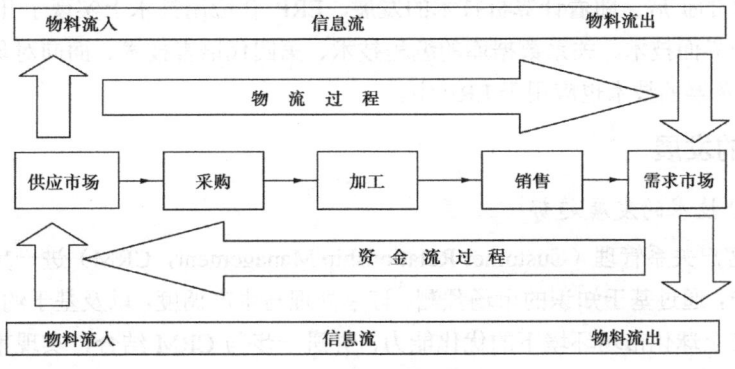

图 2.13　ERP 的运营过程

从图 2.13 中可知，物流过程从供应市场开始，经采购、加工、销售到需求市场，而资金流过程则与其相反。

2. ERP 系统总流程图

ERP 系统总流程如图 2.14 所示。

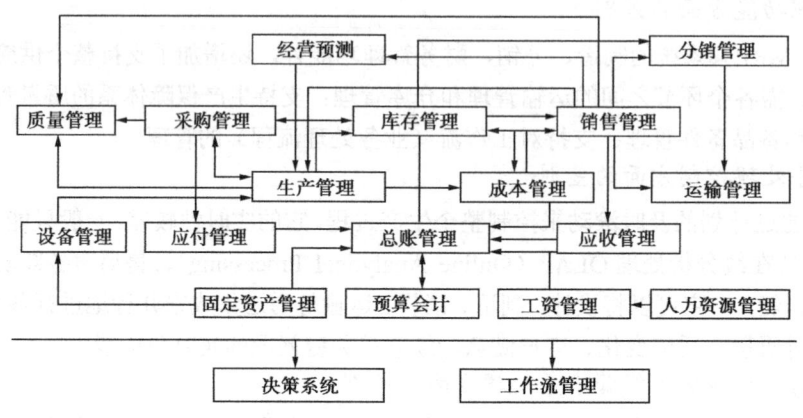

图 2.14　ERP 系统总流程图

从图 2.14 中可知，ERP 理论是从 MRP Ⅱ 发展而来的，但其内容更为丰富，应用更为广泛，技术更为成熟，具体表现在以下几个方面。

（1）应用功能的扩展。ERP 以 MRP Ⅱ 功能为核心，但又扩展了 MRP Ⅱ 的功能，如质量管理、实验室管理、产品数据库管理、流程作业管理、配方管理、仓库管理、运输管理、资产维护管理、人力资源管理、规章报告管理等功能。而且，这些功能由批处理走向实时化，从而使时间这一特性表现得更加突出。运用 ERP 理论能更快速地完成整个经营过程，时间也成为一种关键的资源。

（2）应用环境的扩展。早期的 MRP Ⅱ 往往应用于离散式的生产类型，如机器制造业、飞机制造业等；而 ERP 却能应用于流程式的生产类型，这是随着 ERP 的流程作业管理、配方管理及批号跟踪等功能的扩充而发展起来的。

随着集团公司的不断发展，特别是跨国集团公司的出现，产生了多国经营的多种经营方式，产生了制造公司、贸易公司、服务业等多种业务的混合经营方式，ERP 也能适应多种经营、多种业务的应用环境。

（3）应用方法的扩展。ERP 具有模拟功能和图形处理的能力，以及从结构化的决策向半结构化和非结构化的决策转化的决策支持功能。

（4）应用技术的扩展。随着计算机技术的发展，ERP 在应用技术上实现了开放的客户/服务器的技术、图形用户界面技术、关系数据库的编程技术、第四代语言技术、面向对象技术等。新一代的 Internet Web 服务器的技术也应用于 ERP 中。

四、ERP 的发展

1. 未来 ERP 技术的发展趋势

（1）ERP 与客户关系管理（Customer Relationship Management，CRM）进一步整合。ERP 将更加面向市场和客户，通过基于知识的市场预测、订单处理与生产调度，以及基于约束的调度功能等，进一步提高企业在全球化市场环境下的优化能力，并进一步与 CRM 结合，实现市场、销售、服务的一体化，将 CRM 的前台客户服务与 ERP 后台处理过程集成，提供客户个性化服务，使企业具有更好的客户满意度。

（2）ERP 与电子商务、供应链（SCM）、协同商务、协同作业管理等的进一步整合。ERP 将面向协同商务（Collaborative Commerce），支持企业与贸易共同体的业务伙伴、客户之间的协作，支持数字化的业务交互过程；ERP 供应链管理功能将进一步加强，并通过电子商务进行企业供需协作，例如，汽车行业要求 ERP 的销售和采购模块支持用电子商务或 EDI 实现与客户或供应商之间的电子订货和销售开单过程；ERP 将支持企业面向全球化市场环境，建立供应商、制造商与分销商之间基于价值链共享的新伙伴关系，并使企业在协同商务中做到过程优化、计划准确、管理协调。

（3）ERP 与产品数据管理（Product Data Management，PDM）的整合。PDM 将企业中的产品设计和制造全过程的各种信息、产品在不同设计阶段的数据和文档组织在统一的环境中。近年来，ERP 软件商纷纷在 ERP 系统中纳入了 PDM 功能或实现与 PDM 系统集成的功能，增加了对设计数据、过程、文档的应用和管理，减少了 ERP 庞大的数据管理和数据准备工作量，并进一步加强了企业管理系统与 CAD、CAPP、CAM 系统的集成，进一步提高了企业的系统集成度和整体效率。

（4）ERP 与制造执行系统（Manufacturing Executive System，MES）的整合。为了加强 ERP 对生产过程的控制能力，ERP 将与 MES、车间层操作控制系统（SFC）更紧密地结合，形成实时化的 ERP/MES/SFC 系统。该趋势在流程工业企业的管控一体化系统中体现得最为明显。

（5）ERP 与工作流管理系统的进一步整合。全面的工作流规则保证与时间相关的业务信息能够自动地在正确的时间被传送到指定的地点。ERP 的工作流管理功能将进一步增强，通过工作流实现企业的人员、财务、制造与分销间的集成，并能支持企业经营过程的重组，也使 ERP 的功能可以扩展到办公自动化和业务流程控制方面。

（6）ERP 与 EDI 的整合。ERP 可集成企业内部的 EDI。业务文件（如计划或订单）的传递和一般的公文传递，在内容、传递范围或所运行的计算机环境等方面都有所区别，但又交叉在一起。ERP 把原来分散的 EDI 连通，是企业办公自动化的一个重要进步。ERP 系统的 EDI 具有与系统以外的 EDI 连通的功能。这样，ERP 用户可以在同一个环境中与本企业的非 ERP 软件用户交换信息。此外，ERP 软件在销售和采购模块中用 EDI 实现客户或供应商之间的电子订货和销售开单过程。

（7）ERP 将更加面向市场，包含基于知识的市场预测、订单处理与生产调度和基于约束的调度功能，具有更强的企业优化能力。

（8）ERP 的供应链管理功能将更强大，将进一步面向全球化市场环境，强调供应商、制造商与分销商之间的新型伙伴关系。

（9）ERP 将更好地支持多种不同的制造方式，包括流程制造方式。

2. 推动 ERP 技术的发展的因素

（1）全球化市场的发展与多企业合作经营生产方式的出现，使得 ERP 将支持异地企业运营、异种语言操作和异种货币交易。

（2）企业过程重组及协作方式的变化，使得 ERP 支持基于全球范围的可重构过程的供应链及供应网络结构。

（3）制造商需要应对新的生产与经营方式的灵活性与敏捷性，使得 ERP 也越来越灵活地适应多种生产制造方式的管理模式。

（4）越来越多的流程工业企业应用也从另一个方面促进了 ERP 的发展。

下面通过表 2.5 对 ERP 发展的几个主要阶段进行简要的回顾。

表 2.5　ERP 的发展简介

阶段	企业经营方案	问题提出	管理软件发展阶段	理论基础
20 世纪 30 年代	①追求挖掘物料 ②安全库存、订货 ③物料管理	如何确定安全库存量	库存订货点	①库存订货点理论 ②安全库存量 ③物料原理
20 世纪 60 年代	①追求降低成本 ②手工订货、发货 ③生产缺货频繁	如何确定订货时间和订货数量	时权式 MRP 系统	①库存管理理论 ②主生产计划 ③期量标准
20 世纪 70 年代	①计划偏离实际 ②人工完成车间计划作业	如何保障计划得到有效实施和及时调整	闭环式 MRP 系统	①能力需求计划 ②车间管理作业 ③计划、实施、反馈与控制的循环
20 世纪 80 年代	①追求竞争优势 ②各子系统缺乏联系，矛盾重重	如何实现管理系统一体化	MRP Ⅱ 系统	①系统集成技术 ②物流管理技术 ③决策管理技术
20 世纪 90 年代	①追求创新 ②要求适应市场环境的变化	如何在全社会范围内利用一切可用的资源	ERP 系统	①供应链 ②混合型生产环境 ③事前计划，事中控制

典型案例

移动互联网环境下 ERP 产业链商务模式及发展对策研究

《管理现代化》2016.6 期

一、引言

移动通信和互联网作为当今世界发展最快、市场潜力最大的两项业务，两者相互融合孕育的移动互联产业在近年来更是以爆发式的速度发展，并给整个信息产业带来了巨大的冲击。随着移动互联网的深入发展和移动智能终端的普及，各类应用软件也逐步从 PC 端向移动端转移，标志着移动信息化时代的到来。在这种发展趋势下，不少学者从移动信息化产业出发，积极探究该产业的服务类型、运营模式、产业结构、发展策略等。例如陈东民和万岩以劳动密集程度、顾客参与程度和服务顾客化程度为分类依据，提出了电信运营企业进行移动信息化服务的四种类型；智勇通过梳理移动信息化的产生、现状和发展趋势，对通信运营商推进移动信息化所采用的类 ASP 运营模式进行了详细阐述；李苑和曾剑秋从产业链视角对移动信息化从 1G 到 3G 的发展进行了研究，并在此基础上分析了移动信息化产业链的现有问题和发展趋势；杨萌柯通过分析政企客户移动信息化的市场现状和短板问题现状，从七个方面提出了电信运营企业应在产品价值、协同保障、用户需求等方面实施发展策略。

从上述分析可以看出，已有研究主要集中在以运营商为主导的移动信息化服务领域，鲜有文献对移动应用软件的主导者 ERP 软件厂商及其产业链进行研究。移动互联网的飞速发展给传统 ERP 软件厂商带来新的挑战和机遇，为满足客户企业移动应用的新需求及寻求新的利润增长点，ERP 软件厂商不得不联合移动运营商、终端制造商以及一些专业移动应用软件提供商，拓展产业生态链以发展移动化战略。有别于传统产业链仅以 ERP 软件厂商自身为主，移动 ERP 产业链上各合作伙伴

如何协同运作实现多方共赢值得探讨。鉴于此，本文拟在分析移动 ERP 产业链形成驱动因素的基础上，提出 ERP 产业链在移动互联网环境下的商务模式，进而提出推进我国移动 ERP 产业链发展的对策，以期为我国 ERP 软件厂商开展移动服务合作提供借鉴和参考，并对我国移动 ERP 产业的发展有所裨益。

二、移动 ERP 产业链形成的驱动因素

在移动通信技术突破性发展和移动终端软硬件水平空前提高的背景下，传统市场竞争的加剧以及用户企业需求的变化，促进了 ERP 软件向移动化方向发展，并推动移动 ERP 产业链的形成。

（一）移动通信技术和移动终端技术的快速发展，使 ERP 的移动应用变得现实。近年来，移动通信网络在信息安全、传输宽带和服务质量上都有革命性提升，带宽、网费等已不再是移动终端上网的障碍，用户通过移动终端娱乐、办公等行为越来越普遍。据工信部统计，截至 2016 年 6 月，移动互联网接入流量累计达 37.5 亿 G，同比增长 123.9%，月户均移动互联网接入流量达到 707.3M。随着 4G 网络商业化进程的加快，这些数据将不断被刷新，PC 互联网向移动互联网迁移已成为必然趋势。与此同时，移动终端也向更人性化的设计、更丰富的功能等方向发展，计算能力、存储能力、交互感知能力等方面不断升级。移动网络、移动终端等外部环境日趋成熟，使 ERP 的移动应用变得现实。正是由于移动 ERP 具有"借助移动通信，使用智能终端"的特征，移动运营商和终端制造商成为移动 ERP 产业链不可或缺的参与者。

（二）企业移动化集成应用新需求的不断涌现，为移动 ERP 提供了广阔的市场前景。移动通信技术的蓬勃发展不仅使人们的生活方式和生产方式不断改变，也引发企业在生产、销售、管理等各领域的变革，使企业的运作模式、业务流程等发生变化。随着移动通信和移动终端在服务质量、功能设计、用户体验等方面的提升，越来越多企业员工希望通过移动互联网方便地处理业务。随着 BYOD（Bring Your Own Device）流行，不少企业开始允许员工自带设备办公。据 Forrester 的调查数据，70%的企业都会采用某种形式的 BYOD 计划。在此背景下，企业对于移动设备管理、移动应用管理以及移动内容管理的需求逐渐凸显，这些移动需求的出现对 ERP 等管理软件提出了新要求。面对移动应用广阔的市场前景，一些开发局部移动应用的专业软件提供商不断涌现，传统 ERP 软件厂商也不甘示弱，纷纷加入移动应用集成与研发的行列，成为推动移动 ERP 产业链形成和发展的生力军。

（三）传统市场竞争的加剧，促进 ERP 软件厂商研发新型移动 ERP 软件。传统 ERP 软件市场已步入成熟期，市场竞争日趋激烈，ERP 软件厂商单靠产品或者价格难以取得竞争优势，必须寻找新的利润增长点。随着移动互联网的发展，顺应新形势对产品和服务进行移动化拓展成为 ERP 厂商未来获取更多利润的重要途径之一。国外 ERP 软件巨头早已高度重视 ERP 移动应用软件的集成和研发，并将移动化作为其重要发展战略。例如 SAP 于 2000 年就已推出移动商务解决方案，近年来更是加快了对专业移动应用软件提供商的兼并和自身移动 ERP 系统的研发。而我国 ERP 软件公司虽已开始移动应用软件的研发，但与国外相比起步较晚，在技术上与国外领先厂商存在较大差距。若想抓住移动化应用这一新发展机遇，我国 ERP 软件厂商除了提高自身技术外，还需优化其现有的商务模式，考虑建立多方共赢的产业生态链。

三、推动我国移动 ERP 产业链发展的对策

目前，我国移动 ERP 产业相对于其他发达国家还有不少差距，产业链上各成员企业应该协同合作，以资源整合实现互利共赢，并通过合作创新推动整个移动 ERP 产业链的快速发展。

（一）ERP 软件厂商应深入挖掘用户移动化需求，推动移动 ERP 应用模式和服务模式的创新。移动 ERP 不能简单地由传统 ERP 系统向移动智能终端延伸，需要考虑基于移动场景的业务需求，使企业员工能更好地摆脱固定办公的限制实现运作效率的提升。为此，ERP 软件厂商应与企业用户共同承担起移动化需求分析挖掘的责任。ERP 软件厂商应加强对企业管理及流程的理解，从企业的

商务模式、业务流程等方面入手，并结合移动互联网技术以及移动智能终端技术所带来的想象空间，将用户企业的关键业务流程进行适宜的移动化改造，进而实现移动 ERP 应用和服务模式的创新。

（二）终端制造商应兼顾移动设备和用户企业特点，提供多类型、多技术结合的终端设备部署方案。随着移动终端技术的迅猛发展，移动设备形式多种多样。终端制造商应根据不同移动设备的特点以及用户企业对移动设备的特殊需求，为用户企业设计更符合其移动化运营管理需求的移动终端设备部署方案。同时，结合二维码、RFID 等多种技术，从终端设备层面创新移动 ERP 应用模式。另外，移动 ERP 对移动终端的依赖，使得移动终端软件操作的舒适性成为用户满意度的重要指标。对终端制造商来说，应加大研发和设计力度，并通过与 ERP 软件厂商、移动应用软件提供商的相互协作，提供硬软件匹配度强的终端产品，为用户带来更好的移动化人机交互体验。

（三）移动运营商应优化移动传输网络、丰富移动服务模式，为移动 ERP 发展提供良好的移动网络环境。移动网络是移动信息化建设的基础，移动数据传输的畅通性很大程度上决定了移动信息化产品的用户体验。由于存在复杂频繁的数据交互，移动 ERP 需要快速、稳定、安全的移动传输网络，这对移动运营商提出了更高要求。移动运营商应加大投入移动基站建设，着力推进移动网络优化，进而实现移动网络覆盖范围的增强和传输质量的提高。此外，移动运营商还应从时段、流量等多方面深入分析用户的移动网络服务需求，并在此基础上创新移动网络服务和收费模式，提供不同限额档次、计费单元、资费标准的移动网络套餐组合，以确保移动 ERP 用户可以拥有更为良好的服务体验。

四、结语

随着移动通信网络的优化、智能终端性能的提升，以及移动用户规模的增长，移动 ERP 正逐渐迈上发展的快车道。移动 ERP 未来巨大的发展空间对产业链上各成员企业既是机遇也是挑战。作为一个需要多方协作的产业链条，移动 ERP 产业离不开各成员企业相互间的互利共赢、合作共生，应充分发挥产业链上各合作伙伴的作用，缔结更加紧密的产业战略联盟，在合力培养用户市场的同时，实现整个移动 ERP 产业的持续健康发展。

思考与练习 2

一、填空题

1．在 20 世纪 30 年代初期，企业为了_____的需求，通常采用控制_____的方法，即为需求的每种物料设置一个_____量和安全库存量。_____是为库存容量、_____的限制而设置的，安全库存量也称最小库存量，即物料的_____不能大于安全库存量。

2．按照供需链管理的思想，需求管理是一种_____，概括起来有三个过程，即_____、_____、_____。前两个过程主要是处理_____；后一个过程主要是处理_____。

3．基本 MRP 主要解决的问题是_____计划和_____问题。基本 MRP 的基本任务有_____和_____等。

4．在 MRP 系统中，MPS 作为驱动的一整套计划数据，反映企业_____，什么时候生产，以及_____。MPS 必须考虑客户_____、_____、未完成订单、可用物料的数量、_____、_____和目标等。

5. 闭环 MRP 理论认为＿＿＿＿＿＿＿计划与＿＿＿＿＿＿＿计划应该是可行的,即要使 MRP 系统正常运行,需要有一个现实可行的＿＿＿＿＿＿＿计划。

6. 在闭环 MRP 系统中,把＿＿＿＿＿＿＿的＿＿＿＿＿＿＿平衡称为资源需求计划,或称为＿＿＿＿＿＿＿计划,它的计划对象为＿＿＿＿＿＿＿件,主要面向的是＿＿＿＿＿＿计划。

7. 能力需求计划的依据可以从＿＿＿＿＿、＿＿＿＿＿、＿＿＿＿＿、＿＿＿＿＿四个方面考虑。

8. MRP Ⅱ的基本思想就是以＿＿＿＿＿＿计划为核心,将 MRP 的信息共享程度扩大,把企业作为一个＿＿＿＿＿整体,从整体最优的＿＿＿＿＿出发,通过运用＿＿＿＿＿方法对企业各种资源和＿＿＿＿＿、＿＿＿＿＿、＿＿＿＿＿、＿＿＿＿＿各个环节进行有效地＿＿＿＿＿、和＿＿＿＿＿,使它们得以协调发展,并充分地发挥作用。

二、选择题

1. ( ) 年代初期,西方经济学家通过研究库存物料随时间推移而被使用和消耗的规律,提出了订货点的方法和理论。
   A. 20 世纪 30　　　B. 20 世纪 40　　　C. 20 世纪 50　　　D. 20 世纪 60

2. 物料的定义是为了产品销售,所有需要( )的一切物的统称。
   A. 列入计划、控制库存、控制成本
   B. 列入计划、控制计划、管理计划
   C. 控制库存、控制进货、控制成本
   D. 控制库存、控制计划、管理计划

3. 闭环 MRP 理论,执行 MRP 时要用派工单来控制( )。
   A. 采购的优先级　　　　　　　　　B. 加工的优先级
   C. 库存的优先级　　　　　　　　　D. 计划的优先级

4. MRP Ⅱ包括( )的有关计划,集成了应收、应付、成本及总账的财务管理。
   A. 操作层、计划层、执行层　　　　B. 操作层、管理层、决策层
   C. 决策层、管理层、执行层　　　　D. 决策层、操作层、执行层

5. ERP 的宗旨是对企业所拥有的( )等资源进行综合平衡和优化管理。
   A. 人、财、物、信息、时间和空间
   B. 人、财、物、仓库、物流和成本
   C. 人、财、物、信息、物流和成本
   D. 人、财、物、仓库、时间和空间

三、简答题

1. 请简述库存订货点理论的局限性。
2. 请简述物料的定义。
3. 请简述物料需求的类型。
4. 请简述基本 MRP 所要解决的问题。
5. 请简述生产负荷概念。
6. 请简述 MRP Ⅱ的基本思想。
7. 请简述 ERP 与 MRP Ⅱ的主要区别。
8. 请简述推动 ERP 技术发展的因素。

第3章　制造业生产类型与ERP术语

◎ 知识点 ◎	◎ 能力点 ◎
● 制造企业六种不同生产类型 ● 制造企业生产计划与控制 ● ERP中的重要术语	● 产品生命周期的形态 ● 物料清单的输出 ● 工作中心的计算

第一节　制造企业的生产类型

情景案例

在ERP的选型中，企业总是迟迟不能做出决定，为什么大家对ERP不敢轻易投入，选型而不敢定型呢？除了像ERP这样的大型应用系统对企业发展的影响太大之外，还由于企业对自己的生产类型的了解不够而导致的担心。那么，制造业的生产类型到底可分为哪几种呢？

朱雪峰团队带着这个问题进入了制造企业的生产类型。

任务思考

1. 企业的生产类型按照其接受生产任务的方式可分为哪几种？
2. 这几种生产类型的含义、特点及管理重点分别是什么？

任务分析

制造业采用的生产类型，从总体上可以分为两大类：离散型（Discrete）和连续型（Process）。从极端的离散型生产到完全的连续型生产，又可以细分为六种生产类型。

制造企业本身应清楚本企业属于什么样的生产类型，因为不同的生产类型对ERP软件有着不同的要求，而不同ERP软件供应商的产品通常可支持不同的生产类型，或在某种生产类型上有优势。因此，对于计划实施ERP的客户来说，明确自己企业的生产类型，定义清楚该生产类型对ERP软件的具体要求，然后在满足这些要求的ERP软件中挑选最合适的供应商，是首要的、必须完成的工作。

一、六种不同的生产类型

根据Gartner集团在1997年对ERP软件供应商的分类，制造业生产类型可分为极端的离散型

（Discrete）生产到完全的连续型（Process）生产，又可以进一步细分为六种生产类型，如图 3.1 所示。

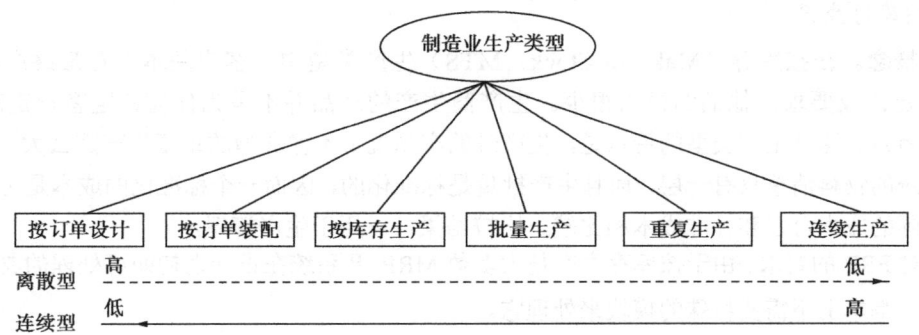

图 3.1 制造企业的生产类型分类图

制造业生产过程的组织方式和技术，从总体上可分为两大类：离散型和连续型。进一步又可细分为以下六种生产类型。

1. 按订单设计或按项目设计

（1）概念。在按订单设计（Engineer to Order，ETO）或按项目设计（Engineer to Project，ETP）生产类型中，一种产品在很大程度上是按照某一特定客户的要求来设计的，所以说支持客户化的设计是该生产流程的重要功能和组成部分。因为绝大多数产品都是为特定客户量身定制的，所以这些产品可能只生产一次，以后再也不会重复生产了。

（2）特点。这种生产类型的特点是，产品的生产批量很小，但是设计工作和最终产品往往非常复杂。在生产过程中，每一项工作都要特殊处理，因为每项工作都是不一样的，可能有不一样的操作、不一样的费用，需要不同的人员来完成。

（3）对 ERP 的要求。按定单（项目）生产类型是六种生产类型中最复杂的一种，它包括从接到客户产品要求进行设计到将最终产品交付客户使用的各个环节，因而对于 ERP 软件也有着非常高的要求。对用于该行业的 ERP 应用软件在主要模块和能力上有如下要求：必须有高度复杂的产品配置功能，能够支持有效的并行生产，支持分包制造，有车间控制与成本管理功能，高级的工艺管理与跟踪功能，多工厂的排程功能，有计算机辅助设计与制造功能（CAD/CAM），集成功能以及有限排程功能。

（4）适用行业（产品）。典型的属于此种类型的行业有：飞机制造业、国防产品制造业、出版业、机械设备和发电设备制造业。

2. 按订单装配或按订单制造

（1）概念。在按订单装配（Assemble To Order，ATO）或按订单制造（Make to Order，MTO）生产类型中，客户对零部件或产品的某些配置给出要求，生产商根据客户的要求提供为客户定制的产品。所以，生产商必须保持一定数量的零部件的库存，以便当客户订单到来时，可以迅速按订单装配出产品并发送给客户。

（2）特点。这种生产类型的特点是，需要运用某些类型的配置系统，以便迅速获取并处理订单数据信息，然后按照客户需求组织产品的生产装配来满足客户需要。生产企业必须备有不同部件并准备好多个柔性的组装车间，以便在最短的时间内组装出种类众多的产品。

（3）对 ERP 的要求。满足这种生产类型的 ERP 软件必须具有以下关键模块：产品配置（Production Configuration）、分包生产、车间管理和成本控制、高级的工艺管理与跟踪功能、分销与库存管理、多工厂的排程、设计界面，以及集成模块。

（4）适用行业（产品）。典型的属于此种类型生产的产品有：个人计算机和工作站、电话机、发动机、房屋门窗、办公家具、汽车、某些类型的机械产品，以及越来越多的消费品。

3．按库存生产

（1）概念。在按库存（Make to Stock，MTS）生产类型中，客户基本上对最终产品的规格没有什么建议或要求，他们的投入很少。生产商生产的产品并不是为任何特定客户定制的。

（2）特点。这种生产类型的特点是，生产时的产品批量不像典型的重复生产那么大。通常，这类生产系统的物料清单只有一层，而且生产批量是标准化的，因而一个标准化的成本是可以计算出来的。实际的成本可以和标准成本相比较，比较结果可以用于生产管理。

（3）对 ERP 的要求。由于按库存生产是大多数 MRP Ⅱ系统在设计之初即可处理的典型生产类型，因此，基本上不需要特殊的模块来处理它。

（4）适用行业（产品）。典型的属于此生产类型的产品有：家具、文件柜、小批量的消费品、某些工业设备等。

4．批量生产

（1）概念。在批量生产（Batch）类型中，处于生命周期的初始阶段的产品可能会有很大变化。在纯粹离散型生产中，产品是根据物料清单装配处理的；而在批量生产类型中，产品却是根据一组配方（Recipe of Ingredients）或是原料清单（Bill of Resources）来制造的。产品的配方可能因设备、原材料、初始条件等的改变而改变。

（2）特点。这种生产类型的特点是，原材料的构成和化学特性可能会有很大的不同，所以一个产品须有一组不同的制造配方；而且，后续产品的制造方法往往依赖于以前产品的制造方法。在经过多次批量生产之后，可能会转入重复生产类型。

（3）对 ERP 的要求。适合于此种生产类型的 ERP 系统必须具有实验室管理功能，并具备对产品的制造流程和所用原材料发生变化的应变能力。其关键模块有并发产品（Co-products）和副产品（By-products）、连续生产、配方管理、维护、营销规划、多度量单位、质量和实验室信息管理系统等。

（4）适用行业（产品）。典型的属于此类生产的产品有医药、食品饮料、油漆等。

5．重复生产

（1）概念。重复生产（Repetitive）又被称为大批量生产。生产商可能需要负责整个产品系列的原料，并且在生产线上跟踪和记录原料的使用情况。此外，生产商还要在长时期内关注质量问题，以避免某一类型产品的质量逐步退化。虽然在连续的生产过程中，各种费用（如原料费用、机器费用等）会发生重叠而很难明确分清，但为了管理需要，仍然要求划分清楚。

（2）特点。这种生产类型的特点是，该生产类型往往用倒冲法（Backflush）来计算原材料的使用。所谓"倒冲法"是根据已生产的装配件产量，通过展开物料清单，将用于该装配件或子装配件的零部件或原材料数量从库存中冲减掉。它基于通过计算得出的平均值，而不是实际值。重复生产类型需要计划生产的批次，并留出适当的间隔，以便对某些设备进行修理。

（3）对 ERP 的要求。适用于重复生产类型，其 ERP 系统需要具备的关键模块或功能有重复生产、倒冲法管理原料、高级库存管理、跟踪管理和电子数据交换（EDI）。此外，对那些生产涉及人身健康和安全的用品的企业则有更高的要求，可能需要对原料来源、原料使用、产品的购买者等信息进行全面的跟踪和管理。

（4）适用行业（产品）。典型的属于此类生产的产品有笔、用于固定物品的装置（如拉链）、轮胎、纸制品、绝大多数消费品。

6．连续生产

（1）概念。在连续生产（Continuous）类型中，单一产品的生产永不停止，机器设备一直运转。

连续生产的产品一般是企业内部其他工厂的原材料。

（2）特点。这种生产类型的特点是产品基本没有客户化。

（3）对 ERP 的要求。适合于连续生产类型的 ERP 系统的关键模块有并发产品和副产品、连续生产、配方管理、维护、多度量单位。

（4）适用行业（产品）。典型的属于此类生产的产品有石化产品、钢铁、初始纸制品等。

7．MTO 与 MTS 的区别

MTO 是按订单制造的生产类型，用户提出各种各样的要求，包括产品性能、数量等，经过协商确定出价格和交货期等要素，然后组织设计和生产。MTS 是按库存的生产类型，按已有的标准产品或产品系列进行的生产，生产的目的是为了补充库存，通过成品库存随时满足用户的需求。它们的区别见表 3.1 所示。

表 3.1　MTO 与 MTS 的区别一览表

项目	存货生产（MTS）	订货生产（MTO）
产品	标准产品	非标准产品
对产品的需求	可以预测	难以预测
价格	事先确定（生产企业）	订货时确定（双方）
交货期	不重要，可随时供货	很重要，订货时确定
生产依据	按预测生产，有库存	按订单生产，无库存
设备	多采用专用高效设备	多采用通用设备
生产类型	大量流水生产	单件小批量生产

二、产品的生命周期

产品的生命周期包括产品投入期、产品增长期、产品成熟期、产品衰退期四个阶段。

1．产品投入期

产品的投入期又称引入期，是指产品引入市场，销售缓慢成长的时期。在这一阶段，生产部门关心的是找出产品生产的最佳方法；市场部门关心的是让产品打入市场；工程设计部门关心的是产品规格。在这一阶段，因产品引入市场所支付的巨额费用，致使利润几乎不存在。

2．产品增长期

产品增长期是指产品被市场迅速接受和利润大量增加的时期。这一阶段，需求不断增长，在保持较低库存的情况下，为了完成销售目标和改善对客户的服务质量，生产计划方式应当转换成面向订单装配的方式。这种计划具有灵活性，而且能够缩短对客户订单的响应时间。在增长期，生产部门关心的主要是扩充生产能力和对客户订单及时做出反应；市场部门关心的是加强竞争和扩大市场；工程设计部门关心的是改进产品性能。

3．产品成熟期

产品成熟期是指因产品已被大多数的潜在购买者所接受而造成的销售成长减慢的时期。在这一阶段，为了对抗竞争并维持产品的地位，营销费用日益增加，利润维持稳定或下降。在成熟期，生产部门关心的是降低生产成本和缩短生产时间；市场部门关心的是保持市场占有率，以及根据市场情况调价和增加销售渠道；工程设计部门关心的是降低产品消耗，以及寻找更有效的生产方法。

4．产品衰退期

产品衰退期是指销售下降的趋势增强和利润不断下降的时期。在这一阶段，客户对产品的需求减少，在这种情况下，宜多采用面向订单生产的计划方式。在衰退期，生产部门关心的是为少量的产品合理地分配生产资源；市场部门关心的是淘汰这种产品的时间和方式；工程设计部门关心的是为旧产品提供服务及开发新产品。

三、产品生命周期的形态和持续时间

1. 一般产品生命周期曲线

一般产品生命周期曲线如图 3.2 所示。

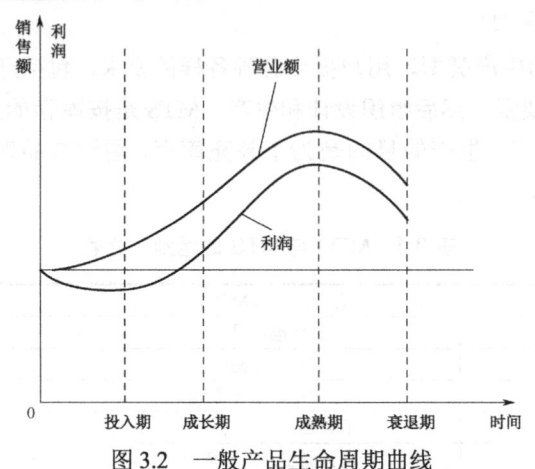

图 3.2 　一般产品生命周期曲线

从图 3.2 中可知，产品的生命周期曲线特点是，在产品开发期间该产品销售额为零，公司投资不断增加；在投入期，销售缓慢，初期通常利润偏低或为负数；在成长期销售快速增长，利润也显著增加；在成熟期利润在达到顶点后逐渐走下坡路；在衰退期间产品销售量显著衰退，利润也大幅度滑落。企业不能期望他的产品永远地畅销，因为一种产品在市场上的销售情况和获利能力并不是一成不变的，而是随着时间的推移发生变化，这种变化经历了产品的诞生、成长、成熟和衰退的过程，就像生物的生命历程一样，所以称之为产品生命周期曲线。

2. 特殊产品生命周期曲线

特殊产品生命周期曲线如图 3.3 所示。

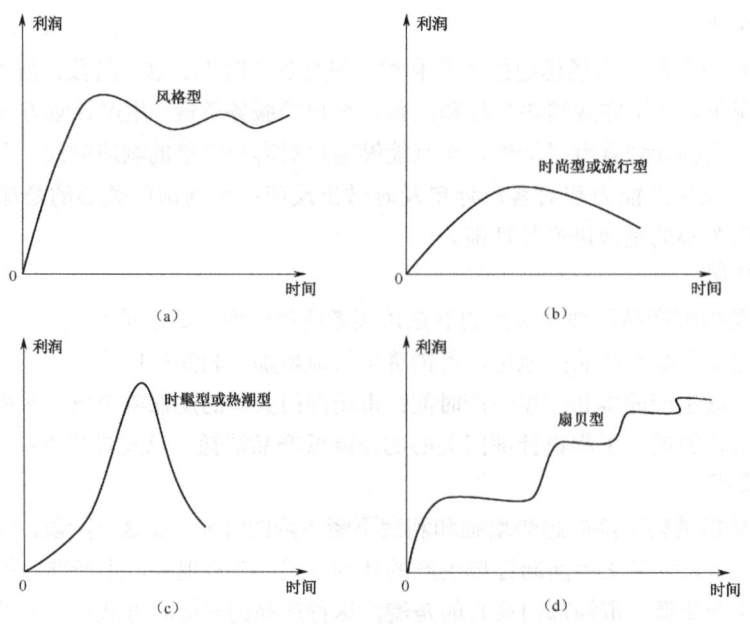

图 3.3 　特殊产品生命周期曲线

（1）风格型产品

风格型产品生命周期曲线如图3.3（a）所示。是一种在人类生活中基本但特点突出的表现方式。风格一旦产生，可能会延续数代，根据人们对它的兴趣而呈现出一种循环再循环的模式，时而流行，时而又可能并不流行。

（2）时尚型或流行型产品

时尚型或流行型产品生命周期曲线如图3.3（b）所示。是指在某一领域里，目前为大家所接受且欢迎的风格。时尚型的产品生命周期特点是，刚上市时很少有人接纳（称之为独特阶段），但接纳人数随着时间慢慢增长（模仿阶段），终于被广泛接受（大量流行阶段），最后缓慢衰退（衰退阶段），消费者开始将注意力转向另一种更吸引他们的时尚。时尚经历四个阶段。

① 区分阶段，有些消费者为了从其他消费者中分离出来，自成体系而对某些新产品感兴趣。

② 模仿阶段，其他消费者以超乎寻常的兴趣仿效时尚领袖。

③ 大量流行阶段，这种时尚非常风行，生产厂商加快了大量生产的步伐。

④ 衰退阶段，消费者向吸引他们的另一些时尚转移。

（3）时髦型或热潮型产品

时髦型或热潮产品生命周期曲线如图3.3（c）所示。是一种来势汹汹且很快就吸引大众注意的时尚，俗称时髦。热潮型产品的生命周期往往快速成长又快速衰退，主要是因为它只是满足人类一时的好奇心或需求，所吸引的只限于少数寻求刺激、标新立异的人，通常无法满足更强烈的需求。

（4）扇贝型产品

扇贝型产品生命周期曲线如图3.3（d）所示。是指产品生命周期不断地延伸再延伸，这往往是因为产品创新或不时发现新的用途。

第二节　制造业生产计划与控制

情景案例

在市场竞争日趋激烈的今天，每个企业都希望拥有低库存、低成本，同时能灵活地满足客户需求的流畅生产环境。计划及控制部门作为组织企业生产及物料运作的总调度，其工作内容直接影响销售、生产、采购、乃至质量、设计部、工程、人力资源以及财务成本和预算控制，尤其在以供应链与供应链之间的竞争为主流的当今环境下，计划和控制部门扮演的角色尤为重要。

现实的情况是，计划和控制部门的成员和管理者往往在为预测不准、计划不易、考虑不周、信息不全、步调不一致、执行不到位等问题烦恼。如何摆脱困境，寻求有效的生产计划和物料控制良方？朱雪峰为了寻求此答案进入了这一阶段的学习之中。

任务思考

1. 制造业生产计划的含义是什么？
2. 如何控制计划的执行？

任务分析

制造业的生产计划的制定及实施关系着生产管理及交货的成败，跟单员要协助管理人员将定单

及时转化为生产通知单，并制订出生产计划排程。

制造业的生产计划是根据企业主生产计划，安排零部件的出产数量、设备及人工使用、投入时间及出产时间等的具体执行计划。生产控制是将生产计划从空间上、时间上以及制定的单位上进行细化，规定车间、设备或工人在什么时间、什么地点完成什么任务，使用生产计划更加具体化并具有一定的可操作性和可执行性。

一、工业企业生产计划体系

在一定规模的工业企业中，生产计划工作由一系列不同类别的计划所组成。这些计划按计划期的长度分为长期、中期、短期计划三个层次。它们之间相互紧密联系，协调配合，构成企业生产计划工作的总体系。图3.4 反映了这三层计划的组成以及各种计划之间的关系。

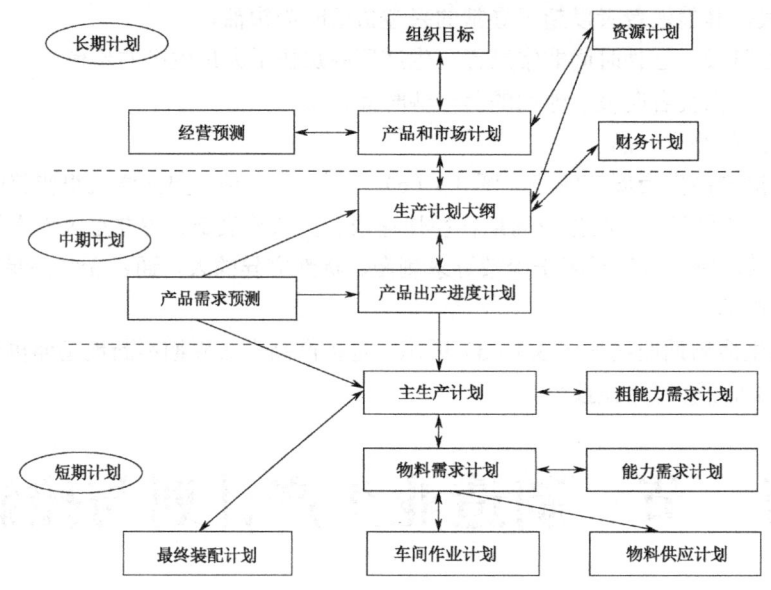

图 3.4　工业企业生产计划体系

从图 3.4 中可知，构成工业企业生产计划体系的有长期计划、中期计划、短期计划等，下面分别对这三种计划进行详细介绍。

1. 长期计划

长期计划的计划期一般为 3 年至 5 年，也可长达 10 年之久。它是企业在生产、技术、财务等方面重大问题的规划，提出了企业的长远发展目标以及为实现目标所制定的战略计划，它包括产品与市场发展计划、资源发展计划及生产战略计划和财务计划等几种计划。

制定长期计划，首先要结合对经济、技术、政治环境的分析，做出营业发展的预测，确定企业的发展总目标，例如在总产量、总产值、利润、质量、品种等方面的增长速度和应达到的水平。战略计划则要确定企业的经营方向和经营领域。接着，制定资源发展计划。它要确定为实现企业发展目标和战略计划所需要增加的生产资源和相应的生产方式的变革，以及生产能力发展的规划。长期计划中的财务计划将从资金需要量和投资回报等方面对以上各种计划的可行性和经济有利性进行分析，使这些计划在财务上是可行的，并且是有效益的。

2. 中期计划

中期计划是长期计划的具体化。它以企业发展战略的目标和步骤为根据，对长期计划的各项任务，给以一定时间里的数量要求，并规定为达到计划要求的途径和手段。其主要内容有：经济增长速度和重要比例关系，财政、信贷、外汇、物资、市场、劳动力等方面的平衡，固定资产投资的规模、方向、效益，主要产品的新增生产能力，以及大中型建设项目和重要配套项目，科学技术攻关项目和重大科学技术成果的推广应用项目，自然资源综合利用水平和环境保护指标，重要的经济政策和科学技术政策及重大措施，等等。

生产计划大纲的编制依据是对产品需求的预测，以及长期计划对当年提出的任务要求。它的作用是通过总量指标来核算检查全年的生产能力能否满足需要，以便对任务与能力进行平衡，并使达到平衡的计划保证应有的经济效益。

产品出产进度计划是将生产计划大纲具体化为按产品品种规格来规定的年度分月的产量计划。这种计划一般每隔半年编制一次，也可以按更短的时间周期进行滚动更新。制定出产品出产进度计划之后，仍需进行生产能力的核算平衡，以保证计划达到可行性。但在这一层上，生产能力核算和平衡都是粗略的，只分车间，或按设备大组的总台时与人员公众的总工时去检查和校核生产能力，故属于粗能力需求计划。当然，当检查生产能的同时，也要检查其他资源的供应能力，如原材料、能源、外购配件、运输等的供需平衡情况。

3. 短期计划

短期计划的计划期长度在六个月以下，一般为月或跨月计划，它包括物料需求计划、生产能力需求计划、总装配计划以及在这些计划实施过程中的车间内的作业进度计划和控制工作。

物料需求计划是总产品出产计划分解为构成产品的各种物料的需要数量和需要时间的计划，以及这些物料投入生产或提出采购申请的时间计划。总装配计划就是最终产品的短期出产进度计划，生产能力需求计划即通常所说的设备负荷计划，它根据零件的工艺路线和工时定额，来预计各工作中心在各时间周期中应提供的生产能力数量，然后，以经过与实有能力的平衡，编制出车间的生产作业计划。车间内的作业计划工作中包括作业分派、调度和生产进度的监控与统计工作。对外购的物料则编制物资供应计划，并对其实施进行控制。

二、生产计划与控制

1. 生产计划含义

制造业的生产计划是根据企业主生产计划，安排零部件的出产数量、设备及人工使用、投入时间及出产时间等的具体执行计划。

2. 生产计划管理

（1）在科学预测的基础上，为确定企业发展方向、发展规模、发展速度提供依据，制定企业长远发展规划；

（2）通过组织编制和执行企业生产计划，合理配置人、财、物各种资源，充分发挥资源功效，使生产、经营、建设各项活动科学高效运行，企业得以和谐、可持续发展；

（3）通过不断改善企业经济技术指标，逐步实现企业经济效益最佳，股东利益最大化。

3. 生产计划的控制

生产计划是为达到一定的目标而制定的行动方案；控制是为了保证计划的完成而采取的措施。计划与控制是相辅相成的，任何计划都离不开控制，没有控制的计划是一个不完整的计划，是一个空计划。

计划和控制是 ERP 的核心。在 ERP 中，计划是一个由粗到细，由长期、中期到短期，由一般到具体的过程。

4. ERP 中计划的层次

ERP 中的计划层次可分为 5 层，即企业经营计划层、生产计划大纲层、主生产计划层、物料需求计划层、车间作业及采购计划层等。其中，第 1 层到第 3 层为决策层计划，第 4 层为管理层计划，第 5 层为操作层计划，如图 3.5 所示。

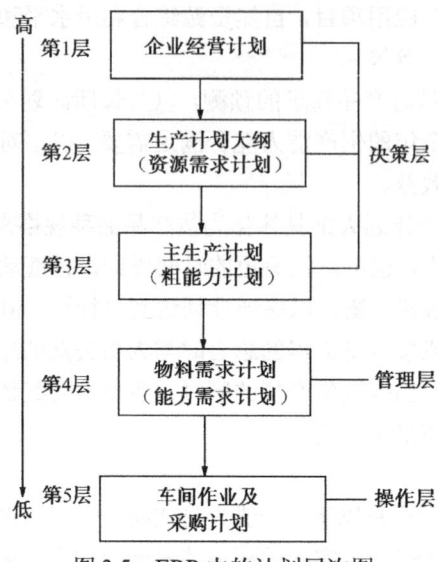

图 3.5　ERP 中的计划层次图

（1）企业经营计划层。企业经营计划层又称为企业战略规划层，它是企业总目标的具体体现，是企业的最高决策者。该层根据市场调查和需求分析、国家有关政策、企业资源能力和历史状况、同行业竞争对手的情况等有关信息，制订企业经营计划，即对策计划。它包括在未来 2～7 年的时间内，本企业生产的产品的品种及其在市场上应占有的份额、产品的年销售额、年利润额和生产率等。经营计划的制订要考虑企业现有的资源情况和目前企业的市场情况，以及未来可以获得的资源情况（包括较大的预测成分）。企业经营计划是以下各层计划的基础，其准确性由预测的方法、信息的来源及信息的可靠性所决定。

（2）生产计划大纲层。生产计划大纲层又称为资源需求计划层，其任务是根据企业经营计划层的计划目标，确定企业的每一类产品在未来的 1～3 年内，每个年度、每个月份生产多少，需要哪些资源。生产计划大纲总是与资源需求有关，因此在某些书中也将生产计划大纲称为资源需求计划。

（3）主生产计划层。主生产计划层又称为粗能力计划层，该层的任务是以生产计划大纲层的计划目标为依据，按时间段计划企业应生产的最终产品的数量和交货期，并在生产需求与可用资源之间做出平衡。

（4）物料需求计划层。物料需求计划层又称为能力需求计划层，其任务是根据主生产计划层对最终产品的需求数量和交货期，推导出构成产品的零部件及材料的需求数量和需求日期，再推导出自制零部件的制造订单下达日期和采购件的采购订单发放日期，并进行需求资源和可用能力之间的进一步平衡。

（5）车间作业及采购计划层。车间作业及采购计划层是 ERP 的最低层，也是操作层、基础层，其任务是根据 MRP II 生成的制造订单和采购订单来编制工序，以安排生产计划和采购计划。

三、制造业的生产计划方式

在制造业中，不同的生产计划方式对企业生产管理基本数据的设定和对管理功能的要求均有所不同，一般可以分为以下 4 种方式。

1. 面向订单设计

面向订单设计的生产计划方式是指接受客户订单后，将客户需求进行定义并设计产品，其中包括先定义产品的规格，然后开发 BOM，订购所需物料并保留生产能力。整个交货提前期包括设计时间、物料采购时间和生产时间。这种生产计划方式主要用于高度客户化的订单，如水电站的大型发电机。

2. 面向订单生产

在面向订单生产的生产计划方式中，产品的设计工作已经完成，而生产用的物料尚未订购。按这种方式生产的产品的销售量通常较小，而客户则必须等待进货和生产所需的时间。全部交货提前期包括物料采购时间和生产时间。

3. 面向订单装配

面向订单装配的生产计划方式是指在生产的最后阶段，用库存的通用零件装配满足客户订单需求的产品。这些通用的零部件是在客户订货之前就计划、生产并储存入库的。收到客户订单后，就把它们装配成最终产品。当产品有许多可选的特征，而客户又不愿等备料及生产所需的时间时，就可以采用这种方式。

4. 面向库存生产

面向库存生产的生产计划方式是指在收到客户订单以前，已经开始生产。典型的情况是产品放在仓库里等待客户订单。在这种情况下，产品的交货提前期短，而且销售量也很大。

虽然存在以上 4 种生产计划方式，但在同一个企业中可能存在几种不同的生产计划方式；而事实上，每种产品都可能有不同的计划方式。对于一个企业的一种产品而言，生产计划方式也可能随时间而变化。去年采用面向订单生产方式的企业，今年就可能转成面向订单装配方式了。

第三节　ERP 的重要术语

情景案例

ERP 是整个企业范围内供需平衡的管理工具。ERP 提供了联系客户和供应商并使之成为完整供应链的系统，是一个面向企业内部的供应链，是专门为解决企业信息集成应运而生的专业性系统解决方案。

朱雪峰团队一帮人，在学习过程中发现许多词或词组可以用来描述 ERP 中的现象、特性、关系和过程，于是需要进一步去学习。

任务思考

1. 什么是术语？
2. 术语有哪些基本特征？

任务分析

各门学科中的专门用语。术语可以是词，也可以是词组，用来正确标记生产技术、科学、艺术、社会生活等各个专门领域中的事物、现象、特性、关系和过程。

术语的基本特征有：①专业性。术语是表达各个专业的特殊概念的，所以通行范围有限，使用的人较少。②科学性。术语的语义范围准确，与相似的概念相区别。③单义性。术语在某一特定专业范围内是单义的。有少数术语属于两个或更多专业。④系统性。在一门科学或技术中，每个术语的地位只有在这一专业的整个概念系统中才能加以规定。术语往往由本民族的一般词汇（包括一些词素）构成。术语也可来自专名（人名、地名），但一般的专名不是术语。术语还常来自外来语。术语根据其使用范围，还可以分为纯术语、一般术语和准术语。

一、与时间相关的术语

1. 提前期

（1）提前期概念。所谓"提前期"是指为按时完成本工序工作，需要以前工序提前开始的时间，包括排队时间、运输时间、准备结束时间以及加工时间。对物流系统提前期的评估，既包括工序的总提前期，又包括从尾工序到前面任何一道工序的提前期，也包括任一道工序与其前面任一道工序的提前期。其中，准备结束时间与经济批量直接相关。ERP系统能否迅速地在产品品种变换上做出响应，主要取决于这一时间，可见这是一项极其重要的指标。提前期也称为前置期。

对加工装配阶段来讲，提前期分为5类时间。

① 排队时间。排队时间是指一批零件在工作中心前等待上机加工的时间。在加工工件种类很多，各自的加工周期又有很大的差别时，排队时间（尤其是后续工序）往往很难避免。一般来说，在大批量生产而各工作中心的加工周期又比较接近时，排队时间可以短些。也就是说，在面向库存生产的情况下，排队时间可能短些，而在面向订单生产的情况下则可能会长些。

② 准备时间。准备时间是指熟悉图样及技术条件、准备工具及调整的时间。为了使每个零件平均占用的准备时间少些，往往希望有一定的加工批量。例如，换一次工具至少连续生产一个班次，可以通过成组加工、改进工装设计、采取并行准备等措施来减少准备时间。

③ 加工时间。加工时间是指在工作中心加工或装配的时间，它同工作中心的效率、工装设计、人员技术等级有关。它是一种可变提前期，即每批零件的加工时间=零件数量×单个零件加工时间。

④ 等待时间。等待时间是指加工完成后等待运往下道工序或储存库位的时间。等待往往是由于搬运设施调配不当或下道工序能力不足造成的，也与传送批量有关，因此一些ERP软件把等待时间合并到传送时间中。

⑤ 传送时间。传送时间是指工序时间或工序至库位之间的运输时间。若为外协工序，则其包括的内容更加广泛，与车间布置、搬运工具能力效率等有关。

（2）提前期（Lead Time）。提前期是指完成一项活动所需要的时间。这种活动通常指物料和产品的获得，无论是从外面购入的还是用自己的设备制造的。提前期可由下列各种时间或它们的总和组成：排队时间、准备时间、加工时间、等待时间、传送时间。

（3）累计提前期（Cumulative Lead Time）。累计提前期是指完成某项活动的最长时间。对于任一MRP计划物料项目来说，其累计提前期可以通过遍历该项物料的物料清单中各条路径来得到，即将各路径上所有低层次项目提前期的最大累计值定义为该项目的累计提前期，也称为合成提前期或关键路径提前期。

2. 需求

（1）独立需求（Independent Demand）。当对某项物料的需求与对其他物料的需求无关时，则称这种需求为独立需求。例如，对成品或维修件的需求就是独立需求。

（2）相关需求（Dependent Demand）。当对一项物料的需求与对其他物料项目或最终产品的需求有关时，称为非独立需求。这些需求是计算出来的而不是预测的，对于具体的物料项目，有时可

能既有独立需求又有非独立需求。

3．计划概念

（1）什么是计划。所谓计划指的是预先进行的行动安排，包括对事项的叙述、对目标和指标的排列、对所采用手段的选择，以及对进度的规定等。计划具有目标性、领先性、普遍性、效益性等特征。

（2）计划的作用。计划具有以下几个作用：①弥补不肯定性和变化带来的问题（对未来机遇和挑战深思熟虑，对采取的策略成竹在胸；提高组织适应环境变化的能力）。②有利于管理人员把注意力集中于目标。③有利于提高组织的工作效率。④为其他管理活动提供依据，例如，控制标准的制订要以计划为基础（有利于有效地进行控制），激励员工和协调工作也离不开计划。⑤提供协作依据，形成集体生产力。⑥形成系统积累的努力，达成较高的组织目标。

（3）计划的类型。

① 按照计划的广度可分为战略计划和作业计划。其中，战略计划指的是总体目标，寻求组织与环境间的平衡；作业计划是指细节计划。

② 按照计划的时间跨度可分为长期计划、中期计划和短期计划。其中，长期计划指的是战略性、纲领性、综合性的计划，一般在 5 年以上；中期计划一般为 2～4 年；短期计划一般在 1 年以内。

③ 按照计划的明确性可分为指令性计划和指导性计划。其中，指令性计划指的是具有行政约束力和明确规定的目标；指导性计划指的是一般性的指导原则。

4．计划时间跨度

计划时间跨度又称为计划展望期，指的是编制计划所覆盖的时间范围。在 ERP 系统中，计划的层次不同，其时间跨度也不同。一般来说，计划的层次越高，其计划时间跨度越长；计划的层次越低，其计划时间跨度越短。

5．计划时间段

计划时间段又称计划时间周期，是组织和显示计划的时间单位。将计划展望分成若干个时间段（即计划时间段或计划时间周期），以安排和组织生产。

计划时间段可以用年、季、月、周或天来表示。同样，计划的层次越低，其计划周期越短。

6．计划的时区和时界

在主生产计划中，根据计划编制的政策和过程的不同，将计划展望期由近至远依次划分为 3 个时间区间。

（1）需求时间区（时间区 1）：表示有些订单正按计划进行生产，产品已进入总装阶段，计划变动困难，代价很大。

（2）计划时间区（时间区 2）：表示另一些订单的计划已得到确认，有些零件已开始采购或生产，此时若需调整计划，系统不能自动更改，必须进行人工干预。

（3）预测时间区（时间区 3）：表示未来的计划，企业尚未进行确认，且生产系统不能随意修改。

处在不同时间区间的订单，对其进行修改和管理的政策是不同的。若想对离当前时间越近的时间区间的订单进行更改，就要求更高层的领导进行审批。

时界是指操作过程中各种约束条件或改变将会发生的时间界限。例如，对主生产计划进行更改，在累计提前期之后进行是容易的，而在累计提前期中进行则是困难的，为此设定一个时界来限制这种改变。时界一般可分为计划时界和需求时界两种。企业一般设定时界后，不要随意修改，否则会导致原材料投入和产品成本的增加，甚至会打乱全厂的生产计划。

7．ERP 中的计划

（1）主生产计划（Master Production Scheduling，MPS）。主生产计划是预先建立的一份计划，由主生产计划员负责维护。主生产计划是驱动 MRP 的一整套计划数据，它反映出企业打算生产什么，什么时候生产以及生产多少。主生产计划必须考虑客户订单和预测、未完成订单、可用物料的数量、现有能力、管理方针和目标等。主生产计划通常是完成品的计划表，描述一个特定的完成品的生产时间和生产数量。主生产计划是一个决定完成品的生产排程及可签约量（ATP）的程序。依据主生产计划，物料需求计划得以计算在该完成品需求之下，所有组件、零件以及原材料的补充计划。主生产计划不是销售预测，不代表需求。MPS 是其他制造资源的计划基础。

（2）物料需求计划（Material Requirements Planning，MRP）。物料需求计划是利用物料清单、库存数据和主生产计划计算物料需求的一套技术。物料需求计划产生下达补充物料清单的建议，而且由于它是划分为时间段的，当到货日期与需求日期不同步时，MRP 会建议重排未结清单。最初 MRP 只被看做一种比库存订货点更好的库存管理方法，现在普遍认为它是一种计划技术，即建立和维护订单的有效到货日期的方法，它是闭环 MRP 的基础。

（3）粗能力计划（Rough-cut Capacity Planning，RCCP）。粗能力计划是指将生产规划或主生产计划转换成对主要资源的能力需求的过程，包括劳动力、设备、库存空间及供应商的能力，有时还要考虑资金能力。通常利用生产负荷图来完成这项工作。编制粗能力需求计划的目的在于在实施计划之前对该计划做出评估。粗能力计划有时也称为资源需求计划。

（4）能力需求计划（Capacity Requirements Planning，CRP）。能力需求计划是指确定为完成生产任务具体需要多少劳力和机器资源的过程。在 MRP 系统中，已下达的车间订单和计划订单是能力需求计划的输入。能力需求计划将这些订单转换成不同时区、不同工作中心上的工时数。有时会出现这样的情况，粗能力计划分析认为企业的现有生产能力足以完成主生产计划，而能力需求计划经过更细致的分析，得出在某些时段生产能力不足的结论。

（5）分销资源计划（Distribution Resource Planning，DRP）。分销资源计划是一个计划系统，用来预测分销中心的未来需求（什么、多少、何时），并协助中央供应仓库和工厂做出优先次序规划，以安排不久的将来所需生产的完成品。除了响应顾客的需求外，DRP 也能调节制造和分销的计划和控制：每个分销中心利用分时段订货点法（TPOP）执行 DRP，将资料传回工厂，使用 MRP 逻辑展开代表分销关系的 BOM，计算中央供应仓库和工厂的预计订单开始执行日，汇集成工厂的总需求量，输入工厂的 MRP 系统中。

二、物料清单

1．什么是物料清单

所谓物料清单就是用计算机读出企业所制造的产品的构成和所有要涉及的物料，并将用图示表达的产品结构转化成某种数据格式，这种以数据格式来描述产品结构的文件称为物料清单（BOM）。

BOM 是定义产品结构的技术文件，因此它又被称为产品结构表或产品结构树。在某些工业领域，可能被称为"配方"、"要素表"或其他名称。

（1）BOM 表明了产品→部件→组件→原材料之间的结构关系，以及每个组件所包含的下属部件的数量或提前期。

（2）物料一词有着广泛的含义，它是所有产品、半成品、在制品、原材料、毛坯、配套件、协作件和易耗品等与生产有关的物料的统称。

2．BOM 的作用

（1）它是计算机识别物料的基础依据。

（2）它是编制计划的依据。

（3）它是配套和领料的依据。

（4）根据它进行加工过程的跟踪。

（5）它是采购和外协的依据。

（6）根据它进行成本的计算。

（7）它可作为报价参考。

（8）使用它，可以进行物料追溯。

（9）使用它，可以使设计系列化、标准化、通用化。

3. BOM 的分类

BOM 是产品结构的报表格式，可以分为以下几种类型。

（1）工程 BOM。工程 BOM 是指产品工程设计管理中使用的数据结构，它通常精确地描述了产品的设计指标和零件与零件之间的设计关系。其对应的文件形式主要有产品明细表、图样目录、材料定额明细表、产品各种分类明细表等。

（2）计划 BOM。计划 BOM 是指工艺设计和生产制造管理中使用的数据结构，通过它可以明确地了解零件与零件之间的制造关系，跟踪零件是如何制造出来的，在哪里制造，由谁制造，用什么制造等信息。同时，计划 BOM 也是 MRP Ⅱ/ERP 生产管理的关键管理数据结构之一。

（3）设计 BOM。设计 BOM 是指在设计部门中使用的数据结构，对应于常见文本格式表明的产品明细表、图样目录、材料定额明细表等。设计 BOM 信息来源一般是设计部门提供的成套设计图纸中标题栏和明细栏中的信息，有时也涉及工艺部门编制的工艺卡片上的部分信息。

（4）制造 BOM。制造 BOM 是指生产部门中使用的数据结构，包括加工零部件 BOM 和按工艺要求的毛坯、模具、卡具等计划 BOM，也可以称其为工艺 BOM。制造 BOM 信息一般来源于工艺部门编制的工艺卡片上的内容，但是要以设计 BOM 作为基础数据内容。

（5）客户 BOM。客户 BOM 是指在客户中产生的数据结构，实际上有两个含义：一是指从所有产品机构中筛选出客户订购的产品目录；二是指用户订购的具体规格的产品明细表。

（6）销售 BOM。销售 BOM 是指销售中使用的数据结构，它是按用户要求配置的产品结构部分，包括基本件明细表、通用件明细表、专用件明细表、选装件明细表、替换件明细表、特殊要求更改通知单等。

（7）采购 BOM。采购 BOM 是指根据生产要求外购的原材料、标准件和成套部件等产生的明细表，对应的文件主要包括外购件明细表、外协件明细表、自制件明细表和材料明细汇总表。

采购 BOM 信息一般来源于设计图纸和工艺卡片上的信息汇总。采购部门或生产准备部门根据它来安排采购计划和生产计划。

（8）成本 BOM。成本 BOM 是指描述产品结构中每种物料成本的数据结构，它包括物料的材料费、人工费和间接费用等，是物料的标准成本。

三、物料主文件

1. 物料主文件

物料主文件是指存储物料清单的装置（容器），其作用是标识和描述生产过程中应用的每一物料的属性和信息。它是 ERP 系统中的最基本的文件之一。

一个 BOM 文件，至少应包括 3 个数据项：物料标识（或物料编码）、需求量（每一个父项所需其子项的数量）、层次码（该物料在结构表中相对于最终产品的位置）。

例如，某企业生产自行车的产品结构层次如图 3.6 所示。其中，自行车第 0 层，编码 ZX01；

车架第 1 层，编码 A100；车轮第 1 层，编码 B100；车把第 1 层，编码 C100；轮胎第 2 层，编码 B10001；轮圈第 2 层，编码 B10002；辐条第 2 层，编码 B10003。

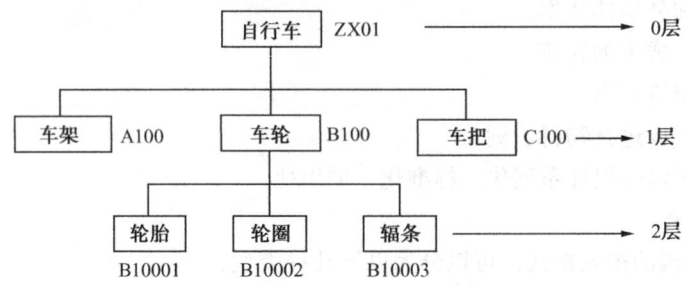

图 3.6　自行车产品结构层次图

表 3.2 描述了某企业生产自行车的物料主文件。

表 3.2　自行车物料主文件

层　　次	编　　码	名　　称	数　　量	单　　位
0	ZX01	自行车	1	辆
1	A100	车架	1	个
1	B100	车轮	2	只
1	C100	车把	1	个
2	B10001	轮胎	2	只
2	B10002	轮圈	2	个
2	B10003	辐条	20	条

2．物料清单的输出形式

为了便于计算机管理和处理，各种 BOM 必须具有某种合理的组织形式，通常将这种 BOM 的图形化显示形式设计成产品结构树的形式，而且为了便于在不同的场合下使用产品结构树，产品结构树还应有多种组织形式和格式。

产品结构的数据输入计算机后，就可对其进行查询，并能根据各用户的不同格式显示出来。各种信息系统的目标就是要使输入的数据可以生成各种不同格式的产品结构树，使企业可以满足各种用户的需求。如图 3.7 所示的是某一产品 A 的结构。

产品结构图是产品的组成，任何一个产品都是由若干个"单层结构"组成的，由一个母件和从属于母件的一个或一个以上的子件组成。

BOM 是产品结构的报表格式。

从图 3.7 可知，第 0 层为产品 A，A 由 B、10、C 所组成，B、10、C 组成了第 1 层；B 由 20 和 D 所组成，C 由 30、40、50 所组成，20、D、30、40、50 组成了第 2 层；D 由 10、30 所组成，10 和 30 组成了第 3 层。图中，字母表示装配，数字表示零件，括号中数字为装配所需数量。

下面以产品 A 为例，列出 BOM 输出的主要形式。

（1）单层分解表。单层分解表也称为单级 BOM 表，它是最基本的 BOM 输出形式，在输出时，只列出某个产品（或组件）直接使用的组件（或零件），如表 3.3 所示。

（2）完全分解表。完全分解表也称为多级展开 BOM 表，它按产品（或组件、零件）所处的位置逐步向下分解直到最低层。采用一个完全分解表就能完整地表示产品的多级结构。对应很多企业（特别是产品零部件数量比较少的企业）的产品明细表即是多级 BOM 的具体形式，如表 3.4 所示。

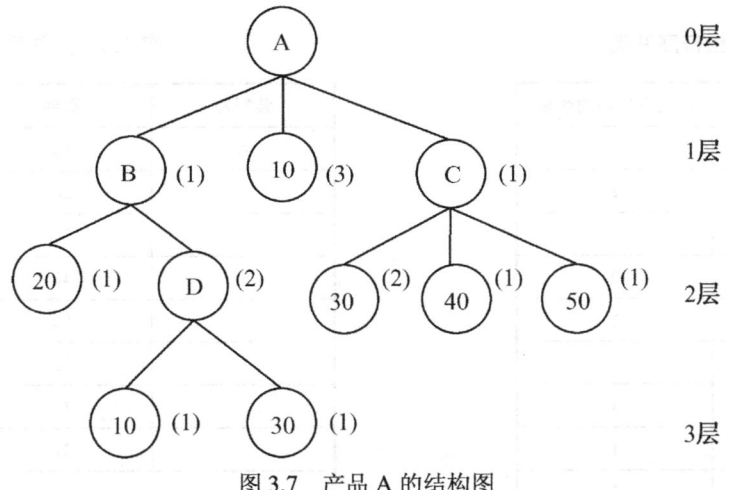

图 3.7　产品 A 的结构图

<table>
<tr><td colspan="3" align="center">表 3.3　单层分解表</td></tr>
</table>

装配件	零部件	装配件所需的数量
A	B	1
	10	3
	C	1
B	20	1
	D	2
C	30	2
	40	1
	50	1
D	10	1
	30	1

表 3.4　完全分解表

序号	零部件	所属部件	所需要装配数量
0	A		
1	B	A	1
1-1	20	B	1
1-2	D	B	2
1-2-1	10	D	1
1-2-2	30	D	1
2	10	A	3
3	C	A	1
3-1	30	C	2
3-2	40	C	1
3-3	50	C	1

（3）缩行展开表。缩行展开表也称为缩排式表，其格式是在每一上层物料下以缩行的形式列出它们的下属物料。同一层次的所有零件号都显示在同一列上。缩行展开的格式是以产品制造的方式来表示产品的，如表 3.5 所示。

（4）汇总展开表。汇总展开表列出了组成最终产品的所有物料的总数量。它反映的是一个最终产品所需的各种零件的总数，而不是每个上层物料所需的零件数。例如，某一零件用于多个装配件，汇总展开的清单就有助于确定合适的采购数量。这种格式并不表示产品生产的方式，却有利于产品成本核算、采购和其他有关的活动，如表 3.6 所示。

（5）矩阵式表。矩阵式表是对具有大量通用零件的产品系列进行数据合并后得到的一种 BOM。这种形式的 BOM 可用于识别和组合一个产品系列中的通用零件。在如表 3.7 所示的矩阵式表中，左面列出的是各种通用零部件，右面的上部列出了各个最终产品，下面的数字表示装配一个最终产品所需该零件的数量。"#"表示该产品不用此零件。对于有许多通用零件的产品，这种形式的 BOM 很有用处。但矩阵式表没有规定产品制造的方式，它没有指出零件之间的装配层次，不能用于指导多层结构产品的制造过程。

表 3.5　缩行展开表

层次	零部件	装配件所需的数量
0	A	
1	B	1
2	● 20	1
2	● D	2
3	●● 10	1
3	●● 30	1
1	10	3
1	C	1
2	● 30	2
2	● 40	1
2	● 50	1

表 3.6　汇总展开表

装配件	零件	所需的数量
A	10	4
	20	1
	30	3
	40	1
	50	1
	B	1
	C	1
	D	2

表 3.7　矩阵式表

零件号	产品型号		
	ZJ101	BJ203	HZ301
10	4	3	2
20	1	2	#
30	3	7	3
40	1	1	#
50	1	5	4
60	#	#	4
B	1	2	1
C	1	1	#
D	2	1	2

（6）汇总跟踪表。汇总跟踪表显示所有含有各零件的高层次物料，以及每一物料所用零件的数量。这是一张扩展了的"用在哪里"的清单，它列出了所有含有零件的高层次物料。"所需数量"表示装配成该层次的物料所需的零件总数，如表3.8所示。

表 3.8　汇总跟踪表

零件号	上层物料	数量
30	D	1
	●B	2
	●●A	1
	C	2
	●A	1

四、工作中心

1. 什么是工作中心

工作中心是各种生产能力单元的统称，可以是一组设备或一群人，或是一块地，也可以是它们的组合。工作中心属于能力的范畴（即计划范畴），而不属于固定资产或者设备管理的范畴。工作中心有明确的生产场地，是生产加工单元的统称，如一条流水线、计算机数控系统（CNC）、加工机床等。工作中心是一种资源，这种资源可以是人，也可以是机器。一个工作中心可以是一个或多个直接生产人员，可以是一台或几台功能相同的机器设备，也可以把整个车间当做一个工作中心，车间内设置不同的机器类型。它是工序调度和运行能力需求计划产能计算的基本单元。

2. 工作中心的作用

（1）工作中心作为平衡负荷与能力的基本单元，是运行能力需求计划的计算对象。分析能力计划的执行情况也是以工作中心为对象，进行工作量的投入/产出分析。

（2）作为车间作业分配任务和编制详细作业进度计划的基本单元。派工单是以工作中心为对象，说明工作中心的生产任务，即加工优先级。

（3）作为计算标准作业成本或实际作业成本的最小归集和分配单元。

（4）作为车间实际作业数据采集点；也作为重复式生产的反冲的控制点；在工作中心的数据中，需要维护基本数据、能力参数、成本参数。

3. 工作中心的相关数据

（1）工作中心的基本数据：工作中心代码、工作中心名称、工作中心能力数据、工作中心成本数据等。

（2）工作中心的能力数据：工作中心每日可以提供的工时、机器台时或可加工完工的产品数量。工作中心的标准能力数据是由分析历史统计数据得到的，其计算公式为

$$工作中心能力=每日班次×每班工作数×效率×利用率$$

其中

$$效率=\frac{完成的标准定额工时数}{实际直接工作工时数}=\frac{完成的标准定额产量}{实际完成的产量}$$

$$利用率=\frac{完成直接工作工时数}{计划工作工时数}$$

（3）工作中心的成本数据：工作中心在生产加工过程中每小时所发生的费用，也称为工作中心成本费用，包括人员工资、直接能源（如水、电、气等）、辅助材料（如机床用润滑油等）、设备维修费和资产折旧费等。在核定产品的标准成本，进行产品的成本模拟及成本差异分析时，都会用到工作中心的成本数据，其计算公式为

$$工作中心直接费用=\frac{工作中心日所有发生费用}{工作中心日工作时数}$$

$$工作中心间接费用=\frac{分推系统×车间发生的间接费用}{工作中心日工作时数}$$

其中，工作中心费用的单位为元/工时或元/台时。

注意：当能力数据、工作中心费用发生变化时，工作中心直接费用也要进行修改。

五、工序与工艺路线

1. 什么是工序

工序指的是产品、零部件制造过程的基本环节，是使其发生物理和化学变化的过程。它包括加

工、检验、搬运、停留四个环节。工序是生产过程中最基本的组成单位。在生产管理上，工序也是制订定额、计算劳动量、配备工人、核算生产能力、安排生产作业计划，进行质量检验和班组经济核算的基本单位，因此，正确划分工序是合理组织生产过程的重要条件。

2. 工序能力

工序能力是指工序能够稳定地生产出产品的能力。也就是说，在操作者、机器设备、原材料、操作方法、测量方法和环境等处于标准条件的情况下，工序呈稳定状态时所具有的加工精度。

3. 工艺路线

工艺路线是指制造一个特定零件的加工或装配流程，其内容包括加工、运输、储存、检验的工序过程，以及每个加工工序的工时定额、所使用的资源、转移批量大小。工艺路线是车间作业计划和能力需求计划、车间派工和反馈、制造提前期计算的数据基础，因此它对于需要进行生产过程管理的企业是一项重要的基础数据。图3.8是制造方桌的工艺路线。

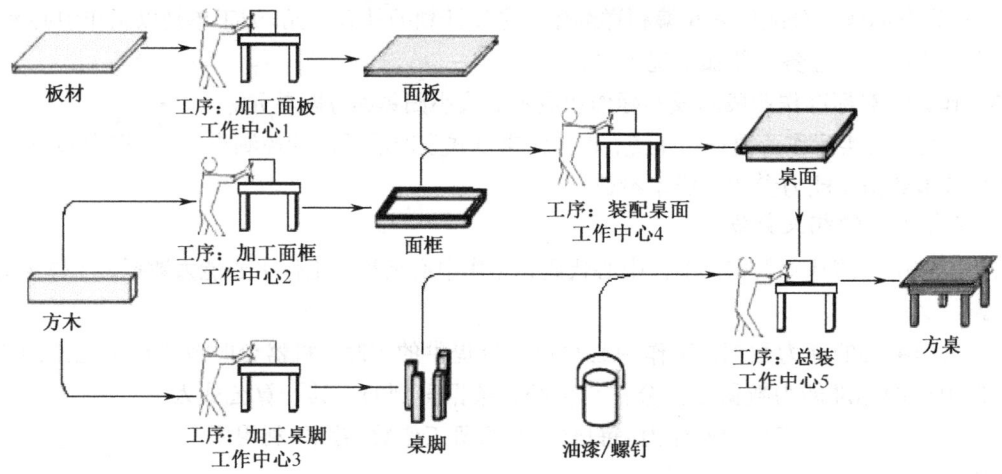

图3.8 方桌的工艺路线

4. 工艺路线文件

工艺路线文件主要包括如下数据项：工序号、工作描述、所使用的工作中心、各项时间定额（如准备时间、加工时间、传送时间等）、外协工序的时间和费用。还要说明可供替代的工作中心、主要的工艺路线装备编码等，作为发放生产订单和调整工序的参考。如表3.9所示的是一个工艺路线报表。

表3.9 工艺路线报表

物料代码：80021　　物料名称：定位栓　　订单号：××××　单位：个

订货量：××　　　生效日期：2005/10/08　　失效日期：2005/10/28

工序号	部门	工作中心	描述	准备时间	每件加工时间
10	00800	1	下料	0.5	0.010
20	00832	2	粗车	1.5	0.030
30	00833	3	精车	3.5	0.047
40	00811	1	检验		

工艺路线文件是重要的文件，它代表着一项作业在工厂里的运行方式。如果说物料清单用于描述物料是按怎样的层次结构连在一起的，那么工艺路线则描述了制造每一种物料的生产步骤和过

程，并且用于确定详细的生产进度。

5. 工艺路线的作用

（1）用于计算加工件的提前期，提供运行 MRP 的计算数据。系统根据工艺路线和物料清单计算出最长的累计提前期，这相当于网络计划中关键路径的长度。企业的销售部门可以根据这个信息同客户洽谈交货期限。

（2）用于 CRP 的分析计算，平衡各个工作中心的能力。工艺路线文件说明了各个工作中心的消耗工时定额，用于工作中心的能力运算。

（3）提供用于加工成本计算的标准工时数据。根据工艺文件的工时定额及工作中心的成本费用数据计算出标准成本。

（4）用于下达车间作业计划。根据加工顺序和各种提前期进行车间作业安排。

（5）用于生成各个工序加工进度的整体情况，以及对在制品的生产过程进行跟踪和监控。

6. 工艺路线中加工阶段的划分

零件的加工质量要求较高或结构较为复杂时，一般工艺路线较长，工序较多。从零件的整个机械加工工艺过程来看，一般可划分为 5 个加工阶段。

（1）粗加工阶段。粗加工阶段的主要任务是切除大部分加工余量，应使用高生产率的加工方法和设备，以提高生产率。而对于精度要求很低的加工表面，在本阶段可直接加工完毕。

（2）半精加工阶段。半精加工阶段要切除粗加工后可能产生的变形和缺陷，并为主要表面的精加工做好准备，一般安排在热处理之前进行。对于次要表面的加工（如钻孔、攻丝、铣键槽等），则在本阶段加工完毕。

（3）精加工阶段。精加工阶段要保证主要表面达到图纸规定的质量要求，主要是靠精加工方法和工艺装备保证质量。

（4）光整加工阶段。光整加工阶段主要是为加工质量要求特别高（6 级以上标准公差，表面粗糙度在 $Ra0.2\mu m$ 以下）的表面设置的加工阶段。该阶段主要用光整加工方法和专门的工艺装备来降低表面粗糙度值，以获得很光洁的表面。

（5）超精密加工阶段。超精密加工阶段指的是加工精度为 $0.3\sim0.03\mu m$，表面粗糙度值为 $Ra0.05\sim0.03\mu m$（或称亚微米级加工）。

六、库存记录与工作日历

1. 库存记录

库存记录是 ERP 系统的主要数据之一。这里的库存指的是各种物料的库存。库存记录中要说明现有库存余额、安全库存量、未来各时区的预计入库量和已分配量。已分配量是指虽未出库但已分配了某种用途的计划出库量。在库存记录中既要说明当前时区的库存量，又要预见未来各时区库存量及其变化。

为运行 ERP 系统，库存记录的准确度要求达到 95%以上，计算机中的库存记录数据准确度必须至少达到 95%，在此之前，不要试图实现 MPS 和 MRP。由于库存记录是编制 MRP 的启动数据，所以它是非常重要的。如果某项物料的库存记录数据不准确，那么，该项物料的计划也将是不正确的，由此产生的订单也是错误的，而且根据订单展开所得到的有下层物料项目的毛需求也是错误的。显然，计划的编制失去了意义。

原物料库存记录数据库结构中的数据项有：日期、品名、规格、存放仓库别名、材料编号、最低存量、凭证号码、订单号码、本期收料、本期发出、结存量、滞存量说明等，如表 3.10 所示。

表 3.10   原物料库存记录数据库结构

日期	品名	规格	存放仓库别名	材料编号	最低存量	凭证号码	订单号码	本期收料	本期发出	结存量	滞存量说明

2. 工作日历

工作日历也称为工厂生产日历，它包含各个生产车间及相关部门的工作日历，在日历中标明了生产日期、休息日期、设备检修日，这样在进行 MPS 与 MRP 的运算时会避开休息日。不同的分厂、车间、工作中心因为生产任务不同、加工工艺不同而受不同的条件约束，因而可能会设置不同的工作日历。

如表 3.11 所示的是 2005 年 1 月份的工作日历例子，工作日历文件的数据项中一般应包含车间代码、工作中心代码、日期、年度、日期状态（如工作、休息、停工）、社会星期、工厂部门星期、年有效工作天数及累计有效工作天数等。

表 3.11   1 月份工作日历

日	一	二	三	四	五	六
						1
2	3 001	4 002	5 003	6 004	7 005	8
9	10 006	11 007	12 008	13 009	14 010	15
16	17 011	18 012	19 013	20 014	21 015	22
23	24 016	25 017	26 018	27 019	28 020	29
30	31 021					

典型案例

ERP 系统实施过程中的风险与控制

《河北企业》2016.1 期

从 20 世纪 70 年代开始，许多 ERP 软件公司都试图建立一套适用性很强的 ERP 系统来应对不同企业的需求，但最终因为企业实际情况太过复杂而宣告失败。最后的结果是，ERP 在有限的情况下建立一套相对完整的系统，然后根据企业的实际情况进行"改造"。ERP 项目与"传统"的系统项目之间存在着显著的差异，比如规模、复杂性，最重要的是对现有公司组织的影响。传统项目对企业组织的影响是区域性的，而 ERP 项目几乎都是与企业商业实践有重大关联，这恰恰导致企业会"保守"地选择软件来满足企业当前的业务。

一、ERP 实施的业务风险

目前有许多专家致力于系统项目实施风险的研究。以往的研究显示，无论从技术角度还是软件开发的角度来看，风险预测都涉及多维度的信息，其中会包含客户使用的满意度、系统质量的满意度、系统开发过程的满意度等；而应用程序的复杂性、匮乏的用户体验都会影响系统项目的整体实施效果。充分了解客户的需求，努力满足客户提出的要求，任命经验丰富的项目经理对项目总体概况进行清晰把控，以及得到客户最高管理者的大力支持，都会在一定程度上提高项目实施的成功率。为了最大限度地提高项目的成功率，风险就必须控制在可控的范围内。

1. 与 ERP 系统不相适应的业务流程。ERP 是管理理论与信息技术的结合，不是单纯追求业务处理自动化，更不是简单地模拟手工作业，以计算机取代手工作业。如果不能对现行的业务流程进行分析和优化，仍然以职能部门为中心，当企业的流程发生变化时，系统难以适应变化，系统的可扩充性差。这样没有理顺流程的情况下实施的 ERP 项目，往往投资费用大，实施周期长。原有的组织机构和管理体制甚至成为实施 ERP 的障碍。

2. 另一个主要的风险是对项目失控。这主要表现在两方面：一是高层对项目团队缺乏控制，这个主要表现在决策权的分配上，ERP 的实施是需要高层进行支持决策的，而一般决策层不具备相关的专业知识。二是对系统实施的员工缺乏控制，操作 ERP 系统的一般都是低级别员工，而这对于 ERP 系统本身或者公司都是一个潜在的风险。

3. 项目的复杂性和专业知识的匮乏。ERP 系统的实施需要历经少则几个月、多则好几年的时间，原因不止因为需要详细的前期准备工作，还有系统本身的复杂性和培养一支企业内部的专业团队。系统复杂性越大，企业的资金投入就越具有不确定性，除了硬件设备的开支，后期持续的资金投入有可能会大大超过企业的预期；而专业知识的匮乏会导致需求的不确定性增加，这会导致系统二次开发的风险大大提高。

4. 来自基层员工的阻力。当一个公司组织被运用到一个复杂的 ERP 系统环境中时，必将打破原来的工作状态，员工会被迫创建新的工作关系。部门之间信息共享，花费时间获得新技能和承担额外的责任，也有可能会触碰到许多人的利益，这样会使系统的实施遇到一些阻力，这也是与 ERP 系统实施相关的一个业务风险。

总之，ERP 系统的实施可能会遇到的四大业务风险：缺乏必要的业务流程调整；项目失控；项目复杂性以及专业知识的匮乏；来自用户的阻力。

二、ERP 实施风险控制

1. 未对应的 BPR 与 ERP 系统。为了最大限度地减少 ERP 系统与业务流程不对应的风险，企业必须认识到当前企业面临的危机及不改变就要被淘汰的境遇，成立专门的部门与 ERP 实施人员进行沟通，制定出详尽的需求规划蓝图，全力进行业务流程再造，力争最大限度得与 ERP 系统的管理要求相适应。测试环境的搭建可以规避一定程度的风险，在 ERP 系统实施之前进行全面的系统测试，并密切监测系统的运行情况，随时进行相应的修改，这样可以大大增加正式环境的搭建以及 ERP 实施的成功率。

2. 由决策分权带来的失控。通过成立一个指导团队，任命一个专业项目发起人，将责任和权利落实到具体人员，这样可以减少控制与决策的权力下放带来的损失。成立一个专门的指导团队，对项目评估和审批等重大决策过程进行监督，这样可以确保高级管理人员充分控制项目团队。除此之外，项目发起人要对 ERP 的项目进展、资金的使用（特别是资金大于预算）承担更多的责任。指导团队的参与有助于对系统实施进行适当的控制以及督促和了解项目的执行情况。指导团队应该具有相关的专业知识，特别是对业务操作过程和当前内部控制系统中存在的差异。这个团队最好是能参与到 ERP 系统早期的规划中，最起码也应保证他们在系统实施的过程中对系统有充分的了解，并相应地调整审核过程。

　　总之，通过成立一个指导团队、任命一个项目的发起人，对 ERP 系统进行全程评估和监督可以大大减少由决策分权可能造成的风险。

　　3. 项目的复杂性和专业知识的匮乏。项目的复杂性在很大程度上取决于指导委员会的制定、公司高层的支持、项目发起人的责任。拥有一个详细的实施计划、专业知识过硬的项目实施团队和评估团队会对 ERP 实施成功起到决定性的作用。首先，公司高层要直接参与到项目的实施过程中，这样既有利于提高员工的积极性也可以降低员工对 ERP 的抵触。其次，任命一个公司内部有行政级别的人员作为项目的发起人，实时对 ERP 系统进行监控。而且项目发起人对项目的过程以及项目所达到的效果负有直接责任。第三，可以制定详细的实施计划，详细的计划会为项目团队指明方向。第四，强大的项目管理对于项目的成功至关重要，他们需要对资金、人员进行规划和分配，因为 ERP 系统的实施可能会耗费大量的人力，耗资数千万。第五，项目团队和评估团队作为一个连接 ERP 实施人员和企业之间的"桥梁"，必须具备过硬的专业知识，他们需要和 ERP 实施人员进行详细的沟通，并提出企业的需求，并且会在风险管理以及确保内部控制方面起到重要作用。

　　4. 来自用户的阻力。来自用户的阻力与系统对工作方式的改变有关，特别是结合 ERP 进行 BPR 改造。用户会担心自己面临更多的不测，最好的情况是改变原有的工作习惯，而最坏的打算是可能会被淘汰。因此，企业应该拿出相应的策略来减少来自用户的阻力。现在，管理者的"软技能"被视为成功实施 ERP 系统的一项重要技能。增加用户在 ERP 项目的参与被视为赢得用户支持度的重要手段，此外用户参与项目实施会使得项目团队更多地关注和了解用户的需求，从而更好地解决用户的问题。除了参与项目，用户培训可以使用户获得更多必要的技能，从而更好地利用 ERP 系统来解决问题。公司应制定详细的沟通计划，定期报告相关问题，让用户了解 ERP 项目对他们的影响。最后，当用户感觉到高层管理者在全力支持一个项目时，他们也将从内心将项目重视起来。管理者的"软技能"、用户参与、培训、高层管理者的支持都是可以降低业务风险的重要方面。

　　三、结束语

　　一个 ERP 系统的实施项目有别于其他系统开发的项目，有很多专家也对实施过程中的风险进行了深度的研究，比如相关技术变革、组织变革和有关项目的复杂性等。本文着重从比较贴近现实和技术的层面进行论述，从 BPR 与 ERP 相适应程度、决策分权、项目复杂性和专业技能匮乏、来自用户的阻力四个方面来阐述，从而达到以最低的投入获得最高的成功率。

思考与练习3

一、填空题

　　1. 制造业生产类型从极端的离散型生产到完全的连续型生产，可以细分为 6 种生产类型，它们是＿＿＿＿＿＿＿＿＿＿＿型，＿＿＿＿＿＿＿＿＿＿＿型，＿＿＿＿＿＿＿＿＿＿＿型，＿＿＿＿＿＿＿型，＿＿＿＿＿＿＿型，＿＿＿＿＿＿＿型。

　　2. 产品的生命周期包括产品投入期、＿＿＿＿＿＿＿、＿＿＿＿＿＿＿、衰退期 4 个阶段。其中投入期是指＿＿＿＿＿＿＿＿＿＿＿＿，衰退期是指＿＿＿＿＿＿＿＿＿＿＿＿。

　　3. 生产计划是为达到＿＿＿＿＿＿＿＿＿＿＿＿＿＿＿＿而制订的行动方案，控制是为达到＿＿＿＿＿＿＿＿＿而采取的措施。计划与控制是＿＿＿＿＿＿＿的，任何计划离不开＿＿＿＿＿＿，没有＿＿＿＿＿＿的计划是一个不完整的计划，是一个空计划。

4. 长期计划的计划期一般为_____，也可长达_____之久。短期计划的计划期长度在_____，一般为_____或_____计划。中期计划是长期计划的_____。

5. 在制造业中，不同的生产计划方式对企业_____基本数据的_____和对管理功能的要求均有所不同，一般可以分为以下 4 种方式，即_____方式、_____方式、_____方式、_____方式。

6. 所谓物料清单就是用_____读出企业所制造的_____的构成和所有要涉及的_____，并将用图示表达的_____转化成_____格式，这种以数据格式来描述产品结构的文件称为_____（BOM）。

7. 工作中心是各种_____单元的统称，可以是一组_____或一群人或一块_____或_____的组合。工作中心属于_____的范畴即计划范畴，而不属于_____或者_____的范畴。工作中心有明确的_____，是生产_____的统称。

8. 工艺路线是指_____零件的_____或_____流程，其内容包括加工、_____、_____、_____的工序过程，以及每个加工工序的_____、所使用的_____、_____大小。

二、选择题

1. 飞机制造业、国防产品制造业、出版业、机械设备和发电设备制造业是属于（　　）生产类型。

　　A．按订单设计或按项目设计　　　　　B．按订单装配或按订单制造
　　C．按库存生产　　　　　　　　　　　D．批量生产

2. 医药、食品饮料、油漆等制造业是属于（　　）生产类型。

　　A．按订单设计或按项目设计　　　　　B．按订单装配或按订单制造
　　C．按库存生产　　　　　　　　　　　D．批量生产

3. 短期计划的计划期长度在（　　）。

　　A．六个月以上　　　　B．六个月以下　　　C．一年以上　　　　D．一年以下

4. 累计提前期（Cumulative Lead Time）是指（　　）

　　A．完成某项活动的最短时间　　　　　B．完成一项活动所需要的时间
　　C．完成某项活动的最长时间　　　　　D．以上三种说法都不正确

5. 工序指的是产品、零部件制造过程的基本环节，是使其发生（　　）过程。

　　A．物理和化学变化的　　　　　　　　B．加工处理变化的
　　C．信息处理变化的　　　　　　　　　D．以上三种说法都正确

三、简答题

1. 请简述制造业的六种生产类型。

2. 请简述产品生命周期。

3. 请简述时尚型或流行型产品。

4. 请简述长期计划。

5. 请简述生产计划的含义。

6. 请简述计划的时区。

7. 请简述物料清单。

8. 请简述工作中心的含义。

第 4 章 销售管理

学习目标

◎ 知识点 ◎	◎ 能力点 ◎
● 销售管理基本概念 ● 销售计划管理基本概念 ● 销售管理功能基本概念	● 销售管理模块分析 ● 销售管理数据流图 ● 销售计划的编制

第一节　销售管理基本概念

情景案例

在 ERP 销售管理中体现了关系营销的理念，对内强调协作、协调，即将销售部门与生产部门、仓储部门、财务部门及相关部门密切配合，紧密协作。对外强调双向沟通、合作互赢。那么，ERP 中的销售管理又是怎么样的呢？

朱雪峰团队带着这个问题进入了销售管理基本概念学习中。

任务思考

1. 销售管理的目标？
2. ERP 销售管理需要哪些功能模块？

任务分析

销售管理是为了实现各种组织目标，创造、建立和保持与目标市场之间的有益交换和联系而设计的方案的分析、计划、执行和控制。通过计划、执行及控制企业的销售活动，以达到企业的销售目标。

销售管理中首先要有客户信息的建立和维护，因为销售管理的思想是从客户需要出发来规划企业的生产经营活动的，在大量的客户信息的分析基础上来回答生产何种产品、产品如何定价、产品如何销售、如何为用户服务、如何确定企业最优的产品组合等诸多问题。其次是销售订单管理、销售统计和分析等功能。

一、销售管理在 ERP 中的层次和业务分析

1. 销售管理在 ERP 系统中的层次

ERP 中的计划层次共分为 5 层，它们是企业经营计划层（最高层）、生产计划大纲层（第 2 层）、

主生产计划层（第 3 层）、物料需求计划层（第 4 层）和车间作业及采购计划层（第 5 层）。其中，第 1 层到第 3 层为决策层的计划，第 4 层为管理层计划，第 5 层为操作层计划。销售管理从计划的角度来看，属于最高层计划的范畴，是企业最为重要的决策层计划之一。销售管理（计划）与决策层其他计划间的关系如图 4.1 所示。

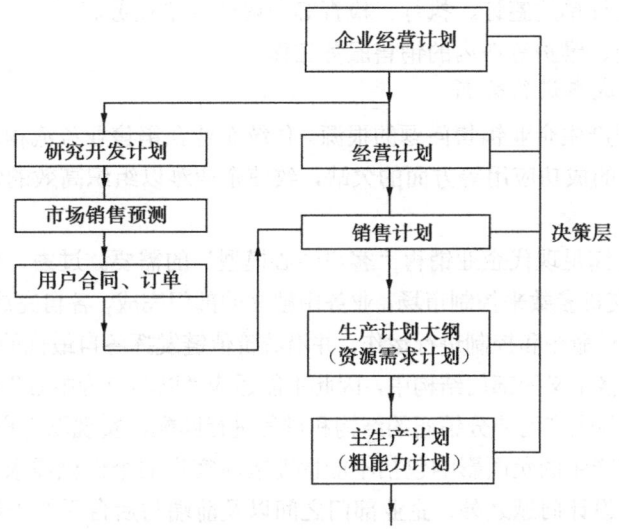

图 4.1　销售计划与 ERP 决策层间的关系

从图 4.1 中可知，销售计划属于 ERP 系统中企业决策层中的第 1 层，经企业经营计划，研究开发计划，市场销售预测，用户合同、订单到销售计划，然后到生产计划大纲，最后进入主生产计划，完成 ERP 系统中企业的决策过程。

2．销售管理业务分析

企业的销售管理工作主要由销售部门完成，销售部门与生产部门、财务部门和仓库部门有着密切的企业联系，其过程为如下。

（1）销售部门制订销售预测、计划或客户订单后，将产品订货和交货情况汇总通知计划部门或生产部门做成生产计划。

（2）生产部门根据计划安排领料生产，进入生产作业控制，产品完工后进入仓库处理（按订单或加工单入库）。

（3）仓库部门按计划发料，安排产品入库，并按出货通知（根据订单的交货期）组织出货，产生出入库单据交财务部门。

（4）财务部门根据仓库的出入库单据、出货发票做账：客户收到货物和结算发票后付款给企业的财务部门。

（5）销售部门记录有关的售前、售中、售后服务情况，并将有关的质量问题提交给质量部门进行产品质量分析。

二、销售管理的主要内容

销售是企业的主要经营业务之一，更是赢利的重要环节。作为连接生产企业与消费者和用户的销售物流是企业物流和社会物流的另一个衔接点，销售物流与销售系统相互配合共同完成企业的销售和分销任务。销售管理主要有如下的内容。

1. 进行市场销售预测

为产品开发和生产系统提供市场信息而进行的市场调查和需求预测，包括：

（1）制订包括销售渠道、营销组合、产品定价、销售管理等在内的市场和销售方针策略及计划。

（2）组织包括产品商标设计、广告宣传、试销推销、市场信息反馈等在内的销售活动。

（3）处理包括销售订单的签订、执行、检查等在内的订单业务。

（4）执行产品安装、维护等在内的销售服务工作。

2. 对销售费用、成本进行分析

信息处理水平低是产生企业销售问题的根源。传统企业在销售业务流程的科学设置、组织结构的合理搭建、技术工具的成功应用等方面的欠缺，致使企业难以组织高效的销售活动，主要体现在以下几个方面。

（1）销售机制不能满足现代企业销售"客户中心模型"的需要。过去，生产企业通过决定产品的价格、质量、特点和交货参数来控制市场，业务由独立的部门完成，各自完成价值链上的特定功能，按照自上而下的方式通过命令和控制进行运作，并沿着价值链发挥各自最优的功能。这种运作机制很少将客户需求加入到严格定义的部门结构中，因此不能适应"以客户为中心"的现代企业发展基本要求，即通过将客户期望与生产商或分销商的结构和过程进行匹配，实现以客户为本的销售理念。

（2）传统销售机制产生的负面影响包括不能快速响应客户的个性化需求，以及难于维护良好的客户关系。除了价值链设计问题之外，企业部门之间以及前端与后台系统未经集成，是造成这种弊端的根源。

（3）信息处理能力不能满足管理复杂的销售过程的需要。与传统企业相比，现代企业运作所涉及的业务关系更多、更复杂。显然，快速而高效地运作销售的全过程，依赖于强大的信息处理能力，而传统手段不能满足这个要求。

三、ERP 中的销售管理

ERP 技术为实效解决销售问题提供了强大工具，它以高效处理信息问题见长，它与科学的销售理念相结合并应用于销售物流系统，将有效地解决销售中存在的问题，从而大大提高销售效率，为企业增值，具体表现为以下几个方面。

1. 设置通畅高效的销售流程

图 4.2 所示的是企业销售业务流程图。

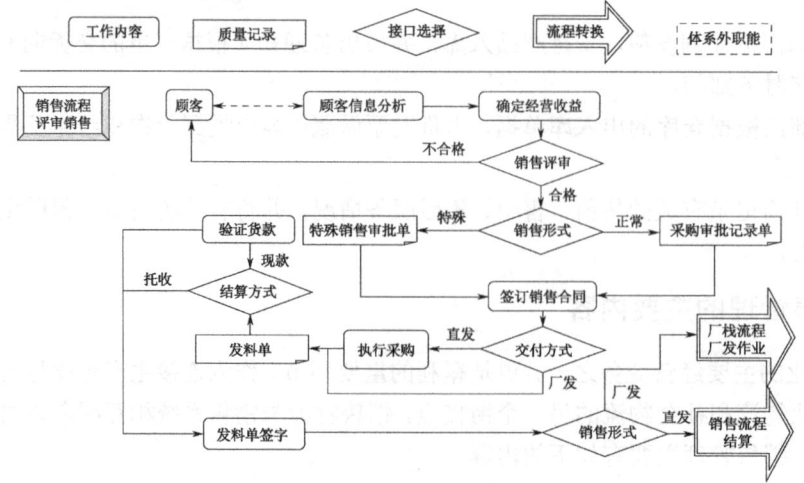

图 4.2　销售业务流程图

从图中可知，销售业务首先应从市场上寻找顾客，然后对顾客信息进行分析，确定经营收益，再进行销售评审工作，如果不合格则需要重新去寻找顾客，合格则进行销售形式判断，若不正常，按特殊销售审批单进行。若正常则进行采购审批记录，签订销售合同，进行交付方式的选择，并执行采购、发料单，并选择结算方式，验证货款进入发料单签字，销售形式选择，若是厂发，则按厂栈流程厂发作业进行，若是直发，则按销售流程结算方式进行。

在 ERP 系统中，通过配置程序选择要配置的产品以完成订单输入，用"条件技术"来管理复杂的价格方案。如果需要生产产品，订单确定的订货要求就会传递给生产系统。

然后，订单处理活动与下游的交货工作流和物流运作相结合，包括制订运输计划、提货、包装和运输。当产品离开工厂或仓库时，进入物料管理系统中调整库存和价值，其中需要处理发票并送给客户，同时现金管理、应收账目和获利系统也随之需要更新。

对于由于损坏或其他原因送回的货物，应用系统管理项目中的收据并处理一个货项凭单，随后实施重新交货。

2. 搭建合理的组织结构

销售组织结构可确保业务流程的顺利开展，完整的企业组织结构为集团—企业—销售组织—工厂，如图 4.3 所示。

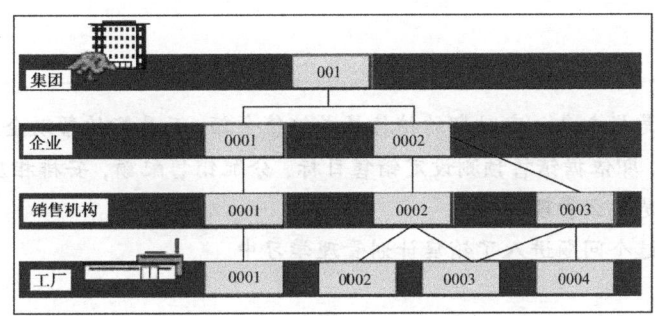

图 4.3　ERP 系统下的销售组织

销售渠道组织即是销售组织—分销渠道—批发、零售商。销售渠道可衍生出 3 种形式：生产者→消费者，生产者→批发商→零售商→消费者，生产者→批发商或零售商→消费者。

销售渠道形式的选择及其销售物流的组织与产品类型有关。

3. 管理销售数据

对销售数据实施管理是组织高效销售活动的基础，也是杜绝"销售黑洞"的基本手段。销售数据主要包括物料数据、客户数据和定价数据。完善的销售数据可以方便地形成并管理销售订单，跟踪控制执行情况，例如：① 可以针对不同的客户制订不同的价格政策（用"条件"技术）。② 可以快速地确定客户所定货物的货源情况，如物品是订货型生产的产品、物品存储在仓库中、物品没有存储在仓库中、物品是可配置的物料，等等。针对不同的情况，采取不同的供货方式。③ 对于有"问题"的客户（如信用问题）进行锁定处理，使之不发生交货和过账操作。④ 对不再使用的客户进行删除操作。

4. 处理不同的销售业务情况

ERP 技术的应用使得有效处理传统条件下难于处理的多种销售业务情况成为可能。

（1）复杂业务伙伴的处理。通常意义下，订购者、付款人、收货人均为同一对象。但随着业务运作复杂性的增强，同一销售订单将会涉及不同的业务伙伴，即包括下订单的售达方（Sold to Party）、收发票的开票方（Bill to Party）、付款方（Payer）和收货的送达方（Ship to Party）。ERP 技术有能力处理这种复杂的信息交换问题。

（2）各类销售订单的处理。ERP应用系统不仅可以有效处理常规的标准订单（包括定价、可用性检查、传输请求到物料计划中、发运点和运输路线确定、信用度检查等）外，还能处理其他特殊用途的销售订单，包括第三方订单、合同订单、现金订单、紧急订单、寄售订单等，且不同种类订单实施不同的处理机制。例如，第三方订单是由外部供应商把货物直接交给客户而不是由企业来做，因此，在客户接受报价后，系统生成采购请求，并把详细记录产品、数量、交货日期和运货地址的采购信息传给供应商。在这里，企业与供应商和客户之间只进行信息交换（包括有关账单的处理）。

（3）与相关业务功能集成。企业要适应"客户中心模型"的需要，必须按照客户的要求将企业活动联合起来，即把相关的业务功能进行集成，而ERP系统的导入满足了这个要求。在ERP构建的订单管理系统中，客户与企业内部运作紧密结合。这样，客户可以有效地管理销售和流通活动，通过实时方式在线访问销售信息，使订货、交货和付款这样的业务流程化。

第二节　销售计划管理

情景案例

销售计划不仅仅是指未来一定时期的销售量或销售金额，而是指的帮助企业直接实现销售收入的一连串过程的安排。即依据销售预测设定销售目标，分配销售配额，安排相应的销售预算。那么，ERP中的销售计划又是怎么管理的呢？

朱雪峰团队带着这个问题进入了销售计划管理学习中。

任务思考

1. 销售计划管理的含义是什么？
2. 销售计划管理的作用有哪些？

任务分析

对于企业的销售工作来讲，没有销售计划就谈不上科学的销售管理，销售计划是销售管理的基石，销售管理过程就是销售计划的制订、实施和评价过程。销售计划为销售管理提供了目标，但只有科学的销售计划管理才能使目标管理具有意义，才能有效配置企业资源，提高管理效率。因此，企业进行销售计划管理，是企业能够顺利展开销售工作、占领市场、获取利润的重要环节。销售计划管理主要包括确定目标市场、制定销售预测、制定销售配额、制定销售预算及制定实施计划五个方面的内容。

销售计划管理是按照客户订单、市场预测情况和企业生产情况，对某一段时期内企业的销售品种、各品种的销售量与销售价格作出计划安排。

一、销售计划的架构

1. 什么是销售计划

销售计划是各项计划的基础，一份完整的销售计划必须包含整个详尽的商品销售量及销售金额。除了公司的经营方针和经营目标需要详细的商品销售计划外，诸如未来发展计划、利益计划、损益计划、资产负债计划等其他计划的制订与实行，也需要以销售计划为基础。

2. 销售计划的内容

一般地，销售计划的内容包括以下几个方面：

（1）商品计划，也就是制作什么产品？

（2）渠道计划，也就是透过何种渠道销售产品？

（3）成本计划，也就是需要花费多少资金？

（4）销售单位组织计划，也就是谁来销售？

（5）销售总额计划，也就是销售到哪里？比重如何？

（6）促销计划，也就是如何销售？

很容易看出，第 5 项的销售总额计划是最主要的，销售计划的内容大致可被涵盖在其中，销售总额计划通常是销售计划的精华所在，也是销售计划的中心课题。

3. 销售计划体系

销售计划是"直接实现销货收入的一连串过程与计划"，所以，销售计划中心，就是销货收入计划。更具体地说，就是根据销售预测，设定销货目标额，进而为能具体地实现该目标而实施销售任务的分配作业，随后编定销售预算，来支持未来一定期间内的销售定额的达成。产品计划需在"质"的方面符合市场需求，而销售计划则需在"量"的方面符合市场需求。

制订销售计划时，首先分析市场或预测市场需求，以掌握整个业界的动态；然后再根据整个业界的预测值，做出自己的销售预测。其次，根据销售预测、经营者、各部门主管，以及第一线负责人所提供的销售额进行判断，然后再决定下年度的销货收入目标额。同时，为了保证能将实际付诸行动，也必须分配销售额。销售分配的中心在于产品别的分配，以此为轴心而逐次决定地域别与部门别的分配额。再次，再进一步分配每一位销售员的销售额。以便迅速顺利地达成销货收入目标。

销售计划按照期间的不同，可概括分为长期计划和短期计划，另外也可增列一个中期计划。一般来说，3～5 年期的计划为长期计划，1 年以下者为短期计划；至于 1～3 年期间的计划，则为中期计划。

二、销售计划的编制方法

下面介绍几个主要的销售计划的编制方法。

1. 年度销售总额计划的编制

（1）参考上一年度自身和竞争对手的销售实绩。参考此类资料即可列出销售量及平均单价的计划。

（2）将损益平衡点基准的计算公式列出。其公式为

$$损益平衡点基准=固定费用预估+\frac{计划销售利益}{计划边际利益率}\times 100\% \tag{4-1}$$

其中

$$计划边际利润率=100\%-\frac{变动费用预估}{销售总额}\times 100\%$$

（3）事业发展计划的销售总额。综合许多政治、经济、社会变迁资料，拟订出事业发展计划的销售总额。

（4）召开会议做最后的检查，改进并最终加以确定。最终决定额是事业发展的基本销售总额计划，而各个营业部门的销售目标额可酌情予以提高，作为该部门的内部目标计划。

2.　月份销售额计划的编制

（1）收集过去 3 年间月份销售实绩，并详细分析各年度每月销售额。

（2）将过去 3 个年度的销售实绩和月份销售实绩合计起来。

（3）得到过去 3 年间的月份销售比重。将 3 年间每个月合计的销售总额以 100 计，将每个月的 3 年合计实绩除以全部 3 年合计实绩即可得月份销售比重，将计算所得按月填入表中。视每月销售情况不同，可看出因季节因素的变动而影响该月的销售额。此后，将过去 3 年间月份销售比重予以运用，在最后决定的全公司销售总额中即可得到每个月的销售额计划了。

3.　部门、客户销售额计划的编制

（1）取得部门及客户的商品销售比重。对去年同月的部门及客户的销售比重加以分析研究。

（2）修正部门及客户的商品销售比重。将部门及客户的实际商品销售比重按下列 3 种观点予以调整。

① 部门及客户的销售方针。

② 部门主管及客户动向意见的参考。

③ 客户的使用程度、信用状况和竞争对手的竞争关系及新拓展客户目标等。

（3）用修正后的销售比重获得客户别及部门别的销售计划额。

4.　促销计划的编制

（1）与商品相关的促销计划。该计划包括：销售系统化，商品的质量管理，商品的新鲜、卫生及安全性，专利权，样本促销，展示会促销，商品特卖会。

（2）与销售方法相关的促销计划。该计划包括：销售点的确定，销售赠品及奖金的支付，招待促销会，节日人口聚集处的促销，代理店及特约店的促销，连锁店的建立，销售退货制度，分期付款促销。

（3）与销售人员相关的促销计划。该计划包括：业绩奖赏，行动管理及教育强化，销售竞赛，团队合作的销售。

（4）广告宣传等促销计划着眼点。其内容包括：POP（销售点展示），随报纸夹入宣传单，模特儿展示，目录、海报宣传，报纸、杂志广告。

三、确定销售目标的方法

1.　销售成长率

销售成长率是指今年销售实绩与去年销售实绩的比率。其计算公式为

$$销售成长率=\frac{今年销售实绩}{去年销售实绩}\times100\% \tag{4-2}$$

销售成长率的确定极为简单，例如，"明年的销售收入额，要达到今年的 120%"，此时，就不需任何计算了，使用上述的数值即可。但若想求精密的成长率，尤其是利用趋势分析法预测下一年度的成长率，就须从过去几年的成长率着手，求出平均成长率。此时所用的平均成长率，并非以"期数"（年数）去除"成长率"，因为每年的销售收入是以几何级数增加的。平均成长率的公式为

$$平均成长率=n\times\sqrt{\frac{今年销售实绩}{基年销售成绩}}\times100\% \tag{4-3}$$

其中，n 值的求法：令基年（基准年）为 0，然后计算今年相当于基年的第几年，如果是第 3 年，则 n 为 3。有时以经济成长率或业界成长率来代替销售成长率，但无论采用何种方法，均需运用下面的公式。

$$下一年度的销售收入=今年销售实绩×平均成长率 \quad (4\text{-}4)$$

2．市场占有率

市场占有率是指企业销售收入占业界销售收入的比率，其计算公式为

$$市场占有率=\frac{本公司销售收入}{业界全体销售收入}×100\% \quad (4\text{-}5)$$

无论是何种企业，其市场占有率愈高，其市场地位就愈稳固，所以任何企业都希望极度拓展市场占有率，但由于受自身条件及相关法规的限制，各企业的市场占有率都有限度，拓展市场绝非易事。增加市场占有率的目标值，主要以过去的趋势为基础，然后再制订稍高些的目标值，最后再根据确定的数值，依下列算式求出下一年度的销售收入的目标值。

$$\begin{pmatrix}下一年度的销\\售收入目标值\end{pmatrix}=\begin{pmatrix}下一年度的业界\\销售收入\end{pmatrix}×\begin{pmatrix}市场占有\\率目标值\end{pmatrix} \quad (4\text{-}6)$$

3．市场扩大率

市场扩大率和实质成长率的计算公式为

$$市场扩大率=\frac{今年市场占有率}{去年市场占有率}×100\% \quad (4\text{-}7)$$

$$实质成长率=\frac{本公司成长率}{业界成长率}×100\% \quad (4\text{-}8)$$

由上述公式可知，市场扩大率表示企业今年与去年市场占有率之比；而实质成长率，则表示企业成长率与业界成长率之比。所以，当企业今年的销售额等于去年时，不一定算是"维持原状"，只有当实质成长率为100%时，也就是业界成长率与企业成长率相等时，才可称为"维持原状"。

市场扩大率原本应根据市场占有率来计算，但是由于企业不易求得市场占有率，所以可另觅他径，可从业界成长率着手，因为只要掌握业界成长率，即可掌握该企业的成长率，然后再通过业界成长率和企业成长率，求算实质成长率，最后再根据它推算市场扩大率。只要实质成长率大于100%，则其超出的部分就是市场的扩大部分，其市场占有率必随之增加，同时也会提高其市场地位；当实质成长率小于100%时，则反之。

于是，在确定了下一年度市场扩大率目标值以及推测出业界的成长率之后，再以下列公式来求出销售收入的目标值。

$$\begin{pmatrix}下一年度的销售收\\入目标值\end{pmatrix}=本年度销售实绩×业界成长率×市场扩大率 \quad (4\text{-}9)$$

4．销售人员申报

销售人员申报是指逐级累积一线销售负责人的申报，以求得整个企业销售收入目标值的方法。由于一线销售人员（如推销员、业务人员等）最了解销售情况，所以，通过他们估计而申报的销售收入，必然最能反映当前状况，而且是最有可能实现的销售收入。当然，如果一线销售人员的预测值与经营者的预测一致，最为理想。在采用本法时，务必注意下列两点：

（1）申报时尽量避免过分保守或夸大。预估销售收入时，往往产生过分夸大或极端保守的情形。预估销售收入时，应依自己的能力来申报"可能"实现的销售收入值。

（2）检查申报内容。一线销售管理者除了应避免过分夸张或保守之外，尚需检查申报内容是否符合市场情况，并且需观察申报的内容是否符合过去的趋势和市场状况。

四、销售计划的编制步骤

1. 分析现状

对当前市场状况、竞争对手及产品、销售渠道和促销工作等进行详细的分析，然后，市场销售调研部门开始进行销售预测。这种预测要求调研部门和其他部门相配合。

2. 确定目标

销售部门把前一计划期的执行情况、对现状的分析、预测结果三者结合起来，提出下一计划期切实可行的销售目标。

3. 制订销售策略

确立目标以后，企业各部门要制订出几个可供选择的销售策略方案，以便从中进行评价选择。

4. 评价和选定销售策略

评价各部门提出的销售策略方案，权衡利弊，从中选择最佳方案。

5. 综合编制销售计划

由负责销售的副总经理负责，把各部门制订的计划汇集在一起，经过统一协调，编制每一产品包括销售量、定价、广告、渠道等策略的计划；扼要地综合每一产品的销售计划，形成公司的全面销售计划。

6. 对计划加以具体说明

具体说明可使执行人员心领神会，贯彻执行起来有力、有效。说明应注意以下几点：

（1）实现目标的行动应分为几个步骤；

（2）注明每个步骤之间的次序；

（3）每个步骤由谁负责；

（4）确定每一步骤需要多少资源；

（5）每一步骤需要多少时间；

（6）指定每部分的完成期限；

（7）凡是与计划有关的情况，都应尽量说明。例如，以金额表示销售量的大小；企业目前市场占有率有多大；预期的销售量金额是多少；广告费是多少；零星费是多少；总的市场活动成本为多少；销售成本占销售收入的比例是多少；毛利是多少；毛利占销售收入的比例是多少，等等。

7. 执行计划

计划一经确定，各部门就必须按照制订的战略策略执行，以求达到销售目标。

8. 检查效率，进行控制

在执行计划过程中，要按照一定的评价和反馈制度，了解和检查计划的执行情况，评价计划的效率，即分析计划是否正常执行。通常，市场会出现意想不到的变化，甚至会出现意外事件，如战争、欠收等。销售部门要及时修正计划，或改变战略策略，以适应新的情况。

第三节　销售管理系统分析

情景案例

面对网络市场和现代新经济环境，企业需要在销售人员的挑选和激励、销售市场的预测、销售目标的制订、销售业务的模式以及销售的合作等方面运用创造性的解决方法，从而引入了销售管理系统模块分析。

为了便于商品销售的管理，朱雪峰决定带着他的团队进入销售管理系统分析中。

任务思考

1. 怎样才能分析好销售管理系统模块？
2. 销售管理的过程有哪些？

任务分析

要想分析好销售管理系统模块，首先需要建立完善的运营管理制度；其次是要加强运营人员培训；第三要严明职责；第四要强化管理，重视系统完善。

要分析好销售管理系统模块，必须要了解销售管理的过程，首先要制定销售计划及相应的销售策略；其次要建立销售组织并对销售人员进行培训；第三要制定销售人员的个人销售指标，将销售计划转化为销售业绩；第四对销售计划的成效及销售人员的工作表现进行评估。

一、销售管理流程

销售管理流程如图 4.4 所示。

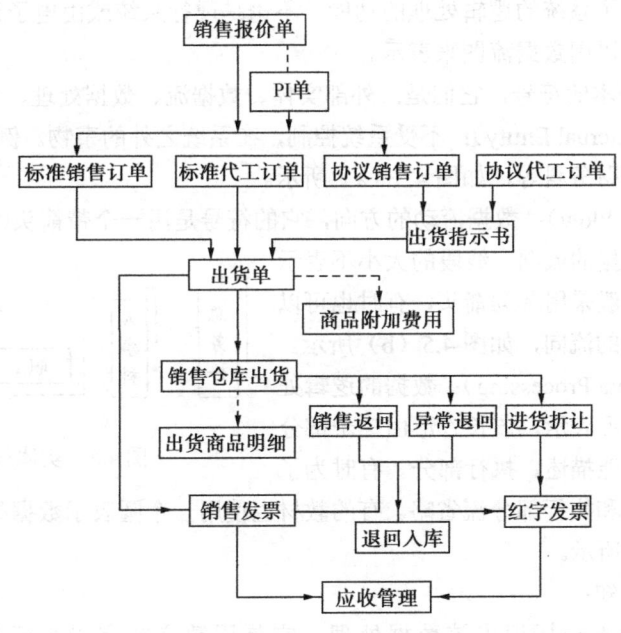

图 4.4   销售管理流程图

1. 日常作业

日常作业主要包括销售报价单、销售订单作业，代工订单作业，出货指示书作业，出货单作业，销售退回作业，销售异常退回作业，销售折让作业，发票作业等操作。销售管理的日常作业中融合了价格控制、客户的信用控制、电子签核等管理功能。对于价格控制、信用控制，企业可以根据自己的需求灵活设定。销售管理提供了对销售物流和资金流的双向控制和跟踪。销售出货的出库环节是在存货管理中完成的，因此销售管理通常与存货管理结合使用。

2. 销售资料查询

销售资料查询包括销售资料查询、订单毛利查询、出货单毛利查询、业务员应收款项查询、销售单价查询等近 10 个查询。其中，毛利查询可以根据最近的成本估算出订单、出货单的毛利状况。

3. 销售报表打印

销售报表包括出货单明细表、销售收入明细表、仓库出货明细表、未交订单明细表、商品价目表、销售单状况明细表、出货对账明细表等报表。这些报表大多从销售物流的各个环节查询订单的执行情况。这些报表可由用户自定义或修改报表的格式。

4. 销售分析报表

销售分析报表包括销售排行榜、销售趋势分析、业务员销售业绩统计分析、进销量值表与进销存汇总表，前 3 个报表提供图形显示方式。销售排行榜采用了数据库的相关概念和技术，以时间、客户、存货作为数据挖掘的 3 个维度，系统支持存货由所有存货向下钻取（Drill Down）至存货分类、某一存货；客户可以由所有客户向下钻取至客户分类。两者交叉组合后，可提供多达近 30 种查询报表。

二、销售管理业务的数据流图

1. 数据流图的概念

数据流图（Data Flow Diagram）简称 DFD，是结构化系统分析的主要工具，它表示了系统内部的信息流向，并表达了系统的逻辑处理的功能。不论是现行系统或由电子计算机处理的新系统，其业务的逻辑关系都可以用数据流图来表示。

数据流图有四种基本的符号，它们是：外部实体、数据流、数据处理、数据存储。

（1）外部实体（External Entity）：不受系统控制，在系统之外的事物。例如，总务科、人事科、职工、经理、供销科、财务科等，如图 4.5（a）所示。

（2）数据流（Data Flow）：数据流动的方向，它的符号是用一个带箭头的水平或垂直线段来表示，箭头的方向表示数据的流向，线段的大小不表示数据的大小。数据流一般采用单向箭头，有时也可以用双向箭头来表示数据的流向，如图 4.5（b）所示。

（3）数据处理（Data Processing）：数据的逻辑处理功能，它由一个长方形表示，该长方形由三个部分组成，即标识编号、功能描述、执行部分。有时为了简洁也可以将标识编号和执行部分流省略。有的教材也使用一个圆表示数据处理，圆的中央写上功能描述，如图 4.6（a）所示。

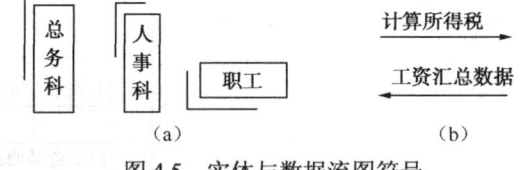

图 4.5　实体与数据流图符号

从图 4.6（a）中可知：

① 标识编号用来唯一标识出该数据处理，它是用数字或字母表示的，例如，ZW203、XSDA302 等。

② 功能描述部分是对每个要处理的功能加以说明，例如，工资汇总、工资计算、记日记账、登记账簿等，一般用无主语的动词和宾语表示。

③ 执行部分表示该数据处理是由谁来完成的，如财务科、劳资科等，它仅是一个附加的说明，并不是必要的部分。

（4）数据存储（Data Memory）：数据在处理过程中有一个存储的状态，它由一个右边开口的水平长方形表示，在长方形内部写上该数据存储的名称和编号，有时也可以是两边开口的长方形，如

图 4.6（b）所示。要注意的是，数据流进存储文件时，表示向该文件写入数据，而数据流出存储文件时，则表示向该文件读出数据。

图 4.6　数据处理与数据存储符号

2. 数据流图的分层方法

数据流图的一个重要的特点是绘制分层的数据流图，因为描述一个复杂的系统不可能一下子引进太多的细节，否则，用一张数据流图画出所有的数据流和数据处理，那么可想而知这张图将是极其庞大而又很复杂的，因而不可能绘制得好，也难以令人理解。

采用自顶向下，逐层分解，由粗到细的结构化分析方法，即可得到一个大系统的分层数据流图，这样的一套分层数据流图可以清晰地描述整个复杂系统的逻辑模型。一套分层的数据流图由顶图（父图）、底图和中间层的数据流图组成。

（1）父层图：即顶层图，该图只有一张，它只说明了系统的边界，即系统的输入和输出数据流，如图 4.7 所示的是工资管理系统的顶层图。

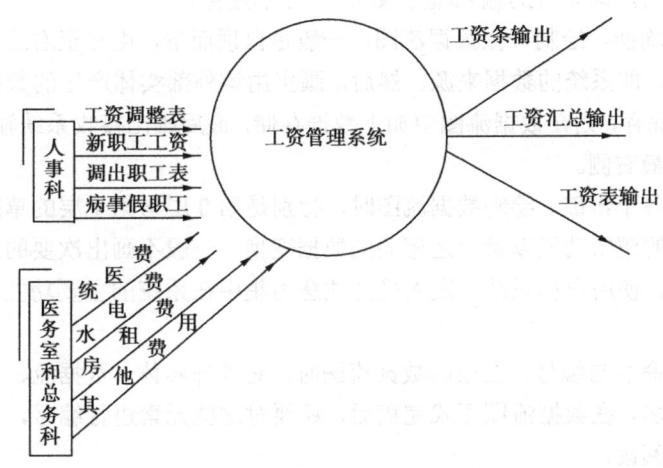

图 4.7　工资管理系统顶层图

（2）底层图：由一些不必再分解的数据处理逻辑组成，这些处理逻辑已经足够简单了，因此，称为基本处理逻辑。

（3）中间层图：位于顶层图和底层图之间，较小的系统可能没有中间层图，而大系统的中间层图可达到 8、9 层之多，层次图也可用数字来编号，我们将顶层图称为第 0 层数据流图，然后是 1 层、2 层、…、n 层的数据流图。

我们将上层图对应于下层图中的上层称为下层图的"父图"，而对下层图称为上层图的"子图"。如果顶层为父图，则 1 层图为子图，若 1 层图为"父"图，则 2 层图为 1 层图的子图，父图中有几个处理逻辑，它就可以有几张子图，图 4.8 所示的是工资管理系统的二层图。

通过对层次数据流图的描述，一个复杂的系统可以按层次逐级分解，一直分解到最简单为止，这样对一个系统可以由粗到细逐级地分解，使用户的系统开发人员能对一个系统有一个从总貌到具体的详情，能够逐层、清晰地说明一个复杂系统的逻辑。

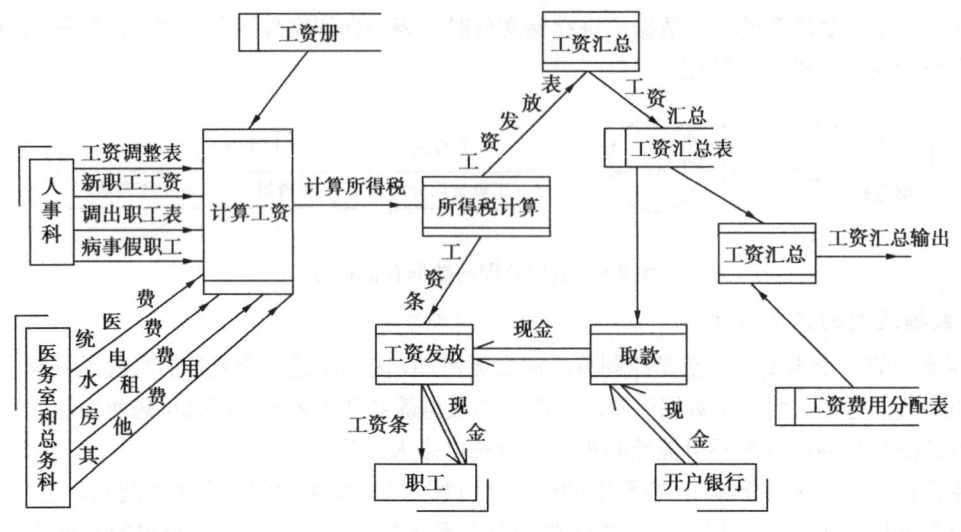

图 4.8　工资管理系统二层图

3．绘制数据流图的原则

（1）正确地确定顶层图及底层图。顶层图说明了系统的边界，底层图是基本处理逻辑。一个系统一旦确定了顶层图后，即系统的输入/输出数据流也就确定了。

（2）保持图面的均衡。绘制一张数据流图，一般是自顶而下，由左至右地进行绘制，先从左侧开始，标出外部实体，即系统的数据来源。然后，画出由该外部实体产生的数据流和相应的处理逻辑，如果需要将数据保存，则在数据流图中加上数据存储，最后画出接收系统输出信息的外部实体，一般画在数据流图的最右侧。

（3）抓住关键，各个击破。绘制数据流图时，特别是第0层与第1层的草图时，应该集中反映系统中主要的、正常的逻辑功能以及与之相关的数据变换。一般不画出次要的处理逻辑，这样可以突出主要的处理逻辑，使用户和系统开发人员把注意力集中在系统的主要功能逻辑上，最后再将次要的处理逻辑补上。

（4）注意合理地命名与编号。在绘制数据流图时，对外部实体、数据流、数据处理以及数据存储等都必须合理地命名，在数据流图正式完稿后，还要对这些元素进行编号，以便进一步编写数据字典，有助于理解和阅读。

（5）保证父图与子图的平衡。例如，上面有一张父图，子图是详细地描述父图中的处理逻辑，因而子图的输入/输出数据流应该与父图中的处理逻辑的输入/输出数据流相一致，这就是所谓父图与子图的平衡。这种平衡的实质是表明数据流图的外部实体应保持不变，当发现不平衡时，应借助数据字典仔细核对。

（6）正确展开数据流图需恰当掌握逐层分解和细化的程度。按管理层次结构原理，一个处理逻辑分解成下属7个以内的子处理逻辑为宜。分解太多，上下级之间的管理和调用不方便，分解太少，达不到细化的目的，同时，一个处理逻辑向下分解到基本处理逻辑为止。

4．销售管理业务一层数据流图

销售管理是物料在企业内流动的终点，是将从客户和订货机构获得的订货需求信息，传递给计划、生产、采购、仓库等系统，然后从仓库、采购、生产等系统获得货物并传递给订货单位，完成物流管理。企业的销售部门是指导企业生产经营活动顺利进行，提高企业的客户服务水平，增强市场适应能力的重要组成部分，销售管理的第一层数据流图如图4.9所示。

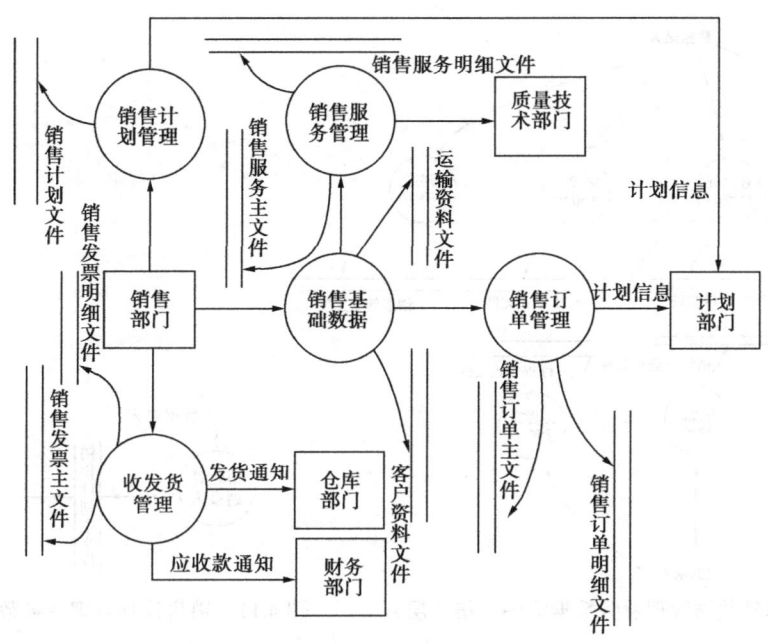

图 4.9　销售管理业务数据流图（第一层）

从图 4.9 中可知，企业销售管理涉及销售部门、质量技术部门、计划部门、仓库部门、财务部门 5 个部门。销售数据从销售部门发出，有以下 3 条路线。

（1）经销售基础数据模块处理后，将处理后的数据分别存入客户资料文件和运输资料文件中，并将一部分数据传入销售服务管理模块并经加工处理后，将数据分别存入销售服务主文件和销售服务明细文件并移交质量技术部门；另一部分数据传入销售订单管理模块并经加工处理后，生成销售订单主文件数据和销售订单明细文件数据并加以存储，最后将数据传入计划部门。

（2）经收发货管理模块加工处理后，生成的数据分别存入销售发票主文件和销售发票明细文件的同时，将发货通知传入仓库部门，将应收款通知传入财务部门。

（3）经销售计划管理模块加工处理后，把数据存入销售计划文件的同时，将数据传入计划部门。

经加工处理后的数据存入以下 9 个文件：客户资料文件、运输资料文件、销售服务主文件、销售服务明细文件、销售订单主文件、销售订单明细文件、销售发票主文件、销售发票明细文件、销售计划文件等。

5. 销售管理业务第二层数据流图

（1）销售基础数据管理业务第二层数据流图。销售基础数据管理业务第二层数据流图，如图 4.10 所示。

从图 4.10 中可知，数据录入后经客户组别维护模块加工处理后，存入客户组别文件；经客户资料维护模块加工处理后，存入客户资料文件；经交货方式维护模块加工处理后，存入交货方式文件；经销售佣金维护模块加工处理后，存入销售佣金文件；经销售类型维护模块加工处理后，存入销售类型文件；经销售员维护模块加工处理后，存入销售员资料文件；经订货方式维护模块加工处理后，存入订货方式文件。销售基础数据管理业务系统共有 7 个加工处理模块，可生成 7 个存储相对应的数据的文件。

（2）销售计划管理业务第二层数据流图。销售计划管理业务第二层数据流图如图 4.11 所示。

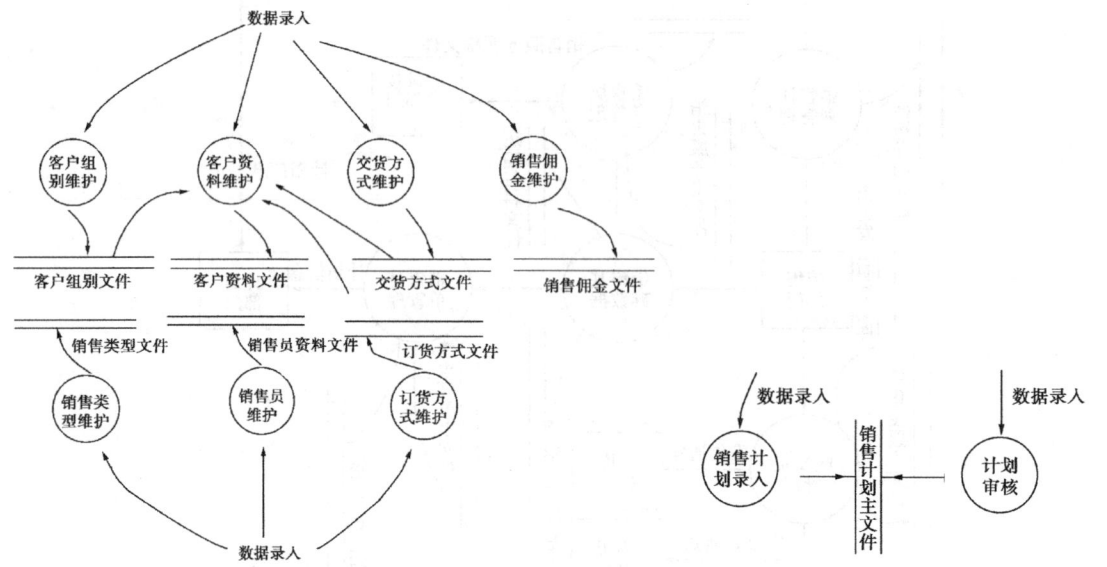

图 4.10　销售基础数据管理业务数据流图（第二层）　　图 4.11　销售计划管理业务数据流图（第二层）

（3）销售订单管理业务第二层数据流图。销售订单管理业务第二层数据流图（类型一）如图 4.12 所示。

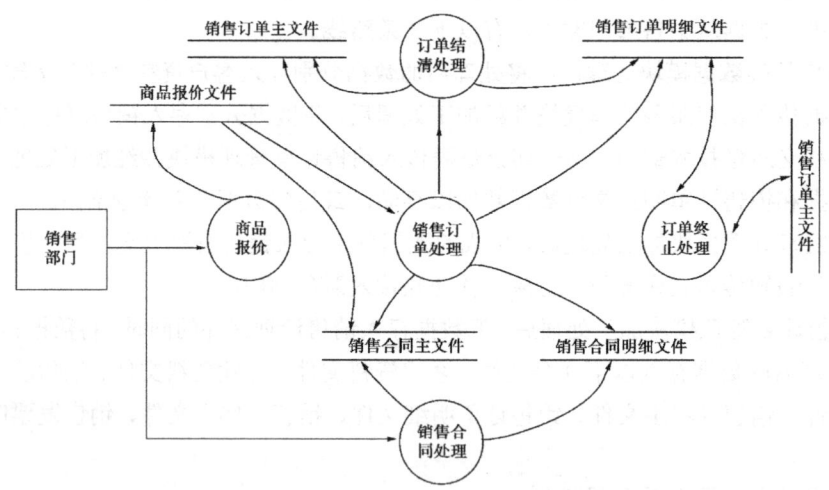

图 4.12　销售订单管理业务数据流图类型一（第二层）

从图 4.12 中可知，销售部门输入的数据经商品报价模块加工处理后，将数据存储在商品报价文件中；经销售合同处理模块加工处理后，将数据存储在销售合同主文件和销售合同明细文件中。

销售订单处理模块的数据经由商品报价文件中读取出来并经加工处理后，将数据存储在销售合同主文件、销售合同明细文件、销售订单主文件和销售订单明细文件中。

订单结清处理模块的数据由销售订单处理模块中传入，经该模块加工处理后，将数据存储在销售订单主文件和销售订单明细文件中。

订单终止处理模块的数据由销售订单主文件和销售订单明细文件中读取出来并经加工处理后，再将数据分别存储在这两个文件中。

该数据流图中只有 1 个部门（即销售部门）、5 个加工处理模块（即商品报价模块、销售订单处理模块、订单终止处理模块、销售合同处理模块、订单结清处理模块）、6 个文件（即商品报价文件、销售订单主文件、销售订单明细文件、销售合同主文件、销售合同明细文件、销售订单主文件等）。

（4）销售订单管理业务第二层数据流图。销售订单管理业务第二层数据流图如图 4.13 所示。

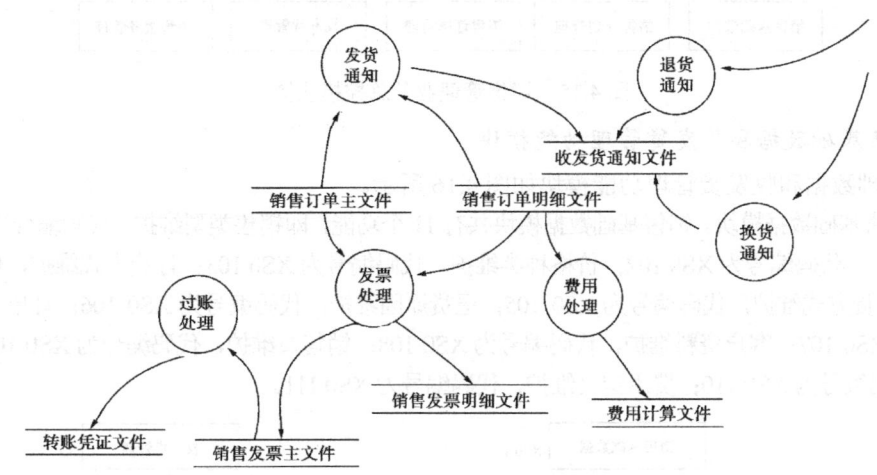

图 4.13　销售订单管理业务数据流图类型二（第二层）

由图 4.13 可知，共有 6 个加工处理数据的模块、7 个数据文件。每一个加工处理模块中均有数据录入、修改、审核、批准等功能，退货通知模块还具有信用校验处理功能。

（5）销售服务管理业务第二层数据流图。销售服务管理业务第二层数据流图（类型二）如图 4.14 所示。

从图 4.14 中可知，有 1 个部门（即销售部门）、2 个数据加工处理模块、7 个数据文件。从销售部门输出的数据经两路：一路经售前、售中服务模块加工处理后，将数据存储在服务记录文件中；另一路经售后服务模块加工处理后，将数据分别存储在以下 7 个文件中，即服务政策文件、服务人员资料文件、服务记录文件、发件记录文件、服务网点文件、培训计划文件、维修文件。

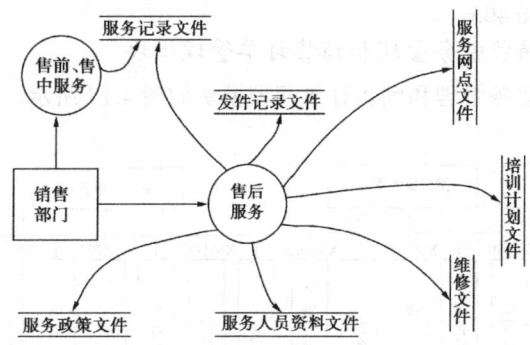

图 4.14　销售服务管理业务数据流图（第二层）

三、销售管理功能模块

1. 销售管理总控模块

销售管理业务总控模块如图 4.15 所示。该销售管理总控功能模块共有 5 个一级模块，即销售基础数据模块，代码编号为 XS01；销售计划管理模块，代码编号为 XS02；销售订单管理模块，代码编号为 XS03；收发货管理模块，代码编号为 XS04；销售服务管理模块，代码编号为 XS05。

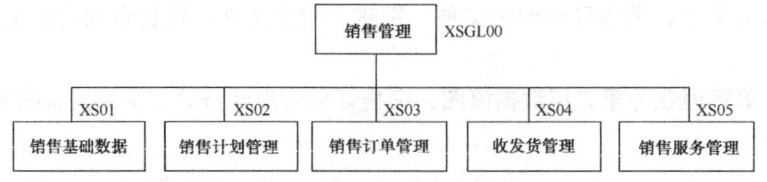

图 4.15　销售管理业务总控模块图

2. 销售基础数据和收发货管理功能模块

销售基础数据和收发货管理功能模块如图 4.16 所示。

（1）销售基础数据模块。销售基础数据模块共有 11 个功能，即销售类型维护，代码编号为 XS0 101；客户组别维护，代码编号为 XS0 102；价格种类维护，代码编号为 XS0 103；订货方式维护，代码编号为 XS0 104；交货方式维护，代码编号为 XS0 105；退货原因维护，代码编号为 XS0 106；订单取消原因，代码编号为 XS0 107；客户资料维护，代码编号为 XS0 108；销售员维护，代码编号为 XS0 109；销售佣金维护，代码编号为 XS0 110；费用定义维护，代码编号为 XS0 111。

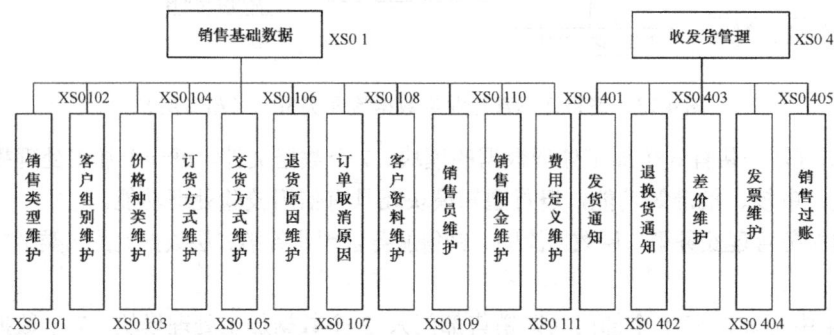

图 4.16　销售基础数据和收发货管理功能模块图

（2）收发货管理模块。收发货管理模块共有 5 个功能，即发货通知，代码编号为 XS0 401；退换货通知，代码编号为 XS0 402；差价维护，代码编号为 XS0 403；发票维护，代码编号为 XS0 404；销售过账，代码编号为 XS0 405。

3. 销售计划管理、销售服务管理和销售订单管理模块

销售计划管理、销售服务管理和销售订单管理模块如图 4.17 所示。

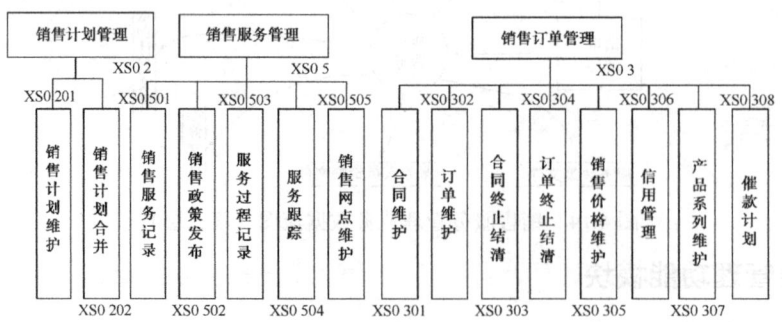

图 4.17　销售计划、销售服务和销售订单管理功能模块图

（1）销售计划管理模块。销售计划管理模块共有 2 个功能，即销售计划维护，代码编号为 XS0201；销售计划合并，代码编号为 XS0 202。

（2）销售服务管理模块。销售服务管理模块共有 5 个功能，即销售服务记录，代码编号为

XSO 501；销售政策发布，代码编号为 XSO 502；服务过程记录，代码编号为 XSO 503；服务跟踪，代码编号为 XSO 504；销售网点维护，代码编号为 XSO 505。

（3）销售订单管理模块。销售订单管理模块共有 8 个功能，即合同维护，代码编号为 XSO 301；订单维护，代码编号为 XSO 302；合同终止结清，代码编号为 XSO 303；订单终止结清，代码编号为 XSO 304；销售价格维护，代码编号为 XSO 305；信用管理，代码编号为 XSO 306；产品系列维护，代码编号为 XSO 307；催款计划，代码编号为 XSO 308。

第四节　销售管理成功案例经验

一、寻找顾客的方法

寻找顾客往往是一个业务员销售活动的开端。业务员需要具备一种能力，即发现和识别潜在顾客，并通过自己的工作来提高寻找顾客的成效。寻找顾客的方法非常多而且具有灵活性和创造性，下面介绍常见的几种方式。

1．普遍寻找法

普遍寻找法也称为逐户寻找法或者地毯式寻找法。其方法的要点是，在业务员特定的市场区域范围内，针对特定的群体，用上门、邮件或者电话、电子邮件等方式对该范围内的组织、家庭或者个人无遗漏地进行寻找与确认的方法。例如，将某市某个居民新村的所有家庭作为普遍寻找对象，将上海地区所有的宾馆、饭店作为地毯式寻找对象等。

普遍寻找法的优点是：① 地毯式的铺开不会遗漏任何有价值的客户；② 寻找过程中接触面广、信息量大、各种意见和需求、客户反应都可能收集到，是分析市场的一种方法；③ 让更多的人了解到自己的企业。缺点是：① 成本高、费时费力；② 容易导致客户的抵触情绪。

普遍寻找法可以采用业务员亲自上门、邮件发送、电话、与其他促销活动结合进行的方式展开。如果活动可能会对客户的工作、生活造成不良的干扰，一定要谨慎进行。

2．广告寻找法

广告寻找法的步骤是：向目标顾客群发广告；吸引顾客上门展开业务活动或者接受反馈展开活动。

例如，通过媒体发送某个减肥器具的广告，介绍其功能、购买方式、地点、代理和经销办法等，然后在目标区域展开活动。

广告寻找法的优点是：传播信息速度快、覆盖面广、重复性好；相对普遍寻找法更加省时、省力。缺点是需要支付广告费用、针对性和及时反馈性不强。

3．介绍寻找法

介绍寻找法是业务员通过他人的直接介绍或者提供的信息寻找顾客，可以通过业务员的熟人、朋友等社会关系，也可以通过企业的合作伙伴、客户等由他们进行介绍，主要方式有电话介绍、口头介绍、信函介绍、名片介绍、口碑效应等。

利用这个方法的关键是业务员必须注意培养和积累各种关系，为现有客户提供满意的服务和可能的帮助，并且要虚心地请求他人的帮助。口碑好、业务印象好、乐于助人、与客户关系好、被人信任的业务员一般都能取得有效的突破。

介绍寻找法由于有他人的介绍或者成功案例和依据，成功的可能性非常大，同时也可以降低销售费用，减小成交障碍，因此业务员要重视和珍惜。

4. 资料查阅寻找法

业务员要有强的信息处理能力，通过资料查阅寻找客户既能保证一定的可靠性，也减小了工作量、提高了工作效率，同时还可以最大限度地减少业务工作的盲目性和客户的抵触情绪，更重要的是，可以展开先期的客户研究，了解客户的特点、状况，提出适当的客户活动针对性策略等。

使用资料查询法需要注意的是资料的时效性和可靠性，此外，注意对资料（行业的或者客户的）日积月累往往更能有效地展开工作。

业务员经常利用的资料有：有关政府部门提供的资料、有关行业和协会的资料、国家和地区的统计资料，企业黄页、工商企业目录和产品目录，电视、报纸、杂志、互联网等大众媒体，客户发布的消息、产品介绍、企业内刊，等等。

一些有经验的业务员，在与客户接触之前，往往会通过大量的资料研究对客户做出非常充分的了解和判断。

5. 委托助手寻找法

委托助手寻找法在国外用得比较多，一般是业务员在自己的业务地区或者客户群中，通过有偿的方式委托特定的人为自己收集信息，了解有关客户和市场、地区的情报资料，等等。

另一种方式是，老业务员有时可以委托新业务员从事这方面的工作，对于新业务员来说，也是一个有效的锻炼。

6. 客户资料整理法

客户资料整理法本质上属于"资料查阅寻找法"，但是，也有其特殊性。我们强调客户资料管理，因为其重要性十分突出，现有的客户、与企业联系过的单位、企业举办活动（如公关、市场调查）的参与者等等，他们的信息资料都应该得到良好的处理和保存。这些资料积累到一定的程度，就是一笔财富，在市场营销精耕细作的今天，这尤为重要。

例如，某个家庭，第一代洗衣机购买的是"小天鹅双桶洗衣机"、第二代洗衣机是"小天鹅全自动洗衣机"、第三代洗衣机是"小天鹅滚筒式洗衣机"，如果要做到真正让客户的三代洗衣机都用"小天鹅"，客户的资料和客户的精细服务就是必不可少的，小天鹅可以提出一个营销内部口号："让小天鹅在顾客家里代代相传"。

7. 交易会寻找法

国际国内每年都有不少交易会，如广交会（中国进出口商品交易会）、高交会（中国国际高新技术成果交流会）、中小企业博览会等，这是一个绝好的商机，要充分利用，交易会不仅实现交易，更重要的是寻找客户、联络感情、沟通了解。某公司的一位老总，参加了2009年的广交会回来，向全体员工宣布一个惊人的好消息："我有足够的信心向大家保证：今年我们的销售收入可以增加2个亿！"。越来越多的企业已经全面学会和掌握了这个有效的途径。

8. 咨询寻找法

一些组织，特别是行业组织、技术服务组织、咨询单位等，他们手中往往集中了大量的客户资料和资源以及相关行业和市场信息，通过咨询的方式寻找客户不仅是一个有效的途径，有时还能够获得这些组织的服务、帮助和支持，例如在客户联系、介绍、市场进入方案建议等方面。

9. 企业各类活动寻找法

企业通过公共关系活动、市场调研活动、促销活动、技术支持和售后服务活动等，一般都会直接接触客户，这个过程中对客户的观察、了解、深入的沟通都非常有力，也是一个寻找客户的好方法。

有效地寻找客户方法远远不止这些，应该说，这是一个不论时间、地点，随意实施的过程。一般信息处理过程是："所有目标对象—接触和信息处理—初选—精选—重点潜在客户—客户活动计划"。

二、客户拜访的方法

在营销过程中，客户拜访可谓是最基础、最日常的工作了。市场调查需要拜访客户、新品推广需要拜访客户、销售促进需要拜访客户、客户维护还是需要拜访客户。很多销售代表也都有同感，只要客户拜访成功，产品销售的其他相关工作也会随之水到渠成。

然而，可能是因为怀有一颗"被人求"的高高在上的心态；也可能是因为对那些每日数量众多进出频繁的销售代表们司空见惯，所以很多被拜访者（以采购人员、店堂经理居多）对那些来访的销售代表们爱理不理；销售代表遭白眼、受冷遇、吃闭门羹的故事也不胜枚举。很多销售代表也因此而觉得客户拜访工作无从下手。其实，只要切入点找准、方法用对，也会觉得客户拜访工作并非想象中那样棘手。下面介绍几种常用的方法。

1. 开门见山，直述来意

初次和客户见面时，在对方没有接待其他拜访者的情况下，可用简短的话语直接将此次拜访的目的向对方说明。例如，向对方介绍自己是哪个产品的生产厂家（代理商）；是来谈供货合作事宜，还是来开展促销活动；是来签订合同，还是查询销量；需要对方提供哪些方面的配合和支持，等等。如果没有这一番道明来意的介绍，试想当拜访对象是一位终端营业员时，他起初很可能会将我们当成一名寻常的消费者而周到地服务。当他为推荐产品、介绍功能、提醒注意事项等而大费口舌时，我们再向他说明拜访的目的，突然来一句"我是某家供应商，不是来买产品，而是来搞促销……"，对方将有一种强烈的"白忙活"甚至是被欺骗的感觉，马上就会产生反感、抵触情绪。这时，要想顺利开展下一步工作肯定就难了。

2. 突出自我，赢得注目

有时，我们一而再、再而三地去拜访某一家公司，但对方却很少有人知道我们是哪个厂家的、业务员叫什么名字、与之在哪些产品上有过合作。此时，我们在拜访时必须想办法突出自己，赢得客户大多数人的关注。

（1）不要吝啬名片。每次去客户那里时，除了要和直接接触的关键人物联络之外，同样应该给采购经理、财务工作人员、销售经理、卖场营业人员甚至是仓库收发这些相关人员，都发放一张名片，以加强对方对自己的印象。发放名片时，可以出奇制胜。例如，将名片的反面朝上，先以印在名片背面的"经营品种"来吸引对方，因为客户真正关心的不是谁在与之交往，而是与之交往的人能带给他什么样的赢利品种。将名片发放一次、二次、三次，直至对方记住你的名字和你正在做的品种为止。

（2）在发放产品目录或其他宣传资料时，有必要在显而易见的地方标明自己的姓名、联系电话等主要联络信息，并以不同色彩的笔迹加以突出；同时对客户强调说：只要您拨打这个电话，我们随时可以为您服务。

（3）以已操作成功的、销量较大的经营品种的名牌效应引起客户的关注："你看，我们公司××这个产品销售得这么好，做得这么成功；这次与我们合作，您还犹豫什么呢？"

（4）适时地表现出你与对方的上司及领导（如总经理等）等关键人物的"铁关系"：如当着被拜访者的面与其上司称兄道弟、开玩笑、谈私人问题等。试想，上司和领导的好朋友，对方敢轻易得罪吗？当然，前提是你真的和他的上司或领导有着非同一般的"铁关系"；再者表现这种"铁关系"也要有度，不要给对方"拿领导来压人"的感觉。否则，效果将适得其反。

3. 察言观色，投其所好

拜访客户时，常常会碰到这样一种情况：对方不耐烦、不热情地对我们说："我现在没空，我正忙着呢！你下次再来吧。"对方说这些话时，一般有几种情形：一是他确实正在忙其他工作或接待其他顾客，他们谈判的内容、返利的点数、出售的价格可能不便于让你知晓；二是他正在与其他的同事或客户开展娱乐活动，如打扑克、玩麻将、看足球或是聊某一热门话题；三是他当时什么事也没有，只是因为某种原因心情不好而已。

当然，第一种情形之下，我们必须耐心等待，主动避开，或找准时机帮对方做点什么，例如，如果我们的拜访对象是一位终端卖场的营业员，当某一个消费者为是否购买某产品而举棋不定、犹豫不决时，我们可以在一旁帮助营业员推介，义务地充当一回对方的销售"帮手"以坚定顾客购买的决心。在第二种情形下，我们可以加入他们的谈话行列，以独到的见解引发对方讨论以免遭受冷遇；或者是将随身携带的小礼品（如扑克牌）送给他们，作为娱乐的工具。这时，我们要有能与之融为一体、打成一片的姿态；要有无所不知、知无不尽的见识。在第三种情况下，我们最好是改日再去拜访了，不要自找没趣。

4. 明辨身份，找准对象

如果我们多次拜访了同一家客户，却收效甚微：价格敲不定、协议谈不妥、促销不到位、销量不增长，等等。这时，我们就要反思：是否找对人了，即是否找到了对我们拜访目的实现有帮助的关键人物。

这就要求我们在拜访时必须处理好"握手"与"拥抱"的关系：与一般人员"握握手"，不让对方感觉对他视而不见；与关键、核心人物紧紧地"拥抱"在一起，建立起亲密关系。所以，对方的真实"身份"一定要搞清，他（她）到底是采购经理、销售经理、卖场经理、财务主管、还是一般的采购员、销售员、营业员、促销员。在不同的拜访目的的情况下对号入座去拜访不同职位（职务）的人。例如，要客户购进新品种，必须拜访采购人员；要客户支付货款，必须采购和财务人员一起找；而要加大产品的推介力度，最好是找一线的销售和营业人员。

5. 宣传优势，诱之以利

商人重利。这个"利"字，包括两个层面的含义："公益"和"私利"；我们也可以简单地把它理解为"好处"，只要能给客户带来某一种好处，就容易被客户所接受。

首先，明确"公益"。这就要求我们必须有较强的介绍技巧，能将公司品种齐全、价格适中、服务周到、质量可靠、经营规范等能给客户带来暂时或长远利益的优势，对客户如数家珍；让他及他所在的公司感觉到与我们做生意，既放心又舒心，还有钱赚。这种"公益"我们要尽可能地让对方更多的人知晓；知晓的人越多，日后的拜访工作就越顺利；因为没有谁愿意怠慢给他们公司带来利润和商机的人。

其次，暗示"私利"。如今各行业在产品销售过程中，很多厂商针对购进、销售开票、终端促销等关键环节都配有形式多样的奖励或刺激；各级购、销人员对此也是心知肚明。因此，哪一家给他的"奖励"多，他自然就对哪一家前来拜访的人热情了。和"公益"相比，"私利"就该暗箱操作了，最好是做到只有"你知，我知"（针对个人业绩排行榜可公开的奖励除外）。

6. 以点带面，逐个击破

如果我们想找客户了解一下同类产品的相关信息，客户在介绍有关产品价格、销量、返利政策、促销力度等情况时往往闪烁其词甚至避而不谈，以致我们根本无法调查到有关产品的真实信息。这时要想击破这一道"统一战线"往往比较困难。所以，我们必须找到一个重点突破对象。例如，找一个年纪稍长或职位稍高在客户中较有威信的人，根据他的喜好，开展相应的公关活动，与之建立"私交"，让他把真相"告密"给我们。甚至还可以利用这个人的威信、口碑和推介旁敲侧击，来感染、说服其他的人，以达到进货、收款、促销等其他的拜访目的。

7. 端正心态，永不言败

客户的拜访工作是一场持久战，很少能一次成功，也不可能一蹴而就、一劳永逸。销售代表们既要发扬"四千精神"：走千山万水、吃千辛万苦、说千言万语、想千方百计为拜访成功而努力付出；还要培养"都是我的错"的最高心态境界："客户拒绝，是我的错，因为我缺乏推销技巧；因为我预见性不强；因为我无法为客户提供良好的服务……"，为拜访失败而总结教训。只要能锻炼出对客户的拒绝"不害怕、不回避、不抱怨、不气馁"的"四不心态"，我们将离客户拜访的成功又近了一大步。

三、销售经理的管理忌语

在实际工作中，有一些销售经理在日常管理工作中的用语禁忌，这些忌语往往在不知不觉中发生，如果不加以注意并修正，则可能会产生管理失控的局面。常见的忌语有以下几种。

1. 我是××的人——团队建设问题

这是某经理在很多公开或私下的场合向大家发出的明示，其中××指的是公司总部的某高层领导。其意是让大家知道，他是总部高层领导一手招聘并栽培起来的，日常做事可以有足够的后台保障。

这种明目张胆的"拉帮结派"行为极其容易招致大家的反感。作为一种营销分支机构，由于"处江湖之远"而相对孤单，所以大家每天都在提倡团队协作精神以便"抱团打天下"。古语云："正人先正己，修人先自修。"如果销售经理的帮派意图非常明显，则很难让手下的员工紧密地团结在一起。另外，总部也并不止这一位高层领导，这种话一旦传到其他高层领导耳中，将会给自己的工作带来很大的被动。

2. 大家给我一个面子——员工关系问题

在业务会议上，某经理为争取大家的拥护时常说这句话。实际上，正常的工作安排是日常管理的必要组成部分，并不是大家"给个面子"的问题。如果将任务分配硬性与"面子问题"挂钩，那么势必将原本"公对公"的工作安排演变成"私对私"的个人关系。如果大家关系好，都给你这个面子，则一切万事大吉；一旦别人不给你这个面子，你再想把问题重新放回桌面，将会比原来付出更多的代价。

在日常业务活动中，有很多销售经理都在有意无意地维系自身与下属之间的"私人关系"，殊不知在日常工作中这些私人关系的"维护成本"相当高昂，并且效果十分脆弱。一个优秀的团队是利益的有机结合体。准确地抓牢大家的利益纽带，可以焕发出所向无敌的团队精神。如果幻想通过私人关系来维护这个团队，其结果只会让销售经理心力交瘁。

3. 好好干，冲刺达标成功，我提拔你做主管——激励问题

在销售压力越来越大的今天，销售经理一到月底冲单便心急如火，因为整个销售关键已形成到月底冲刺的业绩为主。要想给公司交上一份令人满意的答卷，销售经理必然会号召大家共同奋斗，同时也难免会对个别员工进行"特别"鼓励。伴随这种激励的往往会是一些"只可意会，不可言传"的物质化的含义，事实上这恰恰走到了激励方式的另一个极端。

需要注意的是，有很多销售经理在对下属许诺时容易犯"虚开空头支票"的毛病。例如，当大家共同熬过销售冲刺之后，经理大都忘了"大家苦干十来天，达标过后我们出去旅游"的许诺。更有甚者，一些经理在领取了佣金和部门奖金之后，仅仅拿出一小部分（甚至不拿一文）发给大家，自己留了大部分。事实证明，激励不兑现和奖励分配不公极易招致下属的"集体造反"，到那时销售经理的地位就岌岌可危了。

4. 做不好我把你们都开掉——忧患意识问题

某经理的这番话是对几个新加盟公司的应届大学毕业生说的。他的本意是为了增强大家的忧患意识，但效果却不见得好。这几位新业务员的反应是："他每天就知道吓唬我们，动不动就说把我们开掉，却没有想过怎样帮助我们取得进步……"

从管理的角度上看，该经理的上述话语属于典型的"破坏性批评"，虽然其本意可能是善意的警告，但这并不是明智的做法。由于感到无助，下属内心深处的忧患意识往往会影响业绩。一个真正优秀的销售经理，其正确的做法应该是帮助下属（尤其是新聘员工）充分研究市场，制订合理的销售目标和妥善的完成步骤，让下属明白完成此项任务的难度和可行性，树立起"为实现目标而冲刺"的信心。

5. ××是我们的业务骨干，大家都不许惹他——骨干员工问题

这是某经理在一次非正式会议上向大家发出的警告。××是分公司的业务骨干，在分公司担当60%以上的销售份额。

每个公司都会有一个或若干个业务骨干，在对待员工对公司业绩贡献率的问题上，销售经理要做到"一碗水端平"，否则，很容易伤害其他员工的感情。公司业绩的提升，离不开大家的共同奋斗，并不是哪个或哪几个业务骨干单枪匹马就能一蹴而就的。如果其他员工带着抱怨的心态去工作，其销售业绩的完成效果就可想而知。每个公司的销售区域都会有"肥沃"和"贫瘠"之分，销售经理可以根据各种销售方面的"参考指数"进行销售任务的合理分配，根据销售任务实行资源配额，但有一点不容忽视：大家在人格上都是平等的。

6. 再等几分钟——管理威信问题

为了让大家等待少数迟到者，几乎每次业务员会议或全体会议上某经理都要说这句话。其召开内部会议，常常是到时间迟迟不开会，多数人等少数人；会议进行中，少数人无视会议纪律，擅自外出。

一个销售经理能否树立管理威信，从其在召开内部会议时的守时性上就能窥视一斑。对少数员工违反纪律行为的"宽容"，最终将使管理者威信扫地，难以服众。

7. ××比较消极怠工，你们不要与他接近——内部团结问题

这是某经理在一些私下的场合，面对几个比较"亲密"下属时的心腹话，他所指的××往往是与他不合的人。

我们知道，一个公司对外的爆发力关键就在于大家的合力，当公司沉迷于内耗时，其合力是最小的。一个公司的衰落也必然是从内耗开始的，而一旦到了积重难返的境地，想再重整旗鼓则十分艰难。

8. 这几个人没有一个省心的——人才优势调动问题

当发现分公司业绩下滑，越来越"分崩离析"时，某经理怨天尤人，发出以上感慨。其实，每个人都有自己的优缺点。一个优秀的销售经理要善于发现手下员工的优点，先做到"扬长避短"，进而做到"取长补短"，最终做到"人尽其才"。当销售经理发现自己手下的员工在工作时没有多大激情时，首先要想到的是自己应该如何做，如何去发现大家的优点，把大家调配好、调动起来。

四、处理客户服务中的难题

1. 棘手的客户

一提到棘手的客户，你可能就会联想到那些有抵触情绪的、粗鲁的、怒气冲冲的、满腹牢骚的和盛气凌人的客户，这些都是你不得不面对的服务对象。但他们仅仅只是一部分潜在的棘手客户。如果你具备了高超的沟通技巧，积极的服务态度，并能耐心地对待客户，拥有帮助客户解决问题的意愿，那么，你就能为客户提供满意的服务。

有时，你还将会遇到这样一些客户，他们具有下面所描述的一项或几项特征。

（1）对于你的产品、服务、公司政策缺乏了解。

（2）不满意你的产品或服务。

（3）要求苛刻。

（4）说话没完没了。

（5）内部员工有特殊的要求。

（6）英语只是第二语言。

（7）年纪大，需要额外的帮助。

（8）身体残疾。

（9）不讲道理，很自私。

（10）要求不切实际。

以上列出的每种类型的客户都不好应付，能否处理好与他们的关系取决于你的知识，经验和能力。要想成功地服务好各种类型的客户，很关键的一点在于要将每一个人都看成一个特殊的个体。避免根据客户的行为特征将他们定型，并对同一组的客户使用相同的处理方式。如果用一成不变的看法来看待每一位的话，你很可能会损害你与客户之间的关系。

如果你具备了高超的沟通技巧，积极的服务态度，并能耐心地对待客户，拥有帮助客户解决问题的意愿，那么你就能为客户提供满意的服务。你要注意观察形势和发现问题，而不是仅仅关注客户本身，这将是你成功服务客户的一个非常重要的因素。当你面对客户服务中的难题时，很重要的一点在于，你要将客户和问题区分开来，即使你不太理解或不赞同某些人的行为，但不管怎样，他/她仍然是你的客户。要和客户建立一种良好的关系，如果必要的话，你可以求助于你的同事，或是将问题反映给你们部门的相关管理人员。作为服务人员，你所遇到的问题都来自于客户的需求和期望。

2. 与难相处的客户共事

当你面对着难相处的客户时，需要表现得沉着、专业。大部分的客户在和你的公司接触时头脑中已经存在了某种产品或服务类型。如果你采取积极的、愉快的、专业的方式，他们也乐意你来帮助他们。还有一些客户，由于他们的生活方式、态度、个人习惯或背景等因素的影响，可能会给你造成烦扰或要求你付出额外努力。你应当期望遇见不同的客户，并且尽你最大的能力为他们服务。在应对棘手的客户时，你应当保持冷静、专业。下面介绍几种客户的类型以及如何处理。

（1）不满意的客户。由于种种原因使客户对你或你公司不满意，这时，你必须想尽办法设法让他开心，你可以尝试以下几种策略。

① 聆听，你要积极地去聆听客户的说话，当客户心烦意乱时，他们想要的就是你乐意去聆听他们的诉说和担忧。

② 微笑，你必须始终面带微笑，有时一个一般的、令人愉快的问题可能不会起作用，因为客户首先会用攻击性的言语（例如，在你接电话时，或一位客户直接找到你而此时你正在服务另一位客户，或正在注意其他的事情时），在这种情况下，你要聆听客户的想法，使用积极的非语言暗示（例如，点头、开放式的，无威胁性的身体姿势，或者微笑），插入一些辅助语言。通过这些积极的非语言暗示，你从心理上或许和客户靠得更近了。人们一般不会去攻击一位"朋友"、一个熟人，或者设法为他/她提供帮助的人。

③ 不要寻找借口，一般情况下客户对未能得到他们需要的产品、服务或观点的原因并不感兴趣，他们仅仅要求事情能以对他们有利的方式得到解决，你要寻找纠正错误的方法而不是掩盖错误。要注意的是：如果你的表现很被动，你会造成一部分问题得不到解决。

④ 要富于同情心，当你揭示问题的原因时，要设法做到热情、有同情心、和感同身受。然后，你就能够试着及时地、恰当地为客户服务。服务和销售专业人员经常采用一种方法来缓和客户在心烦意乱或有挫折感（不是真正的生气）时的情绪，这种方法称作"感受、理解、建议"策略。

（2）犹豫不决的客户。当遇到这种客户时，你可以使用所有的交际技巧，否则，那些犹豫不决的客户会占用你大量的时间，同时降低你做事的效率或妨碍你服务其他的客户。然而，你还要明白一些人在浏览商品时真的仅仅就是为观赏，在约会和休息中消磨时间，或者他们很孤独，想和其他人呆在一起，此时你可以采取以下几种策略。

① 保持耐心，要记住，尽管那些犹豫不决的人们很让人心烦，但是他们仍然是你的客户，你要像问候和帮助其他客户一样来对待他们。如果客户拒绝你的帮助或者仅是随便浏览一下，这也没关系，但你要向客户说明会在哪里找到你，同时你也要注意客户需要帮助时发出的信号。

② 询问开放式的问题，你可以试着尽可能获取足够的背景信息。你收集的信息越多，就越能判断形势，确定客户需要及帮助解决问题。

③ 积极聆听，关注暗示的语言和非语言信息以确定客户的情绪、顾虑和兴趣。

④ 建议其他的选择，提供有助于客户做出决定以及减少客户忧虑的选择方案，同时也有助于他们做出决定。明确地说明有保证或可以退换可以使客户更加放心地做出决定。

（3）愤怒的客户。与愤怒的客户相处需要谨慎，在服务于一位愤怒的客户时，你必须超越情感的层次去挖掘客户愤怒的根源，只有寻找到愤怒的根源，你才有可能说服他，才有可能有效地为客户服务，通常你可以采取以下几种策略。

① 表现积极，告诉你的客户你能做什么而不是不能做什么。如果你说，"我们公司的政策不允许我们给您退款"，客户一定会更生气。反之，你可以说"我们可以给您一张代价券，它可以在这个城市里我们公司所属的12个分店里任意使用。"

② 使客户放心，向对方表明你明白他/她生气的原因，同时你愿意帮忙其解决问题。并使用下面的语言减轻客户的不安："我会尽力帮助您解决这个问题的"、"我可以向您保证这件事情会在一星期内得到解决"、"您放心，我会优先考虑这个问题的"。

③ 确定原因，通过询问、倾听、反馈、分析信息等综合方法，试着去确定问题的原因。客户可能仅仅误解了你所说的话。这种情况下，只须澄清即可。你可以试着说，"可能有一些混乱，我可以解释一下吗？"或者说"我说的话您似乎不太清楚，我能解释一下吗？"。

④ 磋商解决方法。设法从客户那里找到解决问题的方法。如果客户的建议很现实而且可行，就付诸于实践，或者协商其他的方法。通过运用客户的意见，你很可能获得他们的一致认可。而且如果以后有问题发生的话，他们可能不太会抱怨，因为这是他们最初的想法。

3. 正确处理客户抱怨，以留住核心客户

客户有抱怨，能向企业投诉并不是一件坏事，反之，能对公司改进生产经营管理，促进产品开发创新，增强公司竞争力有重要的意义。如何正确处理客户抱怨，以留住核心客户，下面介绍几种方法。

（1）树立"客户永远正确"的观念。这样，对客户服务人员来说，可以用平和的心态去处理客户的抱怨。在面对客户抱怨时，服务人员必须时刻保持微笑，你需要站在客户的角度上去思考问题，认真倾听客户的抱怨，这样才能减少客户的怒气，找出问题所在。

（2）建立统一的投诉管理程序，为客户投诉提供便利条件。客户服务人员必须指定明确的产品和服务标准及补救措施，使客户明确自己投诉的真正理由，利用各种技术支持，引导和方便客户投诉。客户投诉的渠道应该方便、省时、省力，尽可能减少客户花费在投诉上的时间、精力和金钱。

（3）加强对客户服务人员进行培训和授权。客户对一个公司印象好坏往往来自于他所遇到的客户服务人员的切身感受。客户是否再次光顾，在很大程度上取决于客户服务人员能否让他满意而归。因此，公司必须对客户服务人员进行系统性的专业培训和礼仪培训，可以提高解决客户问题的能力。

（4）及时处理客户投诉。公司必须对客户的投诉做出快速的反应，最好将问题迅速解决或至少表示有解决的诚意。拖延时间只会使客户抱怨的情绪越来越强烈，使客户感到自己没有受到足够的重视，满意度急剧下降。因此，公司应迅速调查事实，找出问题的所在，积极主动与客户沟通，在协商一致的前提下，寻求双方都满意的解决方式，最终使客户得到满意的处理结果。

五、客户服务的常用策略

留住客户就是留住利润，每一个企业都为能留住客户而绞尽脑汁、用尽心思。反之，客户们也存在相同的困境，因为成百万的网页上的几十种可选项导致客户的信息严重超载。网络技术能让客户很容易地去搜寻、比较，但是他们最终还是要找到自己真正的需求，这些过多的信息可能把他们弄糊涂了。这也意味着，除了找著名的品牌和具有良好信誉的商品之外，他们也会去买那些有价值的经验、有用的对比信息，以及能找到购物简单、容易、方便和实惠的商家和方法。

对于客户的流失问题，很多公司和经理人都"归罪"于客户的挑剔、竞争对手的"不择手段"或者是其他的外部原因，但很少能反省自己的过失与错误。无论怎么样，只要客户流失了，企业就有责任采取改进措施来补救，而不是抱怨。下面介绍几种留住客户的常用策略。

1. 参与性服务策略

所谓参与性服务策略，就是厂家所提供的产品或服务不再只局限于既定统一的产品，而是让客户利用网络参与产品的设计，获得更加贴近自己兴趣、高度满意的个性化产品。在电子商务的环境下，人们对商品的需求更加个性化，人们称之为"面对面"市场。厂家首先提供产品的通用模型，客户在此基础上提出自己的要求，厂家在其要求下生产产品，这样一方面可以提高客户对产品的满意度，另一方面可以节省设计费用。同时如果有许多客户对产品的某一方面提出了相同或类似的要求，厂家以后可以把这一部分标准化，以提高生产率。要注意的是：客户的自由选择是有范围的，它依不同商品的特点而有所不同。对于一般的生活消费品，可以根据客户自己的选择生产产品；而药品等有严格技术标准的产品则不能由客户自行选择。企业要根据自己产品的性质，在系统开发时就考虑好可以给予客户的自由度。

2. 追踪性服务策略

追踪性服务策略，就是企业对所有的客户提供追踪服务，而不再仅仅限定某一时间、区间。在电子商务的环境下，企业通过客户建档，利用网络的强大优势，可以对客户提供终身的售后服务。良好的售后服务永远是留住客户的最好方法。在越来越激烈的市场竞争中，再也不能认为产品卖出去就万事大吉了，即使超过了保修期（在电子商务的环境下，有些产品，如软件的升级，已经不再有保修期的概念了）也是如此。假如企业对其开发的某种软件进行完善后已经进行版本升级，那么根据客户档案记录，企业系统自动向所有曾经购买本软件的客户发送一封 E-mail，向其介绍新版本软件与原有版本的优点，并说明版本的升级方法。在电子商务环境下，对客户的服务不再是当客户提出某种要求时企业的被动反应，而是企业积极地为客户着想，这样才能使其真正体会到"上帝"的感觉。当然，企业实施的这些服务也并非都是免费的。例如，某些公司，产品的外形和颜色等服务是免费，而涉及产品技术方面的问题时就是有偿服务。企业可以根据本企业所提供的产品或服务性质，在网站的系统设计阶段就划分好免费与有偿的标准。

3. 满意性服务策略

满意性服务策略，就是企业提高客户的满意度，以留住核心的客户。只有客户对你的产品和服务感到满意，他才有留下来的可能。因此，提高客户的满意度是留住核心客户的前提条件。下面介绍几种方法。

（1）产品满意。客户在接受服务时，最先考虑的是基本产品。它包括产品的功能、质量、价格、包装、设计等因素。要使客户满意，就必须以客户的消费需要、审美情趣、价值观念等为导向，在充分了解客户的需要及变化的基础上进行产品的开发，让客户参与到产品的开发甚至生产流程中去，尤其是在客户的需要日趋多样化和个性化的情况下，更是如此。

（2）服务满意。在生产领域里，企业竞争已表现为服务竞争。研究表明，在服务、产品、价格三个要素中，服务已成为影响客户忠诚的第一位要素。企业失去的客户中有 68% 是因为对服务质量

不满意。决定服务满意度的一般性要素，有销售人员的服务态度，送货的及时性、准确性，提供产品所需知识技能的适合性，购物环境的舒适、便利性等。企业要提高客户对服务的满意度，不仅要满足客户的一般性要求，还要做到为客户提供人性化服务，通过服务人员与客户的语言交流或非语言交流，让客户感觉到某种服务令人愉悦并大有助益（为客户提供附加服务）当企业的服务超越客户的期望时，就会提高客户的满意度。

（3）理念满意。这是最高层次的客户满意，它涉及企业是否得到社会普遍认同的、体现企业自身个性特征的、促使并保持企业正常运作以及长足发展而构建的反映整个企业界明确的经营意识的价值体系，也是企业在客户心目中的形象问题。要树立良好的企业形象，一方面，企业内部要形成一种优秀的企业文化，能激励企业员工为实现企业目标而共同努力，另一方面，要处理好与社会、公众的关系，增强社会责任感，坚决不做任何不合法、不道德、不健康和违背社会规范的市场行为，在生产和经营中注意兼顾客户、企业和社会三者的利益，做一个遵纪守法、具有高度社会责任感的企业，以赢得客户的认同和信赖。

4. 情感性服务策略

情感性服务策略，就是企业在互联网上实现对客户的情感服务。由于在电子商务的环境下，客户往往是在互联网上与企业进行业务往来，企业人员与客户的直接接触将变得很少，这样企业主动与客户进行情感沟通就显得更加重要。

在电子商务环境下，与客户进行情感沟通还需要充分利用网络信息技术。如在客户的生日、结婚纪念日等重要日子由系统自动发送贺卡，表示企业的祝贺，也可以在发送贺卡的同时向客户推荐企业的新产品，这样客户将不会忘记企业的网站，而且会更加频繁地浏览企业的网页，这样无形之中就可以留住客户。当然，企业在采取该策略时还要注意一个问题：并不是要对所有的客户都泛泛地发出各种贺卡或推荐产品。如果对系统数据库中的所有客户都采取同样的策略，客户将感受不到公司对他的特殊重视感，对公司也没有什么益处。

典型案例

企业 ERP 项目销售管理平台的设计与运用实践

《山东工业技术》2016.3 期

1. 前言

ERP（Enterprise Resource Planning，企业资源计划）是一个对企业的多种资源进行规划的管理信息系统和操作平台，它以财务管理为核心，使企业的物流、业务流、资金流和信息流相集成，实现数据共享、多路径查询，使企业的人、财、物、产、供、销等在内的资源得到较为充分的调配和平衡，为企业计划、组织、领导、控制、创新等管理职能的发挥提供全方位、系统化的服务。

张钢为提高企业管理效率，均衡配置企业资源，优化企业销售、财务、营销等体系业务流程，提升企业的管理水平，在企业内部开展 ERP 项目管理。通过全面建设 ERP 系统，企业实现了人财物产供销的全面业务财务集成，同时利用标准化和定制化的软件平台将计划、决策和资源进行整合，使企业经营中的风险在系统化、网络化的信息化手段下得到有力的规避和管控。使销售管理流程更规范、管理更精细、运作更透明。提高企业市场竞争力，为企业的迅速、健康发展提供强有力的支持。

2. 硬件方面设计

根据集团公司 ERP 建设的实际需求和未来发展要求，企业的 ERP 平台软件选择 ORACLE ERP R12，采用最新成熟版本 R12.1.3。

2.1 ERP 系统支持的服务器架构

（1）ERP 系统服务器架构。ERP 系统服务器架构推荐选用高可用性架构。应用层：应用服务器推荐采用多节点负载均衡的模式架构。数据库层：数据库服务器推荐采用 RAC 方式。

（2）合并报表系统服务器架构。采用相对简单的多节点服务器架构，即单一应用服务器和单一数据库服务器。可在 ERP 应用服务器中划出分区，作为两个系统的备份系统，一旦主系统故障，可调整备份资源，进行冷切换。

（3）业务分析系统服务器架构。采用相对简单的多节点服务器架构，即单一应用服务器和单一数据库服务器。

2.2 ERP 硬件系统配置参数

集团公司的 ERP 系统（正式系统）硬件设计要考虑未来 3~5 年的增长，按照总用户数 3000~3500 个、并发用户 600~700 个进行评估。

（1）服务器 CPU 配置。应用服务器 CPU 负荷计算：目前 CPU 计算能力不断提高，而软件也在不断地升级换代，以 Oracle 的推荐标准以及实际经验，基本上每核 CPU 支持 30~50 个活动前台用户（Form，Web Page）。

（2）服务器内存配置。由于 ERP 系统是 I/O 密集型系统，存储 I/O 常常会成为性能瓶颈，而内存用作数据缓存是缓解存储 I/O 的有效手段。因此，通常配置更多的内存，以提高用于数据缓存的内存量。在实际应用中，一般以每核 CPU 配置 4G 内存为依据，进行部署。

（3）存储配置。从数据安全的角度出发，应选用 RAID 设备；数据库的应用都是 I/O 密集型的应用，存储设备的速度直接影响应用的响应速度，因此，应尽可能选用高速的 RAID 设备。

为提高正式系统的安全与读写性能，正式系统存储采用 RAID1+0 方式；为降低费用，测试与开发系统采用 RAID5 方式。

（4）网络带宽。ORACLE 应用系统提供两种形式的应用服务：员工自助服务应用和专业工作服务。员工自助服务应用提供的是标准的 HTML 页面应用，每个并发应用用户需求的网络带宽大约是 4K Byte；专业工作服务应用提供的是表单（Form）形式的 Java 应用，每个并发应用用户的带宽需求大约是 8K Byte。

3. 软件方面设计

ERP 系统下可以通过使用标准功能和客户化开发实现对业务财务风险的有效管控。通过系统用户的职责划分，明确各部门岗位人员的权责利，实现操作及数据访问权限的控制；通过系统使多部门、多业务的数据共享成为可能，实现了销售业务数据在各个环节的合理共享，方便数据分析及监控；结合企业的实际组织架构和业务现状，在经过梳理、整合后，系统设计建立了 9 大业务平台，如图 4.18 所示。

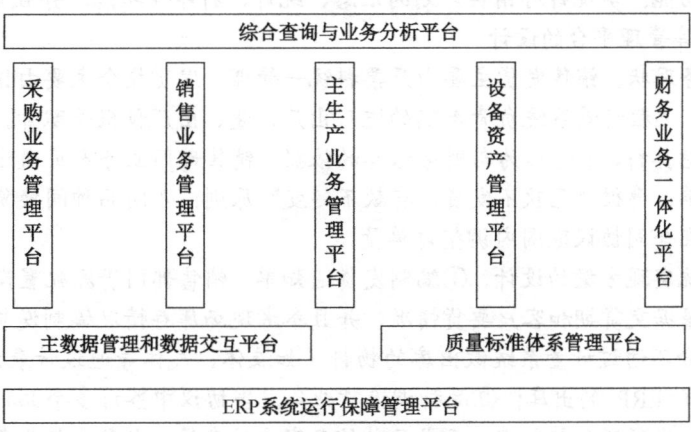

图 4.18　ERP 系统平台示意图

3.1 ERP系统销售业务管理方案设计目标

（1）规范业务运行流程；

（2）数据更及时准确；

（3）提高业务运行效率；

（4）加强业务风险控制。

所设计的销售业务管理平台，其职能覆盖了从合同签订到发货结算的全部流程，同时在产品编码、质量标准上依托主数据平台完成产销业务的衔接和转换。目前主营产品主要是面向库存生产，根据市场需求和客户的意向，由销售部门计划人员制定每周的销售计划。生产部门再根据明细的销售计划进行生产排产。

3.2 销售业务平台风险控制措施

所设计的 ERP 销售业务平台通过系统工作流规范从销售合同签订报到销售结算的操作流程，明确在 ERP 系统中各部门、岗位的职责划分；控制先收款后发货的规范流程；完善销售业务，对外仓发货信息进行管控。整个平台以先进的流程管理思想和符合企业经营发展的营销理念为设计准则，使用 Oracle 数据库、PLSQL 编程语言和FORM 表单开发工具实现了销售合同、销产计划与发货结算功能在 ERP 平台下的深度融合以及无缝衔接。

3.3 销售管理平台设计

销售业务执行基于销售四个管理平台的设计，建立了销售业务全流程系统实现方案。

3.3.1 销售合同管理平台的设计

（1）根据当前业务情况，当确认客户提货明细后，在 ERP 中创建销售合同，录入明细信息。

（2）根据销售合同在业务环节的作用和实际合同操作分为：现货合同、期货合同、预合同。

（3）在合同管理平台针对合同明细信息进行管理，包括：合同编码、销售员和销售部门、销售区域、到站信息、客户名称和编码、客户收货地点、客户收单地点、产品类别和产品编码、钢种牌号、明细规格、具体数量和单价等信息。

（4）根据销售价格的基础信息维护，自动显示销售价格。

（5）流程核心节点为合同审批功能、合同生成订单功能。

（6）在 ERP 系统内录入框架合同，只录入类别牌号等信息，在 ERP 系统内进行审批。

3.3.2 销售计划管理平台的设计

（1）业务现状。根绝市场趋势及客户需求制定销售计划。销售计划制定过程中需要确认具体的牌号、规格、重量。对于计划的变更，由销售部更改，调整后再提交至生产部门。

（2）核心需求。在 ERP 系统中管理销售计划，以销售计划推动 MES 排产。实现销售计划维护、变更审批等功能；实现针对销售计划的汇总、统计、打印等功能，并且实现线上审批功能。

3.3.3 销售出库管理平台的设计

（1）核心业务现状。销售发货主要由开票科统一管理，发货指令主要由销售业务部门发起，进行发货预报通知；远程计量系统负责车辆的进厂出厂计量、出厂预报等职责。库管员根据计量结果统计并上报销售结算科，最终作为与财务结算的依据；销售部门业务人员通过与财务确认发货金额后，编制销售订单，遵循"无款不发货，有款不超发"原则；不同品种间换货逻辑，在不超过合同总量的前提下，在合同协议范围内调整订单量。

（2）ERP 系统实现方案的设计。①编制发货通知单。销售部门资源配置岗在销售合同管理岗做完销售合同后，根据交货期和客户要货情况，并且参考现场库存情况编制发货通知单；②特殊产品发货业务对于部分不通过计量系统做出库的物料（如液体、气体等通过计表方式出库），需要通过发运平台直接触发 ERP 的出库；③品种调换货业务。当协议中签订多个品种时，发货通知单根据每个品种数量进行发货通知单创建、集成品种信息客户信息等。当客户与业务员协调需要在协议总量不超的前提下，业务员也同意品种间调换货，那么通过在创建发货通知单时某个品种可以超过此品种在合同上的数量，在这里数量校验逻辑切换成发货通知单不超过合同总量的验证逻辑。

3.3.4 销售结算管理平台的设计

结算平台主要功能就是结算单、结算补充单。销售结算单是销售业务中销售职能部门结算人员用于计算以及确认产品价格的系统单据；结算补充单主要实现根据承兑现汇等计算贴息额，通过补充结算的方式进行金额的分摊，另外也可以针对满足批量优惠条件的客户进行补充结算，找补批量优惠金额。结算定价是结算单核心功能，结算单可以实现结算价格的自动计算，手工调价以及价格审批功能。

（1）结算价计算分以下几个方面：

①出厂价业务；

②锁价业务（销售合同相关参数）；

③浮动加价。

（2）结算价格审批。最终结算价生成后，形成可提报的结算单，按照预置的审批流程，由结算单创建人员提交审批，审批通过的结算单才具有打印成实物的结算单据，具备结算效用。

（3）结算补差单基本信息。结算补差单使用头行结构进行设计。头信息中包含补差结算补差编号、结算补差类型、部门、科室、期间（日期范围）、创建人、审批人、创建时间、结算补差原因、状态、备注说明等信息。行信息包含客户、金额、状态、结算补差原因、备注说明等信息。

4. 效果分析

虽然迄今为止本企业的 ERP 系统只实现了部分模块，但是企业设计实施 ERP 项目的风险控制已获得不错的效果。其主要表现在如下。

（1）管理者思想观念的转变。

（2）改变企业的决策方式。

（3）提高企业的市场竞争力。

（4）精确管理。

（5）成本核算方式的改变。

（6）信息反馈及时准确。

5. 结论

张钢的 ERP 销售管理平台的实施，从硬件方面对 ERP 系统支持的服务器架构、系统通用的硬件架构、系统部署方案、ERP 硬件系统配置参数进行了系统性总体设计；软件方面从本企业 ERP 销售业务管理系统的目标设计、销售业务平台的风险控制措施、销售系统基础数据的管理设计、销售业务的四大管理平台设计等方面进行了详细介绍，对其中的销售数据管理、销售业务四大管理平台的功能进行了详细描述。从应用上来看，ERP 项目的实施是成功的。

思考与练习 4

一、填空题

1. ERP 中的计划层次共分为 5 层，它们是＿＿＿＿＿＿＿层次、＿＿＿＿＿＿＿层次、＿＿＿＿＿＿＿层次、＿＿＿＿＿＿＿层次、＿＿＿＿＿＿＿层次。

2. 销售是企业的＿＿＿＿＿＿＿之一，更是＿＿＿＿＿＿＿的重要环节。作为连接生产企业与_____和_____的销售物流是企业物流和_____的另一个衔接点，销售物流与销售系统_____共同完成企业的_____和_____任务。

3．一般地，销售计划的内容包括_____计划、_____计划、_____计划、_____计划、_____计划、_____计划。

4．销售计划的编制步骤：①_____；②_____；③_____；④_____；⑤_____；⑥_____；⑦_____；⑧ 检查效率，进行控制。

5．销售分析报表包括_____、_____、_____、进销量值表与_____表，前 3 个报表提供图形显示方式。

6．数据流图，简称_____，是_____分析的主要工具，它表示了系统内部的_____，并表达了系统的_____的功能。数据流图有四种基本的符号，它们是：_____、_____、_____、_____。

7．寻找顾客的方法有：_____方法、_____方法、_____方法、_____方法、_____方法、_____方法、_____方法、_____方法、_____方法。

8．客户拜访的方法有：_____方法、_____方法、_____方法、_____方法、_____方法、_____方法、_____方法。

二、选择题

1．企业的销售管理工作主要由（　　）部门完成。
    A．生产部门 　　　　　B．销售部门 　　　　　C．财务部门 　　　　　D．仓库部门

2．销售计划是各项计划的基础，一份完整的销售计划必须包含整个详尽的（　　）。
    A．商品销售量及销售金额。 　　　　　B．商品销售量及仓库存储量
    C．商品销售金额及生产商品数量 　　　D．商品销售金额及仓库存储量

3．月份销售额计划的编制需要收集过去（　　）间月份销售实绩，并详细分析各年度每月销售额。
    A．5 年 　　　　　B．4 年 　　　　　C．3 年 　　　　　D．2 年

4．销售分析报表包括销售排行榜、销售趋势分析、业务员销售业绩统计分析、进销量值表与进销存汇总表，前 3 个报表提供（　　）显示方式。
    A．数据显示方式 　　　B．文本显示方式 　　　C．视频显示方式 　　　D．图形显示方式

5．寻找顾客往往是一个业务员销售活动的（　　）。
    A．开端 　　　　　B．中间 　　　　　C．结尾 　　　　　D．自始至终

三、简答题

1．请简述销售管理的主要内容。
2．请简述销售计划。
3．请简述销售计划的内容。
4．请简述销售计划的编制步骤。
5．请简述数据流图的概念。
6．请简述数据流图的几个基本元素。
7．请简述寻找顾客的几种方法。
8．请简述客户拜访的几种方法。

第 5 章　生产规划（PP）与主生产计划（MPS）

学习目标

◎ 知识点 ◎	◎ 能力点 ◎
● 生产规划的基本概念及内容	● 生产规划的分析
● 生产规划的作用及意义	● 生产规划的编制
● 主生产计划概念及原理	● 主生产计划编制策略
● 主生产计划中的时间术语	● 主生产计划编制步骤和计算

第一节　生产规划（PP）概述

情景案例

朱雪峰团队参加企业高层领导会议，在会上所讨论的产品和生产线竟然没有一个人能够掌握必须的和足够的信息和数据，采购人员按月制订采购计划，但他们不知道本月多少物料已经收到或已从供应商那里发出，或供应商将发出而在本月收到，采购部门需要生产部门向他们提供准确的需求信息，以便向供应商发放采购订单地。诸如此事还有很多……

朱雪峰决定带领他的团队深入车间并学习生产规划概念。

任务思考

1. 计划的意义是什么？
2. 生产规划对企业的作用有哪些？

任务分析

计划是企业管理的首要职能，只有具备强有力的计划功能，企业才能指导各项生产经营活动顺利进行。当前企业所面临的市场竞争越来越激烈。在这种情况下，企业要生存和发展，就必须面对市场很好地计划自己的资源和各项生产经营活动。ERP 就是这样一个以计算机为工具的有效的计划与控制系统。

生产规划是对企业未来一段时间内预计资源可用量和市场需求量之间的平衡所制定的概括性设想，是根据企业所拥有的生产能力和需求预测，对企业未来较长一段时间内的产品、产出量等问题所做的概括性描述。

一、生产规划基本概念

1．什么是规划

规划是一个综合性的计划，它包括目标、政策、程序、规则、任务分配，要采取的步骤、要使用的资源，以及为完成既定行动方针所需的其他因素。

2．什么是生产规划

生产规划（Production Planning，PP）是为了体现企业经营规划而制定的产品系列生产大纲，它用以协调满足经营规划所需求的产量与可用资源之间的差距。

生产规划是根据经营计划的市场目标制订的规划，是对企业经营计划的细化，用以说明企业在可用资源的条件下，在计划展望期（1～3年）中的如下计划。

（1）每一产品的月生产量；

（2）每一产品的年生产量；

（3）所有产品的月生产量；

（4）所有产品的年生产量。

所有产品年汇总量应与经营规划中的市场目标相适应。生产规划的计划展望期一般为1～3年，计划周期一般为1～3个月。

3．生产规划的作用

PP中所有产品年汇总量反映了经营规划中市场目标的要求。PP确定了未来时间内各产品类的制造数量和资源需求，最早地预见了生产总需求与可用资源之间的矛盾，为后面顺利制订MPS（主生产计划）提供了宏观上的指导，保证了MPS制订的合理性和可行性。

制订PP的目的是要得到一个协调一致的单一行动计划，使得所有关键资源（如人力、能力、材料、时间和资金）都能有效地被利用，用能够获利的方式满足市场的需要。生产规划的主要目标是建立一个集成和一致的运营视图，在较高的计划层次上协调各核心业务之间的关系，也就是解决市场、销售、产品研发、生产、供应、财务、能力资源、库存等各项业务之间的供需平衡，其核心还是处理需求与供应之间的矛盾。如表5.1所示为某自行车厂2013年的生产规划。

表5.1　某自行车厂2013年生产规划

产品类	计划周期（月）												
	1	2	3	4	5	6	7	8	9	10	11	12	合计
自行车	165	155	175	160	165	165	160	155	160	170	160	165	1955
三轮车	100	100	100	100	100	110	110	110	120	120	120	120	1310
四轮车	55	55	55	55	55	60	60	60	60	60	60	60	695

PP有以下几个方面的作用：

（1）用于协调满足经营计划所要求的产量与可用资源之间的差距。

（2）把经营规划中用货币表达的目标转换为用产品系列的产量来表达的目标。

（3）制订一个均衡的月产率，以便均衡地利用资源，保持稳定生产。

（4）控制拖欠量（对MTO）或库存量（对MTS）。

（5）最终定稿的生产规划将作为编制MPS的依据。

4．什么是生产计划大纲

生产计划大纲（Production Plan Scheme，PPS）是PP的表现形式，它反映了如下问题：

（1）每类产品在未来一段时间内需要制造多少？

（2）需要何种资源来制造上述产品？数量是多少？

（3）采取哪些措施来协调总生产需求与可用资源之间的差距？

PPS 功能示意图如图 5.1 所示。

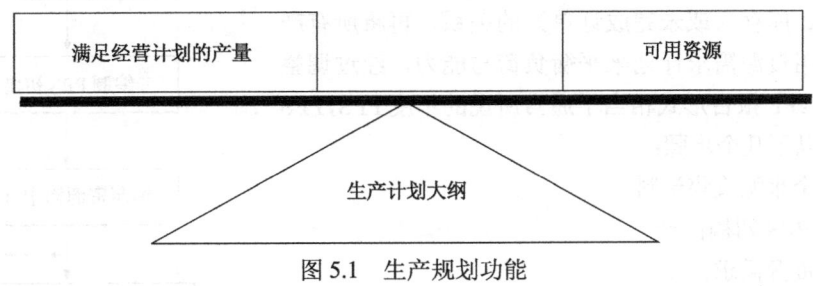

图 5.1　生产规划功能

二、PPS 编制程序

PPS 在 ERP 的 5 个计划层次中居第 2 层，如图 5.2 所示。

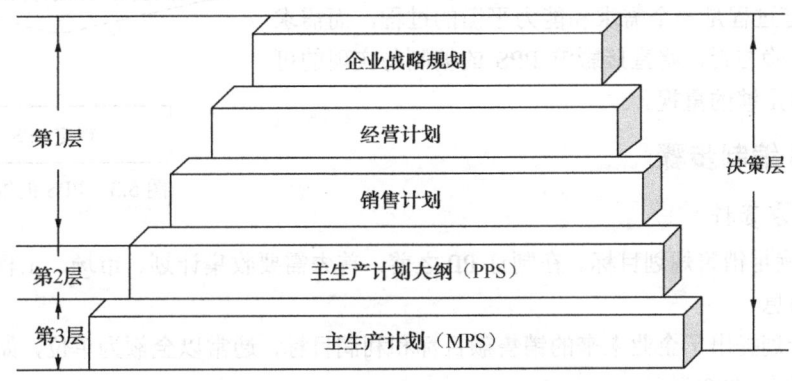

图 5.2　生产规划在 ERP 中的层次

1. 生产规划策略

PP 是在一定的生产规划策略的基础上制订的，PP 的策略包括以下事项。

（1）规划目标。确定适当的生产率，在满足用户需求的同时，控制库存量和未完成的订单量，尽可能以均衡的生产率有效地使用企业的生产设备。

（2）运作组织。包括谁对生产规划的输入负责，谁批准 PP，谁参加 PP 会议等。PP 的输入信息来自市场、生产、工程和财务等部门，许多企业每月至少开一次 PP 会议，参加的人员包括主管生产、市场、工程和财务的副总经理等。

（3）计划展望期。制订 PP 的时间跨度，一般是 1～3 年，计划方案经过批准确定下来后，一般不必对已有的生产计划做重大的改变。在计划展望时间期限内，典型的策略是隔 12～24 个月做滚动调整和计划展望。

（4）计划周期。计划周期为 1 个月，也可以选在未来的 1 个月、2 个月或 3 个月。

（5）产品类划分。经营规划中用货币单位表示的计划指标在 PP 中被转换成用产品单位或标准工时来表示。产品类的大小应在总销售额和单位产品之间适当选择，把产品划分成组类，以便于企业管理者用于表示经营策略。

（6）计划审查频率。一般情况下，应每月对 PP 审查一次，如果销售未能按计划实现，则应审查得更频繁。

（7）库存目标。用以指明希望保持的正常库存量和正常的未完成订单量。

（8）预测职责。预测是 PP 的输入环节，一般应由市场部门来承担。

2. PPS 编制程序

从宏观上说，在制订 PP 的过程中，先要确定每个产品类的销售、生产、库存（或未完成订单）的关系，再将所有产品大类汇总，用资源需求计划来平衡负荷与能力，经过调整核实并形成 PP。PP 报告形式相当于通常所说的年度 PPS，PPS 的制订可分为以下几个步骤：

（1）从各个来源收集资料；

（2）编制 PPS 初稿；

（3）核定资源需求；

（4）确定 PPS；

（5）审查并批准 PPS。

PPS 的编制过程如图 5.3 所示。

PPS 的制订过程是一个需求和能力平衡的过程，而需求和能力数据的正确与否，将直接影响 PPS 的编制与实现的可能性，必须予以足够的重视。

三、PPS 编制步骤

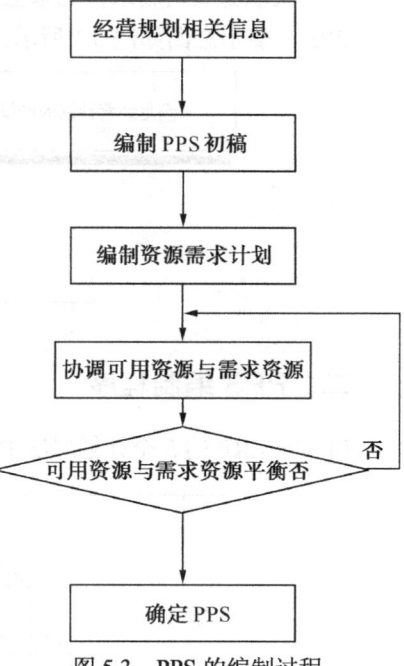

图 5.3　PPS 的编制过程

1. 收集需求资料

PP 可直接满足销售规划目标。在制订 PP 之前，首先需要收集计划、市场、工程、生产以及财务等各方面的信息。

（1）经营计划提出了企业未来的销售额目标和利润目标，通常以金额为单位，如某电脑公司明年的销售额目标为 3000 万元。

（2）市场部门根据对产品类分时间段的销售预测，得到客户对某类产品或零件的未来需求的估计，如预测对电脑产品类的需求是一年 2000 台。

（3）工程部门提供资源清单，即生产每单位产品类所需的劳力、机器和材料清单，如公司的工程部门将提供每生产一台电脑所需的原件数量、所需的劳力和装配工时。

（4）生产部门提供关于能力（即关于资源的可用性）方面的数据，如可用的劳力工时、可用的机械小时和工作中心小时，还提供当前库存水平、当前未交付的订货等实时的数据。

（5）从财务部门获得经核算确定的单位产品的收入和成本，增加资源（如设备）的财务预算，可用的资金（如流动资金的限额、信贷资金的限额）等。

总之，经营计划，市场部门和工程部门提出的是需求方面的数据，这些需求来自客户、市场，当然，也包括企业本身发展的需要。如表 5.2 所示形象地给出在编制 PPS 时收集需求数据来源的例子。

表 5.2　PPS 编制中收集需求数据案例表

数据来源	数据	例子
经营计划	（1）销售目标/美元 （2）库存目标/美元	某公司当年销售额为 100 000 美元 库存占用为 10 000 美元

续表

数据来源	数据	例子
市场部门	（1）产品类分时间段的销售预测（数量，而不是金额）	产品类的定义是可变的，如某自行车公司决定： （1）二轮车产品，预测是 7000 辆 （2）三轮车产品，预测是 2000 辆
	（2）分销与运输要求	分销是 2 星期，占用资金=2×20 000=40 000（美元）
工程部门	（1）资源清单——每单位产品类所需的劳力与机器、材料采购单	（1）每生产 1 辆自行车、三轮车需要用钢料数量 （2）每一类产品所需要的劳力和装配工时
	（2）专用设备需求	工具、冲模、铸模
	（3）特殊说明（宏观水平）	材料管理的政府规定
	（4）影响资源计划的产品设计、材料或生产方式的改变	从金属铸造到塑料铸造的变更
生产部门	资源可用性，包括： （1）可用劳力 （2）可用机械小时/工作中心小时 （3）面向库存生产的公司的当前库存水平（包括原材料、在制品和产成品） （4）为订单生产的公司的当前未交付订货	每年工时：2000h 每月工时：160h 锻压中心：230h 碎石中心：150h 自行车期初库存：500 辆 自行车期初未交付订货：200 辆
财务部门	（1）单位产品的收入 （2）单位产品的成本 （3）增加资源的财务能力 （4）资金可用性	（1）销售一辆自行车的收入为 100 美元 （2）生产一辆自行车的成本为 25 美元 （3）后两年设备预算为 100 000 美元 （4）流动资金约束为 20 000 美元

2. PPS 编制与生产环境

PPS 与生产环境有关。对不同的生产环境，编制 PPS 的方法与步骤不完全相同。这里根据制造系统的生产目标，考虑如下类型的生产环境。

（1）面向库存生产（MTS）：先生产成品后库存待售，一般是用大量的零部件和原材料制造少品种的最终产品，如电视机。

（2）面向订单生产（MTO）：先有订单后组织生产，一般是用少量的原材料和零部件生产多品种的产品，如钢材。

（3）面向订单装配（MTA）：先有订单后组织装配，一般是由有限基本部件制造出多选择的系列产品，如拖拉机。

在不同的生产环境下，对 PP 有不同的处理方法。对于 MTS 的产品，在确定生产率时，要控制年末预期的库存水平。如果库存水平的目标比上一年低，那么每月的生产率就应当比每月的销售预测量低一些，以实现降低库存水平的目标。对于 MTO 的产品，在确定生产率时则要控制未完成订单的水平。如果计划本年末要减少未完成订单的数量，那么每月的生产率就应比每月的销售预测量高一些，以实现减少年末未完成订单数量的目标。

PPS 一般是根据经营规划中的 2～7 年市场目标来制订的。PPS 的时间跨度：计划展望期是 1～3 年，计划周期为 1～3 个月。最终的 PPS 将作为下一级计划——MPS 的依据。PPS 编制的不是某一具体产品的产量，而是各产品类的产量。

在编制 PPS 时，应考虑以下 3 个因素的平衡：需求/预测，生产状况，库存水平。

3. PPS 初稿编制方法

下面仅介绍 MTS 和 MTO 下的 PPS 初稿的编制方法。

（1）MTS 环境下的 PPS 初稿编制方法

MTS 适用于面向库存生产的产品，是依据当前的库存水平及所期望的库存水平来控制生产率的生产方式。MTS 环境下编制 PPS 初稿，其目标是使生产满足预测需求量并保持一定的库存量和平稳的生产率，以此来确定月生产量和年生产量。考虑的因素有：保持库存的花销和改变生产率的花销。

编制 MTS 的 PPS 的一般过程是：根据预测需求和库存水平的目标计算总产量，然后将其分配在计划展望期上。其具体编制步骤如下：

① 把预测数量分配到计划展望期的每一时区上。

② 计算期初库存水平。

期初库存=当前库存水平-拖欠订货数

③ 计算库存水平的变化。

库存变化=目标库存-期初库存

若结果为正值则表示库存增加，若结果为负值则表示库存减少。

④ 计算总生产需求量。

总生产需求=预测数量+库存改变量

即把预测数量与库存改变量的代数和作为计划期内的总生产需求量。

⑤ 把总生产量和库存改变按时间段分布在整个展望期上。分配时通常要求按均衡生产率原则，保持生产率平稳，并表现出各时段的库存变化，要求期末库存必须与库存目标一致。

（2）MTO 环境下的 PPS 初稿编制方法

MTO 适用于面向订单生产的产品，是根据当前的和所希望的未交付客户订单数量来控制生产率的生产方式。编制订单生产环境下的生产计划大纲初稿，其目标是使产量满足预测的需求量和拖欠的订货量。考虑的主要因素是把期初的未完成订单按照交货日期分布在计划展望期内。

其具体的编制步骤如下：

① 把预测数量分配到计划展望期的各个时段上。

② 把未完成的订单分布在计划展望期的各个时段上。

③ 计算未完成订单的改变量。

拖欠订货数变化=期末目标拖欠量-期初拖欠量

注意：未完成订单减少，变化量为负；反之为正。

④ 计算总生产需求量。

总生产需求=预测量-拖欠订货数变化

注意：若拖欠量增加，则少生产；否则，若拖欠量减少，则多生产。

⑤ 把总产量和预计未完成的订单按时间段分布在整个展望期上，分配时通常要求按均衡生产率原则，且月生产量应保证满足月末完成订单的数据。

4. 确定资源需求

（1）基本思想

在生产规划的编制过程中，当确定产品系列的生产量时，需要考虑生产这些产品所需要占用多少有效的资源，如果资源不足，应协调这些差距，这个过程也称为资源需求计划。

（2）分析资源清单

所谓资源清单是指生产单位产品所需的材料、劳动工时、设备工时、收入、利润等的数量记录。资源清单的具体形式随产品和企业的不同而不同。在确定资源需求时，首先要审定资源清单，资源清单中的数字表示的是一个产品系列中所有项目的平均值。

（3）计算资源需求

在审定资源清单的基础上，一旦确定了生产单位产品类所需的资源量，就可计算出所需的资源总数。通过计划生产量和资源需求率相乘就可计算出每类产品的资源需求。如果资源由几类产品共享，则要汇总所有产品类的资源需求。

（4）比较可用资源和资源需求

将资源需求量与现有的或库存的数量进行比较，如果合适，则再检查其他资源，包括劳动力和机器等，然后定稿 PPS，资源可用性依不同资源的实际情况而有所不同。

（5）协调可用资源与资源需求

当资源需求超过可用资源时，将出现资源短缺。在 PPS 定稿之前，必须解决这一问题。可以根据具体情况，采取相应措施加以协调。

① 物料短缺：增加物料购买，减少生产总量，选用其他供给源或替换物料。

② 劳动力短缺：安排加班，雇用临时工，转包作业，减少生产总量，调整生产线。

③ 设备短缺：购买新的设备，升级现有设备，转包作业，改变工艺过程，减少生产总量，调整产品类或生产线。

（6）主要步骤

① 审定资源清单。对生产规划中的资源清单进行审核，资源清单中的数字表示一个产品系列中所有项目的平均值。

② 计算资源需求。在审定资源清单的基础上，计算资源需求，也就是每类产品的计划生产量和资源需求率相乘。如果资源由几类产品共享，则汇总所有产品类的资源需求。

③ 解决资源需求与可用资源的差距。差距可以通过增加资源，减少需求或进行内部调整的方法来解决。

四、PPS 的编制案例

【例 5.1】 某公司生产自行车（MTS 环境），现编制 PPS，计划展望期是 1 年，按月划分时区。自行车的年预测销售量是 3780 辆，当前库存为 900 辆，年末库存目标是 300 辆，拖欠订单数量是 400 辆，请编制其 PPS 初稿。

按照 MTS 环境下 PPS 的编制方法，具体计算步骤如下。

（1）把年预测销售量 3780 辆按月平均分布，每月 3780÷12=315（辆）。

（2）计算期初库存。

期初库存=当前库存水平-拖欠订货数=900-400=500（辆）

（3）计算库存水平的变化。

库存变化=目标库存-期初库存=300-500=-200（辆）（库存减少）

（4）计算总生产需求量。

总生产需求=预测数量+库存改变量=3780+（-200）=3580（辆）

（5）把总生产需求量按时间段分配在整个计划展望期内，把 3580 辆产量分布到 12 个月，其中 1～8 月均为 295 辆，9～12 月为 305 辆。所得到的 PPS 初稿如表 5.3 所示。

表5.3　MTS环境PPS初稿

月份	1月	2月	3月	4月	5月	6月	7月	8月	9月	10月	11月	12月	全年
销售预测	315	315	315	315	315	315	315	315	315	315	315	315	3 780
生产规划	295	295	295	295	295	295	295	295	305	305	305	305	3 580
预计库存 期初库存： （500）	480	460	440	420	400	380	360	340	330	320	310	300	目标库存 300

在表5.3中，期初库存为500辆，库存改变为-200辆，总生产量为3580辆。

预计库存的计算公式为

预计库存=上月库存量+本月产量-本月销售量

【例5.2】　某公司生产自行车（MTO环境），现编制PPS，计划展望期是1年，按月划分时区。自行车的年预测销售量是3780辆，当前未完成订单是1090辆，期末未完成订单数量为700辆，请编制其PPS初稿。

按照MTO环境下PPS的编制方法，具体计算步骤如下。

（1）把年预测销售量3780辆按月平均分布，每月3780÷12=315（辆）

（2）按交货日期把未完成的订单数量分配到计划展望期的相应时间段内。

把未完成订单数1090辆分配到相应时段内，具体其数量为1月165辆，2月165辆，3月160辆，4月160辆，5月150辆，6月150辆，7月140辆。

（3）计算未完成订单的改变量。

拖欠订货数变化=期末目标拖欠量-期初拖欠量=700-1090=-390（辆）

（4）计算总生产需求量。

总生产规划=预测量-拖欠订货数变化=3780-（-390）=4170（辆）

（5）把总生产规划量分配到各月，月产量应满足当月的拖欠并保持均衡生产率。所得到的PPS初稿如表5.4所示。

表5.4　MTO环境PPS初稿

月份	1月	2月	3月	4月	5月	6月	7月	8月	9月	10月	11月	12月	全年
销售预测	315	315	315	315	315	315	315	315	315	315	315	315	3 780
期初未完成订单（1 090）	165	165	160	160	150	150	140						
预计未完成订单	1055	1020	985	950	915	880	845	810	775	740	720	700	期末 700
生产规划	350	350	350	350	350	350	350	350	350	350	335	335	4 170

在表5.4中，未完成订单的改变为-390，总产量为4170。把总产量分布到12个月，1～10月为350辆，11～12月为335辆。

本月未完成订单的计算公式为

本月未完成订单量=上月未完成订单+本月计划销售量-本月计划产量

【例5.3】　根据资源清单和生产规划确定资源需求，某公司的资源清单如表5.5所示，生产规划如表 5.6 所示，请确定其资源需求计划。

表 5.5　某公司的资源清单表

产品类	钢（吨）	标准工时（小时）
自行车	0.005 2	0.56
三轮车	0.008 7	0.87
四轮车	0.014 5	1.48

表 5.6　某公司的生产规划表

产品系列	自行车	三轮车	四轮车
计划产量	2500	1600	700

具体计算步骤如下：

根据已知条件，用简单的"乘法"，即每类产品的计划生产量和资源清单中的资源需求量相乘，便可得到资源需求计划，如表 5.7 所示。

表 5.7　某公司的资源需求计划表

产品系列	计划产量（辆）	劳动工时需求量（小时）	钢材需求量（吨）
自行车	2500	1400	13
三轮车	1600	1392	13.92
四轮车	700	1036	10.15
合计	4800	3828	37.07

从表 5.7 可知，劳动需求量为 3828 小时，钢材需求量为 37.07 吨。

【例 5.4】　根据资源清单和生产规划确定资源需求，假设某公司的生产过程可分为 4 个部分，即基本工序、辅助工序、精加工、装配。在过去的 6 个月中，这 4 部分共用了 55 000 个直接工时（小时），其中基本工序为 18 000 工时、辅助工序为 25 000 工时、精加工为 5000 工时、装配为 7000 工时。

在一条生产线上，有 9 个不同的产品型号使用上述生产制造设备。此时，工厂的生产规划是以综合单位量给出的，综合单位量泛指某个产品系列的单位产品。在过去的 6 个月完成了这种系列产品 5800 个综合单位。生产规划下达的下两个季度的计划为 7000 个综合单位。请确定资源需求计划。

具体计算步骤如下。

根据题意，在过去 6 个月生产了 5800 个综合单位，共用了 55 000 个工时，由此得到该公司的清单，如表 5.8 所示。

表 5.8　某公司资源清单表

工序名称	工时（小时）	所占比例（%）	单位产品工时（小时）
基本工序	18 000	32.73	3.104
辅助工序	25 000	45.45	4.311
精加工	5000	9.09	0.863
装配	7000	12.73	1.207
合计	55 000	100	9.485

再根据题意，生产规划下达的计划是下两个季度生产 7000 个综合单位，由此并结合表 5.8 按

照上述的"乘法"方法，即可得到该公司的资源需求计划，如表5.9所示。

表5.9　资源需求计划表（工时）

工序名称	基本工序	辅助工序	精加工	装配	合计
资源需求	21 728	30 177	6041	8449	66 395

第二节　主生产计划（MPS）概述

情景案例

主生产计划是关于"将要生产什么"的一种描述，它起着承上启下、从宏观计划向微观计划过渡的作用。朱雪峰团队在参加企业高层领导会议中深深感到，要真正理解主生产计划的含义，还需掌握MPS中的相关术语，于是，朱雪峰团队带着这个问题继续学习MPS的相关知识。

任务思考

1. MPS有哪些主要功能？
2. MPS如何做到"控制把手"？

任务分析

主生产计划是计划系统中的关键环节。一个有效的主生产计划是生产对客户需求的一种承诺，它充分利用企业资源，协调生产与市场，实现生产计划大纲中所表达的企业经营目标。其功能有：①把企业计划同日常作业计划联系起来；②为日常作业的管理提供一个"控制把手"；③驱动正式的、一体化的计划与控制系统。

要使MPS为企业管理提供一个控制把手，需要通过提供以下手段、机制与方法：①一种授权与控制支持着客户服务、获利能力与资本投资目标的劳动力水平、库存投资与现金流的手段；②一种协调市场营销、销售、工程设计、制造与财务活动以开发一共同计划与改进集体协作的机制；③一种调和市场营销及销售方面的需求与制造能力的方法；④一种度量每一群体在执行共同计划中的绩效的手段。

一、主生产计划基本概念

1. MPS的概念

主生产计划（Master Production Schedule，MPS）是确定每一个具体产品在每一个具体时间段的计划。计划对象一般是最终产品，即企业销售产品，但有时也可能先考虑组件的MPS计划，然后再下达最终产品装配计划，如图5.4所示。

MPS的实质是保证销售规划和生产规划对规定的需求（需求什么，需求多少和什么时候需求）与所使用的资源取得一致。MPS考虑了经营规划和销售规划，使生产规划同它们相协调。它着眼于销售什么和能够制造什么，这就能为车间制定一个合适的"主生产进度计划"，并且以粗能力数据调整这个计划，直到负荷平衡。

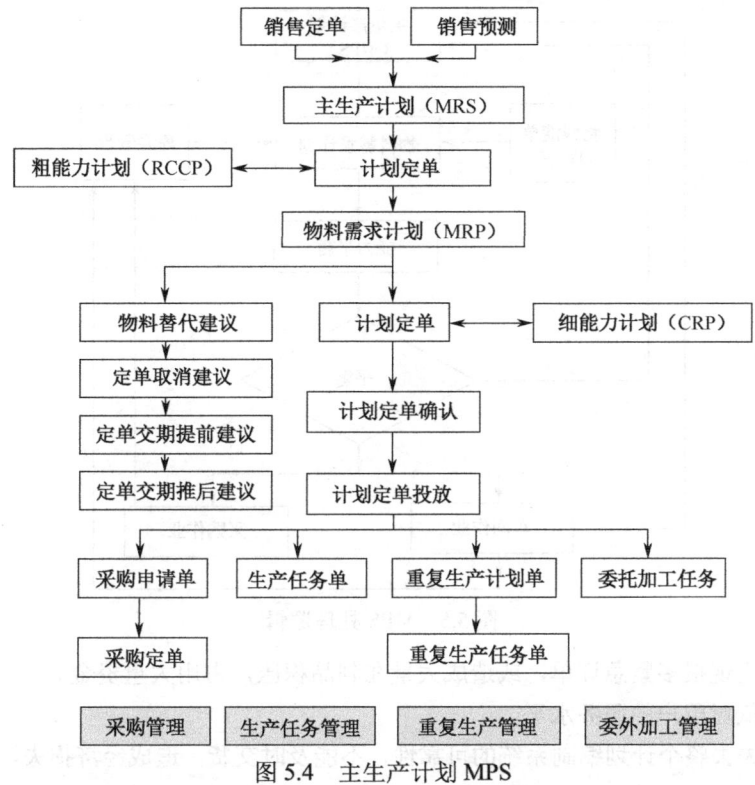

图 5.4 主生产计划 MPS

总之，主生产计划说明在可用资源条件下，企业在一定时间内，生产什么？生产多少？什么时间生产？

2. MPS 的作用

主生产计划是按时间分段方法，去计划企业将生产的最终产品的数量和交货期。主生产计划是一种先期生产计划，它给出了特定的项目或产品在每个计划周期的生产数量。这是个实际的详细制造计划。这个计划力图考虑各种可能的制造要求。

主生产计划是 MRP Ⅱ 的一个重要的计划层次。粗略地说，主生产计划是关于"将要生产什么"的一种描述，它根据客户合同和预测，把销售与运作规划中的产品系列具体化，确定出厂产品，使之成为展开 MRP 与 CRP（粗能力计划）运算的主要依据，它起着承上启下、从宏观计划向微观过渡的作用，图 5.5 所示的是 MPS 的处理逻辑。

主生产计划是计划系统中的关键环节。一个有效的主生产计划是生产对客户需求的一种承诺，它充分利用企业资源，协调生产与市场，实现生产计划大纲中所表达的企业经营目标。主生产计划在计划管理中起"龙头"模块作用，它决定了后续的所有计划及制造行为的目标。在短期内作为物料需求计划、零件生产计划、订货优先级和短期能力需求计划的依据。在长期内作为估计本厂生产能力、仓储能力、技术人员、资金等资源需求的依据。

3. MPS 的内容

主生产计划（MPS）是生产管理的入口点，主要说明在可用资源的条件下，在一定时期内（一般为 3～18 个月）生产什么（通常是具体的产品）；生产多少；什么时间交货。

主生产计划编制是 ERP 的主要工作内容。主生产计划的质量高低将大大影响企业的生产组织工作和资源的利用。若主生产计划的质量欠佳，则会出现以下情况。

（1）将会影响工厂资源的利用，造成超负荷使用，或造成大量劳动力或设备的闲置。

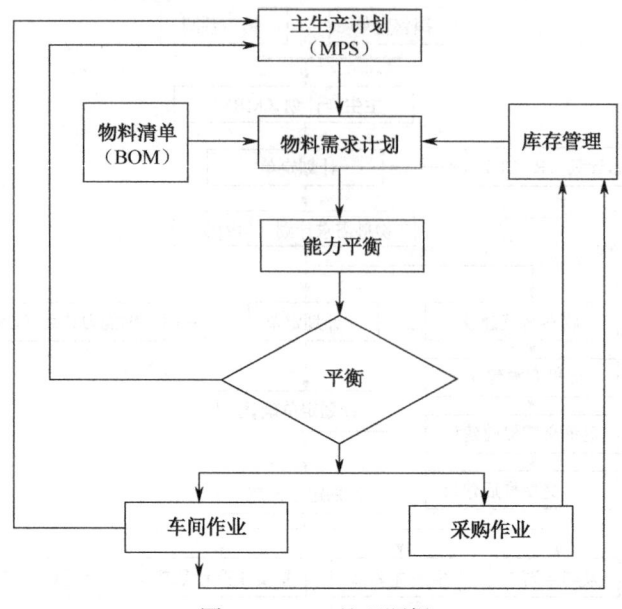

图 5.5　MPS 处理逻辑

（2）将可能出现很多紧急订单，或造成大量在制品积压，占用大量资金。

（3）将会降低对用户的服务水平。

（4）最终将失去整个计划编制系统的可靠性，不能及时交货，造成经济损失，失去客户，影响市场的占有率。

二、MPS 相关术语

MPS 按照时间基准进行计划编制。主生产计划的时间基准主要有计划展望期、时段以及时区和时界。

1. 计划展望期

主生产计划的计划展望期一般为 3～18 个月；对于 MPS，计划展望期应至少等于总的累计提前期或多出 3～6 个月。

2. 时段

时段即微观计划的时间周期单位。主生产计划的时段可以按每天、每周、每月或每季度来表示。当月的生产与装配计划一般是按周编排的，并且常常以天表示。时段越短，生产计划越详细。

3. 时界

时界是在 MPS 中计划的参考点，是控制计划变化的参考与根据，以保持计划的严肃性、稳定性和灵活性。MPS 设有两个时界点：需求时界和计划时界。

典型的 MPS 把需求时界（DTF）设定在最终装配计划的提前期，或者更宽裕一些。偏离实际的预测要在需求时界点之前从需求计划中排除。DTF 标记了预测被废弃的日期。由于提前期太短，在 DTF 内，计划单纯由客户合同需求来驱动。计划时界（PTF）总是大于或等于 DTF。在 PTF 以内，MPS 系统不能自动确定 MPS 订单计划，而只能由主生产计划员确认安排。在 PTF 这个时间以后，MPS 将自动编制主计划订单，但必须由主计划员审核调整。

4. 时区

在需求时界和计划时界的基础上，MPS 将计划展望期划分需求时区、计划时区和预测时区。每个时区包含若干个计划周期。不同时区的分割点就是时界，表明跨过这一点，编制计划的政策或过程将有变化。

时区的划分对 MPS 计划的编制将产生重要的影响。

在需求时区内，订单已经确定，此时区内产品生产数量和交货期一般是不能变动的。

在计划时区内，表明企业已安排了生产，产品生产数量和交货期一般也不能由 MPS 自动改变，需要变动时应由高层领导人员批准。在预测时区内，由于对客户的需求知道得很少，只好利用预测，预测时区内的产品数量和交货期可由系统任意变更。各时区、时界的关系如图 5.6 表示。

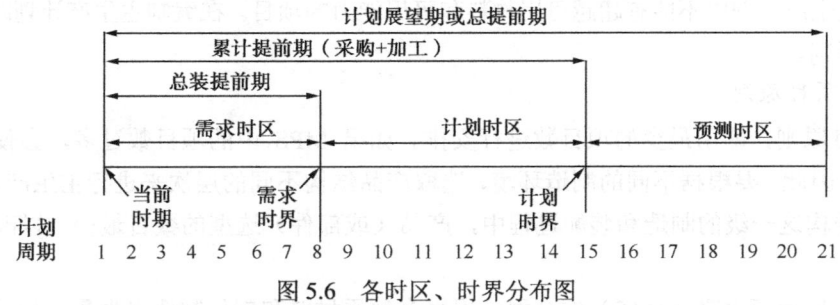

图 5.6　各时区、时界分布图

MPS 通过设立如图 5.6 所示的三个时间区间，以此确定订单从一类状态变化到另一类状态日子计划与控制的重点。主生产计划将订单分成三种不同的状态，即计划状态、确认状态和下达状态。

（1）计划订单——所有的订单只是系统生成的建议性计划订单，在情况出现变动时允许系统自动修改。

（2）确认订单——计划订单的数量和时间可以固定，计算机不能自动修改，只有计划员可以修改。

（3）下达订单——下达生产的订单，授权制造指定的数量。它是系统管理的主要订单。

在 PTF 以内，由主计划员来计划这些订单，PTF 之外，则由计算机程序来编制。主生产计划员核实计划订单以后，对系统生成的计划订单做必要的调整（如改变提前期、批量或安全库存的默认值），认为在物料、能力、数量和时间上都没有问题后，对计划订单加以确认，形成确认的订单，准备下达。下达订单一般要经过一定的程序（如打印），例如加工单下达给车间，采购单下达给供应商，开始执行计划。

客观环境是不断变化的，生产计划应当适应客观变化。但是，如果一味追随变化，朝令夕改，势必造成生产上的混乱。因此，控制计划变动是保证计划可执行程度的重要内容。当需要变动时，要分析变动计划的限制条件、难易程度、需要付出的代价并确定审批权限，从而谋求一个比较稳定的主生产计划。时界表明了修改计划的困难程度。修改的时间越接近当前时间，则修改的困难越大。但有些情况，也不得不进行修改。例如：

① 用户变更或取消订单。

② 生产能力发生显著变化（如机床故障）。

③ 无法提供原计划所需材料（如由于供方失约、原材料短缺等原因），不得不停止或减少生产。

④ 出现过多废品和次品。

⑤ 在修改 MPS 时，应着重考虑以下因素：

● 是否影响对用户的服务水平？

● 成本增加了没有？

● 所用物料是否增加？

● MPS 的可信度是否严重下降？

确认订单和下达订单系统都不能自动修改，以保持计划的稳定性。如果要改，只能人工修改，或把订单状态改回到计划状态，再由系统修订。

三、MPS 的编制原则

主生产计划是根据企业的能力确定要做的事情，通过均衡地安排生产实现生产规划的目标，使企业在客户服务水平、库存周转率和生产率方面都能得到提高，并及时更新、保持计划的切实可行和有效性。主生产计划中不能有超越可用物料和可用能力的项目。在编制主生产计划时，应遵循以下 6 项基本原则。

1. 最少项目原则

最少项目原则，即用最少的项目数进行安排。如果 MPS 中的项目数过多，会使预测和管理都变得困难。因此，要根据不同的制造环境，选取产品结构不同的层次来进行主生产计划的编制。使得在产品结构这一级的制造和装配过程中，产品（或部件）选型的数目最少，以改进管理评审与控制。

（1）在为库存而生产（MTS）的公司，用很多种原材料和部件制出少量品种的标准产品，MPS 通常是最终产品（如电视机）的生产计划。

（2）在为订单生产（MTO）的公司，用少量品种的原材料和部件，根据客户的要求，生产出各种各样不同品种的最终项目，MPS 一般是原材料和部件的生产计划。如飞机、船舶的生产。

（3）在为订单而装配（ATO）的公司，生产具有高度选择性的产品（如轿车等），这时主生产计划是子装配件（如发动机，车身等）的生产计划。

2. 独立具体原则

独立具体原则，即只列出实际的、具体的可构造项目，而不是一些项目组或计划清单项目。

MPS 应当列出实际的、独立的、具有特定型号的产品项目，而不是一些项目组。这些产品可分解成具体的、可识别的零件或组件，它是可以采购或制造的项目，而不是计划清单项目。

3. 关键项目原则

关键项目原则，即列出对生产能力、财务或关键材料有重大影响的项目。

（1）对生产能力有重大影响的项目，是指那些在生产和装配过程中起重大影响的项目。例如，一些大批量项目、造成生产能力的瓶颈环节的项目和通过关键工作中心的项目等。

（2）对财务指标有重大影响的项目，指的是与公司的利润效益最为关键的项目。例如，制造费用高，含有贵重部件，昂贵原材料，高费用的生产工艺或有特殊要求的部件的项目，也包括那些作为公司主要利润来源的、相对不贵的项目。

（3）对关键材料有重大影响的项目，是指那些提前期很长或供应厂商有限的项目。

4. 全面代表原则

全面代表原则，即计划的项目应尽可能全面代表企业的生产产品。MPS 应覆盖被该 MPS 驱动 ERP 程序中尽可能多的组件，反映关于制造设施，特别是瓶颈资源或关键工作中心尽可能多的信息。

5. 适当裕量原则

适当裕量原则，即考虑预防性维修设备的时间。可把预防性维修作为一个项目安排在 MPS 中，也可以按预防性维修的时间，减少工作中心的能力。

6. 适当稳定原则

适当稳定原则，即在有效的期限内应保持适当稳定。主生产计划制订后在有效的期限内应保持适当稳定，那种只按照主观愿望随意改动的做法，将会引起系统原有合理的正常的优先级计划被破坏，削弱系统的计划能力。

四、MPS 的对象

主生产计划把生产规划制订的产品类的生产率分解为每一种产品或"最终项目"的生产率。所谓"最终项目"，通常是独立需求件，对它的需求不依赖于对其他物料的需求而独立存在。但是由于计划范围和销售环境不同，作为计划对象的最终项目其含义也不完全相同。主生产计划中的最终项目可以是产品、主要组件、虚拟物料单中的组件，甚至可以是产品结构中最高层次上的单个零件。主生产计划是对最终项目的需求日期和数量的说明。

（1）在面向库存而生产（MTS）的公司：用很多种原材料和部件制造出少量品种的标准产品，则产品、备品备件等独立需求项目通常成为 MPS 计划对象的最终项目。对产品系列下有多种具体产品的情况，有时要根据市场分析估计各类产品占系列产品总产量的比例。此时，生产规划的计划对象是系列产品，而 MPS 的计划对象是按预测比例计算的具体产品。每种的需求量是用占产品系列总数的预计百分比来计算的。产品系列同具体产品的比例结构形式，类似一个产品结构图，通常称为计划物料单或计划 BOM。

（2）在面向订单生产（MTO）的公司：最终项目一般就是标准定型产品或按订货要求设计的产品，MPS 的计划对象可以放在相当于 T 形或 V 形产品结构的低层，以减少计划物料的数量。如果产品是标准设计或专项，最终项目一般就是产品结构中 0 层的最终产品。如果用少量品种的原材料和部件，根据客户的要求生产出各种各样不同品种的最终项目，如飞机、船舶的生产，则原材料和部件等项目通常成为 MPS 计划对象的最终项目。

（3）在面向订单而装配（ATO）的公司：产品是一个系列，结构基本相同，表现为模块化产品结构，都是由若干基本组件和一些通用部件组成的。每项基本组件又有多种可选件，有多种搭配选择（如轿车等），从而可形成一系列多种规格的变型产品，可将主生产计划设立在基本组件级。在这种情况下，最终项目指的是基本组件和通用部件。这时主生产计划是基本组件（如发动机，车身等）的生产计划。

如表 5.10 所示列出了各种环境下 MPS 计划对象与计划方法。

表 5.10 MPS 计划对象与计划方法

销售环境	MPS 计划对象	计划方法	附注
现货生产（MTS）	独立需求类型物料（产品、组件、备件）	单层 MPS	可同分销资源计划集成制造 BOM、计划 BOM
订货生产（MTO）	独立需求类型物料（产品、组件、备件）	单层 MPS	制造 BOM
订货组装（ATO）	通用件、基本组件及可选件	多层 MPS	总装计划 FAS 及可选件计划 BOM、制造 BOM

五、MPS 数据的确定

MPS 安排指导生产以满足来自独立需求的需要。独立需求通常是指最终项目，但有时也指维修件、可选件或工厂自用件，一般是通过预测得来的。

MPS 的主要数据源包括未交付的订货及客户订单、最终项目的预测、工厂内部的需求、备件、客户可选件和附件以及预防维修所产生的需求等。

1. 未交付的订货及客户订单

未交付的订货及客户订单是指那些未发货的订单项目，可以是上期没完成拖欠下来，或是新的指定在本期内要求供货的项目。

2. 最终项目的预测

最终项目的预测是用现有的和历史的资料来估计将来的可能需求。

3. 工厂内部的需求

工厂内部的需求是将一个大的部件或成件作为最终项目产品来对待，以满足工厂内其他部门的需要，如汽车厂中的发动机分厂生产的发动机可视为工厂内部需求。

4. 备件

备件是指销售给使用部门的一些零部件，以满足使用维护时更换的需要，如电视机厂生产的显像管等。

5. 客户可选件和附件

客户可选件和附件是指销售时独立于成品的，根据客户需要配置的，这些可选件也是独立需求。

保证 MPS 的准确和可靠性，是下一步正确制订 MPS 计划、车间作业计划等计划的基础。如果 MPS 需求数据不准确，将会造成一系列不良后果。如果过低地估计了需求，则可能造成原材料短缺，临时增加任务会导致生产周期延长，生产过程失控等情况；如果估计过高，则可能造成库存品和在制品增加、资源闲置、资金积压等情况。

六、MPS 策略的制订

制订主生产计划策略是企业高层领导的责任，包括以下几方面。

1. 主生产计划的基本原则

主生产计划的基本原则是根据企业的能力确定要做的事情，通过均衡地安排生产实现生产规划的目标，使企业在客户服务水平、库存周转率和生产率方面都能得到提高，并及时更新，保持计划的切实可行和有效性。主生产计划中不能有超越可用物料和可用能力的项目。那种只反映愿望的做法将会混淆了优先级，破坏正常的优先计划，破坏系统产生合理的计划的能力。

2. 预测

主生产计划策略应指出谁负责预测，以及预测的对象和技术；谁负责审查预测的精度以及主审查的频度；各部门如何就预测的结果进行交流，等等。预测的责任通常由市场部门承担。

3. 主生产计划的展望期和计划时区

多数企业以 12 个月作为计划展望期，每过一个月，增加一个新的月计划，也有的企业根据物料和能力的提前期，将计划展望期扩展到 2～3 年。

主生产计划的时区（即计划的最小时间单位）不应大于周，以便使得低层物料可以有比较好的相对优先级。如果计划时区拖长到一个月，那么当知道了整个时区需要什么时，也就没有什么价值了。

4. 交流

生产部门和采购部门有提供反馈信息的责任，他们应向计划员和主生产计划员提供关于预期延迟的信息，以使计划员和主生产计划员能在问题发生之前做好计划调整。这也使得有时间来估计一项预期延迟的影响。

另外，应有定期的计划会议，为市场、销售、生产、采购、计划部门的人员进行交流提供机会。企业高层领导主持的销售与动作规划会议也应定期举行。

对于部门之间的交流应当规定响应时间。例如，如果市场部门要求生产部门做出一种承诺或修

改计划，市场部门应在 1～2 天内得到答复；如果生产部门向市场部门询问为什么预测未能实现，生产部门应在 1～2 周内得到答复，因为市场部门要花比较多的时间来获取这些信息。

七、粗能力计划（RCP）

主生产计划的可行性主要是通过粗能力计划（Rough Capacity Planning，RCP）进行校验。粗能力计划是对关键工作中心的能力进行运算而产生的一种能力需求计划，它的计划对象只针对关键工作中心的工作能力。约束理论（Theory of Constraints）认为产量和库存量是由瓶颈资源决定的，因此从这点上说，粗能力计划与约束理论的思想一致，即关键资源和瓶颈资源决定了企业的产能，只依靠提高非关键资源的能力来提高企业的产能是不可能的。粗能力计划的运算与平衡是确认主生产计划的重要过程，未进行粗能力平衡的主生产计划是不可靠的。主生产计划的对外主要是最终完成品，但也必须对下层的物品所用到的关键资源和工作中心进行确定与平衡。RCCP 主要用于验证主生产计划 MPS 的可行性。

1. 建立关键工作中心的资源清单

资源清单主要包括各种计划产品占用关键资源的负荷时间（工时、台时），同时列出关键工作中心的能力清单进行对比，对超负荷的工作中心可以用不同的颜色标识。

方式一：直接维护 MPS 对象物品的资源清单，即为顶层物品的资源清单，说明完成该物品全过程加工所用的关键工作中心和占用关键中心资源的情况。

方式二：在工艺路线中维护物品的占用资源和消耗资源，再根据工艺路线生成 MPS 对象物品的资源清单。同时根据相关的变动情况加以维护。ERP 系统一般采用这种方法。

某 ERP 软件的一个资源清单如表 5.11 所示，从表中可以看出 WC01 是关键工作中心。

表 5.11　某 ERP 软件的一个资源清单

时段：2008/01/01—2008/01/31

关键工作中心：			资源单位	需求负荷	总能力	能力超/欠	负荷率%
编码	名称	资源代码及名称					
WC01	波峰焊	A01：波峰焊接设备	小时	1500	1350	−150	111.11
WC02	IC 焊接	A02：IC 焊接设备	小时	1000	1200	200	83.33
WC03	高压测试	A03：高压测试设备	小时	1000	1200	200	83.33
WC04	绝缘测试	A04：绝缘测试设备	小时	1200	1250	50	96

2. 寻找超负荷时段

进一步确认某工作中心的各个具体时段的负荷与能力，找出超负荷量段。计算偏置时间或提前期偏置。在产品的计划期内，对超负荷的关键工作中心，要进一步确定其负荷出现的时段。主生产计划的计划对象主要是产品结构中 0 层的独立需求型件，但是这个独立需求件的工艺路线中（如装配工艺）往往并不一定含有关键工作中心。对这个产品来讲，它涉及的关键工作中心往往在它下属低层某个子件的工艺路线上出现。

如图 5.7 中 X、Y 是独立需求件，B、C 是 X 的下层物料，M、N 是 Y 的下层物料；它们都要使用同一个关键工作中心。这些物料使用关键工作中心的日期与最终产品完工日期之间的时间间隔，称之为偏置天数或提前期偏置（days offset 或 leadtime offset）。计算关键工作中心负荷时，只有说明发生这个负荷相对于 MPS 最终产品完工日期的偏置天数，才能说明出现超负荷的具体时段。偏置天数由物料清单文件中的累计提前期推算确定。

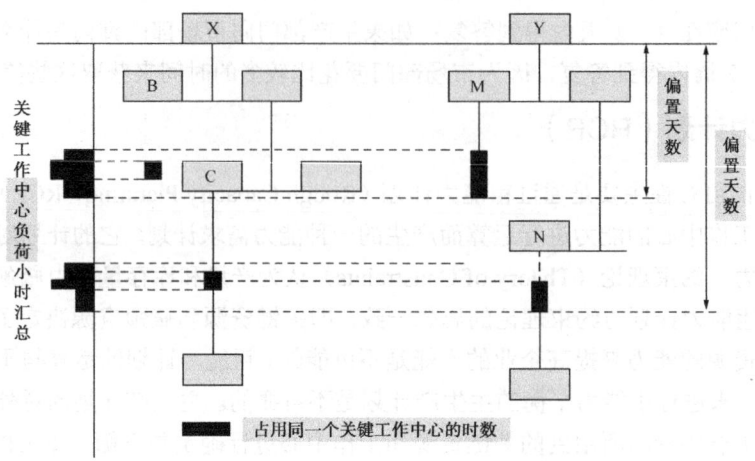

图 5.7　关键工作中心偏置天数

在 ERP 系统中显示计算结果的方式有两种：表格与图形，图形方式比较直观，超负荷的时段用不同的颜色标识，如图 5.8 所示。

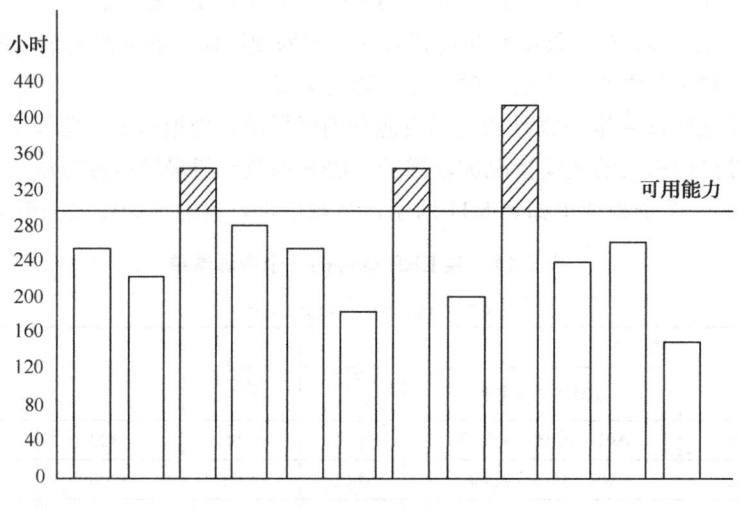

图 5.8　工作中心能力计划直方图

3．确定各时段负荷的起因

找出超负荷时段后，再确定各时段的负荷是由哪些物品引起的，各占用资源的情况如何，然后平衡工作中心的能力，同时要总体平衡 MPS 最终产品的各子件的进度，只需要初步平衡，详细地平衡在物料需求计划和能力需求计划制订时进行。采取的方法是提升、扩充关键工作中心的能力或进行主生产计划的调整。

主生产计划员要对主生产计划和关键资源的能力之间的矛盾进行协调和平衡，一般从两个方面来解决。

（1）改变负荷：重新制订计划、延长交货期、取消客户订单和减少订货数量。

（2）改变能力：更改加工路线、加班加点、组织协作、增加人员和机器设备。

主生产计划员要尽量解决这些问题，若确实有难以解决的严重问题，应把分析情况及提出的建议报告上级，协调有关部门工作，与有关部门一起商讨解决方法。

第三节 MPS 编制程序

MPS 的编制过程是一个不断循环反复、动态调整的过程。第一，MPS 经过 RCCP 之后，才可以作为可行的 MPS。如果某个 MPS 方案不能通过 RCCP 的平衡，该 MPS 必须进行修改。第二，当接收到没有预测到的新的客户订单时，需重新排定 MPS。只有当编制的 MPS 比较合理时，调整计划的频率才不会太快，否则需要经常进行调整。

朱雪峰团队决定去尝试编制 MPS。

1. MPS 计算过程中的基本数量是什么？
2. MPS 的预测因素？

在 MPS 计算过程中，经常用到 9 大基本数量的概念。这些数量概念分别是：预测量、订单量、毛需求量、计划接收量、预计可用库存量、净需求量、计划产出量、计划投入量和可供销售量。

在 ERP 系统中，预测因素是影响 MPS 的一个重要的直接因素。预测不仅仅影响 MPS，它对经营计划和生产计划大纲都有很大的影响。事实上，产品预测量通常是 MPS 的一个重要来源。预测是利用一定的数据和方法对事物的发展趋势进行科学的推断。预测的方法和手段被称作预测技术。在 ERP 系统中，预测是指对未来产品销售量的科学推断。

一、编制 MPS 的基本思路

MPS 是闭环计划系统的一个部分。MPS 的实质是保证销售规划和生产规划对规定的需求（需求什么，需求多少和什么时候需求）与所需的资源取得一致。MPS 考虑了经营规划和销售规划，使生产规划与之相协调。它着眼于销售什么和能够制造什么，这就能为车间制订一个合适的"主生产进度计划"，并且以粗能力数据调整这个计划，直到负荷平衡。

然后，主生产进度计划作为物料需求计划 MRP 的输入。MRP 用来制订所需零件和组件的生产作业计划或物料采购计划。当生产或采购不能满足 MPS 的要求时，采购系统和车间作业计划就要把信息返回给 MPS，形成一个闭环反馈系统。

可以看出，MPS 主要解决企业计划生产什么、什么时候生产、生产多少。制订主生产计划的基本思路，可表述为以下程序：

（1）根据生产规划和计划清单确定对每个最终项目的生产预测。它反映某产品类的生产规划总生产量中预期分配到该项产品的部分，可用于指导主生产计划的编制，使得主生产计划员在编制主生产计划时能遵循生产规划的目标。

（2）根据生产预测、已收到的客户订单、配件预测以及该最终项目作为非独立需求项的需求数量，计算毛需求。需求的信息来源主要有：当前库存、期望的安全库存、已存在的客户订单、其他实际需求、预测、其他各项综合需求等。除预测与订单合同外，有时把其余各项单独列出为"其他需求"。某个时区的毛需求量即为本时区的客户合同订单、未兑现的预测和非独立需求的关系和。

这里，MPS 的毛需求量已不再是预测信息，而是具有指导意义的生产信息。上面"关系和"指的是如何把预测值和实际的合同值等组合得出毛需求，这在各个时区的取舍方法是不同的。

（3）根据毛需求量和事先确定好的订货策略和批量，以及安全库存量和期初库存量，计算各时区的主生产计划产出量和预计可用库存量。

首先计算预计可用库存量。可用库存量与"现有量"不同，它是在现有库存中扣除了预留给其他用途的已分配量，可以用于需求分配的那部分库存。预计可用库存量满足不了毛需求以及安全库存目标的需求时，就出现了净需求。净需求是一个触发器，以此触动 MPS 的批量生产投入。

在计算过程中，若预计可用库存量为正值，表示可以满足需求量，不必再安排主生产计划投入量；当预计可用库存量低于安全库存水平时，就要计划安排一个该周期主生产计划的生产批量，使主生产计划的生产批量在考虑制造和库存目标的同时尽可能与需求接近，从而推算出 MPS 在计划展望期内各时段的生产量和生产时间，给出了一份在生产提前期条件下安排生产的主生产计划备选方案。在此过程中，要注意均衡生产的要求。

当毛需求以预测值为准计算，而预测值大于合同量而取预测值时，主生产计划员在判断是否需要补充"短缺"时要根据预测的可靠性、能力资源和库存状况，在确认前做些分析。这也是为什么订单要确认后下达的原因之一。

（4）计算可供销售量供销售部门决策选用。由于按设定的批量投产，计划产出量会出现大于净需求的情况。此外，若预测值大于合同量，毛需求取预测值，也会出现产出大于需求的情况。在某个计划产出时段范围内，计划产出量超出下一次出现计划产出量之前各时段合同量之和的数量，是可以随时向客户出售的，这部分数量称之为可供销售量。这个数量信息可供销售部门机动决策选用，它是销售人员同临时来的客户洽商供货条件时的重要依据。因此，称之为可供销售的，或直译为可承诺的。而且可供销售量中还包括了安全库存，安全库存的作用就是弥补供需两方面的意外短缺。

（5）用粗能力计划评价主生产计划备选方案的可行性。粗能力计划是对生产中所需的关键资源进行计算和分析。关键资源通常是指瓶颈工作中心、关键供应商、有限自然资源、专业技能、不可外协的工作、资金、运输、仓库等。粗能力计划用于核定主要生产资源的情况，即关键工作中心、人力和原材料能否满足 MPS 的需要，以使得 MPS 在需求与能力之间取得平衡。

粗能力计划的编制方法主要有资源清单法和分时间周期的资源清单法。资源清单是 MPS 中单位产品项目所需的各个工作中心的工时记录。根据资源清单，按初步的 MPS 所规定的生产计划计算每一个工作中心的资源需求，可分产品项目、按月、分工作中心来汇总资源需求。最后，要查对工作中心文件，将工作中心的能力与需求进行比较。如果需求超出了能力，就要进行调整，或调整能力，如选择加班，或将有些项目转到其他工作中心处理；如果需求仍大于能力，可调整需求，返回调整 MPS 的初步计划。再不行，可将问题移交管理部门处理。如果经平衡，需求和能力达到一致，则将结果递交管理部门审批。

（6）评估主生产计划。一旦初步的主生产计划测算了生产量，测试了关键工作中心的生产能力并对主生产计划与能力进行平衡之后，初步的主生产计划就确定了。下面的工作是对主生产计划评估，对存在问题提出建议，同意主生产计划或者否定主生产计划。

如果需求和能力基本平衡，则同意主生产计划。

如果需求和能力偏差较大，则否定主生产计划，并提出修正方案。

如果能力和需求不平衡，主计划员应该首先进行调整，力求达到平衡，调整的方法是：

① 改变预计负荷，可以采取的措施主要有重新安排订单，拖延订单，终止订单，订单拆零，改变产品组合等。

② 改变生产能力，可以采取的措施主要有，改变生产工艺，申请加班，外协加工，加速生产，雇用临时工等。

（7）批准和下达主生产计划。这里还要再对主生产计划初稿相对于生产计划大纲进行分析。MPS 应该和生产计划大纲保持一致，也就是 MPS 中产品类的总数应该等于相应周期内的生产计划大纲的数量。然后，向负责进行审批的人提交 MPS 初稿及分析报告，等待审批；MPS 经过正式批准后；下一步制订物料需求计划的依据。正式批准后的主生产计划，应下达给有关的使用部，包括生产制造部门、采购部门、工程技术部门、市场销售部门、财务部门以及其他有关人员等。

主生产计划试图在生产需求与可用资源之间做出平衡。主生产计划的质量在很大程度决定了企业的生产组织效率和资源的利用。主生产计划的质量欠佳，将会影响工厂资源的利用，或是超负荷使用，或是大量劳动力或设备的闲置；主生产计划不稳定、不可靠，将可能出现很多紧急订单，或造成大量在制品积压，占用大量资金；将会降低对用户的服务水平；最终将失去整个计划编制系统的可靠性，不能及时交货，造成经济损失，失去客户，影响市场的占有。

二、编制 MPS 的基本流程

编制 MPS 的计划主要包括收集整理需求数据、确定展望期和计划周期并划分时区、计算毛需求、计算净需求、产生 MPS 初步计划等步骤。其中，收集整理需求数据是指有关 MPS 的量化数据，如当前库存、安全库存、客户订单和预测数据等。

编制 MPS 计划的基本步骤可由图 5.9 描述。

三、编制 MPS 的基本步骤

1. 确定毛需求量

毛需求量（Gross Requirement）是指在任意给定的计划周期内项目的总需求量。

项目的毛需求量的计算，与该项目需求类别（是独立需求还是相关需求）有关。主生产计划仅考虑具有独立需求项目的毛需求量，而相关需求项目的毛需求量的确定则在物料需求计划（MRP）中考虑。

在计算主生产计划项目的毛需求量时，要充分考虑该项目所在的时区（需求时区、计划时区和预测时区）。

（1）在需求时区（时区 1）内，订单已经确定，客户需求便取代了预测值，此时毛需求量为客户订单数量。

（2）在计划时区（时区 2）内，需要将预测需求和实际需求加以合并，此时毛需求量通常为实际需求或预测数值中较大者。

（3）在预测时区（时区 3）内，毛需求量为预测值。

例如，主生产计划项目毛需求量的确定（阴影部分的数值）如表 5.12 所示。

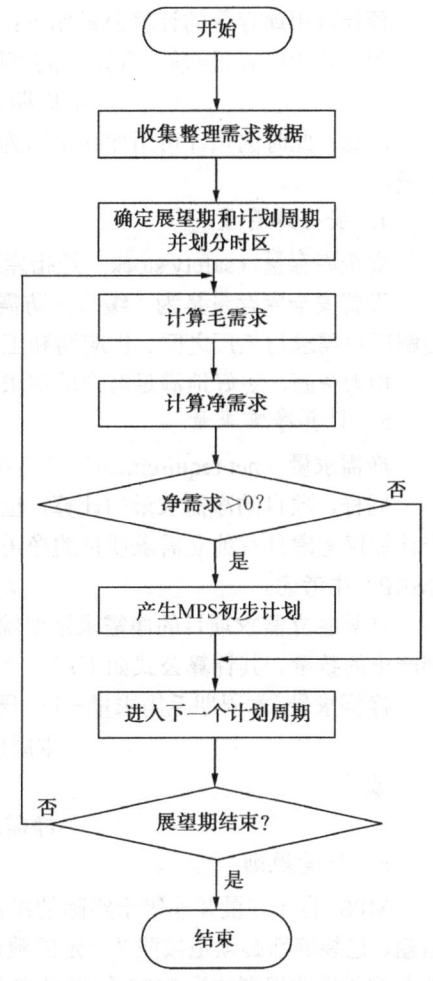

图 5.9 编制 MPS 的计划的基本流程图

表 5.12　毛需求量的确定

时　区	需 求 时 区			计 划 时 区			预 测 时 区			
计划周期	1	2	3	4	5	6	7	8	9	10
预测值	60	80	75	75	70	80	80	85	85	80
订单量	55	85	70	70	80	85				
毛需求量	55	85	70	75	80	85	80	85	85	80

2. 考虑计划接收量

计划接收量（Scheduled Receipts）是指在任意给定的计划周期内，项目预计完成的总数。

3. 计算预计可用库存量

预计可用库存量（Projected Available Balance）是指某个时段的期末库存量，要扣除用于需求的数量，平衡库存与计划。

预计可用库存量的计算公式如下：

预计可用库存量=前一周期末的可用库存量+本周期计划接收量−

本周期毛需求量+本周期计划产出量

注意：此时的预计可用库存量即为 PAB 初值，若小于安全库存量，则驱动 MPS 需要计算净需求量。

4. 安全库存量

安全库存量（safety stock）是指库存量的最低限。

设置安全库存量是为了缓解预防需求或供应方面不可预料的波动，避免造成生产或供应中断，缓解用户需求与工厂之间、供应商和工厂之间、制造和装配之间的矛盾，充分地利用企业现有的人力、物力资源，更好地满足客户的需求。

5. 计算净需求量

净需求量（net requirement）是指在任意给定的计划周期内某项目的实际需求数量。

同样，项目的净需求量的计算，也与该项目需求类别（是独立需求还是相关需求）有关。主生产计划仅考虑具有独立需求项目的净需求量，而相关需求项目的净需求量的确定则在物料需求计划（MRP）中考虑。

计算独立需求项目的净需求量要综合毛需求量和安全库存量，并考虑期初的结余与本期可以计划产出的数量。其计算公式如下：

净需求量=本周期毛需求量−前一周期末的可用库存量−

本周期计划接收量+安全库存量

或

净需求量=安全库存−PAB 初值

6. 批量规则

MPS 的计划量并非等于实际的净需求量，这是由于在实际生产或订货中，准备加工、订货、运输、包装等都必须是按照"一定的数量"进行的，这"一定的数量"称为 MPS 批量（Lot Sizing），确定该数量的规则称为 MPS 的批量规则。

批量规则是库存管理人员根据库存管理的要求和目标权衡利弊后选择的。批量过大，占用的流动资金过多，但加工或采购的费用减少；批量过小，占用流动资金减少，但增加了加工或采购的费用。

考虑批量的主要原因是：降低订货成本、降低准备成本、降低运输成本和降低在制品成本。

目前，MPS 的批量规则主要有：直接批量法、固定批量法、固定周期法和经济批量法。

（1）直接批量法（Lot for Lot）：完全根据实际需求量来确定 MPS 的计划量，即 MPS 计划量等

于实际需求量。

这种批量规则往往适用于生产或订购数量和时间基本上能给予保证的物料，并且所需要的物料的价值较高，不允许过多地生产或保存物料。

直接批量法数据如表 5.13 所示。

表 5.13　直接批量法示例表

计划周期	1	2	3	4	5	6	7	8	9	10
净需求量	60	50		70	65	60	65		80	60
MPS 计划量	60	50		70	65	60	65		80	60

（2）固定批量法（Fixed Quantity）：每次 MPS 的计划是相同的或是某常量的倍数，但不同的间隔期不一定相同。

该规则一般用于订货费用较大的物料，如表 5.14 所示。在表中，以 50 为一批，第 1 周期实际需求量为 45，批量为 50，剩余为 5；第 2 周期因为净需求量为 30，而上一周期剩余只有 5，不能满足第 2 周期的净需求量，再设定一批，结果剩余为 25，再将剩余数和下一周期的净需求量相比较，以此来衡量是否需要设定批量。因此以下各计划周期以此类推。

表 5.14　固定批量法示例表

计划周期	1	2	3	4	5	6	7	8	9	10
净需求量	45	30	50	0	40	30	70	0	20	40
MPS 计划量	50	50	50	0	50	0	100	0	0	50
剩余量	5	25	25	25	35	5	35	35	15	25

（3）固定周期法（Fixed Time）：指 MPS 计划的下达间隔周期相同，但其计划量却不尽相同。

这种批量法一般用于内部加工自制品生产计划，旨在便于控制，如表 5.15 所示。在表中，固定周期为 4 个计划周期（间隔 3 周），意味着只能间隔 3 个计划周期下达 MPS 的计划量，即在第 1、5、9 计划周期下达计划量，但每次下达的计划量可以不同，具体的批量根据下达计划量的当期及以后三期的净需求量的总和而设定。

表 5.15　固定周期法示例表

计划周期	1	2	3	4	5	6	7	8	9	10	11	12
净需求量	45	20	0	50	30	40	80	0	30	40	15	50
MPS 计划量	115				150				135			

（4）经济批量法（Economic Order Quantity）：某种物料的订购费用和保管费用之和为最低时的最佳 MPS 批量法。订购费用是指从订购至入库所需要的差旅费用、运输费用等；保管费用是指物料储备费、验收费、仓库管理费所占用的流动资金利息费、物料储存消耗费。

经济批量法一般用于需求是常量和已知的，成本和提前期也是常量和已知的，库存能立即补充的情况下，它是用于连续需求的，库存消耗稳定的场合。因此，对于需求是离散的 MRP 方法来说，库存消耗是变动的，此时经济批量方法的效率不高。

7. 推算计划产出量

当需求不能满足时，系统根据设置的批量规则计算得到的供应数量称为计划产出量。此时计算的是建议数量，不是计划的投入数量，应考虑批量和产出率。

主生产计划的计划产出量就是 MPS 计划量。

8. 推算计划投入量

根据计划产出量、物品的提前期和批量等计算出的投入数量称为计划投入量。

9. 计算可供销售量

在某一期间内，物品的产出数量可能会大于订单（或合同）数量，这个差值就是可供销售量（Available to Promise）。这里的"某一期间"是指连续两次产出该物品的时间间隔，也就是从一次产出的时间到下批再产出时的时间间隔。这个可供销售量就是可以用于销售的物品数量，它不影响其他（或下批）订单的交货，这个数量为销售部门的销售提供了重要的参考依据。

可供销售量的计算公式如下：

可供销售量=某期间的计划产出量（包括计划接收量）–该期间的订单（合同）量总和。

四、MPS 报表

主生产计划一般按每种产品分别显示生产计划报表。报表的生成主要根据预测和合同信息，显示该产品在未来各时段的需求量、库存量和计划生产量。报表格式有横式和竖式两种。

1. 横式报表

横式报表主要说明需求和供给以及库存量的计算过程，如表 5.16 所示。横式报表便于看出需求计算、库存状态、可供销售量等信息以及其运算关系，反映了主生产计划的编制过程。报表分表头和表体两部分。表头中的信息主要取自物料主文件，这些信息除现有库存量会随时间变动，属动态信息外，其余的都是静态信息。在表体部分，预测量与合同量取自销售管理子系统，这是运算 MPS 首先要输入的动态信息。系统运算后生成的中间信息有：净需求量、预计可用库存量、计划接收量、计划产出量和计划投入量以及可供销售量等，它们表现出分时段的数量特征，体现了主生产计划的优越性。

表 5.16　主生产计划典型报表格式（横式报表）

物料号：1000002　　物料名称：机芯　　计划时期 2003/03/29　　计划员：王冰

现有库存：80　　安全库存量：50　　批量：100　　批量增量：100

提前期：1　　需求时界：3　　计划时界：6

单位：台

时　　段	当期	1	2	3	4	5	6	7	8
		04/04	04/11	04/18	04/25	05/01	05/08	05/15	05/22
预测值		60	60	60	60	60	60	60	60
合同量		110	80	50	70	50	60	110	150
毛需求		110	80	50	70	60	60	110	150
计划接收量		100							
PAB 初值	现有量 80	70	−10	−60	−130	−190	−250	−360	−510
预计库存量		70	90	140	70	110	50	140	90
净需求量			60	10		40			110	60
计划产出量			100	100		100			200	100
计划投入量		100	100		100		200	100	100
可供销售量（ATP）		70	20	−20		10			90	−50

2. 竖式报表

竖式报表可对照地显示供给（订单下达状况）和需求（任务的来源）的来源和处理状况，如表 5.17 所示。它能追溯需求（如合同、预测等）的来源，查找订单是为了满足哪些需求才生成的，

订单的状况以及对订单出现例外情况时应采取哪些措施。竖式报表的表头部分和横式报表完全相同。报表的供给部分说明对生产计划的要求。在措施栏中，系统提示主生产计划员应注意处理的事项，如应提前、应推迟、应取消、应确认、应下达、补安全库存等。例如，在加工栏中，对已下达订单则标明加工单号，对未下达订单则标明订单状态，如计划、确认等。报表的需求部分说明需求量和需求来源，如果是合同则标明合同号，不是合同则说明依据来源，如预测。需用日期同计划产出日期是对应的。最右侧说明库存结余，也就是预计可用库存量。

表 5.17 主生产计划典型报表格式（竖式报表）

物料号：1000002　物料名称：机芯　计划时期 2003/03/29　计划员：王冰

现有库存量：80　安全库存量：50　批量：100　批量增量：100

提前期：1　需求时界：3　计划时界：6

措施	供给				需求			库存
	加工单号	产出量	投入日期	产出日期	毛需求	需用日期	需求追溯	结余
下达					110	2003/04/04	合同 511	70
	204041	100	2003/04/04	2003/04/11	80	2003/04/11	合同 513	90
	204111	100	2003/04/11	2003/04/18	50	2003/04/18	合同 524	140
确认					60	2003/04/25	合同 533	80
	204251	100	2003/04/25	2003/05/01	60	2003/05/01	合同 535	
					20	2003/05/01	预测	100
					40	2003/05/08	合同 546	60
	205081	200	2003/05/08	2003/05/15	130	2003/05/15	合同 549	130
	205151	100	2003/05/15	2003/05/22	80	2003/05/22	合同 552	150
安全库存	计划	100	2003/05/22	2003/05/29	70	2003/05/29	合同 560	
					20	2003/05/29	预测	160
					80	2003/06/06	预测	80
	计划	100	2003/06/06	2003/06/13	50	2003/06/13	合同 566	
					60	2003/06/13	预测	70

MPS 报表包括了计划、生产、销售、库存等多方面的信息集成。企业的销售、计划、生产、物料、仓库等各个部门都可以从 MPS 的报表中得到各自所需的信息，按照同一信息进行决策。

五、MPS 的评估

一旦制订出 MPS 的初步计划后，应向有关决策和管理部门提交该计划及其分析结果。对 MPS 的审核工作应由企业高层领导负责，并组织市场销售部门、工程技术部门、生产制造部门、财务部门和物料采购部门参加审核。各部门要通过讨论和协商，解决 MPS 中的所有问题。

1. 同意 MPS 初步计划

MPS 初步计划被同意的前提有两个：

（1）MPS 应该和生产计划大纲保持一致，也就是 MPS 中产品类的总数应该等于相应周期内的生产计划大纲的数量。

（2）市场的需求与企业的生产能力基本平衡。

MPS 经同意后，要经过正式批准才能下达。

2. 否定 MPS 初步计划

如果否定了 MPS 的初步计划，要对 MPS 的生产量和能力进行重新平衡和调整（必要时，将问题报请上级领导解决），其方法有以下两种。

（1）全重排法（Regeneration）。主生产计划完全重新制订，重新展开物料清单，重新编排物料需求的优先顺序。原有计划订单都会被系统删除并重新编排。全重排法的好处是计划全部梳理一遍，避免差错。重排计划的间隔时间，要根据产品结构的复杂程度，物料数量的多少，对计划准确的要求，计划变动影响面的大小，计算机和服务器的档次和运行速度等因素分析确定。

有的企业每期末要运行一次全重排。但有的企业产品比较简单，对所有产品的计划全重排一次的时间只需十几分钟或几个小时，可根据情况及时运行或在夜班运行，尽早提交修订好的计划，不一定要等到周末。复杂产品全重排的运行时间虽然比较长，但即使如此，其运行速度也是手工管理无法比拟的。

（2）净改变法（Net Change）。系统只对订单中有变动的部分进行局部修改，一般改动量比较小。例如，只变动部分产品结构，部分产品需求量增加、减少或拆分，用量变化，需求日期提前或延后，安全库存、批量、成品率等参数的修改，盘点后库存量修正，出现报废，预期到货变化等。

系统会自动标记上次计划修改后有过变动的物料，运行净改变时只对发生过变动的物料计划进行重新修订。这种方法的修改量小，运算时间短，可以随时进行，一般用于计划变动较多但影响面不大的情况。但是，大量频繁的局部修改有可能产生全局性的差错，因此，还有必要定期用全重排法把全部物料的需求计划全面梳理一遍。一般软件都提供两种修订计划的功能，但全重排法总是不可少的。

修订计划时，应充分利用系统的模拟功能。计划的模拟可以在不打乱现有数据、不妨碍正常运行的情况下并行运行。

改变生产能力可采取的措施有：改变产品工艺、加班加点、外协加工、增加工人等措施。

3. 批准下达 MPS

MPS 经评估确认后，应召开会议批准 MPS，阐明解决 MPS 问题的方法及选用该方法的原因，并使用文字说明和图表示意。主生产计划正式批准后，要下达给有关的使用部门，如制造部门、采购部门、工程技术部门、市场/销售部门、财务部门和有关职工等。

六、MPS 实施与控制

在 MPS 实施过程中，当有了新的订单时，需要修改主生产计划；当某时间阶段结束时，未完成计划的工作需要重新安排；当某工作中心成为瓶颈时，有可能需要修改生产计划；当原材料短缺时，产品的生产计划也可能修改……总之，主生产计划应是不断改进的、切合实际的控制计划。

虽然经营规划、预测和生产规划可为主生产计划的编制提供合理的基础，但随着情况的变化，主生产计划的改变仍是不可避免的。为了寻求一个比较稳定的主生产计划，人们提出了需求时界和计划时界的概念，从而给生产计划人员提供了一个有效的控制计划手段。需求时界提醒计划人员，早于这个时界的计划已在进行最后装配阶段，不宜再做变动；计划时界提醒计划人员，在这个时界和需求时界之间的计划已经确认，不允许系统自动更改，必须由主生产计划员来控制；在计划时界以后的计划是系统可以自行改动的。

由于来自生产、市场和采购方面实际情况的影响，MPS 的计划生产量和实际生产量之间会有差异，这也需要对 MPS 的实施过程进行监测和控制。

生产活动对 MPS 会产生直接的影响。在生产中由于能力的变化，前一个周期任务的延期完成、废品的产生都可能影响 MPS 的完成。另外，例如停机、停工、准备时间的变化，以及可用原材料的减少等等，也都是影响 MPS 完成的因素。为此，常备有一些过剩的能力以便对付计划外的需求，并适当提高 MPS 的计划量。

采购和市场行为对 MPS 具有间接影响。在采购实施中，对 MPS 产生影响的有三个问题，即采购订单完成拖期、提前期不准确、已采购项目的拒收。因此，要对采购行为进行监控，包括对供应商的仔细选择，对供应商行为的了解和控制，以及在交货过程中运输问题的解决等。市场实施包括检查预测需求与实际顾客订单之间的差异，以及在固定计划周期内，预测变化的频度和大小。当实际的需求与预测需求发生较大偏差时，其结果将影响库存水平，造成或高或低的结果，也影响能力计划，使其失去平衡，最终将导致顾客服务质量的下降。因此，要遵循三条原则，即发生重大的变化立即告知；考虑改变产品组合以满足顾客订单对样式变化的要求；考虑预测需求变化对 MPS 的影响。

主生产计划是生产计划大纲的延伸，也是物料需求计划的基础，在 ERP 的计划层次中，起到一个由粗到细、承上启下的作用。主生产计划的质量对整个企业的生产经营活动起着决定性的作用，必须特别加以注意。

七、MPS 编制案例

【例 5-5】　已知该项目的期初库存为 160 台；安全库存为 50；生产批量为 100 件；需求时界为 3 周，计划时界为 8 周，提前期为 0，则 MPS 计划如表 5.18 所示。要求预计 MPS 的数量和预计库存量。

表 5.18　MPS 主生产计划表

时区	需求时区			计划时区					预测时区			
时段（周）	1	2	3	4	5	6	7	8	9	10	11	12
预测量	60	60	60	60	60	60	60	60	60	60	60	60
实际需求	110	80	50	70	50	60	110	150	50		50	20
时区	需求时区			计划时区					预测时区			
毛需求	110	80	50	70	60	60	110	150	60	60	60	60
PAB 初值	50	-30	20	50	-10	30	20	-30	10	50	-10	30
净需求		80	30		60	20		80	40		60	20
MPS 计划产出量		100	100		100	100	100	100	100		100	100
预计库存量 PAB	50	70	120	50	90	130	120	70	110	50	90	130
计划投入量		100	100		100	100	100	100	100		100	100

表中的主要计算步骤如下。

（1）首先根据预测和实际需求合并得到确定的毛需求。在需求时区（第 1～3 周）内，毛需求就是实际需求；在计划时区（第 4～8 周）内，毛需求是预测和实际需求中数值较大者；在预测时区（第 9～12 周）内，毛需求是预测值，即表中阴影中数字。

（2）推算预计库存量（PAB）初值。

预计库存量（PAB）初值=上一期预计库存量毛需求

第 1 时段的 PAB 初值=160-110=50

第 2 时段的 PAB 初值=50-80=-30

注意：当 PAB 初值出现负值时就要计算净需求。

（3）推算净需求。

当 PAB 初值≥安全库存时，净需求=0

当 PAB 初值＜安全库存时，净需求=安全库存-PAB 初值

第 2 时段的净需求=50-（-30）=80

（4）推算计划产出量。

当净需求＞0时，计划产出量=N×批量（N为整数倍）

这时，要考虑批量及产出率推算。

本例批量100，产出率为100%，所以计划产出一批就能满足80的净需求。计划产出为100。

（5）推算预计可用库存量。

当期预计可用库存量=PAB初值+MPS计划产出量

=上一期预计库存量-毛需求+MPS计划产出量

当期预计可用库存量=-30+100=70

（6）推算计划投入量。考虑提前期，推算计划投入量。由于无提前期，所以在本期计划投入量为100。

然后，返回到第（2）步，重新计算下一时段的PAB初值。依次进行计算。

【例5-6】 完成一个MPS的初步计划的制订。要求预计MPS的数量和预计库存量。已知该项目的期初库存为160；安全库存为20；MPS批量为200；销售预测，第5～12周均为80；实际需求为，第1～12周依次为72，100，92，40，64，112，0，8，0，60，0，0；生产提前期是1周，需求时界为4周，计划时界为8周，则MPS计划如表5.19所示。

表5.19　MPS主生产计划表

时区	需求时区				计划时区				预测时区			
时段（周）	1	2	3	4	5	6	7	8	9	10	11	12
预测量	90	85	80	85	80	80	80	80	80	80	80	80
实际需求	72	100	92	40	64	112	0	8	0	60	0	0
毛需求	72	100	92	40	80	112	80	80	80	80	80	80
PAB初值	88	-12	96	56	-24	64	-16	104	24	-56	64	-16
净需求		32			44		36		0	76		30
计划产出量		200			200		200			200		200
预计库存量 PAB	88	188	96	56	176	64	184	104	24	144	64	184
计划投入量	200			200		200		200		200		

表中的主要计算步骤如下。

（1）首先根据预测和实际需求合并得到确定的毛需求。在需求时区（第1～4周）内，毛需求就是实际需求；在计划时区（第5～8周）内，毛需求是预测和实际需求中数值较大者；在预测时区（第9～12周）内，毛需求是预测值。

（2）推算预计库存量（PAB）初值。

预计库存量（PAB）初值=上一期预计库存量-毛需求

（3）推算净需求。

当PAB初值≥安全库存时，净需求=0

当PAB初值＜安全库存时，净需求=安全库存-PAB初值

（4）推算计划产出量。

当净需求＞0时，计划产出量=N×批量（N为整数倍）

（5）推算预计可用库存量。

当期预计可用库存量=PAB初值+MPS计划产出量

=上一期预计库存量-毛需求+MPS计划产出量

（6）推算计划投入量。

由于生产提前期为 1，所以本期计划投入量=下一期 MPS 计划产出量

根据以上主要计算步骤，在第 1 周，毛需求为 72，根据期初库存量为 160，可以知道 PAB 初值=160-72=88，大于安全库存 20，所以没有净需求，本期可用库存量即为 88；在第 2 周，由于第 1 周的可用库存量为 88，不能满足第 2 周 100 的毛需求，即 PAB 初值=88-100=-12，小于安全库存 20，所以净需求=20-（-12）=32，这时启动 MPS 的生产，按生产批量完成 200 台的产出，以满足净需求，本期可用库存量=200-12=188，根据本期计划产出量为 200，可得知上期计划投入量为 200；以此类推，从而得到一系列预计的 MPS 数量。

这就完成了 MPS 初稿的编制。

典型案例

浅析影响 ERP 生产计划执行率的因素和解决途径

《商情》2017.14 期

ERP 系统作为现代企业生产管理的重要工具之一，在集合工艺数据、供应链、企业资产、生产制造、质量管理、流程等企业资源方面，发挥了重要作用。但由于生产管理粗放、生产效率低下，产能不能充分发挥，制造成本居高不下。而生产计划执行率的高低，是计划指导生产、衡量系统应用效果的重要指标，提高生产计划的执行率就是要将生产的能力发挥得淋漓尽致，使生产变得更加顺畅和高效。

一、生产计划执行率

企业进行生产就要制定生产计划，来确定生产产品的名称、数量、完工日期、计划单位成本等预先的生产产品的相关要求，一般分为年度生产计划、月度生产计划和日生产计划。生产计划执行率就是企业生产线按照企业相关部门制订的生产计划，经过人为干预、调整后，在一定时期内，计划执行的结果与当初下达计划之间的比率。生产计划执行率需要人工干预和调整，才能做到客观和切实可行。为什么要平衡和调整呢？因为从广义的范围来讲，ERP 系统只是一个靠数据流来支撑的强大的数据库，采用的是基于无限能力的基础上进行倒排的方法来确定物料需求计划，没有考虑能力占用的问题，因此，这样的计划是不能真正达到准时生产的。系统中"计划完成日期"是进行生产与负荷平衡后的日期，这个日期之下的物料需求计划是切实可行的计划。

二、影响生产计划执行率的因素

是什么在影响生产计划执行率呢？生产计划执行率是企业整个生产流程中多种因素共同作用的结果。生产流程环环相扣，各部分需要协调和匹配，任何一个因素出现瓶颈就无法使生产计划执行率得以提高。

根据 ERP 原理，每年责任令任务等需求信息驱动项目计划，项目计划就是每一个具体的最终产品的生产进度计划。结合粗能力计划，人工进行干预和统筹安排，项目计划就变成了一份稳定、均衡的生产计划，它告诉我们生产什么、什么时候生产以及生产多少。库存信息表明已有什么，物料清单表明用到什么，计划员根据库存信息、物料清单、采购和生产情况计算出我们还缺什么、缺多少，这就是采购和生产计划信息。计划信息再由计划员进行能力与负荷平衡及修订后，产生真正的生产作业计划，之后就是采购和生产任务的具体执行。从中可以看出，影响生产计划执行的因素如下。

1. 预测的准确性较低。在实际生产中，面临大量突发和临时性的情况，军品生产受较多不可控因素的影响，这给安排生产和采购带来很多不确定因素。

2. 生产管理人员职能发挥不利。比如，计划员排计划过于理想化，对产能及瓶颈源计算不足，计划管理不严格，不能平衡各生产部门的进度，计划的调整过于频繁，这些因素都会严重影响到生产计划的执行。

3. 物料供应的问题。需要加强供应商管理，包括对供应商建立一套评估考核的体系，筛选高素质的供应商，淘汰质量体系等方面达不到要求的供应商，保证物料供应顺畅。

4. BOM 不完整准确。BOM 错误导致大量的呆滞物料的产生，BOM 没有及时更新造成物料信息滞后，这样造成生产部门的物料需求经常得不到及时的满足，并造成生产进度延误。物资采购部门核实物料信息的准确以及核实 BPM 信息，客观上延误了生产计划的执行。

5. 人员及内部管理的问题。执行者的意识、素质和操作熟练程度，包括部门主义、推诿扯皮、不按流程做、责任心不强、轻视交货期、违规操作等，都会最终导致计划和执行两张皮。现场管理不到位、生产现场混乱、工艺路线设置不合理，都会导致产品质量不稳定、生产效率低下，影响车间实际产出。生产过程控制不到位，关键工序缺乏评审，检测、检验程序不完备，产成品经常返工，造成工时的严重浪费。

三、提高生产计划执行率的途径

从以上分析来看，提高生产计划执行率是一项系统工程，需要各部门真正重视起来，通力协作，密切配合，需要从制度、流程甚至文化等方面加以规范和引导，保证生产计划的坚决贯彻和执行。

1. 把好源头，提高 BO 从表准确率和仓库账物相符率。要建立物料表会审制度，采购、科研、生产部门共同参与，对新增的型号产品物料编码进行逐一核查，保证物料信息满足设计、工艺和生产的要求。在生产实践中，要不断优化 BOM 参数，基础数据准确无误，才能确保 ERP 运算结果的有效性。仓库要加强保管员和记账员的教育和培训，配套相关奖惩措施，重点提高单据传递和单据录入系统的及时性，保证当天单据当天录入系统，做到单据不丢失、不遗漏、不错录、不重复录入。要建立定期盘点制度，不断提高库存准确率。在保证库存数据准确的同时，还要加强仓库现代管理制度建设，物品定置定位，确保发料的准确性和及时性。影响库位不准的原因主要有：仓管员没按入库单上的库位上货架、搬运工没经仓管员同意随意移动、录单员没按入库单上的库位录入，等等，要在实际中杜绝以上情况的发生。

2. ERP 要充分发挥生产与物流控制的核心职能，强势推进生产计划执行。生产管理部门要充分利用 ERP 对科研工作的便利，宏观控制整个生产流程。更好地控制报废数、缩短生产周期、减少完工拖期项数、减少物资处理天数，同时，要加强对生产计划合理性的评估，生产计划评估不能忽视产能的实际情况，以免给生产部门造成难以承受的压力。通常，在负荷不能改变的情况下，调整能力的方法有：加班、增加人员及设备、提高工作效率、更改工艺路线、增加协处理等。计划员要有一个统筹分析的能力和协调沟通的能力，根据实际情况，平衡产能、协调生产进度，保证生产的平稳、连续和高效。

计划就是命令，要维护计划的严肃性。生产计划具备准确性、稳定性、连续性、可执行性和异常防范性的特点。车间和物资部门对 ERP 下发的计划要切实重视起来，不能随意改动计划。在排计划后，ERP 还要调动相关资源保证计划落实和按时到料，注重预防缺料的发生。可以用每周召开生产协调会、每周召开备料碰头会的形式，集中处理一些生产中的瓶颈问题。

3. 改善工艺流程和生产现场。在初样阶段，要注重提高工艺的预见性，对首件的投产要加强工艺过程记录，并摸索优化工艺流程的可行性。在生产制造环节，要注意加强设备特别是易损和关键设备的保养和维护，提高设备利用率，发挥最大产能。要积极倡导技术革新和工艺改进，建立激励机制，发挥一线技术工人的聪明才智，提高生产效率、降低生产成本。要全面推行"6S"现场管理方法，通过加强现场管理来消除等待、寻找、传送、走动等不必要的浪费，提高现场管理水平。

通过以上持续不断的改善，生产计划执行率将会逐步得到提高。企业库存周转加快，方便了仓库管理，系统数据质量大大提高，生产线物料不再堆积，没有了呆滞物料，生产现场变得宽敞、整齐，6S 大有改观。总之，生产计划执行率的提高，使制造系统如同一部动力强大的发动机，必将促进企业生产力和竞争力的飞跃。

思考与练习 5

一、填空题

1. 生产规划（Production Planning，PP）是为了体现_____规划而制定的产品系列_____，它用以_____满足经营规划所需求的_____与可用资源之间的_____。

2. PP 中所有产品_____反映了经营规划中_____的要求。PP 确定了未来时间内_____的制造数量和_____，最早地预见了生产_____与可用资源之间的矛盾，为后面顺利制订 MPS（主生产计划）提供了_____的指导，保证了 MPS 制订的_____和_____。

3. 主生产计划（Master Production Schedule，MPS）是确定_____产品在每一个具体_____计划。计划对象一般是_____，即企业销售产品，但有时也可能先考虑_____的_____计划，然后再下达最终产品_____计划。

4. 主生产计划是按_____方法，去计划企业将生产的_____产品的数量和_____。主生产计划是一种_____生产计划，它给出了特定的项目或产品在_____的生产数量。这是个实际的_____计划。这个计划力图考虑各种可能的_____要求。

5. 主生产计划的计划展望期一般为_____；对于 MPS，计划展望应至少等于总的累计_____或多出_____。时界是在 MPS 中计划的_____，是控制_____变化的_____与_____，以保持计划的_____、稳定性和_____。MPS 设有两个时界点：_____和_____。

6. 最少项目原则，即用_____的项目数进行_____。如果 MPS 中的项目数_____，会使_____和_____都变得困难。因此，要根据不同的_____，选取_____不同的层次来进行主生产计划的编制。

7. 主生产计划的基本原则是根据企业的_____确定要做的事情，通过均衡地安排生产_____的目标，使企业在_____水平、_____和_____方面都能得到提高，并及时更新，保持计划的_____和_____。

8. 主生产计划的_____主要是通过粗能力计划（Rough Capacity Planning，RCP）进行_____。粗能力计划是对_____的能力进行_____而产生的一种能力_____计划，它的计划对象只针对_____的工作能力。

二、选择题

1. 生产计划大纲（Production Plan Scheme，PPS）是 PP 的（　　）。
   A．具体形式　　　　　B．模拟形式　　　　　C．表现形式　　　　　D．真实形式

2. PPS 在 ERP 的 5 个计划层次中居第（　　）层。
   A．5 层　　　　　　　B．4 层　　　　　　　C．3 层　　　　　　　D．2 层

3. 主生产计划（Master Production Schedule，MPS）是确定每一个具体产品在每一个具体时间段的计划，计划对象一般是（　　）。
   A．最终产品　　　　　　　　　　　B．中间产品
   C．虚拟产品　　　　　　　　　　　D．以上三种说法都正确

4. MPS 主要解决企业计划生产什么、（　　　）、生产多少。

    A．生产方法　　　　　B．生产时间　　　　　C．生产设备　　　　　D 交货时间

5. 毛需求量（Gross Requirement）是指在任意给定的计划周期内项目的（　　　）。

    A．总需求量　　　　　B．总相关量　　　　　C．计划需求量　　　　　D．预计需求量

三、计算题

（一）MTS 环境下生产计划大纲编制习题

预测某省 2012 年洗衣机市场年销售额可达 4800 万元，某洗衣机公司计划在该省的市场占有为 10%；预计每月可提供 800 台洗衣机生产所需要的关键部件（电脑板、马达等），生产工时每月可提供 7000 小时；2005 年成品初始库存 1500 台，未交货数量为 100 台，期末库存要求达到 800 台。资源清单如表 5.20 所示。

表 5.20　资源清单

产品（台）	关键部件（件）	单位关键部件所需工时（小时）	单台洗衣机收入（元）
洗衣机	10	1	500

（1）按月编制生产计划大纲初稿（依据均衡生产原则）；

（2）分析资源清单并制定资源需求计划；

（3）比较可用资源与需求。

（二）MTO 环境下生产计划大纲编制习题

预测某省 2012 年发电机市场年销售额可达 4800 万元，达能公司计划在该省的市场占有为 10%；预计每月可提供 700 台发电机生产所需要的关键部件（线圈、马达等），生产工时每月可提供 8000 小时；2005 年初未交货数量为 800 台，交货日期为：1 月 150 台、2 月 400 台、3 月 200 台、4 月 50 台，期末预计未完工订单为 1400 台。

资源清单如表 5.21 所示。

表 5.21　资源清单

产品（台）	关键部件（件）	单位关键部件所需工时（小时）	单台发电机收入（元）
发电机	10	1	500

（1）按月编制生产计划大纲初稿（依据均衡生产原则）；

（2）分析资源清单并制定资源需求计划；

（3）比较可用资源与需求。

（三）编制 MPS 习题

编制 MPS，假设某叉车厂期初库存为 160 台，安全库存量为 20 台，生产批量为 200 台，需求时界 2，计划时界 6，则编制 MPS 计划。

（四）编制主生产计划表习题

假设某电子厂对物料号为 100001 的电子游戏机编制主生产计划表。现有库存量 80 台，安全库存量 50，生产批量为 100，生产提前期是 1，需求时界 3，计划时界 8。

第6章 物料需求计划（MRP）

学习目标

◎ 知识点 ◎	◎ 能力点 ◎
● 物料需求计划的基本概念 ● 物料需求计划的相关术语 ● 物料清单 BOM ● 低位码与虚拟件	● 物料需求计划的流程 ● 物料需求计划的编制 ● 物料需求计划的计算 ● 物料需求计划的更新

第一节 物料需求计划（MRP）概述

情景案例

朱雪峰团队经过以上几章的学习，想试编制物料需求计划和物料需求报表，在编制过程中发现存在许多问题，其中，① 当细项需求来自特定产品制造计划时，涉及其间的原材料、零部件、用于生产产成品的组件等是否应看成是非独立需求？② 独立需求一旦随季节变化达到定量供应，是否会稳定下来？非独立需求呢？

所以，朱雪峰决定从物料需求计划概念学起，一步步地深入了解。

任务思考

1. MRP 的基本思想？
2. MRP 的基本方法？

任务分析

MRP 的基本思想是按所需要的时间，在所需要的地点，按所需数量提供所需要的物料。围绕非独立需求的物料，按需准时生产。

MRP 的基本方法是先用总进度计划列明最终产品需求量，再利用组件、部件、原材料的物料清单抵消生产提前期，确定各时期需求。

一、MRP 概念及作用

1. MRP 概念

物资需求计划即（Material Requirement Planning，MRP）是指根据产品结构各层次物品的从属和数量关系，以每个物品为计划对象，以完工时期为时间基准倒排计划，按提前期长短区别各个物

品下达计划时间的先后顺序，是一种工业制造企业内物资计划管理模式。MRP 是根据市场需求预测和顾客订单制定产品的生产计划，然后基于产品生成进度计划，组成产品的材料结构表和库存状况，通过计算机计算所需物资的需求量和需求时间，从而确定材料的加工进度和订货日程的一种实用技术。

2. MRP 的基本依据

MRP 的基本依据是：① 主生产计划（MPS）；② 物料清单（BOM）；③ 库存信息。它们的逻辑流程关系如图 6.1 所示。

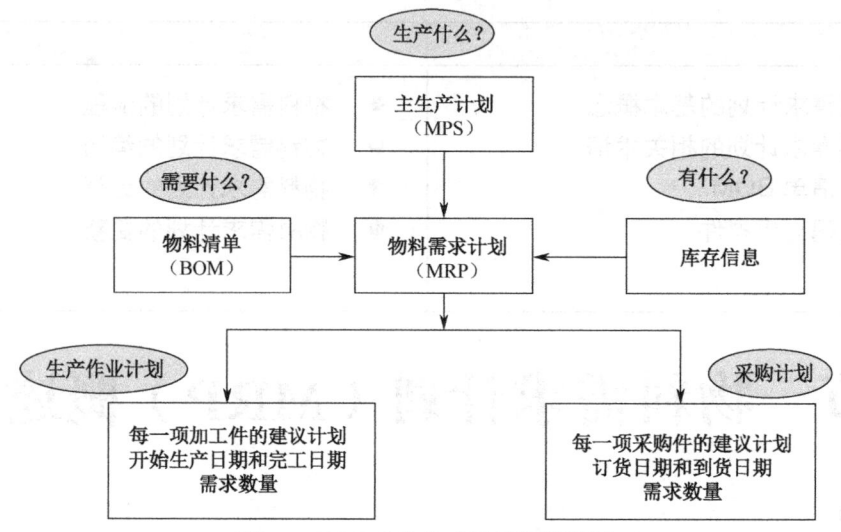

图 6.1　MRP 基本构成及其逻辑关系

3. MRP 作用

MRP 作用就是要解决以下五个问题：

① 要生产（含采购和制造）什么？生产（含采购和制造）多少？（来自 MPS）

② 要用到什么？（根据 BOM 展开可知）

③ 已经有了什么？（根据物料库存信息、即将到货的信息或产出信息获得）

④ 还缺什么？（根据 MRP 计算结果可知）

⑤ 何时安排？（根据 MRP 计算结果可知）

这五个问题是任何工业企业，不论其产品类型、生产规模、工艺过程如何，都必须回答的、带有普遍性的基本问题。因此，MRP（物料需求计划）产生以后，很快就受到了广大企业的欢迎与应用。

4. MRP 特点

MRP 具有以下几个特点。

（1）需求的相关性

在流通企业中，各种需求往往是独立的。而在生产系统中，需求具有相关性。例如，根据订单确定了所需产品的数量之后，由新产品结构文件 BOM 即可推算出各种零部件和原材料的数量，这种根据逻辑关系推算出来的物料数量称为相关需求。不但品种数量有相关性，需求时间与生产工艺过程的决定也是相关的。

（2）需求的确定性

MRP 的需求都是根据主产进度计划、产品结构文件和库存文件精确计算出来的，品种、数量和需求时间都有严格要求，不可改变。

（3）计划的复杂性

MRP 要根据主产品的生产计划、产品结构文件、库存文件、生产时间和采购时间，把主产品的所有零部件所需数量、时间、先后关系等准确计算出来。当产品结构复杂，零部件数量特别多时，其计算工作量非常庞大，人力根本不能胜任，必须依靠计算机实施这项工程。

二、MRP 的基本原理及关键信息

物料需求计划（Materials Requirement Planning，MRP），就是要制订这样的原材料、零部件的生产与库存计划：决定外购什么、生产什么、什么物料必须在什么时候订货或开始生产、订多少、生产多少、每次的订货和生产的批量是多少，等等。

MRP（物料需求计划）的基本原理有两条：

第一，从最终产品的生产计划（MPS）导出相关物料（原材料、零部件、组件等）的需求量和需求时间（相关需求）。

第二，根据物料的需求时间和生产（订货）周期来确定其开始生产（订货）的时间。例如，对于一个外购件来说，如果第 5 周最终产品的装配要用到它，其订货周期为 2 周，则最晚第 3 周应开始订货；对于一个自加工件来说，如果第 5 周需用于装配，而其本身的生产周期为 1 周，则最晚应第 4 周开工。

由此可见，MRP（物料需求计划）的制订不是基于过去的统计数据，而是基于未来的需求。因此，制订 MRP 所需的关键信息要素有以下三个。

1. 主生产计划

主生产计划（Master Production Schedule，MPS）是每一最终产品的生产计划，据此可以推算出所需的相关物料。主生产计划是确定每一具体的最终产品在每一具体时间段内生产数量的计划。这里的最终产品是指对于企业来说最终完成、要出厂的完成品，它要具体到产品的品种、型号。这里的具体时间段，通常以周为单位，在有些情况下，也可以日、旬、月为单位。主生产计划详细规定生产什么、什么时段应该产出，它是独立需求计划。主生产计划根据客户合同和市场预测，把经营计划或生产大纲中的产品系列具体化，使之成为展开物料需求计划的主要依据，起到了从综合计划向具体计划过渡的承上启下的作用。

2. 产品结构与物料清单

MRP 系统要正确计算出物料需求的时间和数量，特别是相关需求物料的数量和时间，首先要使系统能够知道企业所制造的产品结构和所有要使用到的物料。产品结构列出构成成品或装配件的所有部件、组件、零件等的组成、装配关系和数量要求。它是 MRP 产品拆零的基础。举例来说，如图 6.2 所示为一个大大简化了的自行车的产品结构图，它大体反映了自行车的构成。

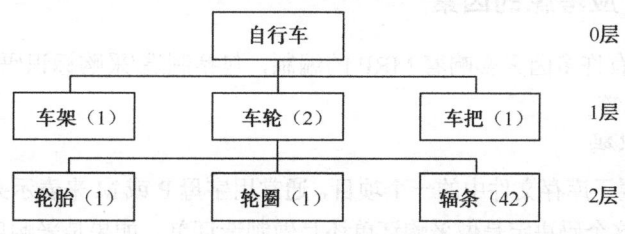

图 6.2　自行车产品结构图

当然，这并不是我们最终所要的产品结构与物料清单（Bill of Materials，BOM）。为了便于计算机识别，必须把产品结构图转换成规范的数据格式，这种用规范的数据格式来描述产品结构的文

件就是物料清单。它必须说明组件（部件）中各种物料需求的数量和相互之间的组成结构关系。表 6.1 就是一张简单的与自行车产品结构相对应的物料清单（列表形式）。它说明一个最终产品是由哪些零部件、原材料所构成的，这些零部件的时间、数量上的相互关系是什么。

表 6.1　自行车产品的物料清单

层次	物料号	物料名称	单位	数量	类型	成品率	ABC 码	生效日期	失效日期	提前期
0	GB950	自行车	辆	1	M	1.0	A	950101	971231	2
1	GB120	车架	件	1	M	1.0	A	950101	971231	3
1	CL120	车轮	个	2	M	1.0	A	000000	999999	2
2	LG300	轮圈	件	1	B	1.0	B	950101	971231	5
2	GB890	轮胎	套	1	B	1.0	B	000000	999999	7
2	GBA30	辐条	根	42	B	0.9	B	950101	971231	4
1	113000	车把	套	1	B	1.0	A	000000	999999	4

注：类型中"M"为自制件，"B"为外购件。

3．库存信息

库存信息是保存企业所有产品、零部件、在制品、原材料等存在状态的数据库。在 MRP 系统中，将产品、零部件、在制品、原材料甚至工装工具等统称为"物料"或"项目"。为便于计算机识别，必须对物料进行编码。物料编码是 MRP 系统识别物料的唯一标识。它告诉计划人员，现在库存中有哪些物料，有多少，已经准备再进多少，从而在制订新的加工、采购计划时减掉相应的数量。

（1）现有库存量：在企业仓库中实际存放的物料的可用库存数量。

（2）计划收到量（在途量）：根据正在执行中的采购订单或生产订单，在未来某个时段物料将要入库或将要完成的数量。

（3）已分配量：尚保存在仓库中但已被分配掉的物料数量。

（4）提前期：执行某项任务由开始到完成所消耗的时间。

（5）订购（生产）批量：在某个时段内向供应商订购或要求生产部门生产某种物料的数量。

（6）安全库存量：为了预防需求或供应方面的不可预测的波动，在仓库中经常应保持最低库存数量作为安全库存量。

MRP 的基本内容是编制零件的生产计划和采购计划。

然而，要正确编制零件计划，首先必须落实产品的出产进度计划，这是 MRP 展开的依据。MRP 还需要知道产品的零件结构，即物料清单（BOM），才能把主生产计划展开成零件计划；同时，必须知道库存数量才能准确计算出零件的采购数量。

三、编制 MRP 应考虑的因素

在编制 MRP 时，有许多因素影响着 MRP 的编制，包括制造/采购标识码、提前期、安全库存、损耗率、批量政策，等等。

1．制造/采购标识码

制造/采购标识码属于库存文件中的一个项目，通常用字母 P 或 M 来表示某物料来自于采购或制造。当运行 MRP 时，这个码决定是做采购订单还是做制造订单。如果是采购项目，无须产生项目组件的需求；而对于制造项目，就必须利用 BOM 来决定由哪些零件、部件或材料来制造这个项目。

2．提前期

提前期是个时间量。对于采购件或对制造、装配件来说，以交货或完工日期为基准，倒推到加

工或采购开始日期的这段时间。生产提前期是由制造工艺路线中每道工序的传送、排队、准备、加工和等待时间构成的。

3. 安全库存

安全库存是为了预防由于某种原因造成的不可预料的物料短缺，而在库存中保存一定数量的项目，这个数量称为安全库存量。

4. 损耗率

在生产的各个环节中，有各种各样的损耗。因此在计算物料需求时，要考虑到各种损耗系数。

（1）组装废品系数。装配件在装配过程中的零件损耗。例如，装配产品A时，估计有5%的玻璃管毁坏，因此在计算生产A所需的玻璃管毛需求时要增加组装时的损耗部分，如装配100件A的订单，按有105个玻璃管部件的需求（100×105%）。

（2）零件废品系数。对于一定数量的订单，预计入库时，会有一定百分比的减少，零件废品系数是对订单数量而不是对毛需求的调整。例如，产品A需求的零件废品系数为2%，在组装时的组装废品系数为5%。针对该需求制订MRP时，首先考虑2%的废品系数，计算产品A的计划订单数。计划订单数量要比需求的多2%，例如，A需求为100时，订单应为102（100×102%），然后根据计划订单数量再考虑组装A时的组装废品系数，在这种情况下，A项目102的订单对玻璃管的毛需求量应为108（102×105%）。

（3）材料利用率。材料利用率与零件废品系数是一个问题的不同表示，都表示预计的生产损耗。材料利用率是有效产出与总输入的比率，即

$$材料利用率＝有效产出/总投入$$

或

$$总投入＝有效产出/材料利用率$$

例如，某装配件的材料利用率是94%，那么为了得到100件的产成品就要有107（100÷94%＝106.4）个装配件才能保证。

5. 批量政策

实际计划生产或采购的交付数量和订货数量未必等于净需求量，这是由于在实际生产或订货中，准备加工、订货、运输、包装等都必须按照一定的数量来实施。因此，实际净需求量必须以某种数量来计算，这一定的数量称为生产或订货的批量。物料需求批量过大，占用的流动资金过多，但加工或采购的费用减少；批量过小，占用流动资金减少，但增加了加工或采购的费用。因此，批量的选择是项重要的工作。物料需求批量的计算方法主要有直接批量法、固定批量法、固定周期法、经济批量法等。

四、物料清单

1. 概念

物料清单（Bill of Materials，BOM）是指产品所需零部件明细表及其结构。它表明了产品→部件→组件→零件→原材料之间的结构关系，以及每个组装件所包含的下属部件（或零件）的数量和提前期（LT）。物料清单是一种树形结构。

物料是指所有产品、半成品、在制品、原材料、配套件、协作件、易耗品等与生产有关的物料的统称。物料是一个广义的概念，它不仅指原材料，而是包含原材料、自制品（零部件）、成品、外购件和服务件（备品备件）这个更大范围的物料。

2. BOM文件

在ERP系统里，BOM是相当关键的基础数据，它用于描述产品组成结构，即描述了制造产品

所需要的原材料与零件、部件、总装件之间的从属关系，它是物料需求系统的主要输入之一。

一个 BOM 文件，至少应包括 3 个数据项：物料标识（或物料编码）、需求量（每一个父项所需该子项的数量）、层次码（该物料在结构表中相对于最终产品的位置）。

产品结构树反映的产品结构比较直观，它形如一棵倒长的树，根在上面，树杈在下面，图 6.3 就是一个简单的产品结构树（物料清单）。

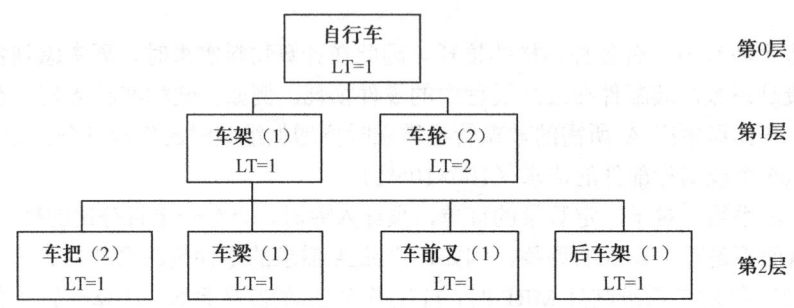

图 6.3　自行车的产品结构树（物料清单）

图 6.3 所示为生产（或组装）一辆自行车的 3 级产品结构树。从视觉上比较直观地反映了产品结构，通常树根部反映的是最终产品项目（自行车）（为第 0 层，往下以此类推），以后依次是组成产品的部件或组件。该 BOM 表示自行车由 1 个车架和 2 个轮子组成，车架又由 1 个车把、1 个车梁、1 个车前叉和 1 个后车架组成。其中，自行车装配的提前期为 1，车架装配的提前期为 1，车轮生产的提前期为 2，车把生产的提前期为 1，其他零件依图可知。

在 BOM 中，可以得到的信息是：

① 一个上属项（产品、部件、组件等）是由哪些下属项（原材料、坯料、零件等）所组成的。同理，也可以说明某个下属项应用于哪些上属项。上属项为父项，下属项为子项。

② 一个上属项对构成它的下属子项的数量要求。BOM 给出了每个子项在其父项中的需要量。

对于自行车来说，部件车架、车轮为子项，自行车为父项；而部件车架与零件车把、车梁、车前叉、后车架的关系中，车架成为父项，而车把、车梁、车前叉、后车架成为子项。自行车作为该 BOM 的最终产品。

五、低位码

1. 概念

结构表中，层次码反映了某项物料相对于最终项目的位置。值得注意的是，在结构表中，存在着同一物料项会同时出现于表中不同层次的现象，这种项目称为多层次通用件。一个多层次通用件可能出现在同一产品的不同层次上，也可能出现在不同产品的不同层次上。于是，在计算净需求时不得不重新计算和处理不同层次上的总需求量，这将极大地影响 ERP 工作效率。解决此问题的办法是引入最低层代码，叫"低位码"（Low Level Code）。

低位码是系统分配给物料清单上每个物品的一个从 0 至 N 的数字码。在产品结构中，最上层的层级码为 0，下一层的部件的层级码则为 1，以此类推。一个物品只能有一个 MRP 低位码，当一个物品在多个产品中所处的产品结构层次不同或即使处于同一产品结构中但却处于不同产品结构层次时，则取处在最低层的层级码作为该物品的低位码。

2. BOM 的低位码

低位码是指某个物料在所有产品结构树中所处的最低层数，因此可以通过零部件所在产品结构树中的层次来决定它的低位码。在产品 BOM 结构中，最上层的层级为 0，下一层部件的层级码则为 1，以此类推。一个物品只能有一个低位码，当一个物品在多个产品中所处的产品结构层次不同或即使处于同一产品结构中但却处于不同产品结构层次时，则取处在最低层级码作为该物品的低位码，即取层次最低的、数字最大的层级码。

例如，如图 6.4 所示的产品 X 的 BOM，在 BOM 中的零件 C 分别处于产品结构树的 1 层和 2 层，于是零件 C 的低位码就是 2，而其他零件的低位码数与它们位于 BOM 中的层次相同。

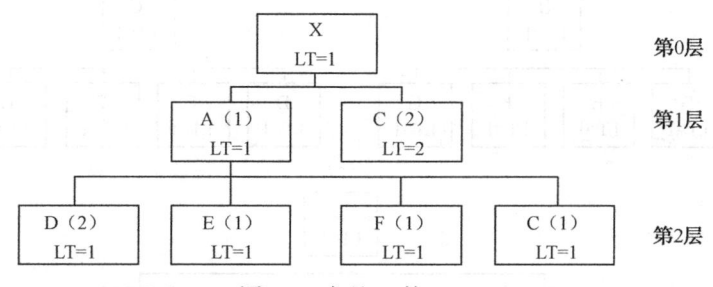

图 6.4　产品 X 的 BOM

因为每个物料有且仅有一个低位码，该码的作用在于指出各种物料最早使用的时间，在 MRP 运算中，使用低位码能简化运算。具体做法是由 BOM 文件将每一项目的最低层代码找出来，并作为标识存入 BOM 或库存文件中。在 MRP 展开时，对项目的计算先辨别低位码，然后只在最低层次上进行运算。

六、虚拟件

1．概念

"虚拟件"表示一种并不存在的"虚构"的物料，它在图纸上与加工过程中都不出现。其作用只是为了达到一定的管理目的，如组合采购、组合存储、组合发料，这样在处理业务时，用计算机查询只需要对虚拟件操作，就可以自动生成实际的业务单据。这种"虚拟件"甚至可以查询到它的库存量与金额，但存货核算只针对实际的物料。

2．虚拟件作用

虚拟件是用在 ERP 系统里的 BOM 构成方法，它的作用主要是：

（1）作为产品结构中的一种过渡件方式；

（2）虚拟件可以用于代表一组、一系列、一种属性或者一类规格的物料；

（3）在一个可选物料的基本组件里（产品结构呈模块化），也就是特征件，也可以用虚拟件描述，虚拟件是库存不存在的物料。

3．BOM 中的虚拟件

"虚拟件"最重要的作用就是简化产品结构的管理，以下用图 6.5 的 BOM 进行说明。

在图 6.5 中，如果对 A 产品 BOM 的定义采用图 6.5（a）方式，那么，子件 B、C 的 BOM 文件定义过程会重复引用到 D、E 与 F 物料，加大了工作量，并且数据库的存储空间也会增加。而采用图 6.5（b）的定义方式，增加一个"虚拟件"物料 K，并定义 K 的 BOM 文件，则 B、C 的 BOM 中只需要加入一个子件 K，无须重复加入子件 D、E 与 F 物料，从而达到简化 BOM 的目的，特别是在多个 BOM 中有大量的相同子件重复出现时，这种定义方式的优越性就更加明显。另外，如果虚拟件的子件发生工程改变，也只影响到虚拟件这一层，不会影响此虚拟件以上的所有父项。

必须说明的是，虚拟件不存在任何提前期（即虚拟件的提前期 LT＝0，如图 6.5（b）所示），在把虚拟件的物料需求计划（MRP）展开时，只会根据虚拟件的 BOM 构成来计算下级子件的计划需求量，而虚拟件对计划的需求时间毫无影响。从这层意义上理解，就好像跳过了虚拟件这一层，直接计算下层的计划需求量。

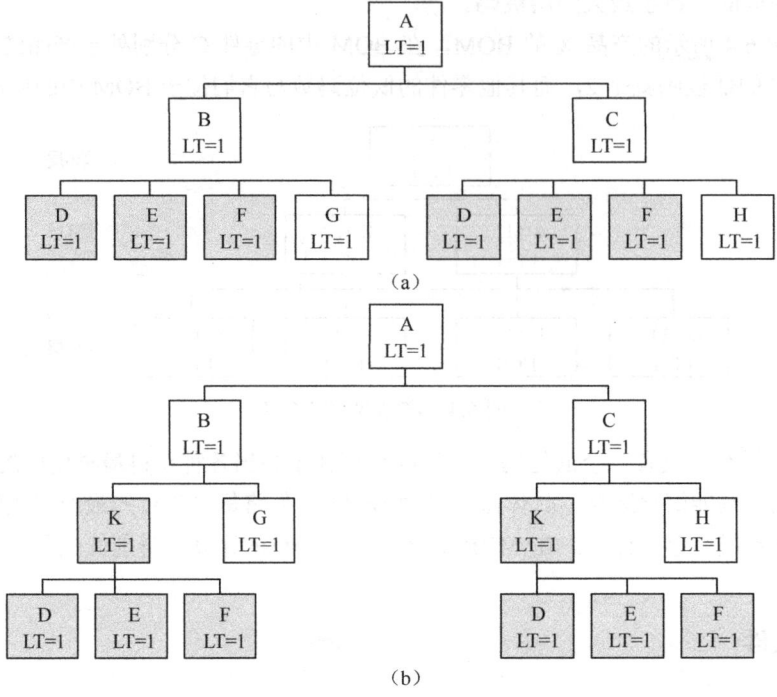

图 6.5　BOM 表中虚拟件作用图

第二节　MRP 计算模型

情景案例

　　生产木制百叶窗和书架的某厂商收到 2 份百叶窗订单，一份需要 100 个，另一份需要 150 个百叶窗。在当前时间进度安排中，应如何安排？如何编制 MRP 报表？

　　朱雪峰团队带着这些问题进入了 MRP 计算模型学习之中。

任务思考

　　1. MRP 计算的目标是什么？

　　2. 库存记录在 MRP 计算中的重要性？

任务分析

　　MRP 的目标是：① 及时取得生产所需的原材料及零部件，保证按时供应用户所需产品；② 保证尽可能低的库存水平；③ 计划生产活动与采购活动，使各部门生产的零部件、采购的外购件在装配要求的时间和数量上精确衔接。

由于库存记录数据是编制物料需求计划的启动数据，所以非常重要。如果对某项物料的库存记录数据不准确，那么，该项物料的计划也将是不正确的，由此产生的订单也是错误的，根据订单展开得到的所有下层物料项目的毛需求也是错误的，因此计划的编制失去了意义。

一、MRP 计算逻辑步骤

MRP 计算是对所有零件进行"供给"和"需求"的平衡计算。计算的顺序按照零件的低阶码由小到大顺序平衡计算。其中不能平衡掉的零件"需求"量，是 MRP 的计算结果。MRP 的计算结果分"外购件"和"自制件"两类，分别对应于零件的外购、自制两类属性。其中，"外购件"的采购时间是需求时间提前一个供应商的交货周期；"自制件"的生产时间有两种情况。

第一，如果该项对应的需求为独立需求，则开工时间按照其需求时间提前一个其BOM的生产工期时间。

第二，如果该项对应的需求隶属某成品，则其开工时间按照隶属成品的工艺路线计算提前时间。

MRP 的处理逻辑流程如图 6.6 所示。图 6.7 所示为产品 A 的结构图。

下面结合实例说明 MRP 的运算逻辑步骤。

现在就可以计算各个产品及相应部件的需求量。如表 6.2～表 6.4 所示分别为产品 A、B、C 的需求量计算。

需要注意的是，由于提前期的存在，使得物料的计划交付时间和净需求的时间有时会不一致。另外，为了简化计算，也暂时没有将安全库存量考虑在内。

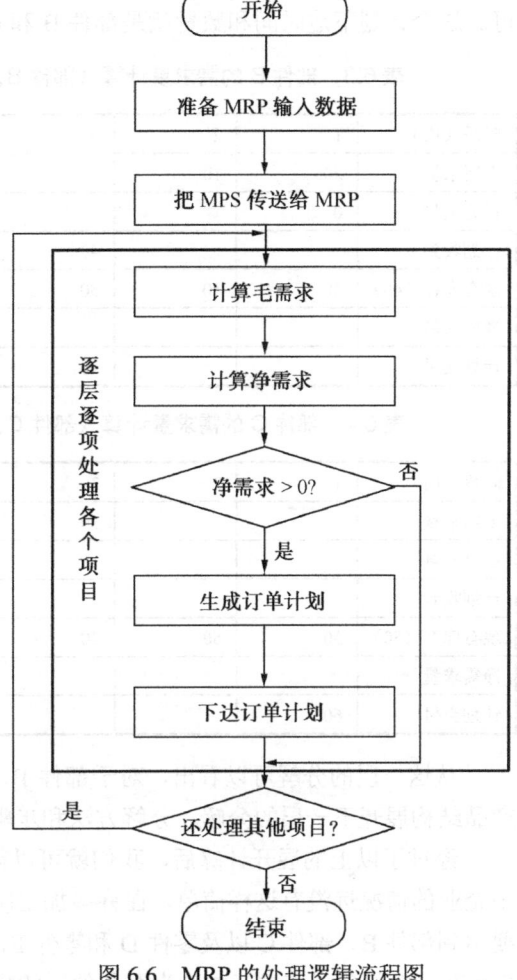

图 6.6 MRP 的处理逻辑流程图

图 6.7 A产品结构图

表 6.2 产品 A 的需求量计算（产品 A，提前期＝2，批量＝10）

时段（周）	1	2	3	4	5	6	7	8
毛需求量	20	10		30	30	10		
已分配量	0							
计划收到			40					
现有库存（40）	20	10	50	20	−10	−10		
净需求量					10	10		
计划交付			10	10				

以上计算过程表明，虽然1、2、4、5、6周均需要A，但实际A只要3及4周各交付10个即可。这个计划下达时间和数量就是部件B和C的毛需求的时间和数量。

表6.3　部件B的需求量计算（部件B，提前期＝1，批量＝20，1A＝2B＝2×10＝20）

时段（周）	1	2	3	4	5	6	7	8
毛需求量	20	10		30	30	10		
已分配量	0							
计划收到			40					
现有库存（40）	20	10	50	20	−10	−10		
净需求量					10	10		
计划交付			10	10				

表6.4　部件C的需求量计算（部件C，提前期＝3，批量＝60，1A＝3C＝3×10＝30）

时段（周）	1	2	3	4	5	6	7	8
毛需求量			30	30				
已分配量								
计划收到								
现有库存（50）	50	50	20	−10				
净需求量				10				
计划交付	60							

从这一层的分解可以看出，对于部件B，它还在需要在第3周交付10个，为此我们还要按照产品结构展开下一层的分解。分解方法和步骤如前，这里就不一一展开了。

经过了以上的展开计算后，我们就可以得出产品A的零部件的各项相关需求量。然而，现实中企业的情况远没有这样简单，在许多加工制造性的企业中，由于产品种类繁多，并不只是产品A要用到部件B、部件C以及零件D和零件E，可能还有其他产品也需要用到它们，也可能零件D、E还有一定的独立需求（如作为服务件用的零件等）。所以，MRP要做的工作是要先把企业在一定时段内对同一零部件的毛需求汇总，然后再据此算出它们在各个时段内的净需求量和计划交付量，并据以安排生产计划和采购计划。这里为了解释它的原理，我们可以假设，企业还有产品X要用到零件D，此外，零件D还有一定的独立需求，则对零件D的总需求计算如图6.8所示。

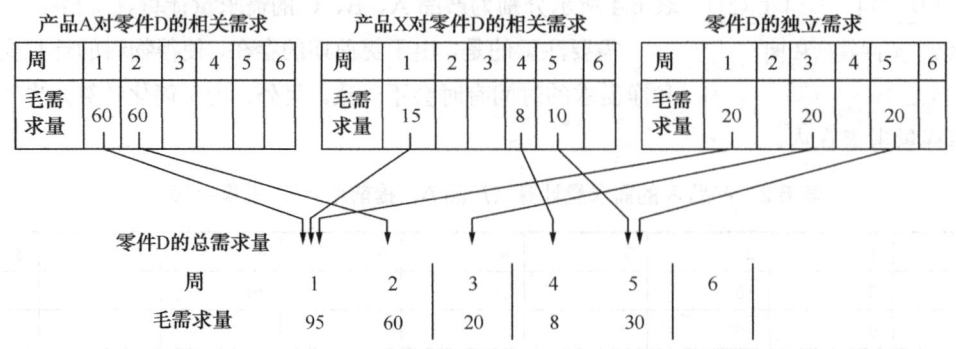

图6.8　相关需求与独立需求同时存在时的需求量计算

求得了零件D的总需求量，就可以根据前面介绍的原理，进一步计算出该零件总的净需求量和计划交付量，由此，有关的生产计划和采购计划就能够在适当的时间给予安排。这样，就完成了一个基本 MRP 的运算循环。当然，这一切都是在计算机的帮助下，遵循分层处理原则（ERP 系统是从 MPS 开始计算，然后按照 BOM 一层层往下进行，逐层展开相关需求件的计算，直至低层）完成的。应该说，这种借助于先进的计算机技术和管理软件而进行的物料需求量的计算，与传统的手工方式相比，计算的时间大大缩短，计算的准确度也相应地得以大幅度提高。

二、MRP 计算步骤

物料需求计划的制订是遵照先通过主生产计划导出有关物料的需求量与需求时间，然后再根据物料的提前期确定投产或订货时间的计算思路。

1. 物料需求计划计算的基本步骤

（1）计算物料的毛需求量。即根据主生产计划、物料清单得到第一层级物料的毛需求量，再通过第一层级物料计算出下一层级物料的毛需求量，依次一直往下展开计算，直到最低层级原材料毛坯或采购件为止。

（2）净需求量计算。即根据毛需求量、可用库存量、已分配量等计算出每种物料的净需求量。

（3）批量计算。即由相关计划人员对物料生产做出批量策略决定，不管采用何种批量规则或不采用批量规则，净需求量计算后都应该表明是否有批量要求。

（4）安全库存量、废品率和损耗率等的计算。即由相关计划人员来规划是否要对每个物料的净需求量做这三项计算。

（5）下达计划订单。即通过以上计算后，根据提前期生成计划订单。物料需求计划所生成的计划订单，要通过能力资源平衡确认后，才能开始正式下达计划订单。

（6）再一次计算。物料需求计划的再次生成大致有两种方式，第一种方式会对库存信息重新计算，同时覆盖原来计算的数据，生成的是全新的物料需求计划；第二种方式则只是在制订、生成物料需求计划的条件发生变化时，才相应地更新物料需求计划有关部分的记录。这两种生成方式都有实际应用的案例，至于选择哪一种要看企业实际的条件和状况。

2. 物料需求计划计算具体步骤

（1）计算物料毛需求量。考虑相关需求和低位码推算计划期全部的毛需求。

$$项目毛需求量＝项目独立需求＋父项的相关需求$$

其中：

$$父项的相关需求＝父项的计划订单数量×项目用量因子$$

（2）推算 PAB 初值。考虑毛需求推算特定时段的预计库存量。

$$PAB 初值＝上期末预计可用库存量＋计划接收量－毛需求量$$

（3）计算净需求量。考虑安全库存推算特定时段的净需求量。

当 PAB 初值≥安全库存时，净需求＝0

当 PAB 初值<安全库存时，净需求＝安全库存－PAB 初值

（4）推算计划产出量。利用批量规则，生成订单计划，即计划产出量和产出的时间。

当净需求>0 时，计划产出量＝N×批量（N 为整数倍）

（5）推算预计可用库存量。

$$当期预计可用库存量＝PAB 初值＋MPS 计划产出量$$

（6）生成订单计划和下达订单计划。考虑损耗系数和提前期，下达订单计划，即计划投入量和投入的时间。计划投入量与计划产出之间的关系可由下式描述：

$$计划投入量＝计划产出量/损耗系数$$

计划投入时间＝计划产出时间－提前期

3. 计算 MRP 时注意三个问题

① 是否有安全库存；

② 是否有批量限制；

③ 提前期是多少。

【例 6.1】 以 X、Y 两种产品为例，两种产品包含的层次子件和需用的数量及产品结构树如图 6.9 所示。假定两种产品已经过主生产计划推算出计划投入量和产出量，其与所含物料的提前期、批量、安全库存、现有量、已分配量等均为已知。

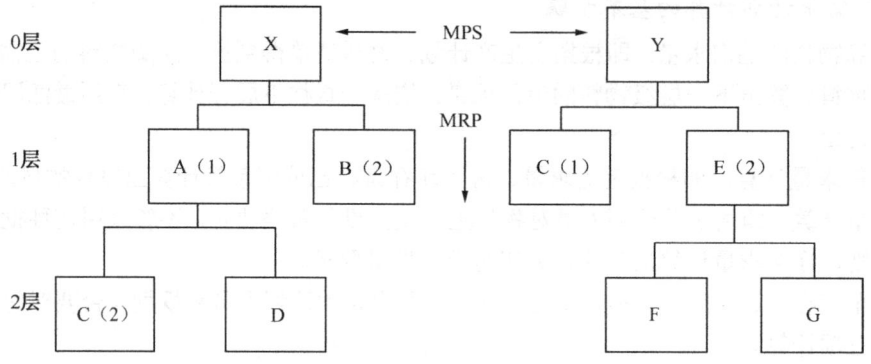

图 6.9　X、Y 产品结构图

例中 A、B 是产品 X 的 1 层子件，C 是 X、Y 两种产品的通用件，但在两种产品中所处的层次不同（1 和 2，所以低层码是 2），需用的数量也不同。各种物料的需求量是由上向下层层进行分解的。例如，X、Y 的需求量是由主生产计划确定的，A、B 的需求量是由 X 确定的，C 的需求量是由 X、Y 确定的。

1. 推算毛需求量

（1）推算 X 对 A、B、C 的毛需求量。以 X 产品中的 A、B、C 三个子件（为简化，暂不考虑其他零部件）为例，推算 X 对 A、B、C 形成的毛需求，如表 6.5 所示。

表 6.5　X 对 A、B、C 的毛需求量

提前期	低层码	物料	时　段	当　期	1	2	3	4	5	6	7	8
1		X	MPS 计划产出量			10		10		20		10
			MPS 计划投入量		10		10		20		10	
1	1	B	毛需求		20		20		40		20	
2	1	A	毛需求		10		10		20		10	
2	2	C	毛需求		20		20		40		20	

各种物料的需求量是由上向下层层进行分解的。例如，X 的需求量是由主生产计划确定的，A、B 的需求量是由 X 确定的，C、D 的需求量是由 A 确定的。在时段 1，每件 X 需要 1 件 A，每件 A 需要 2 件 C，所以每件 X 需要 2 件 C。由于 X 的提前期，X 的计划投入量为 10，所以 C 的毛需求量为 10×2＝20。

（2）推算 Y 对 C、E 的毛需求量。以 Y 产品中的 C、E 两个子件（为简化，暂不考虑其他零部件）为例，推算 Y 对 C、E 形成的毛需求，如表 6.6 所示。

表 6.6 Y 对 C、E 的毛需求量

提前期	低层码	物料	时　段	当 期	1	2	3	4	5	6	7	8
2		Y	MPS 计划产出量				20		20		20	
			MPS 计划投入量		20		20		20			
2	1	C	毛需求		20		20		20			
3	1	E	毛需求		40		40		40			

在时段 1，由于 Y 的提前期，Y 的计划投入量为 20，引发对 C 的毛需求为 20，对 E 的毛需求为 40。

（3）推算 X、Y 对 C 的总毛需求量。C 是产品 X、Y 的公用子件，推算 X、Y 对 C 形成的总毛需求，如表 6.7 所示。

表 6.7 X、Y 对 C 的总毛需求

提前期	低层码	物料	时　段	当 期	1	2	3	4	5	6	7	8
1		X	MPS 计划产出量			10		10		20		10
			MPS 计划投入量		10		10		20		10	
2		Y	MPS 计划产出量				20		20		20	
			MPS 计划投入量		20		20		20			
2	2	C	X 对 C 毛需求		20		20		40		20	
2	2	C	Y 对 C 毛需求		20		20		20			
2	2	C	C 总毛需求		40		40		60		20	

例如，在时段 3，将 X 计划投入量 10 对 C 件的需求 20 与将 Y 件计划投入量 20 对 C 件的需求 20 合并，生成 C 件在时段 3 的毛需求为 20+20＝40。

2. 推算 PAB 初值

利用毛需求的结果，推算 C 的预计可用库存量（PAB）初值。

PAB 初值＝上期末预计可用库存量+计划接收量–毛需求量

3. 推算净需求

考虑安全库存推算 C 的净需求。

当 PAB 初值≥安全库存时，净需求＝0

当 PAB 初值＜安全库存时，净需求＝安全库存–PAB 初值

4. 推算计划产出量

利用批量规则，推算 C 的计划产出量。

当净需求>0 时，计划产出量＝N 批量（N 为整数倍）

5. 推算预计可用库存量

当期预计可用库存量＝PAB 初值+MPS 计划产出量

6. 推算计划投入量

根据提前期，推算计划投入量的时间。

计划投入时间＝计划产出时间–提前期

综合以上推算 PAB 初值、净需求、计划产出量、预计可用库存量、计划投入量，A、C 物料的物料需求计划如表 6.8 所示。

表 6.8　A、C 物料的 MRP 报表

批量	提前期	现有量	分配量	安全库存	低层码	物料号	时　　段	当期	1	2	3	4	5	6	7	8
1	1					X	MPS 计划产出量			10		10		20		10
							MPS 计划投入量		10		10		20		10	
1	2					Y	MPS 计划产出量				20		20		20	
							MPS 计划投入量		20		20		20			
1	2	15			1	A	毛需求		10		10		20		10	
							计划接收量									
							PAB 初值	15	5	5	–5	0	–20	0	–10	
							预计可用库存量	15	5	5	0	0	0	0	0	
							净需求				5		20		10	
							计划产出量				5		20		10	
							计划投入量		5		20		10			
20	2	50	5	10	2	C	毛需求		40		40		60		20	
							计划接收量		50							
							PAB 初值	45	55	55	15	15	–45	15	–5	
							预计可用库存量	45	55	55	15	15	15	15	15	
							净需求						55		15	
							计划产出量						60		20	
							计划投入量				60		20			

在表 6.8 中，以 C 物料为例，计划初始现有库存量为 50，已分配量为 5，所以计算出当期可用库存量为 45。

在时段 1，C 的毛需求为 40，而 C 现有库存量为 45，计划接收量 50，故可以满足，预计可用库存量 55，即无净需求和计划产出量。以此类推时段 2、3、4。

但在时段 5，C 的前期可用库存量 15，不能满足毛需求 60，PAB 初值出现–45，说明将出现短缺，再加上安全库存 10 的因素，净需求量是 55，故需要引发 3 个批量的计划产出 3×20＝60 以补足短缺，即计划产出量是 60。从而预计可用库存量＝60–45＝15。

按 C 的提前期为 2 时段倒排计划，在时段 3 生成 C 的计划投入量 60，才能满足在时段 5 有 60 个产出的要求。

在时段 6，因为没有毛需求，故无须安排生产，库存量不发生改变。在时段 7 因为前期可用库存量不能满足毛需求，计算同时段 5。

三、确认 MRP

生成 MRP 后，进行能力计划运算，要通过能力需求计划校验其可执行性。进行能力平衡后，要对 MRP 进行确认。企业应该按照确认的 MRP 执行，下达制造订单和采购订单。在下达订单前，计划人员应检查：物料的需求日期是否有变化；工作中心的能力是否有效；必要的工装夹具是否备好等。如果发现问题，计划人员应及时采取措施解决。将通过检查的计划订单（MRP）直接下达到采购部门和车间去执行。

四、MRP 报表

MRP 报表也有横式和竖式两种形式。MRP 报表的格式同 MPS 报表基本上是一样的。可以参

见 MPS 的报表格式。

MRP 报表的表体栏目同 MPS 报表几乎是相同的，只是没有预测、合同和可供销售量等项。因为 MRP 的计划对象是相关需求件，它的毛需求是由上层物料的计划投入量确定的，与预测或合同没有直接关系，而且因为不是最终产品，所以也没有可供销售量。

五、MRP 更新方法

MRP 计划生成之后，由于某些"情况"发生变化将可能导致订单（制造订单、采购订单）无效。这些"情况"包括以下几点：

① 工程设计改变；

② 客户订单数量和交货日期改变；

③ 供应商拖期发货；

④ 工作订单提早或拖期完工；

⑤ 废品比预期的高或低；

⑥ 关键工作中心或工作单元损坏；

⑦ 计划中使用的数据有错误。

为了保持物料需求计划（MRP）的准确性，在发生上述变化时必须更新 MRP 系统。目前更新 MRP 系统的方法有两种：一种是再生法，另一种是净改变法。

1. 再生法

再生法（Regenerative MRP），是指更新计划的整个系统，即对 MRP 系统控制下的所有项目的需求和库存状态进行重新计算和更新。再生法是采用批处理方式进行的，每次只能按一定的时间间隔定期进行。在两次批处理之间发生的所有变化，例如，主生产计划的变化，产品结构的变化等都要累计起来，等到下次批处理时一起处理。在每次批处理作业中，每一个库存项目的总需求量和净需求量都要重新计算；每一项计划下达订货的日程计划也都要重新安排。处理的全过程是逐层进行的，从最高层次（最终产品）直到最低层次（外购订单、制造订单）。

在使用再生法时，其处理过程包括的内容有：

（1）主生产计划中列出来的每一个最终项目的需求都要加以分解。

（2）每一个 BOM 文件都被访问到。

（3）第一个库存状态记录都要经过重新处理。

现行的 ERP 系统多采用再生法实施 MRP。

2. 净改变法

净改变法（Net Change MRP），只对主生产计划中因改变而受到影响的那些物料清单进行分解处理。在运行 MRP 系统时，需求分解的作业是最基本的作业，它既不能被省略，也无捷径可走，但是，可以将分解的工作分散进行。净改变式 MRP 系统就是从这一点出发，采用频繁甚至连续地进行局部分解的作业方式，这就形成了自己的一套处理方法，取代了以较长间隔定期进行全面分解的作业方式。

局部分解是使净改变式系统具有实用价值的关键，因为局部分解缩小了每次做需求计划运算的范围。从而可以提高重排计划的频次。由于分解只是局部的，自然输出数据结果也就少了。在净改变式系统中，所谓局部分解是从以下两种意义上说的：

① 每次运行系统时，都只需要分解主生产计划中的一部分内容。

② 由库存事务处理引起的分解只局限在所分解的那个项目的下属层次上。

净改变式系统的实施可以采用以下两种方式：

① 较频繁的重排计划（通常每天批处理一次）。

② 连续的重排计划，即实时处理。

净改变法一般适用于环境变化较大、计算复杂和更新 MRP 系统时间较长的企业。

由于一般 ERP 软件系统都提供两种运行方式可供选择，所以在实际应用中，企业一般的做法是，每月第一次运行 MRP 系统时采用全重排方式，然后，每天运行 MRP 系统时则采用净改变方式。

六、ERP 中 MRP 子系统与其他子系统的关系

MRP 在 ERP 中处于中心地位，是 ERP 中的重要模块。ERP 中 MRP 子系统与其他子系统的关系如图 6.10 所示。

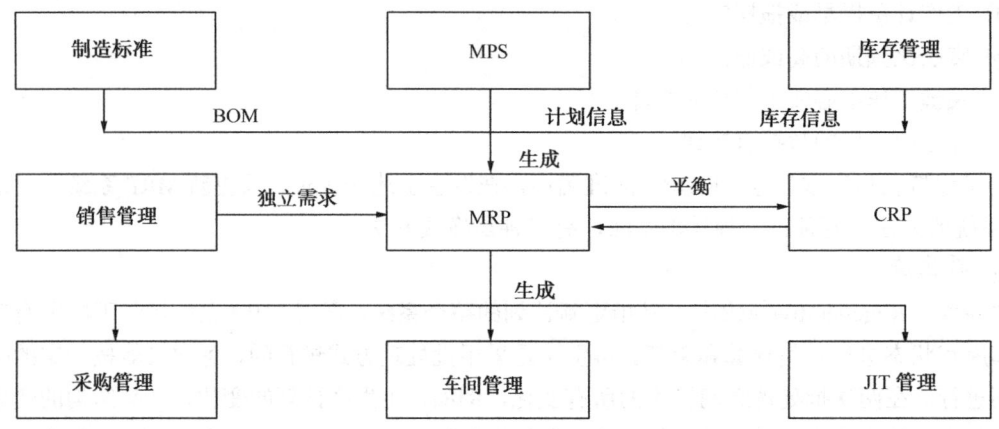

图 6.10　MRP 子系统与其他子系统的关系图

七、MRP 编制案例

MRP 的运算同 MPS 的运算基本相同，只是它的毛需求是由 MPS 提出的，没有预测与合同的取舍问题，而且不需要计算可供销售量。

为了进一步说明 MRP 是如何根据产品结构逐层展开计算各层物料的需求量，以及 MRP 又是如何合并计算同一零件用于多个产品不同层次的需求量，便于理解和掌握 MRP 报表的运算方法，下面利用同一套示例数据，以分步的形式举例说明 MRP 的运算过程。

【例 6.2】　以 X、Y 两种产品为例，两种产品包含的层次子件和需用的数量及产品结构树如图 6.11 所示。假定两种产品已经过主生产计划推算出计划投入量和产出量，其与所含物料的提前期、批量、安全库存、现有量、已分配量等均为已知。

例中，A、B 是产品 X 的 1 层子件，C 是 X、Y 两种产品的通用件，但在两种产品中所处的层次不同（1 和 2，所以低层码是 2），需用的数量也不同。各种物料的需求量是由上层向下层进行分解的，例如，X、Y 的需求量是由主生产计划确定的，A、B 的需求量是由 X 确定的，C 的需求量是由 X、Y 确定的。

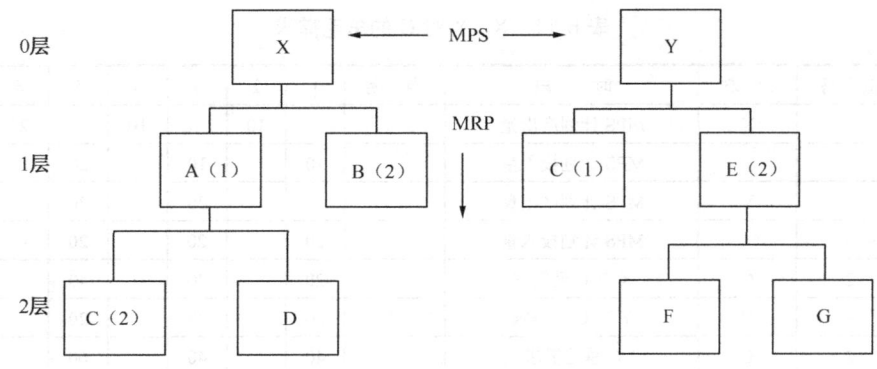

图 6.11　X、Y 产品结构图

1. 推算毛需求量

（1）推算 X 对 A、B、C 的毛需求量。以 X 产品中的 A、B、C 三个子件（为简化，暂不考虑其他零部件）为例，推算 X 对 A、B、C 形成的毛需求，如表 6.9 所示。

表 6.9　X 对 A、B、C 的毛需求量

提前期	低层码	物 料	时 段	当 期	1	2	3	4	5	6	7	8
1		X	MPS 计划产出量			10		10		20		10
			MPS 计划投入量		10		10		20		10	
1	1	B	毛需求		20		20		40		20	
2	1	A	毛需求		10		10		20		10	
2	2	C	毛需求		20		20		40		20	

各种物料的需求量是由上向下层层进行分解的，如 X 的需求量是由主生产计划确定的，A、B 的需求量是由 X 确定的，C、D 的需求量是由 A 确定的。在时段 1，每件 X 需要 1 件 A，每件 A 需要 2 件 C，所以每件 X 需要 2 件 C。由于 X 的提前期，X 的计划投入量为 10，所以 C 的毛需求量为 $10 \times 2 = 20$。

（2）推算 Y 对 C、E 的毛需求量。以 Y 产品中的 C、E 两个子件（为简化，暂不考虑其他零部件）为例，推算 Y 对 C、E 形成的毛需求，如表 6.10 所示。

表 6.10　Y 对 C、E 的毛需求量

提前期	低层码	物 料	时 段	当 期	1	2	3	4	5	6	7	8
2		Y	MPS 计划产出量				20		20		20	
			MPS 计划投入量		20		20		20			
2	1	C	毛需求		20		20		20			
3	1	E	毛需求		40		40		40			

在时段 1，由于 Y 的提前期，Y 的计划投入量为 20，引发对 C 的毛需求为 20，对 E 的毛需求为 40。

（3）推算 X、Y 对 C 的总毛需求量。C 是产品 X、Y 的共用子件，推算 X、Y 对 C 形成的总毛需求，如表 6.11 所示。

表 6.11　X、Y 对 C 的总毛需求

提前期	低层码	物料	时　段	当　期	1	2	3	4	5	6	7	8
1		X	MPS 计划产出量			10		10		20		10
			MPS 计划投入量		10		10		20		10	
2		Y	MPS 计划产出量				20		20		20	
			MPS 计划投入量		20		20		20			
2	2	C	X 对 C 毛需求		20		20		40		20	
2	2	C	Y 对 C 毛需求		20		20		20			
2	2	C	C 总毛需求		40		40		60		20	

例如，在时段 3，将 X 计划投入量 10 对 C 件的需求 20 与将 Y 件计划投入量 20 对 C 件的需求 20 合并，生成 C 件在时段 3 的毛需求为 20+20＝40。

2. 推算 PAB 初值

利用毛需求的结果，推算 C 的预计可用库存量（PAB）初值：

$$PAB 初值＝上期末预计可用库存量+计划接收量–毛需求量$$

3. 推算净需求

考虑安全库存推算 C 的净需求：

当 PAB 初值≥安全库存时，净需求＝0

当 PAB 初值＜安全库存时，净需求＝安全库存–PAB 初值

4. 推算计划产出量

利用批量规则，推算 C 的计划产出量：

当净需求＞0 时，计划产出量＝N 批量（N 为整数倍）

5. 推算预计可用库存量

$$当期预计可用库存量＝PAB 初值+MPS 计划产出量$$

6. 推算计划投入量

根据提前期，推算计划投入量的时间：

$$计划投入时间＝计划产出时间–提前期$$

综合以上推算 PAB 初值、净需求、计划产出量、预计可用库存量、计划投入量，A、C 物料的物料需求计划如表 6.12 所示。

表 6.12　A、C 物料的 MRP 报表

批量	提前期	现有量	分配量	安全库存	低层码	物料号	时　段	当　期	1	2	3	4	5	6	7	8
1	1					X	MPS 计划产出量			10		10		20		10
							MPS 计划投入量		10		10		20		10	
1	2					Y	MPS 计划产出量				20		20		20	
							MPS 计划投入量		20		20		20			
1	2	15			1	A	毛需求			10		10		20		10
							计划接收量									
							PAB 初值	15	5	5	–5	0	–20	0	–10	
							预计可用库存量	15	5	5	0	0	0	0	0	
							净需求				5		20		10	
							计划产出量				5		20		10	

续表

批量	提前期	现有量	分配量	安全库存	低层码	物料号	时　段	当期	1	2	3	4	5	6	7	8
							计划投入量		5		20		10			
20	2	50	5	10	2	C	毛需求		40		40		60		20	
							计划接收量	50								
							PAB 初值	45	55	55	15	15	−45	15	−5	
							预计可用库存量	45	55	55	15	15	15	15	15	
							净需求						55		15	
							计划产出量						60		20	
							计划投入量				60		20			

在表中，以 C 物料为例，计划初始现有库存量为 50，已分配量为 5，所以计算出当期可用库存量为 45。

在时段 1，C 的毛需求为 40，而 C 现有库存量为 45，计划接收量 50，故可以满足，预计可用库存量 55，即无净需求和计划产出量。以此类推时段 2、3、4。

但在时段 5，C 的前期可用库存量 15 不能满足毛需求 60，PAB 初值出现−45，说明将出现短缺，再加上安全库存 10 的因素，净需求量是 55，故需要引发 3 个批量的计划产出 3×20＝60 以补足短缺，即计划产出量是 60。从而预计可用库存量＝60−45＝15。

按 C 的提前期为 2 时段倒排计划，在时段 3 生成 C 的计划投入量 60，才能满足在时段 5 有 60 个产出的要求。

在时段 6，因为没有毛需求，故无须安排生产，库存量不发生改变。在时段 7 因为前期可用库存量不能满足毛需求，计算同时段 5。

典型案例

ERP 物料主数据智能化管理系统的设计与实现
《江苏科技信息》2015.10 期

0 引言

物料主数据是 SAP 系统运行的基础，因此物料主数据的管理创建尤为重要。如何有效地对物料主数据进行管理一直是企业应用 SAP 系统的难点。目前国内外很多实施过 SAP 系统的企业的物料数据管理一般是通过 Excel 表格进行传递与管理，或单独开发一个程序进行数据管理，再与 SAP 系统做接口传输数据，这种管理麻烦且效率较低，同时存在数据传输丢失的风险。为解决目前众多国内外企业存在的物料主数据管理的难点，本研究在 SAP 系统的基础上，开发了物料主数据智能化管理系统，从而使得物料主数据的管理变得智能化，操作更简单、高效。

1 系统分析与设计

1.1 系统流程设计

企业内工艺技术人员做完工艺后，在系统导入生产 BOM 前，系统中需全部维护好生产 BOM 中使用的物料相关视图属性，很多企业的维护过程一般是通过 Excel 进行收集传递，效率低易出错，可追溯性差。基于此，本研究开发了 ERP 物料主数据维护管理平台系统，此平台直接在 SAP 系统上开发，具有高集成性的优势。通过应用该平台，在发起人发起相关任务后，有关维护人会收到维护数据的邮件通知，然后进入维护平台，只管理需要自己维护的数据，维护完成后，系统会自动导

入维护的数据，同时提供导入与查询日志，维护错的数据可以继续维护，直至完成后继续导入。

1.2 功能设计

（1）SAP 物料主数据比较与创建模块。该模块主要通过产品图纸中的物料描述与现有 ERP 中物料及描述进行比较，如果找不到已创建过的描述一样的物料号，则新建物料号及此物料的基本视图。

（2）物料视图扩充发起与邮件提醒模块。该模块可以智能筛选出 BOM 数据中哪些物料视图需要扩充，会自动排除掉不需要扩充的物料，节省了人员排查 BOM 哪些物料需要扩充视图的时间，同时避免了错误的发生。系统支持集团级使用，可选择自己公司数据维护人员姓名，进而触发邮件通知数据维护人员的提醒。

（3）物料视图维护模块。该模块包含生产视图维护平台、采购视图维护平台、仓储视图维护平台、销售视图维护平台、财务视图维护平台，代替了系统直接维护需要转换多个界面，节省了时间，提高了效率。该模块支持批量维护，对同一列数据，如果维护的参数一致可以直接批量维护，无论多少条数据都一键完成，如果数据维护没有扩充成功，数据维护人员可以根据查询模块得到的错误信息修改个别数据。

（4）系统自动判断数据完整性与自动扩充模块。该模块自动判断物料的相关视图数据是否维护完整，如果维护完整就自动扩充该条物料，不需等待所有物料完成数据维护，使维护完成的数据扩充更及时，为业务快速使用数据提供了方便。

（5）数据维护查询模块。各业务用户可以使用该模块查询数据的维护与完成情况。对于紧急需要使用的物料可以督促相关数据维护人紧急维护需要使用的数据，为后续业务开展提供必要的支持；如果数据维护错误，导致数据未扩充成功，则会生成对应的错误信息，数据扩充成功的也会生成相关信息记录。

2 系统实现

ERP 物料主数据智能化管理系统，是在 SAP 系统上直接开发，做到了与 SAP 系统的无缝集成，避免了接口传输数据存在的一些风险。系统采用 SAPABAP 语言开发，使用了 Table control 技术、BAPI、变量等其他技术，通过变量的特殊使用及技术上的优化，使程序代码简练且运行效率高。Table control 技术，能同时实现数据的批量输入、输出及维护。BAPI（Business Application Programming Interface，业务应用编程接口），是业务对象的特殊方法及外部访问接口，是业务框架体系中的核心技术。

2.1 系统架构

该系统使用三层架构设计，直接在 SAP 上进行开发，包含显示层、应用层和数据库层。

2.2 功能实现

（1）比较物料主数据是否需要创建及创建过程的主要实现代码如下：

```
SELECT makt ~matnr marc ~werks INTO
CORRESPONDING FIELDS OF TABLE lt_matnr
FROM makt LEFT JOIN marc ON makt ~matnr=
marc~matnr
WHERE makt~maktx=lt_itab-maktx AND makt~
spras=1 AND mara~lvorm<>'X'.
IF lt_matnr  [ ] IS INITIAL. /* 根据是否查找到已有物料编码判断是否需要新建物料*/
CALL FUNCTION 'BDC_INSERT'
```

dynprotab= itab_bdcdata /* 调用 BDC_INSERT 函数新建物料*/

（2）程序会自动检测所需要维护平台的数据维护情况，如完成则直接执行系统数据扩充功能，主要实现代码如下：

CALL FUNCTION ' BAPI_MATERIAL_SAVEDATA'

EXPORTING

storagelocationdata=stordata

valuationdata=valudata

salesdata=salesdata

IMPORTING

return=return_wa/* 调用 BAPI 进行物料扩充*/

3 应用效果

该系统在徐工基础工程机械有限公司使用后，物料数据的维护效率得到明显提升，原来需几天时间才能完成的工作简化到几个小时甚至几分钟就能完成，为企业快速生产提供了数据支持，为产品快速占领市场提供了先机。

思考与练习 6

一、填空题

1. MRP 称为_____，是被_____并用于_____管理信息处理的系统，它解决了如何_____管理目标，在正确的_____按正确的_____得到_____这一难题。

2. MRP 作用就是要解决_____、_____、_____、已分配量（来自于在线存量）、_____、_____6 个问题。

3. MRP 的基本思想是：按_____，在_____，按所需数量提供_____。MRP 围绕_____转化过程来_____，实现按需准时生产。

4. 现有库存量是指_____；计划收到量（在途量）是指_____；已分配量是指_____。

5. 提前期是个时间量。对采购件或对制造、装配件来说，以_____或_____为基准，倒推到_____或_____开始日期的这段时间。生产提前期是由_____中每道工序的_____、_____、_____、加工和_____构成的。

6. 损耗率是指生产企业在_____的过程中，根据正常的_____和_____情况在_____产品的_____和_____后所确定损耗的一定比率。

7. 低位码是指_____在所有_____中所处的_____，因此，可以通过_____所在产品结构树中的_____来决定它的低位码。

8. "虚拟件"表示一种_____的_____的物料，它在图纸上与_____中都不出现。其作用只是为了_____，如组合采购、_____，这样在处理业务时，用计算机查询只需要对_____操作，就可以自动生成实际的业务单据。

二、选择题

1. MRP 的基本依据是（　　）。

    A．主生产计划、生产规划、库存信息　　　　B．生产规划、主生产计划、物料清单

    C．主生产计划、物料清单、库存信息　　　　D．以上三种说法都不正确

2. 在生产的各个环节中，有各种各样的损耗。因此在计算物料需求时，要考虑到（　　）。

    A．各种损耗系数　　　　　　　　　　　　　B．各种成本系数

    C．各种设备系数　　　　　　　　　　　　　D．各种人员系数

3. 在 ERP 系统里，BOM 是相当关键的基础数据，它用于描述（　　）。

    A．产品组成数据　　　　　　　　　　　　　B．产品组成结构

    C．产品组成信息　　　　　　　　　　　　　D．产品组成成本

4. "虚拟件"表示一种并不存在的"虚构"的物料，它在图纸上与加工过程中都（　　）。

    A．可以出现　　　　　　　　　　　　　　　B．有时可以出现

    C．不出现　　　　　　　　　　　　　　　　D．有时可以不出现

5. 目前更新 MRP 系统的方法有两种（　　）。

    A．一种是再生法，另一种是净改变法　　　　B．一种是更新法，另一种是再生法

    C．一种是净改变法，另一种是更新法　　　　D．以上三种说法都不正确

三、计算题

（一）已知产品 X、Y 和物料 A 的 MPS 以及物料 A 的 BOM，如表 6.13 和图 6.12 所示。
试计算物料 A 的毛需求量。

表 6.13　产品 X、Y 和物料 A 的 MPS

MPS	计划周期												
	1	2	3	4	5	6	7	8	9	10	11	12	13
X						25		30			15		
Y									40		15		30
A	15	15											

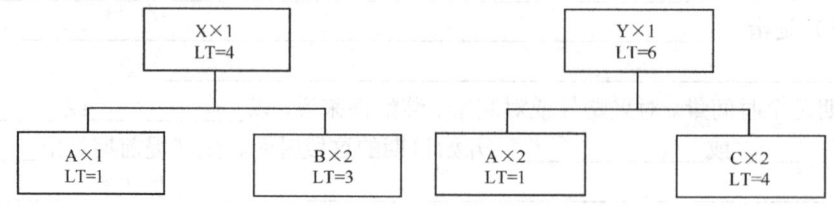

图 6.12　产品 X、Y 结构

① 根据产品 X 和 Y 的 MPS 及其 BOM 计算其订单下达数量和时间。

② 根据产品 X 和 Y 的订单数量和时间计算物料 A 相对于产品 X 和 Y 的毛需求量（相关需求）。

③ 根据物料 A 的 MPS 计划量（独立需求）和相对于产品 X 和 Y 的相关毛需求量计算物料 A 的毛需求总量。

（二）假设某产品 W 的结构如图 6.13 所示，产品 W 的 MPS 如表 6.14 所示。

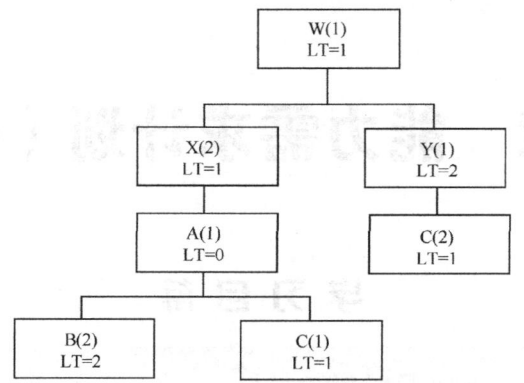

图 6.13　产品 W 结构

表 6.14　产品 W 的 MPS

计划周期	1	2	3	4	5	6	7	8
MPS 产出量	10	10	10	10	10	10	10	10

物料 A、B、C 的独立需求 MPS 如表 6.15 所示。

表 6.15　物料 A、B、C 的独立需求 MPS

计划周期	1	2	3	4	5	6	7	8
A		5			10		10	
B	15				10		10	10
C			5	5		5	5	

库存物料信息如表 6.16 所示。

表 6.16　库存物料信息

	计划接收量								期初库存	期初库存	期初库存	批量规则
	1	2	3	4	5	6	7	8				
X			15		20				55	10	10	40
Y		15		10					45	5	20	30
A		10			10			15	50	10	10	50
B	45				25				85	10	5	50
C			15	15		25			95	20	15	60

试根据以上数据编制相关物料的需求计划。

① 根据产品 W 的 MPS 计划、提前期计算产品 W 的订单投放数量和时间。

② 将计算所得产品 W 的计划投产数量和时间作为计算下层物料 MRP 的毛需求量。

③ 物料 X 的 MRP 编制。

④ 物料 Y 的 MRP 编制。

⑤ 物料 A 的 MRP 编制。

⑥ 物料 B 的 MRP 编制。

⑦ 物料 C 的 MRP 编制。

第7章 能力需求计划（CRP）

学习目标

◎ 知识点 ◎	◎ 能力点 ◎
● 能力需求计划的基本概念 ● 能力需求计划的分类 ● 能力需求计划的计算模型 ● 工作中心数据的建立	● 能力需求计划的流程 ● 能力需求计划的编制 ● 工作中心数据的维护 ● 能力需求计划编制技巧

第一节　能力需求计划（CRP）概述

情景案例

通过上一章的物料需求计划的学习后，朱雪峰团队试图算物料需求计划所需要的能力，并得出人力负荷和设备负荷的资源负荷情况，进一步做好生产能力负荷的平衡工作，但目前缺少对 CRP 的概念了解，于是，朱雪峰带着这一问题进入了能力需求计划知识的学习中。

任务思考

1. CRP 能帮助企业做什么？
2. CRP 可以解决哪些问题？

任务分析

能力需求计划是帮助企业在分析物料需求计划后产生出的一个切实可行的能力执行计划的功能模块。该模块帮助企业在生产能力的基础上，及早发现能力的瓶颈所在，提出切实可行的解决方案，从而为企业实现生产任务提供能力方面的保证。

能力需求计划可以解决以下几个问题：① 各个物料经过哪些工作中心加工？② 各工作中心的可用能力和负荷是多少？③ 工作中心的各个时段的可用能力和负荷是多少？

一、CRP 概念及作用

1. CRP 的概念

能力需求计划（Capacity Requirement Planning，CRP）是对 MRP 所需能力进行核算的一种计划管理方法。具体地讲，CRP 就是对各生产阶段和各工作中心所需的各种资源进行精确计算，得出人力负荷、设备负荷等资源负荷情况，并做好生产能力负荷的平衡工作。

广义的 CRP 又可分为粗能力需求计划和细能力需求计划。

（1）粗能力需求计划是指在闭环 MRP 设定完主生产计划后，通过对关键工作中心的生产能力和计划生产量进行对比，判断 MPS 是否可行。

（2）细能力需求计划是指在闭环 MRP 通过 MRP 运算得出对各种物料的需求量之后，计算各时段分配给工作中心的工作量，并判断是否超出该工作中心的最大工作能力，并在必要时做出调整。

（3）粗能力需求计划和细能力需要求计划的主要区别在于参与闭环 MRP 计算的时间点不一致。粗能力计划在 MPS 确定后即参与运算，而细能力计划是在 MRP 运算完毕后才参与运算。粗能力计划只计算关键工作中心的负荷，而细能力计划需要计算所有工作中心的负荷情况。粗能力计划计算时间较短，而细能力计划计算时间长，不宜频繁计算、更改。

2. CRP 的作用

CRP 旨在通过分析比较 MRP 的需求和企业现有的生产能力，及早发现能力的瓶颈所在，从而为实现企业的生产任务而提供能力方面的保障。

能力需求计划可以解决以下几个问题：

① 各个物料经过哪些工作中心加工？

② 各工作中心的可用能力和负荷是多少？

③ 工作中心的各个时段的可用能力和负荷是多少？

能力需求计划中的细能力需求计划与粗能力需求计划的功能相似，都是为了平衡工作中心的能力负荷，从而保证计划的可行性与可靠性。但细能力需求计划与粗能力需求计划又有区别，这些区别如表 7.1 所示。

表 7.1 细能力需求计划与粗能力需求计划的区别

对 比 项 目	区 别	
	粗能力需求计划	细能力需求计划
计划阶段	MRP 制订阶段	MRP 与 SPC 制订阶段
能力需求计划对象	关键工作中心	MRP 物料涉及的所有工作中心
负荷计算对象	最终产品和独立需求物料	相关需求物料
计划的订单类型	计划及确认的订单 （不含已下达的计划订单）	所有订单（含已下达的计划订单）
使用的工作日历	工厂工作日历或工作中心日历	工作中心工作日历
计划的提前期考虑	以计划周期为最小单位	物料的开始与完工时间，精确到天或小时

3. 能力需求计划与粗能力需求计划的区别

能力需求计划与粗能力需求计划的区别如表 7.2 所示。

表 7.2 能力需求计划与粗能力需求计划区别一览表

项目	区 别	
	粗能力需求计划（RCP）	能力需求计划（CRP）
计划阶段	MPS 编制阶段	MRP 编制阶段
能力计算对象	MPS 对象涉及的关键工作中心	MRP 物料涉及的所有工作中心
负荷计算对象	最终项目（产品和独立需求物料）	相关需求
提前期	以计划时间段为最小单位	开始与完工时间（精确到天或小时）

4. CRP 的任务

CRP 的主要任务是：

① 生产什么？生产多少？何时生产？

② 使用什么工艺路线？工艺路线中包括哪些工作中心？

③ 工作中心的可用能力是多少？

④ 分时段的能力需求状况如何？

5. CRP 的运行流程

CRP 运行的流程如图 7.1 所示。

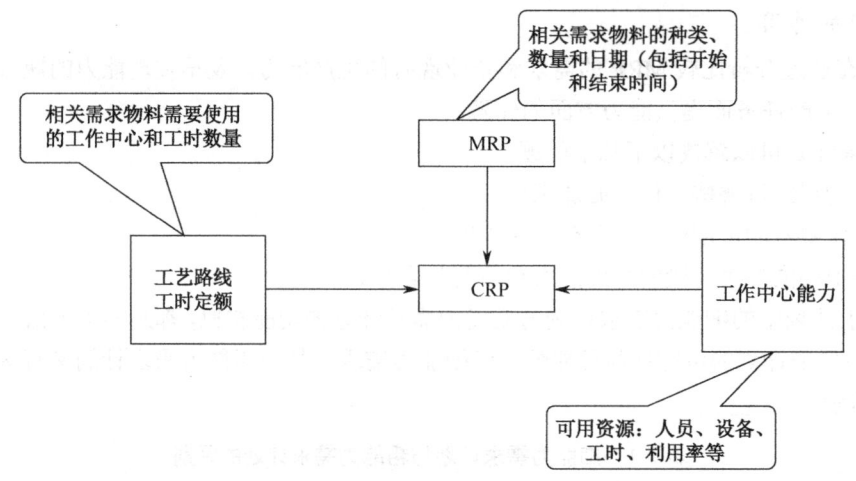

图 7.1　能力需求计划运行流程图

CRP 的运行过程：根据 MRP 和各物料的工艺路线，对于在各个工作中心加工的所有物料，计算出在各时间段上加工这些物料所要占用该工作中心的负荷小时数，并与工作中心的能力（即可能提供的能力，如工时、台时等）进行比较，生成 CRP。CRP 中的能力是指在一定条件（如人力、设备、面积、资金等）下，在单位时间内企业能持续保持的最大产出。CRP 的对象是工作中心。

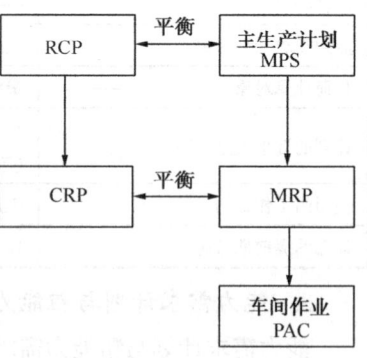

6. CRP 在 ERP 中的层次

CRP 与 MRP 一样，同处在 ERP 系统中的管理层，它与其他计划的关系如图 7.2 所示。

图 7.2　CRP 在 ERP 中的层次关系

二、CRP 的分类及计算模型

ERP 的 CRP 按编制方法可分为无限能力计划和有限能力计划两种。

1. 无限能力计划

无限能力计划（Infinite Capacity Planning）是指在制订 MRP 时不考虑生产能力的限制，而对各个工作中心的能力与负荷进行计算，得出工作中心的负荷情况，产生能力报告。当负荷大于能力时，对超负荷的工作中心进行负荷调整，采取的措施有：加班，转移负荷工作中心，替代加工级别，替代工序，外协加工或直接购买。若这些措施都无效，只有延长交货期或取消订单。这里所说的无限能力只是暂时不考虑能力的约束，尽量去平衡与调度能力，发挥最大能力或进行能力扩充，目的是为了满足市场的需求。现行的多数 ERP 系统均采用这种方式，这也体现了企业以市场为中心的战略思想。

2. 有限能力计划

有限能力计划（Finite Capacity Planning）是指工作中心的能力是不变的或有限的，计划的安排按照优先级进行。先把能力分配给优先级高的物料，当工作中心负荷已满时，优先级别低的物料被推迟加工，即订单被推迟。该方法计算出的计划可以不进行负荷与能力平衡。这里的优先级是指物料加工的紧迫程度，优先级数字越小说明优先级越高，不同的软件有不同的设置方法。

3. CRP 的计算模型

在考虑 CRP 的计算方法时，需要把 MRP 的物料需求量转换为负荷小时，即把对物料的需求转换为对能力的需求。这样，不但要考虑 MRP 的计划订单，还要结合工作中心和生产日历，同时还得考虑工作中心的停工及维修情况，最后确定各工作中心在各时间段的可用能力，CRP 的计算模型如图 7.3 所示。

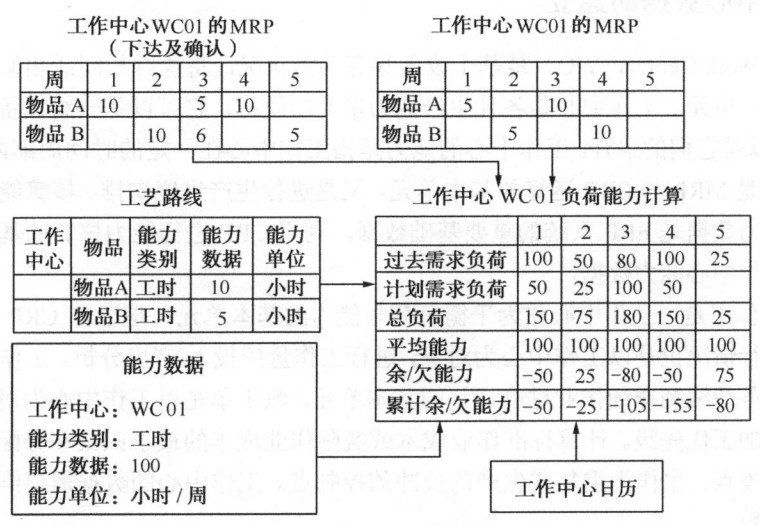

图 7.3　CRP 计算模型图

工作中心加工物品的负荷计算方法为

$$负荷＝该物品产量×占用该工作中心的标准工时（或台数） \tag{7-1}$$

（1）若能力–负荷≥0，则满足加工要求，能力富余。

（2）若能力–负荷<0，则不能满足加工要求，能力不足。

4. CRP 的管理业务流程图

CRP 的管理业务数据流图（第二层）如图 7.4 所示。

从图 7.4 中可知：主要业务部门是生产车间；数据由生产工艺文件取出后，进入工序进度计划模块进行加工处理，将加工处理后的数据存入 MRP 文件和工序进度计划文件；工作中心负荷模块将从生产工艺文件、工序进度计划文件和工作中心文件中读取数据并加工处理后，将数据存入 WC 负荷文件中；CRP 生成模块从 WC 负荷文件和资源清单文件中读取数据并进行加工处理后，将数据存入能力需求计划文件、CRP 例外信息文件和 MRP 文件中，并将数据传入生产车间进行生产计划处理，同时将数据传入输入/输出控制模块进行加工处理，并将处理后的数据存入输入/输出控制文件中。

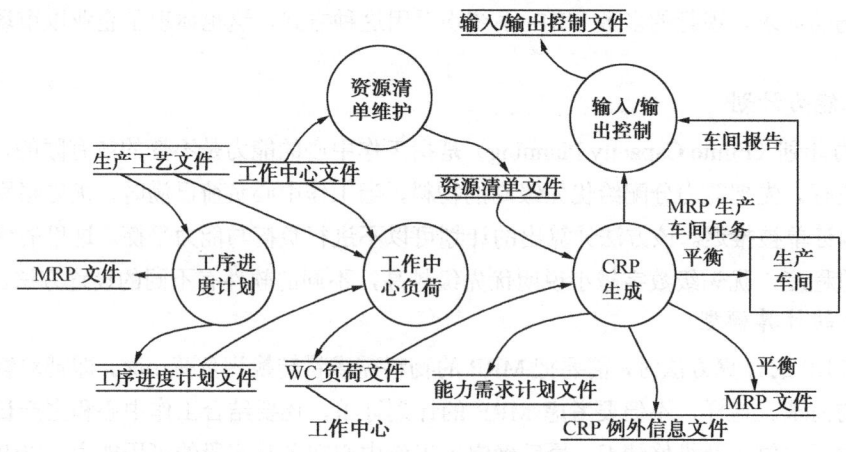

图 7.4　CRP 的管理业务数据流图（第二层）

三、工作中心数据的建立

工作中心（Work Center，WC）是基于设备和劳动力状况，将执行相同或相似工序的设备、劳动力组成一个生产单元。工作中心是各种生产能力单元的统称，它可以是一组设备或一群人，甚至是一块地，也可以是它们的组合。工作中心的能力是指工作中心在一定的时间周期内完成的生产率。

工作中心既是 MRP 与 CRP 运算的基本单元，又是进行生产进度安排、核算能力的一个基本单位。工作中心能力数据是 ERP 系统的重要基础数据，利用 CRP 进行能力核算的基本前提是必须有正确而完善的工作中心能力数据。

工作中心的作用是：工作中心作为平衡负荷与能力的基本单元，是运行 CRP 的计算对象。分析能力计划的执行情况也是以工作中心为对象，进行工作量的投入/产出分析。工作中心还可以作为车间作业分配任务和编制详细作业进度计划的基本单元。派工单是以工作中心为对象，说明工作中心的生产任务即加工优先级。计算标准作业成本或实际作业成本的最小归集和分配单元，作为车间实际作业数据采集点，也作为重复式生产的反冲的控制点。工作中心的数据需要维护基本数据、能力参数、成本参数。

建立工作中心数据的步骤如下所示。

（1）选择计量单位。一般情况下，表示工作中心能力的单位有：标准小时（时间）、千克或吨（质量）、米（长度）、件数（数量）等。

（2）计算定额能力。定额能力是指在正常的生产条件下工作中心的计划能力。计算定额能力所需的主要信息有：每班可用操作人员数、可用的机器数、单机的额定工时、工作中心的利用率、工作中心的效率、在该工作中心每天排产的小时数、每天开动班次、每周的工作天数等。

基于以上的信息，工作中心的定额能力的计算公式为：

工作中心的定额能力＝可用机器数或人数×每班工时×每天的开班数×

$$每周的工作天数×利用率×效率\qquad(7\text{-}2)$$

其中　　　　　　　利用率＝$\dfrac{实际直接工作工时数}{计划工作工时数}×100\%$

效率＝$\dfrac{完成的标准定额工时数}{实际直接工作工时数}×100\%$

（3）计算实际能力。实际能力是通过记录某工作中心在某一生产周期内的产出而决定的，也称为历史能力。工作中心的实际能力的计算公式可表示为：

$$工作中心实际能力 = \frac{工作中心在数周内的定额工时}{周数} \tag{7-3}$$

四、工作中心数据的维护

工作中心的能力数据要及时地进行维护，以确保其准确性。若工作中心定额能力与其实际能力之差超过允许范围时，应及时检查原因并加以修正。造成工作中心定额能力与其实际能力偏差的主要原因有以下几点：① 实际能力的测定时间对工作中心来讲不具有代表性；② 工作中心的效率或利用率不准确；③ 工作中心变化；④ 停机时间超过计划数；⑤ 工人是否有效地使用机器；⑥ 维护——是否更改预防性措施；⑦ 加班——是否过分地加班而降低效率；⑧ 产品组合——产品组合是否改变；⑨ 缺勤——缺勤率是否高于计划；⑩ 零件短缺——是否停工待料；⑪ 质量——是否有很多零件报废；⑫ 工程改变——是否有额外的工程改变；⑬ 操作人员的熟练程度。

第二节　生产能力计划

情景案例

某厂生产A、B、C三种产品，计划产量分别为25台、100台、125台，各产品在铣床上加工的台时定额为35小时、40小时和45小时，铣床组共有二台铣床，两班制工作共15.5小时，设备停修率为5%，全年制度工作时间为280天，试计算铣床组的生产能力。

这个问题朱雪峰团队还不会解决，于是，带着这些问题进入了生产能力计划知识的学习中。

任务思考

1. 企业的生产能力会变化吗？
2. 生产能力计划的基本策略？

任务分析

企业的生产能力是一种客观的存在，在一定时期内是相对稳定的，但也会随着各方面的变化而变化。根据核算生产能力时所依据的条件不同，企业的生产能力可以分为设计能力、查定能力和现实能力（计划能力）。

对任何企业来说，生产能力决策的主要内容是扩充的时机与扩充的数量。其中扩充的时机选择又有以下三种选择，① 能力大于需求；② 大致平衡；③ 能力小于需求。

一、生产能力概述

1. 生产能力的概念

生产能力是指企业的固定资产在一定时期内，在一定的技术组织条件下，经过综合平衡后，所能生产的一定种类产品的最大可能产量。

工业企业的生产能力是指直接参与产品生产的固定资产的生产能力，在查定生产能力时，不考虑劳动力不足或物料供应中断等不正常现象。生产能力是反映企业所拥有的加工能力的一个技术参数，它也可以反映企业的生产规模。每位企业主管之所以十分关心生产能力，是因为他随时需要知道企业的生产能力能否与市场需求相适应。当需求旺盛时，他需要考虑如何增加生产能力，以满足需求的增长；当需求不足时，他需要考虑如何缩小规模，避免能力过剩，尽可能减少损失。

企业的生产能力可以按年、季、月、周、班、小时作为计算的时间跨度，但通常按年来计算。按年计算的企业生产能力可与企业年度生产计划任务相比较，同行业的不同企业也常以年生产能力进行相互比较，计算流水线的生产能力常采用轮班、小时等作为时间单位；生产能力以实物指标为计算单位。

2．生产能力的种类

实际运用中的生产能力有多种不同的表达方式，包括设计能力、计划能力、实际能力、查定能力、最佳运行能力等几种。

（1）设计能力。设计能力是指在设计时确定的生产能力。它是由在设计企业生产规模时所采用的机器设备、生产定额及技术水平等条件决定的。

通常，设计能力一般是指在企业建设投产，经过一段时间熟悉和掌握生产技术工艺后，生产进入正常状态时才能达到的生产能力。设计能力是企业制订长期规划，安排企业基本建设和技术改造的重要依据。

（2）计划能力。计划能力是指企业在计划期内能够达到的生产能力。它是根据企业现有的生产技术条件与计划期内所能实现的技术组织措施情况来确定的。计划能力是企业编制生产计划的依据，也可以说是计划期生产任务与生产条件平衡的依据。

计划能力的大小基本上决定了企业的当期生产规模，生产计划量应该与计划能力相匹配。企业在编制计划时要考虑市场需求量，能力与需求不大可能完全一致，利用生产能力的不确定性，在一定范围内可以对生产能力做短期调整，以满足市场需求。

（3）实际能力。实际能力是指在企业现有的固定资产，当前的产品方案、协作关系和生产技术组织条件下所能达到的生产能力。实际能力是企业编制生产计划的依据，也可以说是平衡计划期生产任务与生产条件的依据。

对于老企业而言，由于产品方向有所改变，或者是产品结构重新设计，也可能因为工艺方法有所改进等种种原因，当初的设计能力已完全不能反映实际情况，这时需要对企业的产能做重新核准，称此结果为查定能力。查定能力就是企业的实际能力，对于企业各类计划有指导作用，是企业计划工作的基本参数。

（4）查定能力。查定能力是指企业生产了一段时间以后，重新调查核定的生产能力。企业的产品方向、固定资产、协作关系、资源条件、劳动状况等方面可能发生了重大变化，在这种新的条件下，重新核定企业可能实现的最大生产能力。

（5）最佳运行能力。最佳运行能力是指在生产设备的固定资产既定条件下，存在着一个使单位产品成本最小的生产量，这个生产量就是这个生产设备的最佳运行生产能力。它能提醒我们在制订计划时，对计划方案要做成本测算。

3．常用的生产能力指标

（1）最佳运行生产能力

生产能力可以通过许多方法做短期调整，但这时生产成本会有所变化，把最小单位成本下的生产量定义为最佳运行生产能力。如图 7.5 所示。

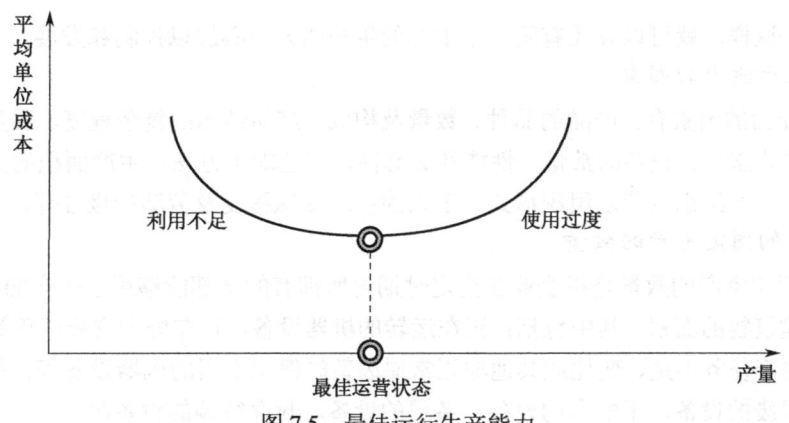

图 7.5　最佳运行生产能力

（2）规模经济

规模经济指标也称最经济的工厂规模，如图 7.6 所示。影响规模经济最佳运营点主要有内部管理和外部配套两个因素，适当调整这两个因素，可以使用工厂得到一个最佳的运营点。

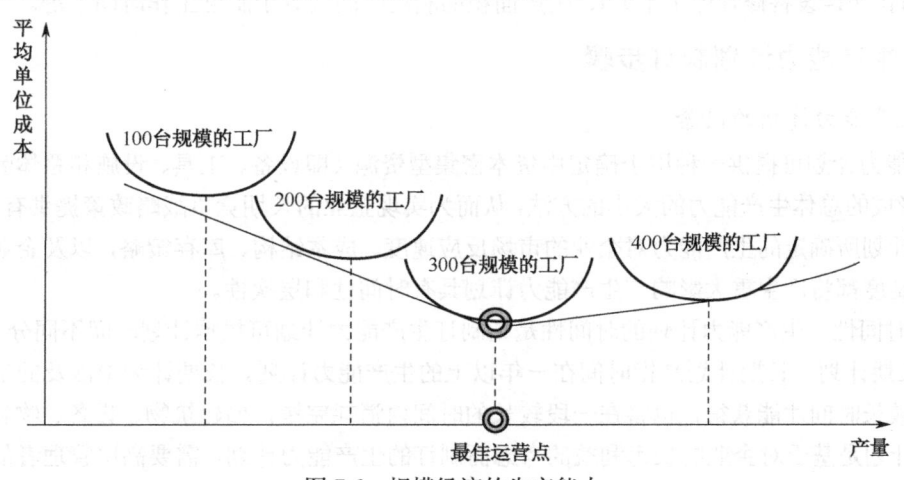

图 7.6　规模经济的生产能力

（3）生产能力柔性

柔性：指能力的可变性和适应性（例如，海尔）。

柔性工厂：具有多品种设计、开发和生产的能力。

柔性工艺：智能化系统；易拆装的机器设备。

柔性工人：具有掌握多种技能、操作多种设备的能力。

4. 生产能力中心

生产能力中心（Capacity Focus）与斯金纳定义的"厂中厂"密切相关。一家工厂里有多个"厂中厂"，这些"厂中厂"可能出现在同一个生产车间中，但每个"厂中厂"的生产对象不同，各自有独立的内部组织结构、生产设备、工艺流程、员工制度和生产管理方式，这些"厂中厂"各自追求的目标也不一样：有的追求低成本，有的追求高质量，有的追求生产能力柔性，等等。这就形成了不同的生产能力中心。

当然，对于一个工厂来说，各个生产能力中心的重要性不一样。当生产设施集中为有限的生产目标服务时，该生产设施的运作状况最佳。这就好比是企业不可能希望自己在生产领域的各个方面（如成本、质量、生产柔性、新产品开发可靠性、缩短生产提前期、降低库存等）都非常完美，达到最佳水平。相反，企业更应当有选择地在有限几个方面集中发展，从而为实现公司的总体目标做出最大的贡献。这样，就可以寻找有限几个重要的生产能力中心加以控制和发展。

5. 影响生产能力的因素

影响生产能力的因素有：产品的品种、数量及构成，产品结构的复杂程度、质量要求，零部件的标准化、通用化水平，设备的数量、性能及成套性，工艺加工方法，生产面积的大小，工厂的专业化组织水平，生产组织及劳动组织形式，工人的劳动熟练程度及劳动积极性等。

6. 生产中的固定资产的数量

生产中的固定资产的数量是指企业在查定时期内所拥有的全部能够用于生产的机器设备、厂房和其他生产性建筑物的面积，其中包括：正在运转的机器设备，正在修理安装或正等待修理安装的机器设备，因生产任务不足、变化或其他非正常原因暂时停止不用的机器设备等；不包括：判定不能修复、决定报废的设备，不配套的设备，备用的设备，封存待调的设备等。

7. 固定资产的工作时间

固定资产的工作时间是指机器设备的全部有效工作时间和生产面积的全部利用时间。其中包括：制度工作时间（即（全部日历日数–节假日数）×每日制度工作小时数）、有效工作时间[$T_{\text{效}}$＝制度工作时间×（1–设备修理停工率）]、生产面积的利用时间（等于制度工作时间）等。

二、生产能力计划制订步骤

1. 生产能力计划的概念

生产能力计划可提供一种用于确定由资本密集型资源（即设备、工具、设施和总体劳动力规模等）综合形成的总体生产能力的大小的方法，从而为实现企业的长期竞争战略政策提供有力的支持。生产能力计划所确定的生产能力对企业的市场反应速度、成本结构、库存策略，以及企业自身的管理和员工制度都将产生重大影响。生产能力计划具有时间性和层次性。

（1）时间性。生产能力计划的时间性是指制订生产能力计划可根据计划时间不同分为三类。

① 长期计划。长期计划是指时间在一年以上的生产能力计划。长期计划中涉及的生产性资源需要一段较长时间才能获得，也将在一段较长的时间内消耗完毕，如建筑物、设备、物料设施，等等。长期计划是基于对企业的长远利益的考虑而制订的生产能力计划，需要高层管理者的参与和批准。长期计划具有战略性质，对企业的远期利益至关重要。长期计划具有很大的风险，需要谨慎处置，周密考虑。长期计划分为扩展与收缩两类。

② 中期计划。中期计划是指在 6~18 个月的时间内制订的月计划或季度计划。注意，当发生雇员人数变化（招聘或解雇）、增加新工具、购买小型设备以及签订转包合同等情况时，中期计划可能需要调整。

③ 短期计划。短期计划是指小于 1 个月的生产能力计划。这种类型的生产能力计划关系到每天或每周的生产调度情况，而且为了消除计划产量与实际产量的矛盾，短期计划需做相应调整，这包括超时工作、人员调动或替代性生产程序计划等。

（2）层次性。生产能力计划的层次性是指对于不同层次的经营管理者，生产能力计划的意义不同，具体分为如下几种情况。

① 公司层级。企业总经理关心的是企业内部各工厂的总体生产能力的大小，因为他要为实现这些总体生产能力而投入大量资金，那么这些资金需要多少呢？可以通过分析总体生产能力得到答案。财政学的投资预算部分涉及这方面的知识。

② 工厂层级。工厂的厂长则更关心整个工厂的生产能力状况，他们必须决定如何以最优方式利用工厂的生产能力以满足预期的需求量。由于一年中需求高峰时的短期需求可能会远远大于计划

产量，因此他们必须预测出可能出现的需求高峰，并且安排好在什么时候储存多少产品以备急需。

③ 车间层级。更低一层的生产一线主管最关心在本部门的生产水平基础上，机器设备与人力资源结合的情况怎样？生产可达到多大产量？一线主管需做出详尽具体的工作调度计划以满足每天的工作量。

2. 生产能力计划的制订步骤

不同企业制订生产能力计划的程序各有不同，但企业在制订生产能力计划时，一般都必须遵循以下几个步骤。

（1）估计未来的能力需求

在制订生产能力计划时，首先要进行需求预测。由于能力需求的长期计划不仅与未来的市场需求有关，还与技术变化、竞争关系以及生产率变化等多种因素有关，因此必须综合考虑。还应该注意的是，所预测的时间段越长，预测的误差可能就越大。

对市场需求所做的预测必须转变为一种能与能力直接进行比较的度量。在制造业企业中，企业能力经常是以可利用的设备数来表示的，在这种情况下，管理人员必须把市场需求（通常是产品产量）转变为所需的设备数。

（2）计算需求与现有能力之间的差

当预测需求与现有能力之间的差为正数时，显然就需要扩大产能。这里要注意的是，当一个生产运作系统包括多个环节或多个工序时，制订和选择能力计划就需要格外谨慎。一个典型的例子：在20世纪70年代，西方发达国家的航空工业呈供不应求的局面，因此许多航空公司认为，所拥有的飞机座位数越多，就可以赢得越多的顾客，因而竭力购入大型客机。但事实证明，拥有小飞机的公司反而获得了更好的经营绩效。其原因是满足需求的关键因素在于航班次数的增加，而不是每一航班所拥有的座位数。也就是说，顾客需求总量可用"座位数×航班次数/年"来表达，只扩大前者而忽视后者则遭到了失败。在制造企业中，扩大能力同样必须考虑到各工序能力的平衡。当企业的生产环节很多且设备多种多样时，各个环节所拥有的生产能力往往不一致，既有富余环节，又有瓶颈环节，而富余环节和瓶颈环节又随着产品品种和制造工艺的改变而变化。从这个意义上来说，企业的整体生产能力是由瓶颈环节的能力所决定的，这是制订能力计划时必须注意的一个关键问题，否则就会形成一种恶性循环，即某瓶颈工序能力紧张→增加该工序能力→未增加能力的其他工序又变为瓶颈工序。

（3）制订候选方案

处理能力与需求之差的方法可有多种。最简单的一种方法是不考虑扩大能力，任由这部分顾客或订单失去。其他方法有扩大能力规模和时间等方案，包括选择积极策略、消极策略或中间策略，也包括选择新设施的地点，还包括是否考虑使用加班、外包等临时措施，等等。这些都是制订能力计划方案时所要考虑的内容。所考虑的重点不同，就会形成不同的候选方案。一般来说，应至少给出3～5个候选方案。

（4）评价每个方案

评价包括两方面：定量评价和定性评价。定量评价主要是从财务的角度，以所要进行的投资为基准，比较各种方案给企业带来的收益以及投资回收情况。这可使用净现值法、盈亏平衡分析法、投资回收率法等不同方法。定性评价主要是评价不能用财务分析来判断的其他因素。例如，是否与企业的整体战略相符，与竞争策略的关系，技术变化因素，人员成本等。考虑这些因素时，有些实际上仍可进行定量计算（如人员成本），有些则需要用观察和经验来判断。在进行定性评价时，可对未来进行一系列的假设。例如，给出一组最坏的假设：需求比预测值要小，竞争更激烈，建设费

用更高，等等；也可以给出一组完全相反的假设，即最好的假设，用多组这样不同的假设来考虑投资方案的好坏。

三、生产能力计算

要计算生产能力，首先需要确定生产能力的计量单位。企业的类型不同，生产能力的计算方式也不同。相比之下，机械制造企业的生产能力计算稍微复杂一些，主要是因为这类企业产品的加工环节多，参与加工的设备数量大，设备能力又不是连续变动的，而是呈阶梯式发展的，所以各环节的加工能力是不一致的。计算工作通常从低层开始，自下而上进行，先计算单台设备的能力，然后逐步计算班组（生产线）、车间、工厂的生产能力。

1. 生产能力的计量单位

由于企业的种类有很多，不同企业的产品和生产过程差别很大，在制订生产能力计划以前，必须确定本企业的生产能力计量单位。

（1）以产出量为计量单位。调制型和合成型生产类型的制造企业，其生产能力以产出量表示，十分确切明了。例如，钢铁厂、水泥厂都以产品吨位作为生产能力，家电生产厂家则以产品台数作为生产能力。这类企业的产出数量越大，能力也越大。

若厂家生产多种产品，则选择代表企业专业方向、产量与工时定额乘积最大的产品作为代表产品，其他的产品可换算到代表产品。换算系数 K_i 由下面公式求得。

$$K_i = \frac{t_i}{t_0} \tag{7-4}$$

式中，K_i 为产品 i 的换算系数；t_i 为产品 i 的时间定额；t_0 为代表产品的时间定额。

（2）以原料处理量为计量单位。有的企业使用单一的原料生产多种产品，对于这类企业，以工厂年处理原料的数量作为生产能力的计量单位是比较合理的，如炼油厂以一年加工处理原油的吨位作为它的生产能力。这类企业的生产特征往往是分解型的，使用一种主要原料，分解制造出多种产品。

（3）以投入量为计量单位。有些企业如果以产出量计量它的生产能力，则会使人感到不确切，不易把握。例如，发电厂的年发电量达几十亿度，巨大的天文数字不易比较判断，还不如用装机容量来计量更方便。这种情况在服务业中更为普遍，如航空公司以飞机座位数为计量单位，而不以运送的客流量为计量单位；医院以病床数而不是以诊疗的患者数计量；零售商店以营业面积，或者标准柜台数来计量，而不用接受服务的顾客数计量；电话局以交换机容量表示，而不用接通电话的次数。这类企业的生产能力有一个显著特点，就是能力不能存储。服务业往往属于这种类型。

2. 设备组生产能力的计算

设备组中的各个设备具有以下特点：在生产上具有互换性，即设备组中的任何一台设备都可以完成分配给该设备组的任务，并能达到规定的质量标准。

（1）在单一品种生产的情况下，设备组生产能力的计算公式是

$$M = F_e \frac{S}{t} \tag{7-5}$$

式中，M 为设备组的年生产能力；F_e 为单台设备年有效工作时间；S 为设备组设备数量；t 为单位产品的台时定额（台时/件）。

设备组生产能力的单位为具体产品的计量单位，如台或件等。如果设备组生产能力采用质量单位，则公式中的 t 为单位质量台时定额。

（2）在成批加工产品生产的情况下，当设备组的加工对象结构工艺相似时，采用代表产品的计

量单位来计算设备组的生产能力。

例如，某车间共有车床 8 台，每台车床全年有效工作时间为 4650 小时，在车床组上加工结构和工艺相似的 4 种产品 A、B、C、D，根据总劳动量最大的原则，选择产品 B 为代表产品。各产品的计划产量与台时定额如表 7.3 所示。

表 7.3　产品计划产量与台时定额表

产品名称	A 产品	B 产品	C 产品	D 产品
计划产量	280	200	120	100
台时定额	25	50	75	100

产品 B 在车床上的单位产品台时定额为 50，则以产品 B 为计量单位表示的车床组生产能力为

$$M=4\,650\times8/50=744（件）$$

将代表产品 B 表示的生产能力换算成各具体产品的生产能力，此过程如表 7.4 所示。车床组的负荷系数为：产品代表的产量/产品代表的生产能力×100%＝720/744×100%＝96.8%。

表 7.4　生产能力计算表

产品名称	计划产量	台时定额	换算系数	换算为代表产品的产量	以代表产品表示的能力	换算为具体产品表示的能力
A	280	25	0.5	140		289
B	200	50	1	200		207
C	120	75	1.5	180	744	124
D	100	100	2	200		103
合计	700	—	—	720		723

（3）在多品种生产情况下，当设备组的加工对象的结构工艺不相似时，应采用假定产品计量单位来计算设备组的生产能力。

计算以假定产品计量单位表示的设备组生产能力，需要计算假定产品的台时定额，根据假定产品的台时定额和设备组在计划期内的有效工作时间，求出以假定产品计量单位表示的生产能力。然后，将用假定产品计量单位表示的生产能力再按照生产计划草案中规定的产品品种换算为具体产品的生产能力。

例如，某车床组有设备 15 台，每台车床有效工作时间为 4800 小时，在车床组上加工 A、B、C、D 四种在结构和工艺上相差较大的产品。采用假定产品计量单位来计算设备组的生产能力，产品的计算产量、台时定额以及用假定产品计量单位来计算车床生产能力的计算过程如表 7.5 所示。设备组的负荷系数为：60 000/191.8/375×100%＝83.3%。

表 7.5　以假定产品为单位生产能力计算表

产品名称	计划产量	台时定额	总劳动量	总劳动量比重	假定产品台时定额	以假定产品表示的能力	换算为具体产品表示的能力
A	100	200	20 000	0.33			119
B	80	270	21 600	0.36	191.8	375	96
C	160	100	16 000	0.27			194
D	60	40	2 400	0.04			72
合计	—	—	60 000				—

3. 企业生产能力计算

（1）流水线型生产企业的生产能力计算。在大量生产企业中，总装与主要零件生产都采用流水线生产方式，因此，企业生产能力是按每条流水线检查的。先计算各条零件制造流水线的能力，再确定车间的生产能力，最后通过平衡，求出全厂的生产能力。

① 计算流水线的生产能力。流水线的生产能力取决于每道工序设备的生产能力，所以计算工作从单台设备开始。计算公式为

$$M_{\text{单}} = \frac{F_e}{t_i} \tag{7-6}$$

式中，$M_{\text{单}}$ 代表单台设备生产能力；F_e 代表单台设备计划期（年）有效工作时间（小时）；t_i 代表单位产品在该设备上加工的时间定额（小时/件）。

当一道工序由一台设备承担时，单台设备的生产能力即为该工序的生产能力。当工序由 S 台设备承担时，工序生产能力为 $M_{\text{单}} \times S$。这种由设备组成的流水线，各工序能力不可能相等，生产线能力只能由最小工序能力确定。

② 确定车间的生产能力。确定车间能力需要分几种情况讨论。如果仅仅是零件加工车间，每个零件有一条专用生产线，而所有零件都是本厂的产品配套，那么该车间的生产能力应该取决于生产能力最小的那条生产线的能力；如果是一个部件制造车间，它既有零件加工流水线，又有部件装配流水线，这时它的生产能力应该由装配流水线的能力决定。即使有个别的零件加工能力低于装配流水线能力，也应该按照这个原则确定，零件加工能力不足的缺陷可以通过其他途径补充。

③ 确定工厂的生产能力。在确定了车间生产能力的基础上，通过综合平衡的方法来确定工厂的生产能力。第一步，对基本生产车间的能力进行平衡。由于各车间的加工对象和加工工艺差别较大，选用的设备是不一样的，性能差别很大，生产能力很难做到一致，因此，基本生产车间的生产能力通常按主导生产环节来确定。所谓"主导生产环节"是指产品加工的关键工艺或关键设备。这些生产环节的能力决定了某些基本生产车间的能力，同时也基本限定了工厂的生产能力。第二步，对基本生产车间和辅助生产部门的能力进行平衡。当两者的能力不一致时，工厂的生产能力一般主要由基本生产车间的能力决定。如果辅助部门的能力不足，可以采用各种措施来提高它的能力，以保证基本生产车间的能力得到充分利用。

（2）成批加工型生产企业的生产能力计算。成批加工型的生产企业，生产单位的组织采用工艺专业化原则。产品的投料与产出之间有较长的间隔期，有明显的周期性。计算它们的生产能力，与使用工艺专业化原则划分车间和班组有着密切的关系，且有着自己的特点。

① 计算单台设备及班组的生产能力。在这类企业中，班组是车间内最小的生产单位，每个班组配备一定数量的加工工艺相同的设备，但它们的性能与能力不一定相同。所以计算班组的生产能力也是从单台设备开始的。

由于加工的零件不是单一品种，而是多对象、多品种的，数量可达成百上千种。此外，所有零件的形状大小不同，加工的工艺步骤不同，加工的时间长短不一，所以，这时不能用产出量计算，而只能采用设备能提供的有效加工时间（称为机时）来计算。其计算公式为

$$F_e = F_0 \times h = F_0(1-q) = F_0 - d \tag{7-7}$$

式中，F_0 为年制度工作时间；h 为设备制度工作时间计划利用率；q 为设备计划修理停工率；d 为设备计划修理停工时间。

如果班组内全部设备的加工技术参数差异不大，则全部设备的机时之和就是班组的生产能力。如果技术参数相差很大，这时有必要再分别统计不同参数设备的机时，着重查看某些大工件的设备加工能力能否满足要求。

② 确定车间生产能力。由于班组的加工对象是零件，它们的能力以机时计量是合理的，而车间的生产对象往往是产品或零部件配套数，所以它的生产能力应该以产量计量。工时与产量之间的换算是很容易的，换算后可能会发现，各设备组（班组）的生产能力是不平衡的。车间的生产能力可以按关键设备能力来确定。能力不足的设备组，可以通过能力调整措施加以解决。

③ 确定工厂的生产能力。工厂的生产能力可以参照主要的生产车间的能力来确定，能力不足的车间，可以采用调整措施加以解决。

需要指出的是，关于车间、工厂生产能力的确定，并没有严格的规定。有的认为应该以最小设备组生产能力或者最小车间生产能力来确定，即遵循所谓的"水桶原理"。也有观点认为，应该以关键设备能力来确定，其理由是关键设备价值高，企业不可能有备用的，也难以找到外协者，购置新的又可能因能力利用不足而不经济，所以生产能力只能受制于关键设备的能力。因此，具体问题需要做具体分析。

第三节　CRP 的编制方法

情景案例

CRP 编制的方法是：输入数据、计算负荷、分析负荷情况、分析结果并反馈调整、确认能力需求计划、能力控制等。

通过 CRP 概念和生产能力计划的学习，朱雪峰团队决定去尝试 CRP 的编制。

任务思考

1. CRP 编制的主要用途是什么？
2. 当企业能力小于负荷时如何进行调整？

任务分析

CRP 编制的主要用途是把 MRP 产生的物料需求，通过物料的加工工序网络图倒排推出物料的工序级加工计划，并计算各工序对对应的加工中心的能力需求，从而可以分时段对加工中心的负荷进行累计，得到加工中心分时段的负荷情况，然后根据是否超负荷进行能力调整与平衡。

当企业能力小于负荷时可以做以下调整：加班、增加人员、设备、提高工作效率、更改工艺路线、增加外协处理等。

一、CRP 的编制过程

物料需求计划的对象是物料，而物料是具体的，其形象是可见的。而能力需求计划的对象是能力，能力是抽象的，且随工作效率、人员出勤率、设备完好率等变化而变化。能力需求计划把物料需求转换为能力需求，把 MRP 下达的生产订单和已下达但尚未完工的生产订单所需求的负荷小时，按工厂日历转换为每个工作中心各时区的能力需求。下面介绍能力需求计划的编制过程。

1. 输入数据

输入数据包括已下达的生产订单、MRP 计划订单、工作中心数据、工艺路线数据、工厂生产日历。

（1）已下达的生产订单。已下达的生产订单是指已释放或正在加工的订单。订单上有每种零件的数量、交货日期、加工工序、准备时间和加工时间、工作中心号或部门号、设备号等。

由于已下达的车间订单用了工作中心的一部分能力，因此，在制订 CRP 时必须将该因素考虑进去。同时，为了 CRP 的准确性，必须根据生产进度实时维护已下达的车间订单。

（2）MRP 计划订单。MRP 计划订单是指来自 MRP 输出，是通过运行 MRP 计算出的产品零部件的净需求量和需求日期。MRP 计划订单是 MRP 输出的尚未释放出的订单，它将占有工作中心的能力。

（3）工作中心数据。工作中心数据是能力的基本单元，与能力有关的数据有：每天班次、每班小时数、每班人数、每班设备数、效率、利用率及超额系数等。

（4）工艺路线数据。工艺路线数据是表达 BOM 中制造物料的加工与传递顺序的资料。工艺路线描述一个或若干个物料从现行状态加工到另一个库存状态的过程。工艺路线是能力需求计划运算时的重要信息，主要提供物料加工的工序、工作中心和加工时间等数据。

（5）工厂生产日历。工厂生产日历是企业用于编制计划的特殊日历，该日历一般将不工作的日期（如星期六、星期天、法定节假日及其他非生产日期等）排除。

2. 计算负荷

将所有的任务单分派到有关的工作中心上（不考虑有效的能力和限制），然后确定有关工作中心的负荷，并从任务单的工艺路线记录中计算出每个有关工作中心的负荷。当不同的任务单使用同一个工作中心时，将时间段合并计算。最后，将每个工作中心的负荷与工作中心记录中存储的额定能力数据进行比较，得出工作中心负荷（需求）和能力之间的对比及工作中心的利用率。

3. 分析负荷情况

能力需求计划指出了工作中心的负荷情况（负荷不足、负荷刚好或超负荷），以及存在问题的时间及其严重程度。问题是多种多样的，有主生产计划阶段的问题，有 MRP 中存在的问题，也有工作中心和工艺路线方面的问题。对每个工作中心都要进行具体的分析和检查，确认各种具体问题的产生原因，以便正确地解决问题。

4. 分析结果并反馈调整

超负荷和负荷不足都是应解决的问题。如果超负荷，则必须采取措施以解决能力问题，否则不能实现能力计划；如果负荷不足，则作业费用增大。对于流程式工业来说，设备不易关闭，如果负荷不足则问题显得更严重。因此，必须对负荷报告进行分析并反馈信息，调整计划。

（1）对工作中心的负荷和能力进行对比分析。如果有很多工作中心表现为超负荷或负荷不足，那么能力就不平衡了。在进行校正之前，必须分析其原因。

引起能力不平衡的原因可能是 MPS 的问题，也可能是其他问题。在制订 MPS 的过程中，已通过粗能力计划从整体的角度进行了能力分析，因此在制订 CRP 之前就会发现主要问题。但对计划进行详细的能力检查时，还会发现有些在粗能力计划中不曾考虑的因素在起作用。例如，主要的维修件订单未反映在 MPS 中，忽略了拖期订单，粗能力计划没有包括所有的关键工作中心，等等。

如果在 MPS 中忽略了一项影响能力的因素而造成能力不平衡，首先应做的是调整负荷或能力以满足 MPS 对能力的需求，而不是修改 MPS。只有在完全必要时，即没有办法满足能力需求时，才修改 MPS。其他因素（如提前期）也可引起能力问题。例如，在 CRP 中考虑了提前期，而在粗能力计划中不曾考虑。又如，提前期增大会影响到负荷的分布。

（2）调整能力和负荷。CRP 中有两个要素，即能力和负荷。在解决负荷过小或超负荷的能力问题时，应视具体情况对能力和负荷进行调整，调整的方法是：增加或降低能力，增加或降低负荷，或对两者同时加以调整。

（3）调整能力的方法。

① 调整劳力。如果缺少劳力，则需根据需要增加工人；如果劳力超出当前需要，则可安排培训以提高工人技术水平，或重新分配劳力，将负荷不足的工作中心的劳力分配到超负荷的工作中心。

② 安排加班。加班只能是一种应急措施，经常加班绝不是一种好方法。

③ 重新安排工艺路线。一旦某个工作中心承担的任务超负荷，则可把一部分订单安排到负荷不足的替代工作中心上去，这可以使两个工作中心的负荷水平都得到改善。

④ 转包。如果在相当长的时间内超负荷，可以考虑把某些瓶颈作业转包给供应商。

（4）调整负荷的方法。

① 重叠作业。为了减少在工艺路线中两个相连的工作中心的总的加工时间，可以在第一个工作中心完成整个批量的加工任务之前，把部分已完成的零部件传给下一个工作中心。

② 分批生产。将一份订单的批量细分成几个小批量，在同样的机器上同时安排生产。这种调度方法不能降低负荷，而是将负荷集中在更短的时间内。

③ 减少准备提前期。将准备过程规范化，可以减少准备时间，从而降低负荷。这样，可以把节省下来的能力用于实际的加工过程。

④ 调整订单。考虑可否把一份订单提前或拖后安排，或者先完成一份订单的一部分而将其余部分拖后安排？有些订单是否可能取消？等等。

5．确认能力需求计划

经过分析和调整后，将已确定的调整措施中有关的修改数据重新输入到相关的文件记录中。通过反复的平衡和调整，在能力和负荷达到平衡时，即可确认 CRP，正式下达任务单。

6．能力控制

能力控制是为了发现现存的问题并预见潜在的问题，以便采取应对措施。为了能保证能力计划的执行，必须做好日常的能力检查，主要包括以下几方面的内容。

（1）投入/产出报告。投入/产出报告是一种计划和控制报告，它显示出各工作中心计划投入/产出与实际投入/产出的偏差，报告包含以下信息：

① 计划投入，指的是安排到工作中心的计划订单和已下达的订单。

② 实际投入，指的是工作中心实际接收的任务。

③ 计划产出，指的是要求完成的任务。

④ 实际产出，指的是实际完成的任务。

⑤ 与计划的偏差，指的是投入偏差和产出偏差。

⑥ 允许范围，指的是允许的偏差程度。

在投入/产出报告中，必须对比计划的投入/产出和实际的投入/产出。

（2）劳力报告。人力的利用率和效率部分地决定着现有能力。所以，必须撰写劳力报告并进行分析，以便发现问题。

① 出勤记录。如果缺席过多，必定影响能力；如果人员流动过大，效率必定降低，因为新雇员一般都要经过一定的培训才能正常工作；如果生产人员被安排做非生产工作，能力会减少。

② 加班。大量的加班或长期的加班，会降低生产率，从而产生能力问题。

（3）设备性能记录。应对设备性能加以检查和记录，并定期进行分析，以便发现潜在的问题。应检查和记录的项目有：

① 维修历史。记录机器维修的原因和时间，特别应分析非计划维修，找出潜在的原因。

② 停机时间所占的比例。停机时间过长，说明机器或机器的维修有问题。

③ 预防性维修规程。检查预防性维修规程，保证适当的维修。设备越陈旧，维修就越频繁。不及时维修往往会延长停机时间。

二、CRP 编制案例

1. CRP 编制案例一

【例 7.1】　试计算某工作中心的负荷。

（1）分析工艺路线

假设为 3 周时间，即 3 周时间= 8×5×3 = 120 小时，工艺路线分析如表 7.6 所示。

表 7.6　工艺路线分析表

加工次序	工作中心	准备时间（小时）	加工时间（小时/件）	排队和传送时间（天）
工序 1	1	6	1	4
工序 2	2	18	3	2
工序 3	3	12	2	1

（2）计算工作中心负荷

按工序计算的加工时间（工作中心负荷）如下所示。

① 工作中心 1 负荷=120×1+6=126 小时

② 工作中心 2 负荷=120×3+18=378 小时

③ 工作中心 3 负荷=120×2+12=252 小时

（3）计算开工日期

在实际工作中，企业往往还会涉及另两个重要计算参数：利用率和效率。假设该企业所有工作中心均按每天 8 小时进行排产，产品利用率是 0.9375，工作效率是 0.8，那么实际得到的标准工时应是：8×0.9375×0.8 = 6 小时/天，那么对应的准备和加工时间也应作如下换算：

① 工作中心 1 加工时间 = 120 × 1/6 = 20 天

② 工作中心 1 准备时间 = 6/6 = 1 天

③ 工作中心 2 加工时间 = 120 × 3/6 = 60 天

④ 工作中心 2 准备时间 = 18/6 = 3 天

⑤ 工作中心 3 加工时间 = 120 × 2/6 = 40 天

⑥ 工作中心 3 准备时间 = 12/6 = 2 天

工作中心排产时限计划如表 7.7 所示。

表 7.7　工作中心排产时限计划表

工序	工作中心	到达工作中心日期	排队、传送天数	准备天数	加工天数	完工日期
1	1	227	4	1	20	252
2	2	252	2	3	60	317
3	3	317	1	2	40	360

（4）累计负荷计算

有了某工作中心的累计负荷，也有了该工作中心的生产能力，得到相应的能力负荷差异值和能力利用率便不是难事了，具体公式如下：

$$能力负荷差异 = 可用生产能力 - 总负荷$$
$$能力利用率（\%） = （总负荷/可用生产能力）\times 100\%$$

2．CRP 编制案例二

【例 7.2】 某部件 A 订单的订货量是 60，交货期是工厂日历第 420 天。请编制能力需求计划。

（1）先从订单、工艺路线和工作文件中得到基本信息

部件 A 订单需要在两个工作中心（1 号中心、2 号中心）上加工两道工序（工序 10 和工序 20）。如表 7.8 和表 7.9 所示。

表 7.8　准备和加工时间

加工次序	工作中心	准备时间（小时）	单件加工时间（小时）
工序 10	1	12	1
工序 20	2	8	0.5

表 7.9　排队和传送时间

工作中心	排队时间	传送时间	备注
1 号工作中心	1 天	1 天	
2 号工作中心	2 天	1 天	

（2）计算每道工序和每个工作中心的负荷。

$$= 订单生产数量 \times 单件加工时间 + 标准准备时间$$

例如，工序 10：工作中心 1

$$1 小时 \times 60 + 12 小时 = 72 小时$$

工序 20：工作中心 2

$$0.5 小时 \times 60 + 6 小时 = 36 小时$$

（3）计算每道工序的交货日期和开工日期。

第一道工序的工作日期 = 交货日期依次减去传送、加工、准备和排队时间

单位换算："工时" --> "天"

$$标准工时 = 开工时数 \times 利用率 \times 效率$$

例如，本例中为　　$8 \times 0.85 \times 0.88 \approx 6$ 工时/天

工序 10　加工时间 $= 60/6 = 10$ 天

准备时间 $= 12/6 = 2$ 天

工序 20　加工时间 $= 30/6 = 5$ 天

准备时间 $= 6/6 = 1$ 天

（4）用交货日期减去相应时间，得到 A 订单的工序计划如表 7.10 所示。

表 7.10　A 订单工序计划表

工序号	工作中心	到达工作中心日期	排队时间（天）	准备时间（天）	加工时间（天）	传送时间（天）	完工日期
10	1	397	1	2	10	1	411
20	2	411	2	1	5	1	420

（5）最后，根据所有计划订单和已下达订单对所有工作中心编制负荷报告。

3. CRP 编制案例三

【例7.3】 某产品 A 对应的产品结构、主生产计划、工艺路线文件见图 7.7、表 7.11 和表 7.12 所示，工作中心文件见表 7.13 所示。

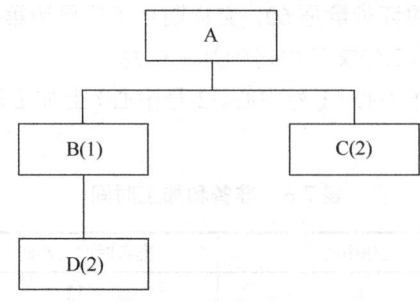

图 7.7　产品 A 结构

表 7.11　产品 A 的 MPS

周　　次	1	2	3	4
计划投入量	20	20	30	30

表 7.12　产品 A 的工艺路线文件

单位：小时

零件号	工序号	工作中心	单件加工时间	生产准备时间	平均批量
A	1	W15	1	12	10
	2	W1	1	5	
B	1	W15	0.8	12	20
C	1	委外			
	2	W2	0.5	3	10

表 7.13　产品 A 的工作中心文件

工作中心	排队时间	利用率	效率	传送时间
W2	2 天	0.7	0.75	2 天
W1	1 天	0.85	0.8	1 天
W15	2 天	0.9	0.88	1 天

注：委外工序的总工时为 3 天；6 天工作制，每天工作 10 小时。

工厂现有两张计划订单

计划订单 S001：产品 A 40 个，交货期 2013-4-15

计划订单 S002：产品 B 10 个，交货期 2013-4-10

要求

第一：编制前 4 周的粗能力需求计划（资源需求计划）　关键资源为 W1、W15。

第二：编制订单的工序计划。

计算过程如下所示：

（1）计算产品 A 的粗能力计划。

① 计算出每一个工作中心（WC）上产品 A 所需全部项目的单件时间（单件加工+单件准备）：

加工件数×单件（加工时间+准备时间）

例如，WC_15 上有 1 件 A 和 1 件 B，所以单件时间为：

（1 + 12/10） + （0.8 + 12/20）= 3.6 工时/件

WC_1 上有 1 件 A，所以单件时间为：

1 + 5/10 = 1.5 工时/件

② 根据产品 A 的能力清单和主生产计划，计算出产品 A 的粗能力计划：

计划产量 × 单件总时间

例如，第 4 周各个工作中心总工时为：

WC_15　30 × 3.6 = 108.0 工时

WC_1　　30 × 1.5 = 45.0 工时

得出产品 A 的粗能力计划如表 7.14 所示。

表 7.14　产品 A 的粗能力计划 RCP

单位：小时

工作中心	周次			
	1	2	3	4
W1	72.0	72.0	108.0	108.0
W15	30.0	30.0	45.0	45.0
合计	102.0	102.0	153.0	153.0

（2）计算订单 S001 的工序计划如表 7.15 所示。

表 7.15　订单 S001 工序计划表

工序号	工作中心	到达工作中心日期	排队时间（天）	准备时间（小时）	加工时间（小时）	传送时间（天）	完工日期
C_2	W2			3×8	0.5×80		
B_1	W15			12×2	0.8×40		
A_1	W15			12×4	1×40		
A_2	W1			5×4	1×40		2013.4.15

单位换算："工时" --> "天"

标准工时 = 开工时数 × 利用率 × 效率

W1：10 小时 × 0.85 × 0.8 = 6.8 工时/天

W15：10 小时 × 0.9 × 0.88 = 7.92 工时/天

W2：10 小时 × 0.7 × 0.75 = 5.25 工时/天

则，工序 W1 的

加工时间 = 40/6.8 ≈ 6 天

准备时间 = 20/6.8 ≈ 3 天

于是换算成天数后如表 7.16 所示。

表 7.16　订单 S001 工序计划表

工序号	工作中心	到达工作中心日期	排队时间（天）	准备时间（天）	加工时间（天）	传送时间（天）	完工日期
C_2	W2		2 天	5 天	8 天	2 天	
B_1	W15		2 天	4 天	5 天	1 天	
A_1	W15		2 天	7 天	6 天	1 天	
A_2	W1		1 天	3 天	6 天	1 天	2013.4.15

（3）计算每道工序的交货日期和开工日期。

每道工序的工作日期 = 交货日期依次减去传送、加工、准备和排队时间。

计算结果如表 7.17 所示。

表 7.17　S001 订单工序计划表

工序号	工作中心	到达工作中心日期	排队时间（天）	准备时间（天）	加工时间（天）	传送时间（天）	完工日期
C_2	W2	2013.2.23	2 天	5 天	8 天	2 天	2013.3.15
B_1	W15	2013.3.01	2 天	4 天	5 天	1 天	2013.3.15
A_1	W15	2013.3.15	2 天	7 天	6 天	1 天	2013.4.02
A_2	W1	2013.4.2	1 天	3 天	6 天	1 天	2013.4.15

（4）同理，可知订单 S002 工序计划表，如表 7.18 所示。

表 7.18　订单 S002 工序计划表

工序号	工作中心	到达工作中心日期	排队时间（天）	准备时间（天）	加工时间（天）	传送时间（天）	完工日期
B_1	W15	2013.3.31	2 天	2 天	3 天	1 天	2013.4.10

三、CRP 的平衡与输出

CRP 中有两个要素：负荷与能力。解决负荷过小或超负荷能力的方法有：调整能力，调整负荷，同时调整能力和负荷。

1. 调整能力的方法

调整能力的方法有：加班，增加人员与设备，提高工作效率，更改工艺路线，增加外协处理等。

2. 调整负荷的方法

调整负荷的方法有：修改计划，调整生产批量，推迟交货期，撤销订单，交叉作业等。

3. 能力与负荷曲线

从图 7.3 所示的 CRP 的计算模型图中可知，第 1、3、4 周的能力小于负荷，而第 2 周和第 5 周的能力大于负荷。总的累计是能力小于负荷，欠 80 工时，由此可作出如图 7.8 所示的能力与负荷曲线图。

4. 能力与负荷平衡

以图 7.8 为例，分析如下：

（1）如果第 1 周需求计划日期不能改变，则调整能力，如加班 50 小时。

（2）如果第 3 周需求的物料提前到第 2 周加工，第 3 周仍需加班 55 小时。

（3）第 4 周的物料推后加工。

最后得到平衡后的能力与负荷曲线图，如图 7.9 所示。

5. 查询与报表输出

CRP 的查询与报表输出可以从下列多种角度进行输出。

（1）工作中心各时段的总能力/负荷情况。

（2）工作中心某时段各物品的能力需求情况。

（3）工作中心某时段各种资源的利用情况等。

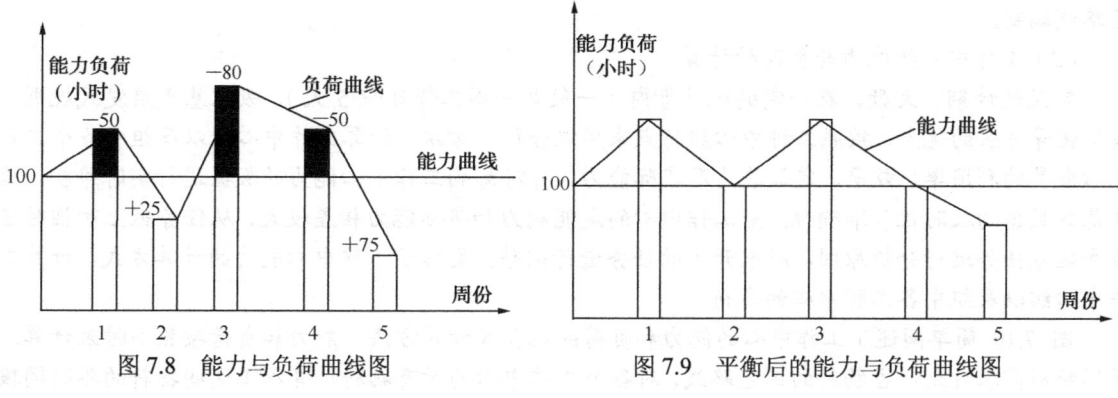

图 7.8　能力与负荷曲线图　　　　图 7.9　平衡后的能力与负荷曲线图

典型案例

能力需求计划在 ERP 中的应用研究

《电脑知识与技术》2015.7 期

随着两化融合的深入推进，借助于先进的信息化技术提高工业企业的运营效率成为一项有效而关键的手段。目前有很多工业企业公司引入能力需求计划对公司的生产进行均衡管理，并依据公司的现状需求，对能力需求计划进行不同程度的应用研究。有对高级排产和能力需求计划进行比较分析，指出能力需求计划的优越性和必要性；有对能力需求计划实现环境如 MRPII、MES 系统进行应用研究。文中依据某机械制造企业的生产状况，在集团版 ERP 系统中对能力需求计划进行个性化设计实现。

1 系统设计与实现

1.1 设计思路

ERP 是一款管理生产流程的有效工具，能力需求贯穿整个生产流程。车间生产是否均衡，很大程度上决定于车间作业计划的可执行率，而车间作业计划的编制是在车间生产任务的基础上进行的，车间生产任务是由生产计划来安排的。生产计划的准确性很大程度上决定了车间生产的均衡性；而生产计划编排时进行能力需求计划，即根据车间能力与负荷情况调整生产计划，尽量使得生产任务安排均衡，提高生产效率。产品签发后，对工艺路线等基础数据进行二次维护，先从产品上进行均衡；在主需求计划中录入需求预测，读入销售订单，从产品级生成主需求计划；根据 BOM 信息，运行物料需求计划（MRP），生成物料级的采购计划和生产计划；根据物料任务和车间任务进度，运行能力需求计划，对物料级生产任务计划进行修正；任务接收后，根据车间能力情况，调整任务，从任务级上进行二次调整，指导车间作业计划编制，工序派工时，单元长派工时根据各个设备上的负荷情况，从作业生产上进行均衡，进而达到车间均衡生产的目标。

1.2 实施步骤

（1）数据准备

能力需求计划的关键在于基础数据的准确性，基础数据主要有物料（物料编码、物料名称、物料规格、物料型号、工艺路线号等属性），生产日历（企业日历、休息日、节假日等），班次（常白班、早班、晚班等），工作中心组（工作中心组编码、名称、包含的工作中心、所属部门等），工作中心（工作中心编码、工作中心名称、所属工作中心组、所属部门、平衡方式等），工艺路线（工艺路线号、名称、工作中心编码、首末序标记、加工时间——小时计算等），MRP 任务数据，FAS 任务数据，临时任务数据，车间任务数据等。梳理现有工作中心，按照工种以及工序关联度建立工作中心组；合理安排工作日历，确定每个工作中心开动班次以及每天排产时间（小时数）；规范工艺路线编制。

（2）工作中心组能力与负荷的计算

定义统计期、天数，在一定的统计期内（一般是一周工作日即 5 天），吸取基于启发式规则、最优化等方法的优点，按照工种中心组特点采用混合计算方法，计算工作中心组以及组中各个工作中心成员的利用率、效率、定额能力及实际能力，并对影响工作中心能力的数据进行实时维护，确保基础数据的及时性和准确性。若工作中心的定能能力和实际能力相差较大，从任务级上对临时任务和拖期任务进行分析原因，对未开工的任务进行调整。类似于工作中心能力的计算方式，计算工作中心组以及组中各工种中心的负荷。

图 7.10 简单阐述了工作中心的能力和负荷的混合式计算方法，能力和负荷按照小时来计算。根据物料需求计划和各物料的工艺路线，对各个工作中心的所有物料计算加工这些物料的各时间段上要占用该中心的负荷，并与工作中心的能力进行比较（比如设备工作时间、设备的台数），生成能力需求计划。

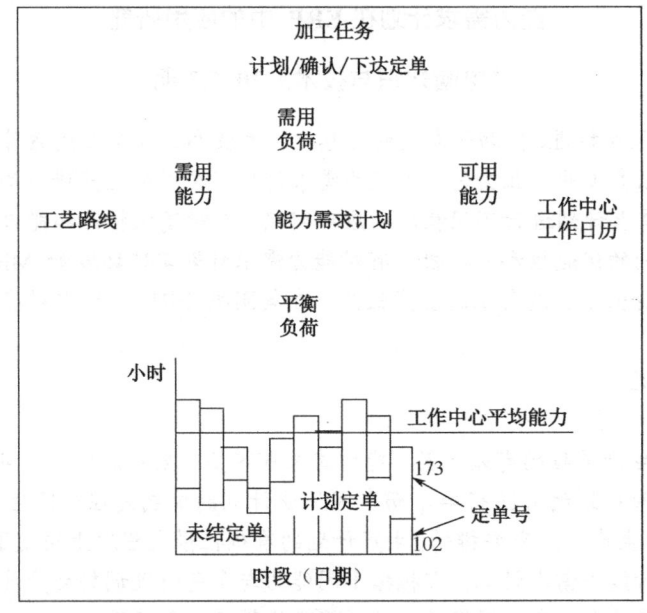

图 7.10　能力与负荷计算方法

（3）编制能力需求计划

生产技术部门根据生产车间以及生产计划部门反馈的意见，审核后及时修改工艺路线和 BOM 结构，确保基础数据准确；生产计划部门做好计划后，根据本期计划任务、在制任务、前期完成任务情况，分析车间生产能力和负荷情况，并把这个情况汇总成一张表格，发放到各个生产车间的计划及调度部门，他们根据车间实际情况反馈意见到生产计划部门，生产计划部门根据反馈的意见对生产计划进行调整，调整后下达各个生产车间；车间的单元长派工时，每次只派一天的任务，任务完工后，单元长再派下一天的任务，方便车间调度员，根据各个工作中心的完成任务情况，调节工作中心；对于任务总是完成较慢并且任务较多的工作中心上的任务调到任务轻的工作中心上，力求均衡车间生产。根据各个生产相关部门间的有效沟通，环环相扣，进而达到车间均衡生产的目标。能力需求计划的编制流程如图 7.11 所示。

根据 MRP 任务以及车间在制任务，并按最早开工或者最晚开工计划生成能力负荷数据，输出工序进度计划、日能力负荷、能力负荷比率图，能力需求计划；计划生成过程如有问题，生成相应的例外信息，用户可以根据例外信息，检查数据给定是否合理，进行修改和确认，然后再执行计划生成功能。分析工作中心生产能力与负荷情况（负荷刚好、负荷不足或超负荷），对负荷不足或超负荷的情况查找问题（主生产计划阶段、MRP 阶段、工作中心、工作日历、工艺路线等方面的问题），通过分析和检查，确认原因，并采取措施（调整生产任务的开工日期、生产任务的完工日期、工作中心替换、调整工艺路线等）解决，对物料级（未开工）的生产任务进行调整，可以把生产任务调整为外协或者转为采购件，然后再重新执行能力计划生成功能，当车间工作中心组及组中各个工作中心上的能力趋于均衡状态，对生产计划进行接收和下达到生产车间。

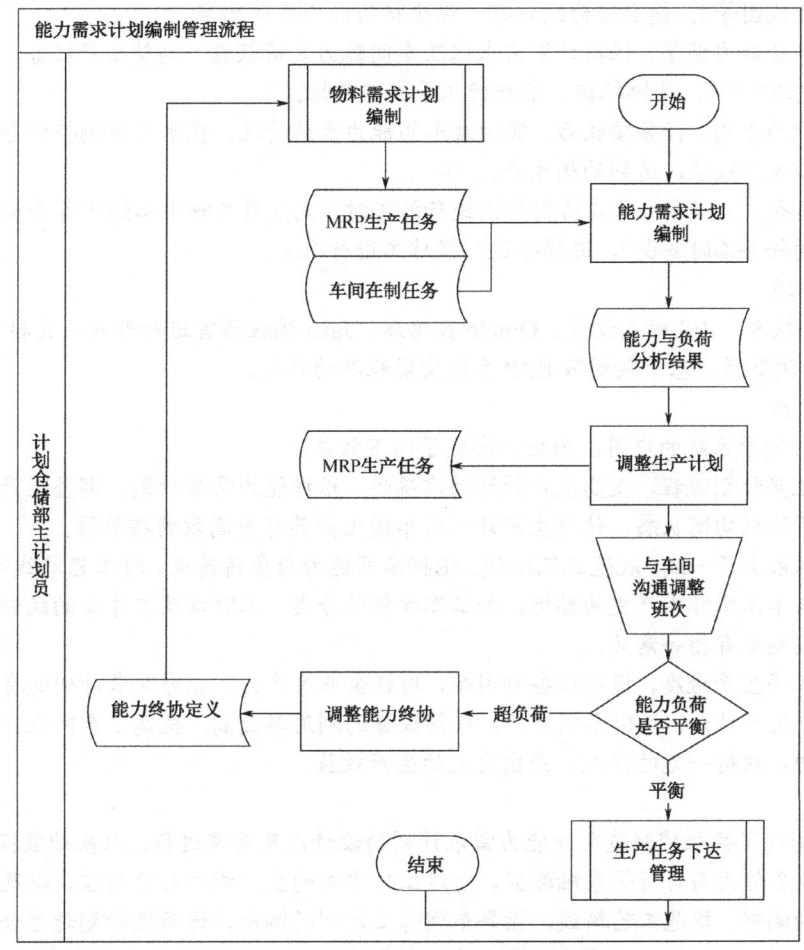

图 7.11　能力需求计划编制流程图

1.3 功能设计

（1）产品工时分布。产品签发后，查询各个工作中心组及组中各个工作中心上对应工艺路线的工时分布情况，对于工作中心工时分布较为集中的，找该工作中心组中其他工作中心进行替换，力求在产品级上进行均衡。

（2）工序进度计划查询。对生成工序进度计划进行查询，主要查询某个工作中心组中各个或者某个工作中心的工序进度计划，内容包括所属部门、任务号、任务状态、产品信息、工作令、预测/订单号、工序号、工序状态、工作中心、工作中心组、最早开工及完工、最晚开工及完工、准备时间、加工时间等信息，指导能力需求计划。

（3）能力需求计划生成，按照 MRP 任务中采购计划和生产计划以及已经下达到车间的任务（下达、开工）的开工和完工日期，生成车间生产能力与负荷数据。

（4）日能力负荷查询，车间在制（下达、开工）任务，以班次日历为时间单元查询车间日能力负荷数据，主要包括工作中心组、工作中心、所属部门、日期、投入负荷、在制负荷、期间负荷、期间能力、期间差额、超欠百分比等相关信息。

（5）能力需求计划查询，查询车间（工作中心组以及该组内工作中心）某个统计期内的能力需求计划数据，主要包括工作中心组、工作中心、所属部门、统计期、开始日期、结束日期、投入负荷、在制负荷、总负荷、期间能力、期间差额、超欠百分比等信息。

（6）能力负荷比率图。显示某个时间段（统计期）内某个工作中心能力与负荷的比率图（直方图、面积图、直线图等），横坐标为统计期、纵坐标为能力负荷比率。

（7）生产任务能力调整。根据计划需求以及车间能力负荷数据，调整生产任务，修改开工及完工日期、自制/采购标识、外协标识、带料标识等数据属性。

（8）车间能力查询。任务接收后，实时看车间能力负荷情况，在派工前调整任务的开工及完工日期、工作中心等字段值，达到均衡生产。

（9）人员负荷。车间单元长在给操作工进行派工时，先查看工种中心组中各个操作工的负荷情况（还未完成的任务工时多少），选择合适的操作工进行派工。

1.4 开发环境

采用 J2EE 技术、B/S 模式设计、Oracle 数据库，Java 编程语言进行开发，支持 IE、搜狐、火狐、360 等多种浏览器，基于集团版 ERP 系统实现程序的开发。

1.5 实现效益

能力需求计划子系统的应用，为企业实现了以下效益。

（1）优化生产计划流程，提高生产计划的准确性。根据能力需求计划，调整生产任务，使得车间生产能力负荷达到均衡状态，使得生产计划对车间生产具有更高效的指导性。

（2）紧密联系生产一线，规范工艺路线。根据车间能力与负荷情况，对工艺路线及时进行维护，使得工艺路线与车间实际生产更为贴近，加工零配件的分类、工时以及工序等的编制更准确，对车间作业计划的编制更有指导意义。

（3）控制工序生产进度，提高设备利用率，增强企业生产力。能力需求计划能有效地控制工序生产进度，调整生产计划、均衡车间生产，使得设备的利用率更高，提高了车间生产效率，进而提升企业的生产力，使得一定的投入，产出更大的生产效益。

2 结束语

本文详细阐述了某机械制造企业能力需求计划的设计以及实现过程，以基础数据为出发点，完善工艺路线、设备能力与负荷等基础数据，通过工作中心的生产能力与负荷值，以及他们之间的差值，调整计划的编制，规范工艺路线，指导车间作业计划的编制，进而使计划趋于合理化，车间生产有序、高效、便捷，均衡车间生产，逐渐减少拖期生产现象的产生。

思考与练习 7

一、填空题

1. 能力需求计划，简称＿＿＿＿＿＿＿＿，是对 MRP 所需能力进行＿＿＿＿＿＿＿＿的一种
＿＿＿＿＿＿方法。广义的能力需求计划又可分为＿＿＿＿＿需求计划和＿＿＿＿＿需求计划。

2. 能力需求计划的作用是＿＿＿＿＿＿＿＿＿＿＿＿＿＿＿＿＿＿＿＿＿＿＿＿＿＿＿＿＿＿＿＿；

＿＿；

＿＿。

3．ERP 的能力需求计划按编制方法可分为＿＿＿＿＿＿＿＿＿＿＿＿和有限能力计划两种。其中有限能力计划是指工作中心的＿＿＿＿＿＿＿＿是不变的或＿＿＿＿＿＿＿＿的，计划的安排按照＿＿＿＿＿＿＿＿进行。

4．工作中心（Work Center，WC）是基于＿＿＿＿＿＿＿＿和＿＿＿＿＿＿＿＿状况，将执行相同或＿＿＿＿＿＿＿＿的设备、劳动力组成一个＿＿＿＿＿＿＿＿。工作中心是各种生产能力单元的＿＿＿＿＿＿，它可以是一组＿＿＿＿＿＿或＿＿＿＿＿＿，甚至是＿＿＿＿＿＿，也可以是它们的＿＿＿＿＿＿。

5．生产能力是指企业的＿＿＿＿＿＿＿＿在一定＿＿＿＿＿＿＿＿内，在一定的＿＿＿＿＿＿＿＿条件下，经过＿＿＿＿＿＿后，所能生产的一定＿＿＿＿＿＿的最大可能产量。

6．实际运用中的生产能力有多种不同的表达方式，包括＿＿＿＿＿＿＿＿能力、＿＿＿＿＿＿＿＿能力、＿＿＿＿＿＿＿＿、＿＿＿＿＿＿＿＿、＿＿＿＿＿＿＿＿几种。

7．生产能力计划可提供一种用于确定由资本＿＿＿＿＿＿＿＿综合形成的总体生产能力的＿＿＿＿＿＿＿＿的方法，从而为实现企业的＿＿＿＿＿＿＿＿战略政策提供有力的支持。

8．能力需求计划的编制过程是＿＿＿＿＿＿＿＿＿＿＿＿＿＿、＿＿＿＿＿＿＿＿＿＿＿＿＿＿、＿＿＿＿＿＿＿＿＿＿＿＿＿＿、＿＿＿＿＿＿＿＿＿＿＿＿＿＿、＿＿＿＿＿＿＿＿＿＿＿＿＿＿、＿＿＿＿＿＿＿＿＿＿＿＿＿＿。

二、选择题

1．能力需求计划是对（　　）所需能力进行核算的一种计划管理方法。
A．MPS　　　　　　B．MRP　　　　　　C．CRP　　　　　　D．PP

2．有限能力计划是指（　　），计划的安排按照优先级进行。
A．工作中心的能力是不变的或无限的　　　B．工作中心的能力是要变的或无限的
C．工作中心的能力是不变的或有限的　　　D．工作中心的能力是要变的或有限的

3．生产能力计划的制订（　　）。
A．估计未来的能力需求　　　　　　　　　B．计算需求与现有能力之间的差
C．制订候选方案和评价每个方案　　　　　D．以上说法都正确

4．将所有的任务单分派到有关的工作中心上（　　），然后确定有关工作中心的负荷，并从任务单的工艺路线记录中计算出每个有关工作中心的负荷。
A．不考虑有效的能力和限制　　　　　　　B．要考虑有效的能力和限制
C．不考虑有效的能力或无限制　　　　　　D．要考虑有效的能力或无限制

5．CRP 中有两个要素（　　）。
A．设备与人员　　　B．计划与规划　　　C．负荷与能力　　　D．设备与负荷

三、简答题

1．请简述能力需求计划的概念。
2．请简述粗能力需求计划的概念。
3．请简述 CRP 的任务。
4．请简述工作中心的概念。
5．请简述生产能力的概念。
6．请简述生产能力计划的概念。
7．请简述能力控制的概念。
8．请简述调整能力的方法。

第8章 车间作业计划（PAC）

◎ 知识点 ◎	◎ 能力点 ◎
● 车间作业计划的基本概念 ● 车间作业计划的编制步骤 ● 加工单、派工单概念 ● JIT 的概念和核心思想	● 车间作业计划的流程 ● 车间作业计划的编制技巧 ● 加工单、派工单的区别 ● 实现 JIT 模式的手段

第一节 车间作业计划（PAC）概述

情景案例

车间作业计划是在 MRP 所产生的加工制造订单的基础上，按照交货期的前后和生产优先级选择原则以及车间的生产资源情况，将零部件的生产计划以订单的形式下达给适当的车间。在车间内部，根据零部件的工艺路线等信息制定车间生产的日计划，组织日常的生产。同时，在订单的生产过程中，实时地采集车间生产的动态信息，了解生产进度，发现问题并及时解决，尽量使车间的实际生产接近于计划。

朱雪峰担心团队不能完成车间作业计划的编制任务，于是带着团队，进入了车间作业计划的学习之中。

任务思考

1. 企业车间作业计划是什么？
2. 成批生产类型企业如何进行车间作业计划？

任务分析

车间作业是指在车间内部，根据生产计划以及产品工艺路线等组织的日常生产活动。车间作业计划是在 MRP 所产生的加工制造订单（即自制零部件生产计划）的基础上，按照交货期的前后和生产优先级选择原则以及车间的生产资源情况（如设备、人员、物料的可用性，加工能力的大小等），将零部件的生产计划以订单的形式下达给适当的车间。

成批生产类型企业的特点是产品品种较多，而各种产品的产量大小不一。因此，产品出产进度的安排，就不单纯是按季、按月分配各种产品的产量，而要考虑如何组织好各种产品的合理搭配，以减少每季、每月生产的品种数，增大每种产品的批量，同时要使设备、劳动力的负荷比较均衡，以便合理利用人力、物力，提高经济效益。

一、PAC 的概念

车间作业计划（Production Activity Control，PAC），又称车间控制，属于 ERP 执行层的计划；它是在 MRP 输出的制造订单的基础上，对零部件的生产计划进行细化，是一种实际的执行计划。其管理目标是按 MRP 的要求，按时、按质、按量且低成本地完成加工制造任务，车间作业的过程主要依据 MRP、制造工艺路线和各工序的能力，编排工序加工计划，下达车间生产任务单，并控制计划进度，最终完工入库。

PAC 包括离散生产和流程生产的控制（执行计划），而 SFC（Shop Floor Control）通常只是针对离散生产中的间歇生产方式的控制。PAC 与 SFC 在含义上是有区别的。

1. PAC 的含义

PAC 是在 MRP 输出的加工制造订单（即自制零部件生产计划）的基础上，按照交货期的先后和生产优先级的选择原则，以及车间的生产资源情况（如设备、人员、物料的可用性，加工能力的大小等），将零部件的生产计划以订单的形式下达给相应的车间。在车间内部，根据零部件的工艺路线等信息制订车间生产的日计划，组织日常生产。同时，在按订单生产的过程中，实时地采集车间生产的动态信息，以了解生产进度，发现问题并及时解决问题，尽量使车间的实际生产接近于计划。

2. PAC 在 ERP 中的层次关系

PAC 在 ERP 中的层次关系如图 8.1 所示。从图中可以看出，PAC 处于 ERP 计划的最低层（执行层），而且，在实际操作过程中，可对 PAC、MPS、PPS，乃至企业经营计划做适当调整，以使各级（层）计划更接近于实际。

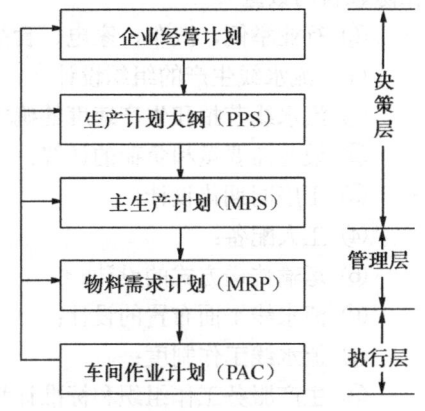

图 8.1　PAC 在 ERP 中的层次关系

二、车间作业类型

车间作业类型主要有大量流水生产、成批生产、单件小批量生产等类型。

1. 大量流水生产

（1）大量流水生产的概念

大量流水生产是指生产对象按照一定的工艺路线顺序通过各个工作地，并按照统一速度完成工艺作业的生产过程。

大量流水生产是众多产品生产的车间作业类型，其基础是由设备、工作地和传送装置构成的设施系统，即流水生产线，如图 8.2 所示，此类型关键在于合理地设计好流水线。

（2）大量流水生产的优点

① 符合连续性、平行性、比例性以及均衡性要求；

② 生产率较高；

③ 减少在制品占用量和运输工作量。

（3）大量流水生产的缺点

① 柔性差；

② 工人工作单调、易疲劳。

（4）流水线生产组织条件

① 品种稳定；

图 8.2　流水线生产

② 产品、原材料、协作件标准化；

③ 保证原料的及时供应；

④ 产品检验能在流水线上进行。

（5）大量流水生产的特征

① 工件特点，少品种或单一品种；

② 生产工艺，简单或固定；

③ 工作中心，流水线；

④ 能力计划，有限顺排计划；

⑤ 产量计算，件数或单位时间（小时/班）；

⑥ 订单形式，日/班产计划；

⑦ 物料分配，反冲（主要的意思是先领料，当工序完成或者成品或半成品完成入库时，再来扣除领料的数量）；

⑧ 行业举例，汽车、家电、食品、制剂。

（6）流水线生产的组织设计

① 流水线节拍和生产速度的确定；

② 设备需要量和负荷的计算；

③ 工序同期化设计；

④ 工人配备；

⑤ 运输传送方式的设计；

⑥ 流水线平面布置的设计；

⑦ 流水线工作制度；

⑧ 生产服务工作组织和标准计划图表的制定等。

2. 成批生产

（1）成批生产的概念

企业所生产的产品的品种较多，且多为系列化的定型产品；产品的结构与工艺有较好的相似性，因而可组织成批生产；各品种的产量不大；在同一计划期内，有多种产品在各个生产单位内成批轮番生产。各品种的工艺路线不同，可有多种安排产品的工艺路线，加工设备既有专用设备又有通用设备，生产单位按照对象原则（如组成生产单元）或工艺原则组建。图8.3所示的是某企业成批生产发动机图。

（2）成批生产的优点

① 减少了频繁切换工件的调试时间；

② 方便现场生产管理和环境整顿；

③ 节约因小批量生产造成的人力、物力、财力的浪费。

（3）成批生产的缺点

① 产品质量出现问题，也会是批量的；

② 占用库存和仓库面积；

③ 增加仓库管理维护的成本。

（4）成批生产的特征

① 工件特点，多品种；

② 生产工艺，复杂；

③ 工作中心，多台设备；

图8.3 成批生产

④ 能力计划，能力需求计划；

⑤ 产量计算，小时（分）/件；

⑥ 订单形式，车间订单/批量；

⑦ 物料分配，领料；

⑧ 行业举例，重型机器、造船。

3. 单件小批生产

（1）单件小批生产的概念

此作业类型企业所生产的产品的品种多，每个品种的产量很小，基本上是按照用户的订货需要组织生产；产品的结构与工艺有较大的差异；生产的稳定性和专业化程度很低。生产设备采用通用设备，按照工艺原则组织生产单位。每个工作中心承担多种生产任务的加工。产品的生产过程间断时间、工艺路线和生产周期均较长，如图 8.4 所示。

（2）单件小批生产的优点

① 订单的随机性，即企业每接到一张订单，作一次安排；

② 产品的专用性，即单件小批生产的是专用产品（专门为顾客设计的产品）；

③ 生产的一次性，即按专门需要设计的专用产品生产是一次性的。

（3）单件小批生产的特点

① 不进行样品试制；

② 工艺准备方面，只制定工艺路线，不编制详细的工艺规程；

图 8.4 单件小批生产

③ 基层（班组）在生产工艺上有一定的灵活处置权和技术力量；

④ 生产对象不断变化，宜采用万能设备和工艺专业化的组织形式，最好采用柔性生产系统。

（4）单件小批生产组织形式

① 大件生产单元，用于加工产品中的大型零部件（把企业中大型加工设备集中组成大件生产单元，专门加工各项产品中的大件）；

② 柔性生产单元，加工产品中的主要件、关键件（采用加工中心、数控机床对不同规格品种结构件加工）；

③ 成组生产单元，以设备组加工产品中 80%的相似件，如轴、盘、套、齿轮；

④ 标准件生产单元，加工产品中的标准件。

（5）单件小批生产的特征

① 产品制造周期长，订货期长；

② 通用化设备，用人多，生产效率低，劳动生产率低；

③ 成本高；

④ 产品质量不易保证；

⑤ 行业举例，大型船舶、电站锅炉、化工炼油设备、汽车厂的流水线生产设备。

三、PAC 的内容

PAC 是计划的执行层。在这一层次，只能执行计划，不能改动计划。具体来说，PAC 主要有如下内容。

1．按 MRP 生成车间任务

MRP 提供的是各种物料的计划需求时期，有的物料可由多条加工路线、多个车间完成。车间接收的 MRP 订单是生产计划员根据理想状态的资料制订的，所以在投放前要仔细地核实车间的实际情况，要检查工作中心、工具、物料及生产提前期等的有效性，解决计划与实际之间存在的问题，最后建立和落实车间任务，做出各种物料加工的车间进度计划，并根据物料短缺情况说明物料在任务单上的短缺量，帮助管理人员及时掌握有关情况，以便采取相应措施及时加以解决。

2．控制加工单的下达

只有在物料、能力、提前期和工具都齐备的情况下才能下达订单，以免造成生产的混乱。通过查询一系列报表（如加工单、库存分配、例外短缺、工艺路线、能力计划、工作日历等）来核实。

（1）下达物料生产订单，说明零件加工的顺序和时间。

（2）工作中心派工单。当生产订单下达到车间时，这些订单就算做是车间文件了。车间文件反映了所有已下达但还未完成的订单状态。根据车间文件和工艺路线信息，以及所使用的调度原则，每天或每周为每个工作中心生成一份派工单，说明各生产订单在同一工作中心上的优先级。

（3）提供车间文档。车间文档包括图纸、工艺过程卡片、领料单、工票、特殊处理说明等。

3．收集信息，监控在制品生产

根据加工单的完工日期，控制加工件在工作中心的生产优先级和生产过程，即生成并下达订单、派工单及车间文档。

如果生产进行得很正常，那么这些订单将顺利地通过生产处理流程。但十全十美的事情往往是没有的，所以必须对工件通过生产流程的过程加以监控。为此要查询工序状态、完成工时、物料消耗、废品、投入/产出等项报告；控制排队时间，分析投料批量，控制在制品库存，预计是否出现物料短缺或拖期现象。

4．采取调整措施

如果预计将要出现物料短缺或拖期现象，则应采取措施，例如，通过加班、转包或分解生产订单来改变其能力及负荷。若仍不能解决问题，则应给出反馈信息，修改 MRP，甚至是 MPS。

5．生产订单完成

统计实耗工时和物料，计算生产成本，分析差异，产品完工后处理入库事务。成本包括返修、废品、材料利用、工时等，对这些加工成本进行控制，结清订单，完成库存事务处理。

四、PAC 的作用

如果车间的日常生产很正常，完全与计划相符，就无须对生产情况进行监控了，但实际上总会出现这样或那样的问题，如生产拖期、加工报废、设备故障等，因此要对 PAC 进行经常性的监视、控制和调整。其中，对 PAC 的监视是通过收集有关车间的数据而实现的，而对 PAC 的控制则主要表现在解决车间中出现的问题。

1．收集车间数据

一般来讲，车间生产数据主要有以下几种。

（1）劳动数据，主要有生产工人数量、上下班时间、出勤情况等。

（2）设备运行状况，主要有设备名称、运行状况、负荷量、故障及维修情况等。

（3）生产进度数据，主要有生产完成情况、加工拖期情况、加工数据量、加工时间、准备时间、拖期原因等。

（4）质量控制数据，主要有订单号、零件号、检验结果、废品率、返工量等。

（5）物料数据，主要有物料的接收、储存、检验、发放、移动、包装数据，以及工装、模具的数量和使用情况等。

对于不同的企业，收集车间生产数据的频率和程度是不同的，它同时还受到生产方式的影响。一般情况下，数据收集均发生在完工统计、质量检查、出入库、人员变动、设备异常等时刻。

车间数据的收集一般由专人负责，如车间统计员。

2. 实时解决 PAC 中的各种问题

解决 PAC 中的问题应考虑如下因素。

（1）采取某个措施后，可能会产生什么样的后果。

（2）今天的问题解决了，明天是否会产生更大的问题。

（3）对某个订单采取的措施会不会影响到其他订单。

（4）采取措施的目标是否尽可能使生产接近计划。

PAC 中的问题主要反映在工具短缺、材料短缺、能力短缺、提前期不足等方面，以下介绍解决这些问题的主要措施。

① 解决工具短缺问题的措施：替换工具，替换工艺路线，替换资源，外协。

② 解决材料短缺问题的措施：替换材料，调整批量，生产部分产品，替换资源。

③ 解决能力短缺问题的措施：调整人力，调整批量，制造部分产品，外协。

④ 解决提前期不足问题的措施：交叉，工序分批，调整人力，按急件下达，改进加工工艺。

五、PAC 的意义

生产计划和 PAC 都是在生产活动发生之前制订的，尽管在制订计划时充分考虑了现有的生产能力，但在计划实施过程中，由于以下原因，往往会造成实施情况与计划要求相偏离。

（1）加工时间估计不准确。对于单件小批量生产类型，很多人都是第一次碰到，很难将每道工序的加工时间估计得很精确，而加工时间是标志作业计划的依据，加工时间不准确，计划也就不准确，实施中就会出现偏离计划的情况。

（2）随机因素的影响。即使加工时间的估计是精确的，但很多随机因素的影响也会引起偏离计划的情况。例如，工人的劳动态度和劳动技能的差别、人员缺勤、设备故障、原材料的差异等，都会造成实际进度与计划要求不一致。

（3）加工路线的多样性。调度人员在决定按哪种加工路线加工时，往往有多种选择，选择不同则完成时间亦不同。

（4）企业环境的动态性。尽管制订了一个准确的计划，但第二天又来了一个更有吸引力的新任务，或者关键岗位的职工跳槽，或者物资不能按时到达，或者发生停电，等等，这些都使得实际生产难以按计划进行。

当实际情况与计划发生偏离时，就要采取措施。要么使实际进度符合计划要求，要么修改计划使之适应新的情况，这就是 PAC 的工作。PAC 虽然翻译成"计划"，实际上起到的是"控制"作用。它在 MRP 中对生产作业进行控制，控制在这里有 3 个意义：① 控制生产作业在执行中不偏离 MPS/MRP 计划。② 出现偏离时，采取措施，纠正偏差。若无法纠正，将信息反馈到计划层。③ 报告生产作业执行结果。

第二节　PAC 的编制

PAC 编制的关键是车间生产调度和车间生产管理，如何做好车间生产调度和车间管理呢？如何

处理好车间生产调度与车间作业计划的关系呢？

朱雪峰带着这个问题进入 PAC 编制学习之中。

任务思考

1. 生产调度与车间生产计划的关系是怎样的？
2. 车间生产管理的重心是什么？

任务分析

一、PAC 编制流程

PAC 的编制流程如图 8.5 所示。

二、核实 MRP 的制造订单

MRP 为制造订单规定了计划下达日期，但它并没有真正下达给车间，计划下达日期仍然是一个推荐的日期。虽然这些订单是按 MRP 原理编制的，并且经过能力平衡，但在生产控制员将这些订单正式批准并下达投产之前，还必须检查物料、能力、提前期和工具的可用性。

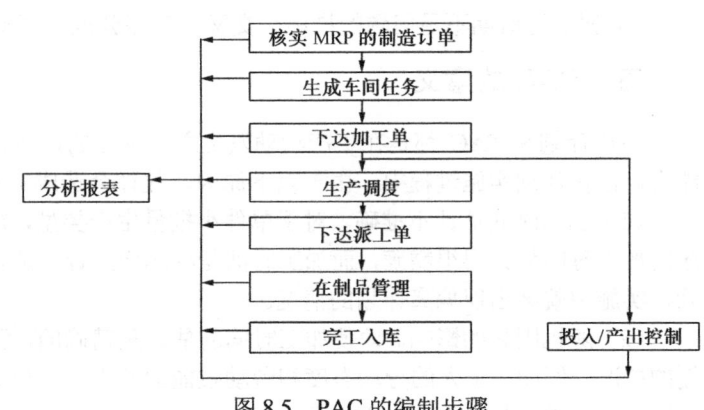

图 8.5　PAC 的编制步骤

作为生产控制员，要通过控制计划订单报告、物料主文件、库存报告、工艺路线文件和工作中心文件以及工厂日历来完成任务。具体来说，主要包括：

（1）确定加工工序。

（2）确定所需物料、能力、提前期、工具。

（3）确定物料、能力、提前期、工具的可用性。

（4）解决物料、能力、提前期、工具的短缺问题。

三、生成车间任务

MRP 生成并经确认后，就进入到计划控制层。生成车间任务就是要把 MRP 中的物料制造任务下达给车间。一般来说，由于不同的车间可以完成相似的加工任务，而且不同的车间可能会有相同的加工工艺路线，因而必须把 MRP 明确下达给某个车间加工，当然也允许将同一个 MRP 分配给不同的车间。因此，车间任务可以由 MRP 自动生成，也可以由手工建立或通过 MRP 任务分配（监理、分割等）生成。有时车间还会涉及一些临时任务，如返工、翻修和改装等。

车间任务往往是以报表的形式给出的，在报表中一般应包括任务号、MRP 号、物料代码、物料名称、需求量、需求日期、车间代码、计划开工日期、计划完工日期等数据项，如表 8.1 所示。

表8.1　车间任务表

任务号	MRP号	物料代码	需求量	需求日期	车间代码	任务数量	计划开工日期	计划完工日期
A008	M010	DVD333-22	10	2005/09/05	DV-01	10	2005/09/02	2005/09/05
A009	M011	DVD333-10	20	2005/09/08	DV-01	20	2005/09/02	2005/09/08

　　车间任务生成并经确认后，要对物料再次进行落实，也就是按照车间任务对物料进行分配，完成物料分配后就可以下达任务，进而执行任务了。物料分配后会影响库存物料的可分配量（已分配量），当然各种软件的处理流程与方式会有些差别。车间任务下达的流程如图8.6所示。

四、下达加工单

　　加工单（Work Order）也称为车间订单（Shop Order），是一种面向加工件，说明MRP的文件，包括物料的加工工序、工作中心、工作进度及使用的工装设备等。加工单类似于手工管理中的传票，可以跨车间甚至跨厂协作。车间作业的优先级主要根据MRP要求的计划产出日期来确定。加工单的格式同工艺路线报表很相似。它的表头

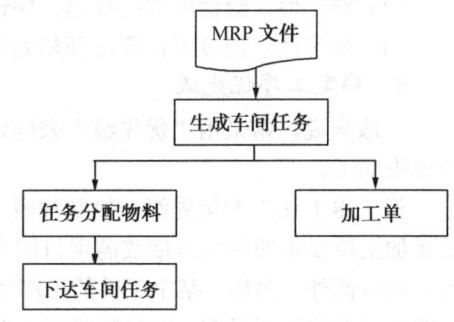

图8.6　车间任务下达流程图

和左侧各栏的信息取自工艺路线文件，只是增加了加工单号、加工单需用日期、每道工序的开始日期和完成日期。

　　加工单通常也是以报表的形式下达的，其格式如表8.2所示。

表8.2　加工单

加工单号：C01　　　计划日期：2005/08/31　　　计划员：CH

物料代码：A00　　　物料名称：DVD333-22

需求数量：10　　　需求日期：2005/09/08

工序	工作中心代码	标准时间			本工序时间	计划进度			
		准备	工时	台时		最早开工日期	最早完工日期	最迟开工日期	最迟完工日期
1	WC01	0.1	1	—	10.1	2005/09/02	2005/09/05	2005/09/02	2005/09/05
2	WC02	0.1	2	—	19.9	2005/09/02	2005/09/06	2005/09/02	2005/09/07

生成加工单的程序流程如图8.7所示。

五、生产调度

　　生产调度就是对工作中心的作业进行排序（简称"作业排序"），即当多项物料在同一时区分配在同一个工作中心上进行加工时，对物料的加工顺序进行排序。

　　1.　生产调度的目的

　　生产调度的目的表现在以下几个方面。

　　（1）将作业任务按优先级进行编排。

　　（2）按能力（设备、人力）分配任务。

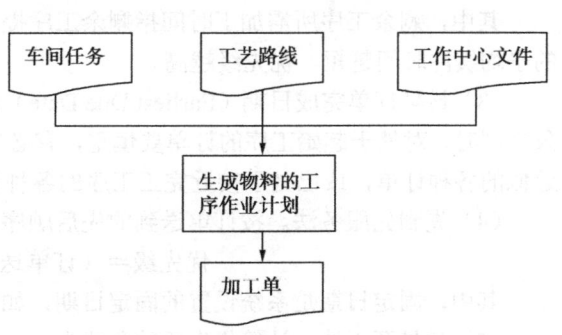

图8.7　生成加工单的程序流程

（3）保证任务如期完成。

（4）保证完成任务的时间最短、成本最低。

各种任务的编排是比较复杂的，企业一般要根据自己的情况设置自己的排序方案，企业甚至可根据需求进行适当的二次开发。

2．生产调度工作原则

生产调度工作原则有以下几个。

（1）计划性：以生产作业计划为依据；

（2）统一性：给调度部门权力，保证调度指示和命令的统一性，防止出现多头指挥的现象；

（3）预防性：调度工作要以预防为主。

3．确定工序优先级

一般来说，常采用"优先级"来确定待加工物料的先后顺序，数字越小说明加工的级别越高，应该先加工。

派工单上加工的优先级一般是按照工序的开始日期的顺序进行排列的，而工序开始日期又是以满足加工单要求的完成日期或需用日期为基准的。在多数情况下，二者的优先顺序是一致的，但是也可能有例外，例如，某个工件的工序加工时间很短，虽然开始日期在前，但即使略微推后也不致影响加工单的需用日期。当在提前期上出现矛盾时，可以参考以下几种常用的确定优先级的判断方法。在使用这些方法时要注意，最直观的方法仍然是用完成日期或需用日期来表示优先级，用优先序号只能表示相对关系，如果一味盲目地遵照相对优先级，有可能延误加工单的需用日期，在应用时要注意分析。常用的确定优先级的方法有以下几种。

（1）紧迫系数（Critical Ratio，CR）法。用 CR 值表示的优先级的计算式为

$$优先级（CR）=（交货日期–系统当前时间）/剩余的计划提前期 \qquad (8-1)$$

式中所获得的 CR 值有下述 4 种情况：

① CR≤0 时，说明已经拖期；

② 0＜CR＜1 时，说明剩余时间不够；

③ CR＝1 时，说明剩余时间刚好够用；

④ CR＞1 时，说明剩余时间有余。

很明显，CR 值越小，优先级高。一个工件完成后，其余工件的 CR 值会有变化，应随时加以调整。

（2）最小单个工序平均时差（Least Slack Per Operation，LSPO）法。时差也称缓冲时间或宽裕时间。用 LSPO 值表示的优先级的计算式为

$$优先级（LSPO）=（交货日期–当前日期–剩余工序所需加工时间）/剩余工序数 \qquad (8-2)$$

其中，剩余工序所需加工时间指剩余工序提前期之和。LSPO 值越小，即剩余未完工序可分摊的平均缓冲时间越短，优先级越高。

（3）最早订单完成日期（Earliest Due Date）法。完成日期越早的订单，其优先级越高。使用这条规则时，对处于起始工序的订单要慎重，有必要用 LSPO 复核。本规则比较适用于判断工艺路线近似的各种订单，或已处于接近完工工序的各种订单。

（4）先到先服务法。按订单送到的先后顺序进行加工，即

$$优先级=（订单送到日期–固定日期）/365 \qquad (8-3)$$

其中，固定日期是系统设置的固定日期，如可设置成当年的 1 月 1 日。

（5）最早开工法。计算优先级的公式为

$$优先级=交货期–提前期–当前日期 \qquad (8-4)$$

（6）剩余松弛时间法。计算优先级的公式为

$$优先级＝交货剩余时间（天）–完工剩余时间（天）\qquad(8\text{-}5)$$

确定工序优先级的方法很多，以上几种方法比较简单易懂，便于车间人员使用，也是多数软件常用的几种方法。总之，确定优先级主要考虑的是：订单完成日期、至完成日期剩余的时间、剩余的工序数。

确定工序优先级的前提条件是：要有一个可靠的 MPS 和 MRP 计划。由于系统的工作日历以日为最小时段，目前多数商品软件中还极少有细化到"班计划"的。处理班计划，可以在优先级上标注。

4. 作业排序

（1）作业排序的概念

安排工件在作业计划中的加工顺序称为作业排序。作业排序是制定作业计划的一个中心环节，但它不等于作业计划，排序只能确定各个工件在设备上加工的先后排序，在此基础上再给定每一个工件的加工开始和结束时间，才构成一个完整的作业计划。

作业排序实际上就是赋予在等待队伍中的工件以不同的优先权，谁的优先权高，谁就先加工，谁的优先权低，谁就后加工，给工件赋予优先权时所遵循的准则称为优先准则，因此，作业排序就转化为按照一定的优先准则赋予工件优先权的问题。

（2）常见的优先准则

较为常见的优先准则有以下几个。

① 先到先服务准则，按工件到达车间的先后顺序安排加工。

② 最短加工时间优先准则，加工时间最短的工件优先安排，然后是次短的，……依次排列，直到加工时间最长的那个工件，

③ 交货期最早优先，即要求交货期最早的工件优先安排，而交货期晚一些的工件则排到后面加工。

④ 剩余缓冲时间最小准则，剩余缓冲时间等于从当前时间距交货期的剩余时间减去剩余的加工时间，按剩余缓冲时间的长短，从短到长安排作业顺序。

⑤ 临界比最小准则，临界比 CRI 的计算方法是：

$$CRI=\frac{工件I交货期–生产日历当前日期}{完成工件I所需加工时间}$$

式中，CRI 是工件 I 的临界比，分母表示完成工件 I 还需要多长时间，分子表示当前日期距工件 I 的交货期的时间差。该准则是先计算出每个工件的临界比 SCR，然后按临界比的大小，从小到大安排作业顺序。

⑥ 后到先服务准则，对这个准则的直观解释是：后到车间的工件往往访问就放在工件堆的最上面，操作者总是从最上面拿起一个工件进行加，所以称之为后到先服务。

⑦ 随机安排准则，管理人员或操作都随机地选择一个工件。

以上几个准则各有不同的特点。先到先服务准则对工件比较公平，最短加工时间优先准则可使用工件平均流程时间最短，从而减少在制品量，交货期最早优先准则可使工件减少延误时间，也就是最大延误时间最小，剩余缓冲时间最小准则、临界比最小准则也是保证工件延误最小的准则。

5. 常用调度措施

在需要压缩生产周期的情况下，一般 MRP 系统提供的处理方法大体上有以下几类。

（1）平行顺序作业。通过将依次顺序作业中下道工序的排队时间 Q 设为负值来实现。工件在上一个工作中心完成一定数量，不等全部加工完，就部分地传送到下一个工作中心去加工。平行顺序作业可以缩短加工周期，但是由于增加了传送次数，传送时间增加了，搬运费用也相应地增加了，即成本会增加。另外，在考虑传送的批次时，要注意上、下工序加工时间的比值，如果前道工序加工时间很长，或各工序加工时间长短相间且毫无规律，则有些工作中心会出现窝工等待现象，因此，

有些工序会在将零部件一次性全部加工完成后再传送给下道工序，所以，形成了平行顺序作业和依次顺序作业交替使用的现象。

（2）加工单分批。把原来一张加工单加工的数量分成几批，由几张加工单来完成，以缩短加工周期。每批的数量可以不相同。只有在几组工作中心能完成同样的工作时，才有可能采用加工单分批或分割的方式。但是，每组工作中心都需要有准备时间，所以准备时间增加了。此外，还可能需要几套工艺装备，故成本也会增加。有时，上道工序由一组工作中心完成，下道工序由两组不同的工作中心来加工，然后又由一组工作中心来完成第3道工序。这种分合交替的作业会经常发生。

（3）压缩排队、等待和传送的时间。通常系统会提供人为设定和系统按设定的比例压缩两种处理方式，以减少这类非增值作业。

（4）替代工序或改变工艺。由于设备临时出现故障或类似的原因，可以暂时安排一个看来并不合理、加工成本较高但依然可以保证质量的工艺来完成。

（5）其他措施。例如，采用加班加点，调配人力等方法。

六、生产调度系统

1. 概述

建立一个全厂统一的，强有力的生产调度系统，代表领导在指挥日常生产活动中，行使调度权力，发布调度命令，处置各种问题。

工厂生产调度机构的设置一般分为厂、车间、工段这三级，对小企业只设置厂和车间两级机构。

2. 厂级调度机构

（1）概述

厂级在生产科内设总调度室，负责全厂范围的调度工作，解决各基本车间之间，基本车间与辅助车间之间，以及车间与业务部门之间的协调配合问题。

（2）厂级调度员方式

总调度，配备一定数量的调度员。厂级调度员分三种方式：

① 按车间分工，每个调度员负责一个或几个车间的调度工作。其优点是避免对车间的多头指挥；缺点是不利于调度员掌握产品生产全过程的进度；

② 按产品分工，每个调度员负责一种或几种产品的调度工作。其优点是有利于调度员对产品生产全过程进度的了解，保证各工艺阶段在时间上的衔接配合；缺点是当车间生产多种产品时，按产品分工容易引起对车间的多头指挥。

③ 既按车间分工又按产品分工，调度员既负责一个或几个车间的调度工作，又兼管一种或几种产品的调度工作。

3. 车间调度机构

车间计划调度组内设调度员，车间调度员主要解决各基本工段之间，基本生产工段与辅助生产工段之间，以及各生产工段与职能之间的协调配合问题。

4. 工段调度机构

由工段长负责工段内部的调度工作，规模大的工段可设专职计划调度员。

七、下达派工单

派工单（dispatch list）也称为调度单，是一种面向工作中心说明加工优先级的文件，说明工作中心在某时段（一周或一个时期内）所要完成的生产任务。它的作用是安排加工任务，使任务的执行状态为"开工"，还说明哪些加工任务已经到达或正在排队，应当什么时间开始加工，什么时间完成，加工单的需用日期是哪天，计划加工时数是多少，完成后又应传送给哪道工序；哪些工件即

将到达，什么时间到，从哪里来，等等。有了派工单，车间调度员、工作中心的操作员对目前和即将到达的任务一目了然。如果在日期或小时数上有问题，也容易及早发现，采取补救措施。通常，应把控制的重点放在关键工作中心上。

派工单往往是以报表的形式给出的，在报表中一般应包括车间代码、工作中心代码、物料代码、任务号、工序号、需求数量、开工/完工日期、优先级别等数据项，如表 8.3 所示。

表 8.3 派工单

车间代码：DV01　　　　工作中心代码：WC01　　　　派工日期：2005/09/01

物料代码	任务号	工序号	需求数量	最早开工时间	最早完工时间	最晚开工时间	最晚完工时间
DVD333-22	A008	M010	10	2005/09/02	2005/09/05	2005/09/02	2005/09/05
DVD333-10	A009	M011	20	2005/09/02	2005/09/07	2005/09/02	2005/09/08

八、生产现场管理

1. 内容

生产现场管理的主要内容有以下几点。

（1）对产品质量和工作质量的管理，是优化生产现场管理的关键；

（2）对设备与物流的管理是优化生产现场管理的重点；

（3）抓生产信息的管理是优化生产现场管理的重要措施；

（4）对工艺和工艺流程的不断改进，是优化生产现场管理的重要方法；

（5）对生产现场环境的管理，解决"脏、乱、差"问题，是优化生产现场管理的重要手段；

（6）对各种现代化管理方法和手段的推广和应用，是优化生产现场管理的重要手段。

2. 思路

生产现场管理的主要思路是：不断提高人的素质，发挥人的积极性和创造力。

3. 方法

优化生产现场管理的方法主要有以下几个。

（1）工作研究（方法研究和时间研究）；

（2）看板管理方法，看板就是表示出某工序何时需要何数量的某种物料的卡片；

（3）成组技术方法，揭示和利用事物间的相似性，按照一定的准则分类成组，同组事物能够采用同一方法进行处理，以便提高效益的技术，称为成组技术；

（4）多机床看管方法，即一个工人（一组工人）在生产过程中同时看管几台设备；

（5）设备点检定修制方法，它是利用人的感观（五感：视、听、触、嗅、味觉）或用仪表、工具，按照标准，定点、定人、定期地对设备进行检查，发现设备的异常、隐患，掌握设备发生故障的前兆信息，及时采取对策，将故障消灭在发生之前的一种设备管理方法；

（6）现场工序质量控制法，由于工序种类繁多，工序因素复杂，工序质量控制所需要的工具和方法也多种多样，现场工作人员应根据各工序特点，选定既经济又有效的控制方法，避免生搬硬套。企业在生产中常采用以下三种方法：①自控；②工序质量控制点；③工序诊断调节法。

4. 优化标志

生产现场管理优化的标志是：

（1）均衡生产，调度有序；

（2）产品质量，控制有力；

（3）定员定额，先进合理；

（4）物流有序，原辅材料供应及时；

（5）纪律严明，考核严格；

（6）设备完好，运转正常；

（7）安全第一，消除隐患；

（8）摆放整齐，文明生产；

（9）信息畅通，原始记录齐准快明；

（10）士气高涨，协调一致。

5. 5S 活动

（1）概述

5S 活动是指对生产现场各生产要素（主要是物的要素）所处状态，不断地进行整理、整顿、清扫、清洁，以达到提高素养的目的。

（2）内容

① 整理，指在规定的时间、地点、把作业现场不需要的物品清除出去，并对保留下来的有用物品按一定顺序摆放好；

② 整顿，指对整理后需要的物品进行科学、合理的布置和摆放，做到随时可以取用；

③ 清扫，把工作场所打扫干净，对作业现场要经常清除垃圾做到没有杂物、污物；

④ 清洁，保持没有垃圾和污垢的环境；

⑤ 素养，指教养。努力提高人员的素养，养成良好的风气和习惯。

九、分析报表

在一般软件的 PAC 中，提供的常用查询报表有以下几类。这些报表反映的动态信息已超出了手工管理统计报表的概念，因此，不能简单地称为统计报表。

（1）物料和能力可用量报表。根据加工单上物料的数量和时间，系统自动显示所需的物料及能力，若有短缺也将自动标识。

（2）加工单状态报表。按已下达、已发料、短缺或例外情况、部分完成、完成未结算、完成已结算等分别报告。

（3）工序状态报表。说明需求量、完成量、报废量、传送量，同时说明材料和工时消耗以及发生的成本。

十、投入/产出控制

投入/产出控制（Input/Output Control，I/O）一种能力控制技术，它将工作中心的实际产出与由能力需求计划产生并由生产部门批准的计划产出相比较。并且监控投入，以检查是否与计划一致，这样，当工作中心不能得到加工作业时，也不期望它有产出。

投入/产出控制也是衡量能力执行情况的方法，也可以用于计划和控制排队的时间和提前期。这是一种需要逐日分析的控制方法。投入/产出报告（即 I/O 报告）是一个关于计划与实际投入以及计划与实际产出的控制报告。I/O 计算主要生成某一时间段内各工作中心的计划投入工时（台时、能力标准）、计划产出工时（台时、能力标准）和其他信息（如初始队列等），用户可在每周初用本程序进行计算。实际输入工时（台时、能力标准）和实际输出工时（台时、能力标准）数据由车间按实际情况进行录入维护。I/O 报告的数据一般有计划投入、实际投入、计划产出、实际产出、计划排队时间、实际排队时间以及投入、产出时数的偏差等。比较计划投入与实际投入，可以分析出

输入到工作中心的订单的流动情况。比较实际投入与产出可以看出工作中心是否正在加工所有到达的负荷，它可以指示出工作中心执行计划的情况如何。表 8.4 是一种常见的 I/O 报表形式。

表 8.4　投入/产出报表

工作中心：C01　　名称：解码板调试　　生成日期：2005/09/01

能力标志：工时　　能力数据：20 小时/日

投入允许偏差：10　　产出允许偏差：10　　　　　　　　　　　　单位：小时

项　　目	时　段				
	1	2	3	4	5
计划投入	100	100	100	100	100
实际投入	98	96	110	98	95
累计投入偏差	–2	–6	4	2	–3
计划产出	100	100	100	100	100
实际产出	98	97	112	100	98
累计产出偏差	–2	–5	7	7	5
计划排队	15	15	15	15	15
实际排队	16	15	13	11	8

表注：
- 计划投入：工作中心的计划订单与已下达订单所需的工时（台时）；
- 计划产出：计划要求完成的任务的工时（台时）；
- 实际投入：工作中心实际接收任务的工时（台时）；
- 实际产出：实际完成任务的工时（台时）；
- 累计投入偏差：等于实际投入减去计划投入；
- 累计产出偏差：等于实际产出减去计划产出；
- 计划排队：工作中心的任务的计划排队工时（台时）；
- 实际排队：工作中心的任务的实际排队工时（台时）。

　　由于负荷是由加工物料所引起的，负荷与物料的对应关系也即是产品的定额工作量（工时、台时），因此投入/产出的统计报表也可以对在制品的流动进行分析（分析方法请参考表 8.5），并可根据分析结果控制物料的排队。排队时间的变化可用下式表示

　　　　时段末的排队时间＝时段初的排队时间–产出量+投入量　　　　　　　　（8-6）

表 8.5　投入/产出报表分析

对 比 结 果	存 在 问 题	对 比 结 果	存 在 问 题
计划投入＞实际投入	加工件推迟	实际投入＜实际产出	在制品减少
计划投入＝实际投入	加工件按计划到达	计划产出＞实际产出	工作中心落后计划
计划投入＜实际投入	加工件提前到达	计划产出＝实际产出	工作中心按计划
实际投入＞实际产出	在制品增加	计划产出＜实际产出	工作中心超前计划
实际投入＝实际产出	在制品维持不变		

　　如果要减少排队时间，就必须使产出量大于投入量。注意：永远不要投入超过工作中心可用能力的工作量。当拖欠量增大时，如果不加分析地延长提前期（放宽工时定额），过早地下达过多的订单，增加投入，只会增加排队等候时间，积压更多的在制品，人为地破坏了优先级，从而造成了更多的拖欠量，形成恶性循环。由于能力问题造成的拖欠量只能从能力入手来解决，即加大"出水管"的口径，如图 8.8 所示。

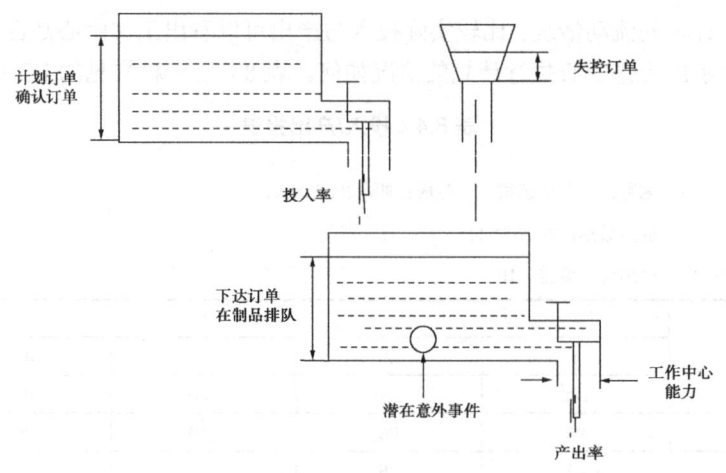

图 8.8　能力控制

第三节　准时生产方式（JIT）

情景案例

　　准时生产方式是日本丰田汽车公司实行的一种生产方式。它的基本思想是："在必要时，做必要的事，生产必要的量"。通过生产的计划和控制及库存的管理，追求一种无库存，或库存达到最小的生产系统。

　　朱雪峰想看一看准时生产方式的内涵以及该种生产方式与现代企业的生产有什么不同，是否仍具有指导意义。于是朱雪峰带着团队，进入了 JIT 的学习之中。

任务思考

　　1. JIT 的主要特征有哪些？
　　2. JIT 对现代企业的意义是什么？

任务分析

　　JIT 的主要特征是：① 对外以用户为"上帝"；② 对内以"人"为中心；③ 在组织机构上以"精简"为手段；④ 在工作方法上采用"协同工作"和并行设计；⑤ 在供应链上采用"JIT"方式；⑥ 在最终目标上为"零缺陷"。

　　JIT 思想是现代企业必须严格贯彻到生产核心中的理念，但实现手段因具体企业和生产方式而不同，国内企业只有在实践中不断探索，才能寻找和确立自己的 JIT 方式，同时也避免淮橘为枳，真正把握 JIT 生产方式的精髓。

一、JIT 概述

1. JIT 的基本概念

　　准时生产方式（Just in Time 简称 JIT）可概括为"在需要的时候，按需要的量生产所需的产品"，也就是通过生产的计划和控制及库存的管理，追求一种无库存，或库存达到最小的生产系统。

JIT 是日本丰田汽车公司在 20 世纪 60 年代实行的一种生产方式，1973 年以后，这种方式对丰田公司渡过第一次能源危机起到了突出的作用，后引起其他国家生产企业的重视，并逐渐在欧洲和美国的日资企业及当地企业中推行开来。现在这一方式与源自日本的其他生产、流通方式一起被西方企业称为"日本化模式"，其中，日本生产、流通企业的物流模式对欧美的物流产生了重要影响。近年来，JIT 不仅作为一种生产方式，也作为一种通用管理模式在物流、电子商务等领域得到推行。

2．JIT 的核心思想

在 JIT 生产方式倡导以前，世界汽车生产企业包括丰田公司均采取福特式的"总动员生产方式"，即一半时间人员和设备、流水线等待零件，另一半时间等零件一运到，全体人员总动员，紧急生产产品。这种方式造成了生产过程中的物流不合理现象，尤以库存积压和短缺为特征，生产线或者不开机，或者开机后就大量生产，这种模式导致了严重的资源浪费。丰田公司的 JIT 采取的是多品种少批量、短周期的生产方式，实现了消除库存，优化生产物流，减少浪费的目的。

准时生产方式基本思想可概括为"在需要的时候，按需要的量生产所需的产品"，也就是通过生产的计划和控制及库存的管理，追求一种无库存，或库存达到最小的生产系统。准时生产方式的核心是追求一种无库存的生产系统，或使库存达到最小的生产系统。为此而开发了包括"看板"在内的一系列具体方法，并逐渐形成了一套独具特色的生产经营体系。

JIT 生产方式以准时生产为出发点，首先暴露出生产过量和其他方面的浪费，然后对设备、人员等进行淘汰、调整，达到降低成本、简化计划和提高控制的目的。在生产现场控制技术方面，JIT 的基本原则是在正确的时间，生产正确数量的零件或产品，即时生产。它将传统生产过程中前道工序向后道工序送货，改为后道工序根据"看板"向前道工序取货，看板系统是 JIT 生产现场控制技术的核心，但 JIT 不仅仅是看板管理。

3．JIT 的基本原则

准时生产方式的基本原则有以下几个。

（1）物流准时原则

要求在需要的时间段内，一般指 15 分钟至 30 分钟内，所有的物按照需要的规格、规定的质量水平和需要的数量，按规定的方式送到生产现场，或在指定的地点能提取货物。

（2）管理的准时原则

要求在管理过程中，能够按照管理的需要，遵照管理规定的要求收集、分析、处理和应用所需的信息和数据，并作为指令来进行生产控制。

（3）财务的准时原则

要求在需要时候，及时按照需要的金额调拨并运用所需的周转资金，保证企业的财务开支适应生产运行的需求。

（4）销售的准时原则

要求在市场需求的供货时间内，组织货源和安排生产，按照订单或合同要求的品种和数量销售和交付产品，满足顾客的需求。

（5）准时生产原则

企业通过实施劳动组织柔性化来坚持多机床操作和多工序管理的生产方式，通过培训使操作工掌握一专多能的技艺，形成一支适应性强、技术水平高和富有创造性的工作团队，以保证各项特殊要求的生产任务能出色和按时地完成。并且在生产组织上实行工序间"一个流"的原则或成品/半成品储备量逐年下降的原则，最终实现"零库存"的管理目标。同时，在生产准备工作和生产调度也必须适应多品种混流生产的要求，实现柔性化生产。

准时制生产主要内容可以归纳为融七大管理为一体的生产模式：即六种管理方法和一种管理体制的综合。六种方法是：生产管理、质量控制、劳动组织、工具管理、设备管理和现场 5S 管理。

一种管理体制是指"三为"的现场管理体制——以生产现场为中心，以生产工人为主体和以车间主任为领导核心的现场生产组织管理模式，实现生产体系的高效运转和现场问题的迅速解决。

二、JIT 生产方式

1. 拉式生产

拉式生产与推式生产有不同的物料指令。推式生产方式是根据 MPS 和 MRP 下达生产加工订单（生产工票），根据生产工票将物料配套发往各个工作中心。上道工序完工后，生产工票与加工完成的物品向下道工序传递，物料是从上道工序向下道工序推动传递的；在上道工序未完工前，下道工序只是等待物料、组件加工。这样，会形成一定的生产物料库存，因而称为"推式生产"，如图 8.9 所示。

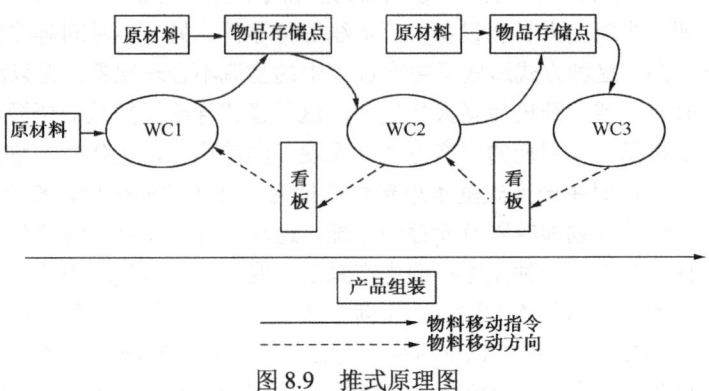

图 8.9　推式原理图

拉式生产的物料移动的动力来自下道工序，JIT 生产安排实行实时、适量、适地安排生产，当总装计划下达后，下道工序向上道工序领取本道工序所要的组件进行组装。当上道工序的加工组件数量不能满足下道工序的组装要求时，产生需求信息。

JIT 生产中常用"看板"来传递工序之间的需求信息与库存量，每个"看板"只在上下道工序之间传递，每道工序之间都有"看板"。这种物料需求指令方向来自下道工序，由下道工序向上道工序传递加工与需求指令，因而称为"拉式生产"。"看板"的作用是控制在制品库存，即只在需要时才进行生产，物料才被拉动。拉式生产大大地减少了在制品库存及排队等候时间，并简化了优先级控制与能力控制，简化了工序跟踪，减少了事务处理的工作量，因而可以降低管理费用，其原理如图 8.10 所示。

2. 反冲法核销成本

反冲法是事后扣减物料库存的方法，该方法可以简化物料的发放与接收事务，提高生产效率。反冲法利用物料完成的成品与产品报废数量，同时根据产品的物料清单计算核销物料库存与加工工时。一般来说，反冲法多适用于生产节拍较短的重复制造作业（如总装配线），

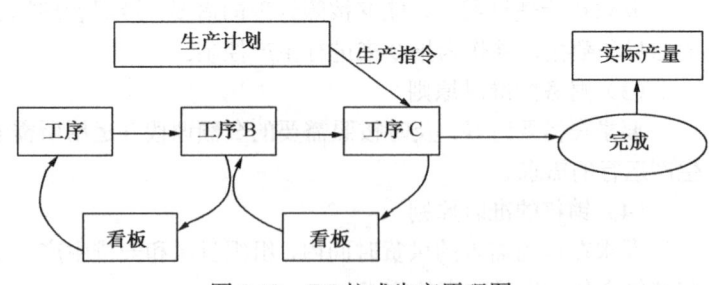

图 8.10　JIT 拉式生产原理图

并要求物料清单准确率达100%，生产的统计（完工产品数、废品数）也必须准确无误。在应用时，需设立采用反冲法计算的工序起点与结束点。

3. 按生产率安排生产计划

传统的离散型车间生产按加工订单（即生产工票）下达生产任务，而 JIT 生产管理采用按生产率（时产、日产）来安排生产计划，无须下达生产工票。生产计划一般是最终组装计划，生产安排既要平衡能力又要平衡物流。

三、JIT 模式的特点

JIT 是一组活动的集合，其目的是：在实现原材料、在制品以及产成品保持最小库存的情况下，实现批量生产。

1. 优点

JIT 生产方式与传统生产方式相比，具有以下优越性：

（1）由于在生产过程中实现同步化，上下道工序的衔接紧凑，减少了原材料、在制品、成品的库存与积压，也节省了生产空间。

（2）减少了生产加工时间。由于生产中各道工序的操作者都按同步的节拍操作，生产进度不是传统方式下以最慢的节奏进行，而是受"拉动"控制使生产速度能保持在平均速度或平均速度之上。

（3）提高了产品质量，减少了废品与返工。JIT 生产中由于实行"小批量生产、小批量运输"，特别是"单件生产、单件传递"，这就会迫使生产系统中的每道加工工序的作业人员必须生产出百分之百合格的零部件制品；否则，只要有极小数（甚至 1 件）不合格品产出，就会破坏正常的生产，因此，JIT 生产形成了一种"确保生产合格品"的强制性约束机制。

（4）提高了劳动生产率及设备利用率。JIT 通过生产设施的合理布局，使生产运作管理过程中滞留时间、滞留空间和作业人员的差异降至最低程度。它改变了一人一机的传统，实行一人多机的作业组织方法，大幅度提高了劳动生产率及设备利用率。

（5）由于按照一个统一的原则进行整个生产运作系统的管理，从而增强了作业人员的集体感，使他们能主动参与生产问题的解决过程，提高了积极性。

（6）有利于生产运作管理功能的整体优化。JIT 不仅考虑生产局部的"同步化"，而且考虑整个企业生产的同步化问题。它克服了传统方法中质量管理、设备维修管理和技术工艺管理与工序管理相互脱节的弊端，形成个人、班组、工序、车间乃至整个企业的层层配套的管理网络系统。

2. 缺点

JIT 目前已在国外广泛应用于重复性生产的制造业中。然而，人们在实际应用 JIT 组织生产时，也发现 JIT 并非十全十美。JIT 确实还存在一些缺陷，主要有以下几方面。

（1）不做详细能力计划，使生产经常安排在低于最高产能的状态下运行。

（2）对生产系统因故障产生的不均衡，JIT 的承受能力远低于 MRP Ⅱ 系统。

（3）成功地开发并应用 JIT 需要很长时间，其中包括重新设计产品和工艺流程、培训员工技能等。

（4）JIT 仅限于重复性制造生产，需要非常稳定的生产周期，产品品种有限且有一定的相似性。

（5）生产布局有特定要求及要求供应商就近布置等，这在一定程度上影响了 JIT 作用的发挥。

四、JIT 模式体系结构

1. JIT 体系结构图

JIT 体系结构如图 8.11 所示，它主要由 JIT 的目标、JIT 的基本手段和 JIT 的实现手法组成。其中，JIT 的目标主要是通过降低成本来获取利润；JIT 的基本手段则主要有适时适量生产、弹性配置作业人数和质量保证；JIT 的实现手法主要有生产均衡化、生产同步化和看板管理。

2. JIT 体系目标

JIT 生产方式的最终目标（即企业的经营目的）是获取最大利润。为了实现这个最终目标，"降低成本"就成为基本目标。在福特时代，降低成本主要是依靠单一品种的规模生产来实现的。但在多品种、中小批量生产的情况下，这一方法是行不通的。因此，JIT 生产方式力图通过"彻底消除浪费"来达到这一目标。所谓浪费，在 JIT 生产方式的起源地丰田汽车公司，被定义为"只使成本增加的生产诸因素"，也就是说，不会带来任何附加价值的诸因素。其中，最主要的有生产过剩（即库存）所引起的浪费。因此，为了排除这些浪费，就相应地产生了适时适量生产、弹性配置作业人数以及保证质量这3个子目标。

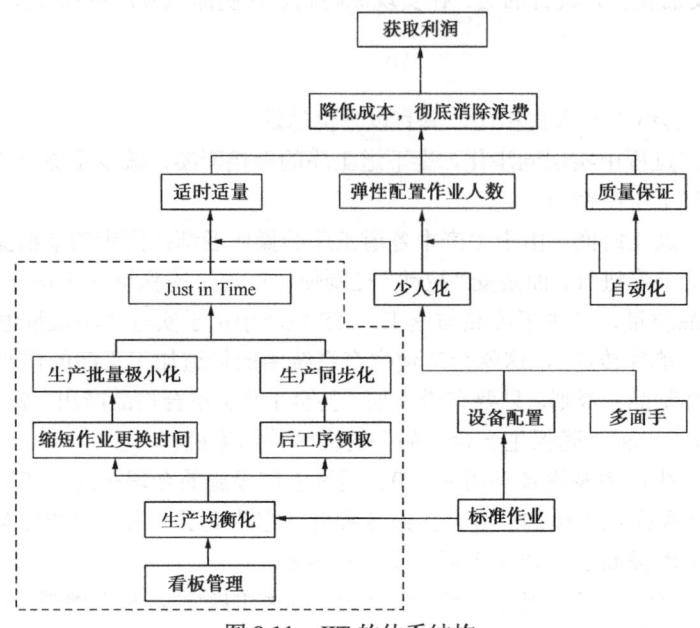

图 8.11　JIT 的体系结构

五、JIT 体系的基本手段

为了达到降低成本这一基本目标，对应于上述基本目标的 3 个子目标，JIT 生产方式的基本手段也可以概括为下述三方面。

1. 适时适量生产

JIT 一词本来的含义是"在需要的时候，按需要的量生产所需的产品"。对于企业来说，各种产品的产量必须能够灵活地适应市场需要量；否则，导致生产过剩并引起人员、设备、库存费用等一系列的浪费。而避免这些浪费的手段，就是实施适时、适量生产，只在市场需要时生产市场需要的产品。

2. 弹性配置作业人数

在人力成本越来越高的今天，降低人力成本是降低成本的一个重要方面，达到这一目的的方法是"少人化"。所谓少人化，是指根据生产量的变动，弹性地增减各生产线的作业人数，并尽量用较少的人力来完成较多的生产。其关键在于，能否将生产量减小了的生产线上的作业人员数减下来。这种"少人化"技术一反历来的生产系统中的"定员制"，是一种全新的人员配置方法。实现这种少人化的具体方法是实施独特的设备布置，以便能够在需求减少时，将作业所减少的工时集中起来，以整顿削减人员。但这从作业人员的角度来看，意味着标准作业中的作业内容、作业范围、作业组合以及作业顺序等的一系列变更。因此，为了适应这种变更，作业人员必须是具有多种技能的"多面手"。

3. 保证质量

质量与成本之间是一种负相关关系，即要提高质量，就得花人力、物力来加以保证。但在 JIT 生产方式中，却一反这一常识，通过将质量管理贯穿于每一道工序之中，来实现提高质量与降低成本的一致性，其具体方法是"自动化"。这里所讲的自动化是指融入生产组织中的以下两种机制。

（1）使设备或生产线能够自动检测不良产品，一旦发现异常或不良产品可以自动停止设备运行的机制。为此，在设备上开发、安装了各种自动停止装置和加工状态检测装置。

（2）生产一线的设备操作工人发现产品或设备的问题时，有权自行停止生产的管理机制。依靠这样的机制，不良产品一旦出现马上就会被发现，防止了不良产品的重复出现或累积出现，从而避免了由此可能造成的大量浪费。此外，一旦发生异常，由于生产线或设备就立即停止运行，可以比较容易地找到发生异常的原因，从而能够有针对性地采取措施，防止类似异常情况再次发生，杜绝再产生类似的不良产品。

值得一提的是，通常的质量管理方法是在最后一道工序对产品进行检验，尽量不让生产线在加工中途停止。但在 JIT 生产方式中，却认为这种做法恰恰是使不良产品大量或重复出现的"元凶"。因为发现问题后不立即停止生产，问题得不到暴露，以后难免还会出现类似的问题，同时还会出现"缺陷"叠加的现象，增加最后检验的难度；而一旦发现问题就立即停止生产，并对其进行分析、改善，久而久之，生产中存在的问题就会越来越少，企业的生产素质就会逐渐增强。

六、JIT 的实现方法

JIT 的实现手法主要有两种：生产同步化和生产均衡化。

1. 生产同步化

为了实现适时、适量生产，首先需要致力于生产的同步化，即工序间不设置仓库，上道工序的加工结束后，使其立即转到下道工序去，装配线与机械加工几乎平行进行。在铸造、锻造、冲压等必须成批生产的工序，则通过尽量缩短作业更换时间来尽量缩小生产批量。生产的同步化通过"下道工序领取"的方法来实现，即"下道工序只在需要的时间到上道工序领取所需的加工品；上道工序按照领取的数量和品种进行生产"。这样，制造工序的最后一道工序（即总装配线）成为生产的出发点，生产计划只下达给总装配线，以装配为起点，在需要的时候，向上道工序领取必要的加工品，而上道工序提供该加工品后，为了补充被领走的量，必须向上上道工序领取物料，这样就把各个工序都连接起来，实现同步化生产。这样的同步化生产还需通过采取相应的设备配置方法以及人员配置方法来实现，即不能采取通常的按照车、铣、刨等工业专业化的组织形式，而应该按照产品加工顺序来布置设备。这样也带来人员配置上的不同做法。

2. 生产均衡化

生产均衡化是实现适时、适量生产的前提条件。所谓生产的均衡化，是指总装配线在向上道工序领取零部件时，应均衡地使用各种零部件生产各种产品。为此，在制订生产计划时就必须考虑生产均衡化，然后将其体现于产品生产顺序计划之中。在制造阶段，均衡化通过专用设备通用化和制订标准作业来实现。所谓专用设备通用化，是指通过在专用设备上增加一些工夹具的方法使之能够加工多种不同的产品。标准作业是指将作业节拍内一个作业人员所应担当的一系列作业内容标准化。

七、JIT 的管理工具

在实现适时、适量生产中，具有极其重要意义的是作为其管理工具的看板。看板管理可以说是 JIT 生产方式中最独特的部分，因此也有人将 JIT 生产方式称为"看板方式"。但是严格地讲，这种概念也不准确。因为如前所述，JIT 生产方式的本质是一种生产管理技术，而看板只是一种管理工具。

看板方式作为生产管理的一种方式，在生产管理史上是非常独特的，看板方式也可以说是 JIT 生产方式最显著的特点，但绝不能把 JIT 生产方式与看板方式等同起来。JIT 生产方式归根结底是一种生产管理技术，而看板只是一种管理手段。看板只有在工序一体化、生产均衡化、生产同步化的前提下，才有可能被运用。如果错误地认为 JIT 生产方式就是看板方式，不对现有的生产管理方式做任何变动就单纯地引进看板方式，是不会起到任何作用的。所以，在引进 JIT 生产方式和看板方式时，最重要的是对现有的生产系统进行全面改组。

1. 看板的机能

（1）生产和运送的工作指令。看板中记载着生产的数量、时间、方法、顺序，以及运送量、运送时间、运送目的地、放置场所、搬运工具等信息，从装配工序逐次向上道工序追溯，在装配线将所使用的零部件上所带的看板取下，以此再去上道工序领取。"下道工序领取"以及"适时适量生产"就是这样通过看板来实现的。

（2）防止过量生产和过量运送。必须按照既定的运用规则来使用看板，其中一条规则是："没有看板不能生产，也不能运送"。根据这一规则，看板数量减少，则生产量也相应减少。由于看板所表示的只是必要的量，因此通过看板的运用能够做到自动防止过量生产且适量运送。

（3）进行"目视管理"的工具。看板的另一条运用规则是："看板必须在实物上存放"和"上道工序按照看板取下的顺序进行生产"。根据这一规则，生产现场的管理人员对生产的优先顺序能够一目了然，易于管理，并且只要一看看板，就可知道下道工序的作业进展情况、库存情况等。

（4）改善的工具。在 JIT 生产方式中，通过不断减少看板数量来减少在制品的中间储存。在一般情况下，如果在制品库存较高，即使设备出现故障，不良品数目增加也不会影响到下道工序的生产，所以容易把这些问题掩盖起来；而且即使有人员过剩，也不易察觉。根据看板的运用规则之一"不能把不良品送往下道工序"，下道工序所需得不到满足，就会造成全线停工，由此可使问题立即暴露，必须立即采取改善措施来解决问题。这样，通过改善活动不仅使问题得到了解决，也使生产线的"体质"不断增强，使生产率得以提高。JIT 生产方式的目标是要最终实现无存储生产系统，而看板提供了一个朝着这个方向迈进的工具。

2．看板的种类

（1）在制品看板，包括工序内看板、信号看板。

（2）领取看板，包括工序间看板、对外订货看板。

（3）临时看板。

八、JIT 模式下的 PAC

1．JIT 模式下 PAC 的特点

在 JIT 模式中，同样根据企业的经营方针和市场预测制订年度计划、季度计划和月度计划，最后根据月度计划制订日程计划，并据此制订 PAC 和产品投产顺序计划。JIT 模式与其他生产管理方式的不同之处可用图 8.12 描述。从图中可以看出，JIT 模式下的 PAC 具有下述特点。

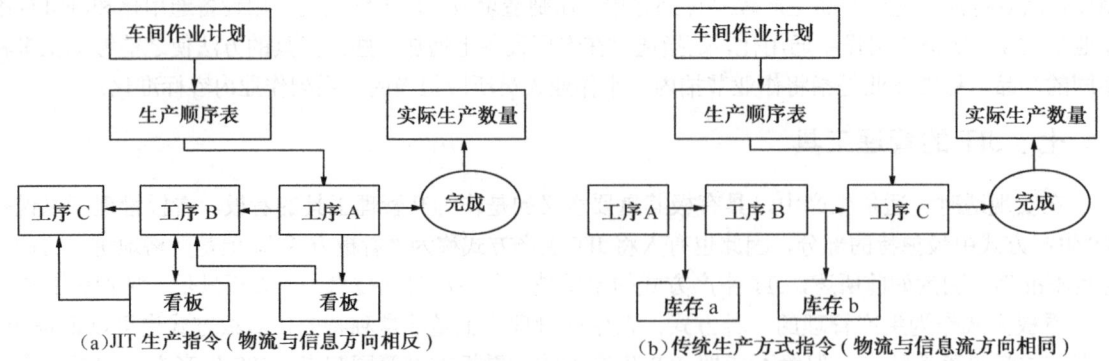

图 8.12　JIT 与传统生产管理的生产指令比较

（1）真正作为生产指令的产品投产顺序计划下达到最后一道工序。

（2）下达给最后一道工序以外的工序的计划只是每月大致的生产品种和数量计划，作为安排计划的一个参考基准，并不是真正的生产指令，真正的生产指令是由前面的工序通过看板发出的。

2．JIT 模式下生产指令的下达

在传统的生产管理中，生产指令同时下达给各道工序，即使上下道工序出现变化或异常，也与

本道工序无关，仍按原指令不断生产，其结果会造成工序间生产量的不平衡，形成在制品库存。而 JIT 模式则截然不同，由于生产指令下达到最后一道工序，其余各道工序的生产指令由看板在需要时向上道工序传递，这就使得：①各道工序只生产下道工序所需要的产品，避免了生产不必要的产品，避免或减少了在制品的库存。②因为生产指令下达到最后一道工序，因此，最后的生产数量与生产指令所指示的数量是一致的，并且该指令以天为单位，可以做到在生产开始的前一天下达，从而能够反映最新的订货和市场需求，大大缩短了从订货或市场预测到产品投放市场的距离，有利于提高企业对市场的适应能力。

从上述的 JIT 生产特点可以看出：下达给最后一道工序的生产指令指挥着整个企业的生产过程，其正确与否是关系重大的；生产指令必须在需要时发出，要做到这一点，就必须有正确的产品投产计划，因为生产指令是根据产品投产顺序计划发出的。由此可见，制订正确的产品投产顺序计划是实现 JIT 的关键。

典型案例

精益生产与 ERP 在服装企业中的结合应用

《现代营销》2016.6 期

一、精益生产与 ERP 在现代服装企业之间的共性

精益生产（Lean Production）又称精良生产、TPS 等，其中"精"表示精良、精确、精美；"益"表示利益、效益等。精益生产就是及时制造，消灭故障，消除一切浪费，向零缺陷、零库存进军。其核心有两点。一是零库存。精益生产追求无库存生产，或使库存达到极小的生产系统，为此而开发了包括"看板"在内的一系列具体方法，并逐渐形成了一套独具特色的生产经营体系。二是快速应对市场的变化。为了快速应对市场的变化，精益生产者开发出了细胞生产、固定变动生产等生产布局及生产编程方法。精益生产的基本目的是，要在一个企业里同时获得极高的生产率、极佳的产品质量和很大的生产柔性；在生产组织上，它与泰勒方式不同，不是强调过细的分工，而是强调企业各部门相互密切合作的综合集成。综合集成并不局限于生产过程本身，还包括重视产品开发、生产准备和生产之间的合作和集成。

ERP 不只是一个软件，实质上它是一种管理思想、管理体系和管理理念的集合体，由于它可以借助计算机作为工具，把管理思想、管理体系和管理理念用程序代码表现出来这一特性，所以很多人都误认为 ERP 只是软件。ERP 系统是将企业的各种业务功能链接到一个共同的系统中，使企业业务流程流畅和事务处理规范化。ERP 的集成和数据的共享使得 ERP 更趋向于扮演应用软件的角色。ERP 在企业管理中作用，极大程度上节约了人力物力，提高了生产效率，主要表现在以下几点：

（1）规范了企业基础管理工作；

（2）提高了企业资源运作的效率；

（3）降低了企业的运营成本；

（4）改变了企业的管理模式；

（5）提高了企业的决策质量。

我国有中等规模的服装企业近五万家，近年来该行业竞争相当激烈，行业平均利润率日益下降。由于服装行业是劳动密集型行业，具有投资少、见效快、技术含量较低等特点，许多企业在产品营销方面，发展复合营销网络，一方面是企业向地区总经销制、连锁加盟专卖店、批发市场发展；另一方面是企业通过自营、投资控股等方式建立自己的直销点，由以往单一的地区总经销制为主向市场、商场、专卖店并重的方式转变；第三方面积极发展网络营销电子商务——淘宝、微商，淘宝微

商投入小、覆盖面广。中小型企业由于市场经济萧条从原来更多地采用加盟专卖店的销售方式向联营模式转变，联营由加盟商交一部分固定的货品押金，企业和加盟商共同运营销售。而多数中小企业由于信息化建设落后，无法进行数据信息的沟通，信息资源共享性差，导致企业营销网络发挥不了相应的作用。因此信息化管理将成为服装企业经营管理变革的一种趋势，进行服装企业商品的进、销、存、退、换、盘、损、残、调、借、赠等商品流转过程的管理，相应款项流通的管理和票据的管理，提高服装企业的市场应变能力。这就需要一个信息集成管理系统，ERP正符合这一要求，它将成为企业运作中的一件战略性武器。

精益生产与ERP之间存在共性，两者是相辅相成的。精益生产强调的是一种具体生产方式，这种生产方式能够最大限度减少浪费。而ERP不关心具体的生产方式，侧重的是为企业管理者提供一种管理工具或平台，使得管理者可以进行科学的决策和控制。精益生产是一种以最大限度减少企业生产所占用的资源和降低企业各种成本为主要目标的生产方式，它是一种理念，也是一种文化。由此可以看出，二者面向企业管理的不同方面，犹如关羽战秦叔宝，应该联系不到一起；但是它们有着共同的目标，二者都将给企业带来效益。现在越来越多的案例表明，企业想获得 1+1 > 2 的效益，就需要管理工具和生产方式的结合，把精益生产和ERP合理利用，发挥各自的优势。

二、ERP与精益在服装企业中的冲突

服装行业是传统产业，大多数企业在信息化建设中投入不多。中国有上规模的服装企业近千家，但真正成功实施ERP的服装企业却不到10%。当然，这与我国服装企业的规模也有关系，综合众多厂商的ERP实施经验：服装企业只有当销售额达到2亿元时才能感到启用ERP的迫切性需要。对许多服装制造厂商来说，ERP系统由于遗留了物料需求规划（MRP）的一些问题，而悄然兴起的"精益生产"（Lean Production）依靠"流动"或"需求拉动"指导生产，适应时代的发展潮流，正在取代传统的MRP模式。最初主流的ERP供应商对支持新制造模式置之不理，但随着更加灵活的小型软件公司不断切入精益制造这样的缝隙市场，主流的ERP供应商也开始重视自己产品缺陷，提供旨在弥合生产车间和ERP系统之间鸿沟的解决方案。这些方案都支持精益方法的模块或附加组件，其功能特点包括：流动线路设计、将日产出率跟需求同步化的数学模型、迅速处理生产线设计变动的能力，以及图形方法表。这些新的方案很有前景，但许多服装企业由于技术上的巨额投资以及缺乏管理高层对精益工具的支持，暂时无法摆脱目前的ERP系统。在当前状态下，ERP和精益方法能否在同一企业共存，还是存在诸多争议的。精益的理念强调生产过程的持续改进，而ERP则强调规划。只有精益和ERP两者相互配合，才能化解彼此的矛盾，达到它们的终极目标效益。

三、ERP与精益在服装企业中的有效平衡

通过对一些较高端的ERP开发商所提供的软件系统的分析，结合目前服装企业现状，可以从以下几个方面来促使两者之间的平衡。

1. 合理的生产计划管理

ERP进行生产计划管理的基础是建立服装生产工艺BOM，即在建立产品物料清单的基础上，进而确定各种物料通过怎样的工艺路线加工，每个工序需要多长的生产周期。服装企业在准备实行精益生产时，必须首先了解并勾勒出他们的生产流程的全貌，以便于生产组织运用它去制造自己的产品。首先制定清晰的服装生产工艺流程，使所有员工在进行操作时，避免动作不一致造成的加工时间不一致。其次制定服装生产工艺要求，对每一个工序的动作和作业顺序进行规范，形成所有员工完全一致的操作动作。最后，利用工艺工程统计每个工序的工人动作时间、走动时间、作业准备时间、换产时间，这样才能形成准确的工艺BOM。在实施工艺BOM的同时还需要定期修正工艺BOM。

2. 活用看板拉动系统

ERP应用于服装生产管理时，将其主要功能限定在依据销售预测和成品库存，形成主生产计划（MPS），服装企业依据主生产计划进行物料和生产能力的前期准备工作。当服装企业实施生产任务时，还应建立看板拉动系统，依据实际销售数量安排从成品到物料的拉动型生产。不宜按照 ERP 生成的工作单进行生产，以避免因销售波动、工序能力不一致，以及无法预测的品质不良、设备故障出现制造过剩的浪费。

3. 选择合适的 ERP 供应商

在实施 ERP 中不断完善。选择合适的 ERP 供应商，根据服装企业的实际情况选择合适的模块，根据 ERP 供应商的要求对企业内部的人员、组织、流程、信息进行整合，然后运行使用 ERP 的模块。在运行中通过准确地估算潜在需求，服装企业不仅可以更精确地预计生产水平，并且可以将信息传达给供应商，以减少供应链中的浪费。有了更好的需求预测，服装企业就能够确保生产线不因为缺少物料而被迫停止。许多 ERP 系统采用基因算法和模拟方法来估计需求的不确定性以及约束条件对生产车间的影响，了解这些数据，服装企业就可以围绕着物料和产能合理规划参数。这些规划参数比计划中的生产提前几个月，具有更强的适应性。先进的 ERP 系统必须了解这种需求的不确定性，才能帮助供应商规划未来。精益的目标是减少车间和整个供应链中的浪费。由此提高的效率将有助于提升服装企业在市场中的竞争力。ERP 供应商必须解决供应链方面的某些挑战和问题，才能使服装企业获取更好的效益。

4. 全面实行 6S 和 TPM 活动

服装企业在全公司范围内彻底开展 6S 活动与 TPM 活动是所有改善的管理基础和保障，通过 5S 活动与 TPM 活动来提升现场管理水平。此过程也是伴随生产管理的全过程。

5. 建立有效的现代品质管理体系和技术支撑保障系统用以保证生产的顺利进行。

四、总结

尽管精益生产理念、文化在服装企业中的运用尚处于襁褓阶段，但新的范例已然出现，它将取代许多 ERP 供应商给服装企业一个模板的思维。这种新范例要求服装企业挑选适合自身营运的最佳应用软件，修正或取代已有的 ERP 系统。有了合适的 ERP 系统，服装企业还需要建立相关的规章制度以及品质保障体系来维护它们的平衡。发挥员工的主观能动性，强调"发挥团队的主观能动性是精益企业的基本运行方式"。将精益思想用到企业管理的各个层面，最终形成 ERP—精益生产模式的服装企业文化。

思考与练习 8

一、填空题

1. PAC 是英文＿＿＿＿＿＿的缩写，中文意思是＿＿＿＿＿＿。它是 ERP＿＿＿＿＿＿层的计划，是在＿＿＿＿＿＿输出的＿＿＿＿＿＿基础上，对＿＿＿＿＿＿的细化，是一种实际的＿＿＿＿＿＿计划。

2. 车间作业类型主要有＿＿＿＿＿＿、＿＿＿＿＿＿、单件小批量生产等类型。单件小批量生产类型企业所生产的产品的＿＿＿＿＿＿，每个品种的＿＿＿＿＿＿，基本上是按照用户的＿＿＿＿＿＿生产；产品的结构与工艺有较大的＿＿＿＿＿＿；生产的＿＿＿＿＿＿性和＿＿＿＿＿＿程度很低。

3. MRP 为制造订单规定了＿＿＿＿＿＿日期，但它并没有真正＿＿＿＿＿＿，计划下达日期仍然是一个＿＿＿＿＿＿的日期。虽然这些订单是按 MRP 原理编制的，并且经过能力平衡，但在＿＿＿＿＿＿将这些订单正式批准并下达＿＿＿＿＿＿之前，还必须检查＿＿＿＿＿＿、＿＿＿＿＿＿、＿＿＿＿＿＿和工具的可用性。

4. 生产调度就是对_____的作业进行_____，即当多项物料在同一时区_____在同一个_____上进行加工时，对物料的加工顺序进行_____。

5. 派工单（Dispatch List）也称为_____，是一种面向_____说明加工优先级的_____，说明_____在某时段（一周或一个时期内）所要完成的_____任务。它的作用是_____任务，使任务的执行状态为"开工"。

6. 5S活动是指对_____各生产要素，主要是_____要素，所处状态，不断地进行_____、_____、_____、_____、_____，以达到提高素养的目的。

7. 准时生产方式的英文是_____，可概括为"在_____的时候，按需要的量生产_____的产品"，也就是通过_____和_____及_____的管理，追求一种_____，或_____达到最小的生产系统。

8. 准时生产方式的基本原则有：_____原则、_____原则、_____原则、_____原则、_____原则。

二、选择题

1. 车间作业计划，又称车间控制，属于ERP（　　　）。
   A. 执行层的计划　　　　　　　　　　B. 决策层的计划
   C. 管理层的计划　　　　　　　　　　D. 以上三种说法都正确

2. 车间作业类型主要有（　　　）等类型。
   A. 批量生产、重复生产、连续生产
   B. 按订单生产、按订单装配生产、按库存生产
   C. 大量流水生产、成批生产、单件小批量生产
   D. 按订单生产、按库存生产、批量生产

3. PAC是计划的执行层，在这一层次（　　　）。
   A. 可以执行计划，也可以改动计划　　B. 只能执行计划，不能改动计划
   C. 可以拒绝执行，不能改动计划　　　D. 以上三种说法都不正确

4. 生产调度就是对工作中心（　　　）。
   A. 作业进行控制　　　　　　　　　　B. 作业进行排序
   C. 作业进行调动　　　　　　　　　　D. 以上三种说法都正确

5. JIT是日本丰田汽车公司在（　　　）实行的一种生产方式。
   A. 20世纪90年代　　　　　　　　　　B. 20世纪80年代
   C. 20世纪70年代　　　　　　　　　　D. 20世纪60年代

三、简述题

1. 请简述PAC的概念。
2. 请简述PAC的内容。
3. 请简述生产调度工作的原则。
4. 请简述生产现场管理的内容。
5. 请简述看板管理的方法。
6. 请简述JIT的概念。
7. 请简述反冲法核销成本法。
8. 请简述JIT生产方式的基本手段。

第9章 采购管理

学习目标

◎ 知识点 ◎
- 采购管理的基本概念
- 采购管理的主要业务
- 采购的谈单管理
- 采购的退货管理

◎ 能力点 ◎
- 采购管理业务的模式
- 采购管理业务的流程
- JIT 模式
- 招标模式

第一节 采购与采购管理

情景案例

朱雪峰团队学完了前几章内容后，感到还缺少一些知识，就是每个企业在执行生产车间作业计划前如何进行物料的采购？在采购中又是如何进行各种管理的？于是朱雪峰带着团队，进入了采购管理的学习之中。

任务思考

1. 采购管理的概念与目标？
2. 采购管理的内容？

任务分析

采购管理的总目标可用一句话表述为：以最低的总成本为企业提供满足其需要的货物和服务。具体体现以下几个方面：① 适时适量保证供应；② 保证原材料质量；③ 费用最省；④ 协调供应商和管理供应链。

采购管理有以下几个特征：① 围绕着一定时间段的采购合同，试图与供应商建立长久的关系；② 加强了对供应商其他条件的重视，如订单采购周期、送货、经济批量、最小订单量和订单完成率；③ 重视供应商的成本分析；④ 开始采用了投标手段；⑤ 加强了风险防范意识等。

一、采购的概念

1．采购定义

采购是指企业在一定的条件下从供应市场获取产品或服务作为企业资源，以保证企业生产及经营活动正常开展的一项企业经营活动。采购分为狭义采购和广义采购两种。

（1）狭义的采购：购买。

（2）广义的采购：以各种不同的途径，包括购买、租赁、借贷、交换、外包等途径，获得所需商品及劳务的使用权或所有权以满足使用的需要。

2．集中采购

集中采购是指采购业务集中在企业的一个部门办理，极端状况是企业其他部门、各分公司及各下属工厂均无采购权。

（1）优点

形成规模效益，降低采购成本；便于实行采购程序标准化，减少分散采购的重复作业；易于稳定与供应商的关系，实现长期合作；采购功能集中，便于人员分工，提高效率，培养专业人才；有利于财务管理，评估和监督。

（2）缺点

对市场的反应较慢，手续较多，过程较长，管理费用增加。

（3）集中型采购组织的试用条件

集中型采购组织的试用条件有以下几个：

① 大综合批量物品的采购；

② 关键的零部件；

③ 保密性强的物品；

④ 易出现问题的物品；

⑤ 定期采购的物品；

⑥ 价格较高的物品等。

3．分散采购

分散采购是指将采购工程授权给企业的各下属单位。

（1）优点

紧急采购时可争取时效，机动配合生产需要，有利于地区性物资采购，仓储管理方便，采购手续简便，过程较短。

（2）缺点

权利分散，无法获得集中采购的价格折扣对供应商的政策可能一致，对同一供应商可能达成不同的采购条件。

（3）分散型采购组织适用条件

分散型采购组织适用条件有以下几个：

① 小批量采购；

② 采购价值较低；

③ 市场资源有保证；

④ 距离总部较远等。

二、采购管理的概念

1. 什么是采购管理

采购工作主要为企业提供生产与管理所需的各种物料,采购管理在企业经营管理中占据着非常重要的位置。任何企业要向市场提供产品或服务都离不开原材料或消耗品的采购。那么什么是采购管理呢?

采购管理就是对整个采购业务过程进行组织、实施与控制,从而为生产部门适时、适量、适质、适价地提供生产所需要的原材料(或外加工件)的管理过程。

2. 采购管理的重要性

对于企业(尤其是制造业)来说,物料成本占整个产品成本的比重较大或非常大。例如,石油炼制企业的原材料成本占销售额的80%,对于占用原材料费用最少的制药业,其原材料成本也占了近30%。因此,采购管理在企业中有着举足轻重的作用,下面以制造业为例,进行具体分析。

(1)供应链的重要环节。制造业不能是"无米之炊",它的一个特点就是必须首先购进原材料才能进行加工。对装配型产品来讲,还必须首先购进配套件和标准件才能进行装配。加工单之所以可行,在很大程度上还得靠采购供应来保证,二者之间有着决然不可分割的关系。

企业生产能力的发挥,在一定程度上也要受采购供应的制约。实质上,采购作业是企业能力的外延,如果外延的能力不能保证需求,生产计划是无法完成的。销售人员在承诺交付条件之前,除了了解企业生产能力的可行性外,还必须了解供应的可行性,这就要依靠 ERP 系统来提供相关的信息。

(2)质量第一关。制造业产品的质量,在设计不出现差错的前提下,首先取决于采购物料的质量。一台电视机的色彩不好,人们首先指责的是电视机的品牌,而不会想到显像管是哪一家生产的。一个铸件在加工过程中出现了沙眼气孔,会造成大量工时浪费。一种塑料零配件很快老化褪色,会使产品立即黯然失色。ISO 9000 把采购质量放在极重要的位置,提出一系列质量保证措施的要求,说明采购作业是把好产品质量的第一关。

(3)成本第一关。在产品成本中,一般原材料和采购件所占的比重最大。对制造业来讲,因行业而异,它们约占产品成本的50%~90%,多数在 60%~70%。因此,降低采购费用是提高企业利润率的一项重要措施。采购作业管理的目标就是用较低的采购成本、较少的库存保证生产活动不间断地均衡运行。

三、采购管理的内容

1. 接收物料需求或采购指示

大部分物料需求来自于生产计划产生的需求,采购部门必须按物料规格、数量、需求时间及质量要求提供给生产部门。对要求外协加工的物料,由生产技术部门(或生产部门)与采购部门共同确定外加工方案,或者由采购部门主要确定外加工方案,因为采购部门对市场的加工能力、供应情况更加了解。另外,部分物料不是由生产部门(或计划部门)提出需求,而是由库存部门提出的,因为这部分物料是按订货点控制需求的。这部分物料多为固定消耗料。

2. 选择供应商

供应商处于企业供需链的供应端,从这种意义上说,供应商也是企业资源之一。采购部门掌握的供应商越多,企业的供应来源就越丰富。当然,供应商多了并不一定好,现代管理的管理思想趋向于认同"供应商是合作关系"或"合作伙伴"的关系。企业在选择供应商时,一般来说要考虑 3 个因素:价格、质量和交货期。传统企业与供应商是一种短期的、松散的、竞争对手的关系,这样会导致出现价格波动、质量不稳定及供货期不可靠等现象。

ISO 9000 质量保证与管理体系，要求企业对供应商进行评估，并向供应商提供全部的质量与技术要求，帮助供应商进行质量改善。这也体现了企业与供应商的合作关系。同时，每个企业在选择供应商时，要根据自身的特点和市场环境制订合适的策略，不能过于依赖一家或几家供应商，也要在合作中寻求竞争意识，对供应商施加一点压力以刺激其为企业提供性价比更优的物品。

3. 下达订单

根据物料需求计划制订采购计划，并根据采购计划选择供应商，下达采购订单。这要求采购人员必须将材料的质量要求、数量要求及交货时间要求准确无误地下达给供应商。因此，采购人员除了应具备采购专业知识外，还要熟悉企业所需求的材料技术要求和制造工艺知识。当然，企业的质量管理人员、技术人员、生产人员及计划人员都要对采购工作给予充分的支持。

4. 订单跟踪

采购员发出采购订单后，为了保证订单按期、按质、按量交货，要对采购订单进行跟踪检查，控制采购进度。

5. 验收货物

采购部门要协助仓库与检验部门对供应商来料进行验收，按需收货，不能延期也不能提前，平衡库存物流。

四、采购管理业务流程分析

企业的采购管理工作主要由采购部门完成，有的企业将采购、计划、仓库组成一个部门，称为 MC（Material Control）部或 PMC（Plan Material Control）部。

采购部门是企业物资的重要入口部门，是物流的主要部门，与其他部门都有密切的联系，但它的主要职能是完成生产物资的采购。它与生产、财务和仓库部门的业务联系是根据生产计划和物料需求计划制订采购计划，并形成用款计划提交财务部门；再发出采购订单（合同），供应商按计划送料，仓库部门根据订单（采购计划）收料，安排检验，合格后办理入库业务，入库单据交财务，并根据发票形成应收账款。采购管理业务流程如图 9.1 所示，业务运行顺序流程如图 9.2 所示。

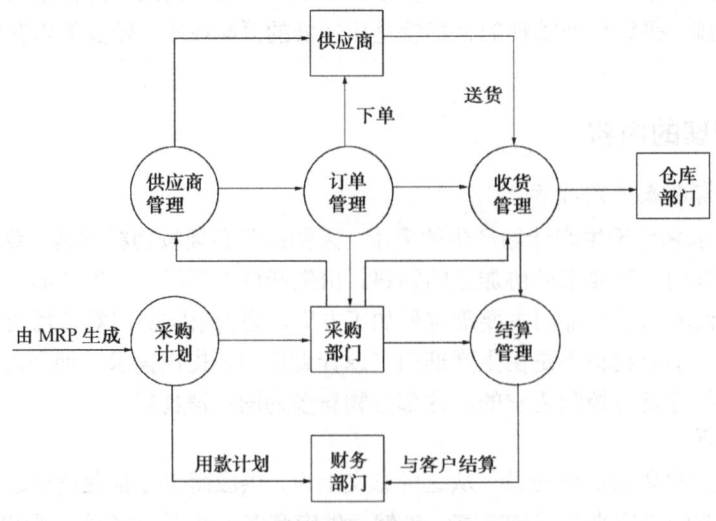

图 9.1　采购管理业务流程图

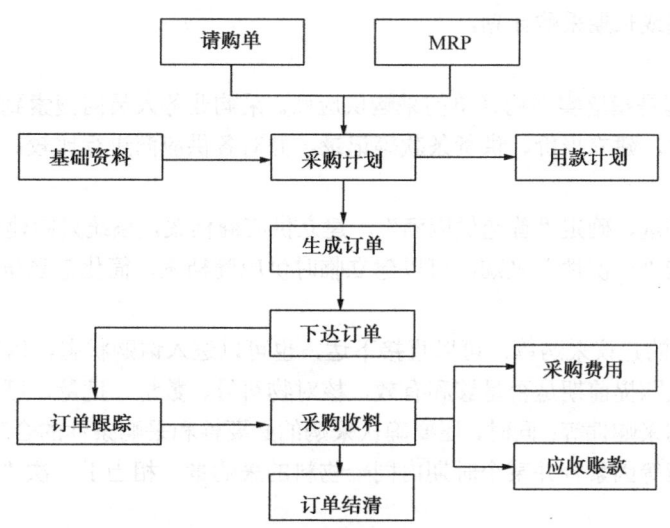

图 9.2 采购管理运行顺序流程图

1. 建立供应商资源

通过各种渠道，包括网上搜索，寻找供应货源，可以将供应商的条件记录在 ERP 的供应商关系管理系统中。采购管理的永恒主题是：提高质量，降低成本，提高效率，保证供应。质量和成本是选择供应商的两项重要指标，通称"比质比价"。此外，还要考虑一些其他要素。选择供应商要注意以下各个方面。

（1）信誉。信誉包括供应商所处的行业地位、管理水平等。选用信誉和履约率高的供应商，可以免去采购人员大量的催货等无效作业，而将其时间和精力用在提高采购管理业务上。如果企业产品中的配套件和零部件都是由一流的供应商提供的，企业产品的品牌度也会同样提升。

（2）技术。要考虑供应商的可持续发展能力，关注供应商的产品研发能力、制造工艺，以及技术发展战略。

（3）质量。供应商的全面质量管理（TQM）执行情况，不是表面上是否通过 ISO 9000 认证，而是真正保证质量持续稳定并不断提高。要注意供应商的退货记录。

（4）成本。关注企业成本而不是价格，就是通过观察分析，研究供应商在控制成本上的种种措施，同时分析批量折扣、运输条件，并对其进行不断优化。

（5）服务。有些零部件的使用需要供应商提供培训，所以，要关注供应商的服务网点的分布状况，以及其对投诉和保修能否提供保证。

（6）位置。供应商所处的地理位置，直接影响订货批量、运输方式和运输成本。在条件相同的情况下，供应商应尽量本地化。

（7）沟通。这是指信息沟通的有效手段，如信息门户、EDI、Extranet 等。要考查供应商能否实现信息集成和协同商务，快速响应需求市场的变化等。

2. 生成采购计划

根据 MRP 的物料需求计划及库存子系统生成的物料需求（订货点控制、订货周期控制等生成的请购计划），生成采购计划（或采购建议订单），并综合考虑物料的订货批量、采购提前期、库存量、运输方式以及计划外的物料申请，进行系统自动物料合并，也可以人工干预和修改。另外，有些原材料的采购提前期很长（有的进口件要半年以上的采购周期），因此有可能超过主生产计划周期。这类采购的采购计划应经过销售、财务与计划等部门综合讨论与评估来确定所需的数量和时间，然后制订材料的中期或长期采购计划。

3. 询价及洽谈

询价及洽谈过程是指落实采购订单的采购供应商。采购业务人员向搜索到的供应商询价，了解各种可能的优惠条件，建立报价、供货条款等记录，并对各供应商进行比较。

4. 供应商认证

分析、论证、筛选，确定"首选供应商"，建立供应商档案，系统只向建立了档案的供应商执行采购作业；对一些"一次性"采购，可以建立临时供应商档案，简化信息量。

5. 生成请购单

MRP运算生成的建议采购单，可以直接下达，也可以进入请购状态，以便在采购订单下达前进行种种核定，如采购提前期是否足够和有效，核对物料号、数量、批量，可否动用安全库存，是否有需要人工添加的采购件等；同时，还要确认采购的必要性和采购条件的合理性，根据库存费用、运输和价格优惠政策等因素合并某个时期内同一物料的采购量。相当于一次"确认"的过程。

6. 审批

一般来说，各采购员负责的采购物料和金额数有一定范围，在必要时采购员应定期轮换。采购员应当编码，以便查询和维护其所负责的物料主文件以及物料的库存状况。每一位采购员允许经管的采购物料和采购金额是预先设定的，系统会自动检查。若合乎权限规定，则无须审批，流程将自动进行下去；若超过权限，系统也会生成请购单提出报批，并按照设定的审批顺序，自动逐级提交给审批人（系统会自动向审批人发出处理提示）。这样，经过确认审批通过后，再形成正式的采购单下达。

7. 下达采购单

与供应商签订协议，确定规格数量、价格、交货批次、运输装卸方式、交货地点、验收条件与付款条件等。在这个阶段，需要明确同供应商物料代码的对应关系。为了避免可能出现的不确定因素，对采购件往往采用安全提前期，合同协议上的交货时间应早于需用时间，应适当提前。

如果采用EDI或电子商务，采购订单下达给供应商后，必须得到供应商的确认才算生效。

8. 采购单跟踪

如果双方都实施了ERP系统，可以按照权限，进入对方系统查询采购物料的加工进展情况，或通过电子数据交换，控制进度并做好运输安排。

9. 验收入库

登录验收报告，核对采购单、到货量和发票的一致性，进行库存事务处理。在出现不合格品时，要及时采取补救措施。

10. 退货处理

当发现有不合格品时，可以有不同的退货处理流程，例如，未付款退货，退货退款，补齐订单，返修，撤销合同等，具体须根据企业的需求而定。

11. 结清

进行付款结算，分析采购费差异（采购与财务部门协同进行），评价供应商业绩，维护采购提前期和批量规则数据的合理准确。

所有采购流程的信息都将保存在ERP系统的数据库中，包括供应商主文件，采购员主文件及业绩记录，询价报价记录，请购及审批记录，计划、未结和已结订单记录，收货入库记录，质量检验记录，退货处理记录，供应商业绩记录，应付账款记录等，体现信息集成与共享，提供分析采购管理所需的所有必要的数据。

五、采购管理中的决策方法

在采购管理中，供应商的评价选择对企业业绩的影响越来越大，在交货、产品质量、提前期、库存水平、产品设计等方面都影响着企业的成功与否。企业为了实现低成本、高质量、柔性生产、快速反应的目标，企业的业务重构就必须包括对供应商的评价选择。供应商的评价选择对于企业来说是多目标的，包含许多可见和不可见的多层次因素。

选择供应商的方法较多，一般要根据供应商的多少、对供应商的了解程度以及对物资需要的时间是否紧迫等要求来确定。目前国内外有以下较常用的方法。

1. 直观判断法

直观判断法是根据征询和调查所得的资料并结合人的分析判断，对供应商进行分析、评价的一种方法。这种方法主要是倾听和采纳有经验的采购人员的意见，或者直接由采购人员凭经验做出判断。这种方法常用于选择企业非主要原材料的供应商。

2. 招标法

当订购数量大，供应商竞争激烈时，可采用招标法来选择适当的供应商。它是由企业提出招标条件，各招标供应商进行竞标，然后由企业决标，与提出最有利条件的供应商签订合同或协议。招标法可以是公开招标，也可以是指定竞标。公开招标对投标者的资格不予限制；指定竞标则由企业预先选择若干个可能的供应商，再进行竞标和决标。招标方法竞争性强，企业能在更广泛的范围内选择适当的供应商，以获得供应条件有利的、便宜而适用的物资。但招标法手续较繁杂，时间长，不适应于紧急订购；此外，它的订购机动性差，有时订购者对投标者了解不够，双方未能充分协商，造成货不对路或不能按时到货。

3. 协商选择法

在供货方较多，企业难以抉择时，可采用协商选择的方法，即由企业先选出供应条件较为有利的几个供应商，同他们分别进行协商，再确定适当的供应商。与招标法相比，协商法由于供需双方能充分协商，在物资质量、交货日期和售后服务等方面较有保证。但由于此法的选择范围有限，不一定能得到价格最合理、供应条件最有利的供应来源。当采购时间紧迫，投标单位少，竞争程度小，订购物资规格和技术条件复杂时，协商选择法比招标法更为合适。

4. 采购成本比较法

对于质量和交货期都能满足要求的供应商，则需要通过计算采购成本来进行比较分析。采购成本一般是售价、采购费用、运输费用等各项支出的总和。采购成本比较法是通过计算分析针对各个不同供应商的采购成本，选择采购成本较低的供应商的一种方法。

5. ABC 成本法

鲁德霍夫（Roodhooft）和科林斯（Jozef Konings）在 1996 年提出基于活动的成本（activity based costing approach）分析法，通过计算供应商的总成本来选择供应商。他们提出的总成本模型为

$$S_i = (P_i \times P_{min}) \times q + \sum_{cj} D_{ij} \tag{9-1}$$

式中：S_i 为第 i 个供应商的成本值；P_i 为第 i 个供应商的单位销售价格；P_{min} 为供应商中单位销售价格的最小值；q 为采购量；c_j 为因企业采购相关活动导致的成本因子 j 的单位成本；D_{ij} 为因供应商 i 导致的在采购企业内部的成本因子 j 的单位成本。

这个成本模型用于分析企业因采购活动而产生的直接和间接成本的大小。企业将选择 SiB 值最小的供应商。

6. 层次分析法

层次分析法是 20 世纪 70 年代由著名运筹学家赛惕（T.L.Satty）提出的，而韦伯（Weber）等

则提出利用层次分析法用于供应商的选择。它的基本原理是根据具有递阶结构的目标、子目标（准则）、约束条件、部门等来评价方案，采用两两比较的方法确定判断矩阵，然后把与判断矩阵的最大特征相对应的特征向量的分量作为相应的系数，最后综合给出各方案的权重（优先程度）。由于该方法让评价者对照相对重要性函数表，给出因素两两比较的重要性等级，因而可靠性高、误差小；但其不足之处是遇到因素众多、规模较大的问题时，容易出现问题，例如，判断的矩阵难以满足一致性要求时，往往难于进一步对其分组。目前，该方法作为一种定性和定量相结合的工具，已在许多领域得到了广泛的应用。

7．供应商选择的神经网络算法

人工神经网络（Artificial Neural Network，ANN）是于 20 世纪 80 年代后期迅速发展起来的一门新兴学科，它具有自学习、自适应和非线性动态处理等特征。

将 ANN 应用于供应商的综合评价选择，意在建立更加接近于人类思维模式的定性与定量相结合的综合评价选择模型。通过对给定样本模式的学习，获取评价专家的知识、经验、主观判断及对目标重要性的倾向，当对供应商做出综合评价时，该方法可再现评价专家的经验、知识和直觉思维，从而实现定性分析与定量分析的有效结合，也可以较好地保证供应商综合评价结果的客观性。

六、对供应商综合评价与选择的步骤

对供应商的综合评价与选择可以归纳为以下几个步骤，企业必须确定各个步骤的开始时间，每一个步骤对于企业来说都是动态的（企业可自行决定其先后和开始时间），并且每一个步骤对于企业来说都是一次改善业务的过程。

1．分析市场竞争环境（需求、必要性）

市场需求是企业一切活动的驱动源。建立基于信任、合作、开放性交流的供应链长期合作关系，必须首先分析市场竞争环境，其目的在于知道：针对哪些产品开发市场的供应链合作关系才是有效的。所以，必须知道现在的产品需求是什么，产品的类型和特征是什么，以确认用户的需求，确认是否有建立供应链合作关系的必要。如果已建立供应链合作关系，则根据需求的变化确认供应链合作关系变化的必要性，从而确认对供应商评价选择的必要性。

2．确立供应商选择目标

企业必须确定供应商评价程序如何实施，信息流程如何运作，谁负责；而且必须建立具有实质性的实际目标，其中降低成本是主要目标之一。对供应商的评价与选择不仅是一个简单的评价与选择的过程，它本身也是企业自身和企业与企业之间的一次业务流程重构过程，实施得好，它本身就可带来一系列的利益。

3．制订供应商评价标准

对供应商进行综合评价的指标体系是企业对供应商进行综合评价的依据和标准，是反映企业本身和环境所构成的复杂系统的不同属性的指标。根据系统全面性、简明科学性、稳定可比性、灵活可操作性的原则，建立集成化的供应链管理环境下的供应商综合评价指标体系。

4．成立评价小组

企业必须建立一个小组以控制和实施对供应商的评价。组员以来自采购、质量、生产、工程等与供应链合作关系密切的部门为主，组员必须有团队合作精神，具有一定的专业技能。评价小组必须同时得到本企业和供应商企业最高领导层的支持。

5．供应商参与

一旦企业决定对供应商进行评价，评价小组必须与初步选定的供应商取得联系，以确认他们是

否愿意与企业建立供应链合作关系,是否有获得更高业绩水平的愿望。企业应尽可能早地让供应商参与到评价的设计过程中。

6. 评价供应商

评价供应商的一个主要工作是调查、收集与供应商相关的生产运作等全方位的信息。在收集供应商信息的基础上,即可利用一定的工具和技术方法进行供应商的评价,例如,利用前面提到的人工神经网络技术进行评价。在评价之后,根据一定的技术方法选择供应商。

7. 实施供应链合作关系

在实施供应链合作关系的过程中,市场需求将不断变化,可以根据实际情况的需要及时修改供应商评价标准,或重新开始评价选择供应商。在重新选择供应商时,应给予旧供应商以足够的时间以适应变化。

七、采购的 5R 管理

采购的 5R 管理是:适时(Right time)、适质(Right quality)、适量(Right quantity)、适价(Right price)、适地(Right place)。

1. 适时

现代竞争非常激烈,时间就是金钱,采购计划的制定要非常准确,该进的物料不依时间进来,造成停工待料,增加管理费用,影响销售和信誉;早早采购囤积物料,又会造成资金的积压、场地的浪费、物料的变质,所以依据生产计划制定采购计划,按采购计划适时地进料,既能使生产、销售顺畅,又可以节约成本,提高市场竞争能力。

2. 适质

一个不重视品质的企业在今天激烈的市场竞争环境中根本无法立足,一个优秀的采购人员不仅要做一个精明的商人,同时也要在一定程度上扮演管理人员的角色,在日常的采购工作中要安排部分时间去推动供应商改善、稳定物品品质。

3. 适量

批量采购虽有可能获得数量折扣,但会积压采购资金,太少又不能满足生产需要,故合理确定采购数量相当关键,一般按经济订购量采购,采购人员不仅要监督供应商准时交货,还要强调按订单数量交货。

4. 适价

价格永远是采购活动中的敏感焦点,企业在采购中最关心的要点之一就是采购能节省多少采购资金,因此采购人员不得不把相当多的时间与精力放在跟供应商的"砍价"上。决定一个合适的价格要经过以下几个步骤。

(1)多渠道询价:多方面打探市场行情,包括市场最高价、最低价、一般价格等。

(2)比价:要分析各供应商提供材料的性能、规格、品质、要求、用量等才能建立比价标准。

(3)自行估价:自己成立估价小组,由采购、技术人员、成本会计等人组成,估算出符合品质要求的、较为准确的底价标准。

(4)议价:根据底价的资料、市场的行情、供应商用料的不同、采购量的大小、付款期的长短等与供应商议定出一个双方都能合理接受的价格。

5. 适地

天时不如地利,企业往往容易在与距离较近的供应商的合作中取得主动权,企业在选择试点供应商时最好选择近距离供应商来实施。近距离供货不仅使得买卖双方沟通更为方便,处理事务更快捷,亦可降低采购物流成本。

第二节　采购计划管理

情景案例

　　朱雪峰团队在学习了采购与采购管理知识、了解了市场供求情况、认识了企业生产经营活动过程，并掌握了物料消耗规律的知识后，如何对计划期内物料采购管理活动做预见性安排和部署？于是朱雪峰带着团队，进入了采购计划管理的学习之中。

任务思考

　　1. 请购管理的流程有哪些？
　　2. 订单管理的任务有哪些？

任务分析

　　采购计划和预算是企业采购运作的第一步，企业在采购时，首先需要明确采购什么、采购多少、怎么采购、何时采购的问题。企业要根据采购需求分析结果、编制采购计划，以此来编制采购预算。

一、采购计划的概念

1. 什么是采购计划

　　采购计划是指采购部门为配合企业的销售和生产，对所需的原材料、零部件等的数量、成本做出的翔实的计划。采购计划是企业年度计划和目标的一部分。在生产企业中采购计划是根据生产计划进行编制的。在流通企业中，采购计划可根据销售计划进行编制。

　　采购计划主要包括年度采购计划、分时采购计划（旬、月、季、半年）和订单计划（计划时间与生产相关），表9.1所示的是年度采购计划表。

表9.1　年度采购计划表

编号：　　　　　　　　　　　　　　　　　　　　　　　　　　　　　　　制表人：

物品种类									
序号	品名	规格	单位	单价	年度用量	现有库存量	年计划采购量	年用金额	计划采购日期
1									
2									
3									
4									
5									
6									
7									
8									
9									
10									
...									

　　制表日期：　年　月　日　　　　　　　　　　　　本表有效期：　年　月　日至　年　月　日

2．采购计划的主要任务

采购的主要任务有：明确采购目标、组建采购机构、编制采购计划、采购实施及采购后评价采购的计划，在实施采购活动中，编制采购计划是一项主要的内容。采购计划是采购人明确采购需求并了解供应市场情况后，对实施采购活动做出的具体安排。

3．采购计划的主要内容

采购计划的主要内容包括：采购对象（货物、工程或服务）、采购规模（数量）、采购预算、采购的方式、采购周期（包括时间、进度表）、采购文件等。在通常的采购计划中，采购人还应明确采购的具体实施机构，可以是采购人自己，也可以委托采购代理机构。

二、采购计划的分类

采购计划可以分成以下几种类型。

1．以采购方式分类

采购分为直接采购、委托采购与调拨采购。直接采购是指直接向物料供应厂商从事采购之行为。调拨采购是指将过剩物料互相支持调拨使用之行为。

2．以采购性质分类

采购分为公开采购与秘密采购、大量采购与零星采购、特殊采购与普通采购、正常性采购与投机性采购、计划性采购与市场性采购。

3．依采购时间分类

采购可分为长期固定性采购与非固定性采购、计划性采购与紧急采购、预购与现购。长期固定性采购是指采购行为长期而固定性的采购，而非固定性采购是指采购行为非固定性，需要时就采购。计划性是指根据材料计划或采购计划的采购行为；而紧急采购是指物料急用时毫无计划性的紧急采购行为。预购是指先将物料买进而后付款的采购行为；现购是指以现金购买物料的采购行为。

4．以采购订约方式分类

采购可分为订约采购、口头或电话采购、书信或电报采购以及试探性订单采购。订约采购是买卖双方根据订约的方式而进行采购的行为。口头或电话采购是指买卖双方不经过订约方式而是以口头或电话的洽谈方式而进行采购的行为。书信或电报采购是指买卖双方通过书信或电报的往还而进行采购的行为。试探性订单采购是指买卖双方在进行采购事项时因某种缘故不敢大量下订单，先以试探方式下少量订单，此试探性订单采购进行顺利时，而后才下大量订单。

5．以决定采购价格方式分类

采购可分为招标采购、询价现购、比价采购、议价采购、订价收购，以及公开市场采购。

（1）招标采购

招标采购是将物料采购的所有条件（诸如物料名称、规格、数量、交货日期、付款条件、罚则、投标押金、投标厂商资格、开标日期……）详细列明，登报公告。投标厂商依照公告的所有条件，在规定时间以内，交纳投标押金，参加投标。招标采购的开标按规定必须至少三家以上的厂商从事报价，投标方得开标。开标后原则上以报价最高之厂商得标，但得标之报价仍低过底价时，采购人员有权宣布废标，或商得监办人员的同意，以议价办理。

（2）询价现购

询价现购是采购人员选取信用可靠的厂商将采购条件讲明，并询问价格或寄以询价单并促请对方报价，比较后则现价采购。

（3）比价采购

比价采购是指采购人员请数家厂商提供价格后，从中加以比价之后，决定厂商进行采购事项。

（4）订价收购

订价收购是指购买的物料数量巨大，实非一、二家厂商所能全部提供如铁路枕木或卷烟烟叶，或当市面上该项物料匮乏时，则可订定价格以现款收购。

6. 以采购地区分类

采购可分为国内采购（简称内购）与国外采购（简称外购）。

所谓内购是指向国内厂商进行采购行为。所谓外购是指向国外供货商或外国供货商在本国境内的代理商进行采购的行为。一般来说物料的采购以内购较为方便与经济。

三、采购请购管理

1. 什么是请购

请购就是单位内部的员工对于工作或生产中需要用到的办公用品、原材料等物品的需求，向上级部门或是供应部（或叫采购部）提出请求的过程就是请购。请购之后由领导批复，可以同意，也可以拒绝，或是部分同意。例如，办公室职员小张工作中需要用到办公用品——钢笔五支，提出请求购买，但领导批复只能买三支，这个过程就是请购的完整过程。表9.2 是某单位的请购单。

表9.2　请购单

时 间：　年　月　日　　类别：□生产设备 □办公设备 □办公用品 □后勤物品 □研发物料 □其他：

项次	物品名称	规格	单位	数量	需求时间	预估单价	申请人	供应商	单价	付款方式	采购
1											
2											
3							审核				审核
4											
5											
6							批准				批准
申请原因及用途说明：								备注：			

作业流程：申请人填单→申请单位主管审核→公司领导批准→采购询价→领导批准

共两联 第一联：采购；　　第二联：申请部门

2. 请购工作流程

请购工作流程如图9.3 所示。

从图9.3 可知请购工作的流程如下。

（1）填写请购单

① 需求部门填写请购单，如表9.2 所示。

② 请购人须填写"类别"选项，以界定该请购物品的性质。

③ 如果需求部门熟悉采购物品的价格，应在《请购单》的目标单价栏填写预估单价，采购人员应在目标单价内买回请购物品，若采购人员的询价高于目标单价，采购人员应请请购人一同询价。

④ 对于常备办公品，如办公耗材、书写工具、办公用纸等，由公司行政每月制定《常备物品需求计划表》。

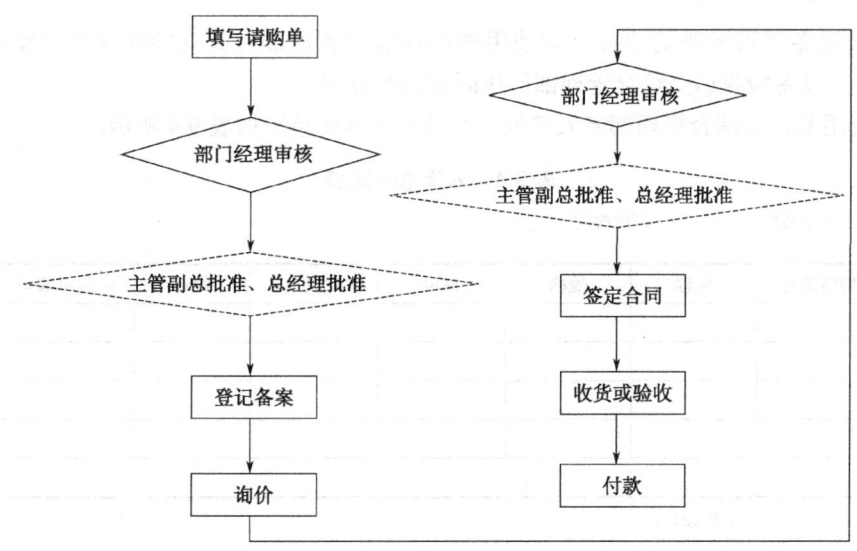

图 9.3　请购工作流程图

（2）需求审核

由需求部门的经理审核请购单，如表 9.2 所示。

（3）需求批准

① 对于请购单需要由主管副总经理、总经理批准后，方可执行采购。

② 对于常备办公用品需求计划表，如表 9.3 所示，由主管副总经理（含）以上领导批准生效。

（4）登记备案及采购

被批准后的请购单和常备办公用品需求计划表交采购部登记备案，并进行采购。

（5）审核

采购人员将议价结果填于请购单上，并由主管副总经理审核。

（6）批准

① 对于请购单上所有项目的最终采购价格均在预估价格以内的，则无须上报公司领导审批。

② 若请购单上任何单项最终采购价格在预估价格以上的，则需经主管副总经理、总经理批准后方可通知送货。

（7）签定合同

采购部应视情况签定采购协议，以降低采购风险，通常对于有售后服务或多期付款的采购案需要签定采购协议。

表 9.3　常备办公用品需求计划表

项次	物品名称	规格	期初库存	本月用量	月末库存	单位	下月需求	备注

（8）收货或验收

　　对于办公设备等设备类的物品，须使用部门和综合管理部门共同验收并填写设备验收单，如表9.5所示，设备验收后交综合管理部门作固定资产登记。

　　对于办公用品，交综合管理部专人签收，并填写《入库单》如表9.4所示。

表9.4　入库单一览表

供应商：_____　入库类型：_____　入库时间：_____

NO	物料编号	名称	规格	单位	单价	数量	请购单编号	备注
合计								

保管员：　　　　　　　　主管领导：

表9.5　设备验收单

时间：　　年　　月　　日

设备名称		申购单位		交货时间	
设备用途					
规格及性能要求					
使用单位验收	验收结果描述： 结　论：□无异常，验收通过　□有异常，验收未通过				
	验　收　人		审　核		
设备管理单位验收	验收结果描述： 结　论：□无异常，验收通过　□有异常，验收未通过				
	验　收　人		审　核		
	固定资产编号		管　理　部		

作业流程：使用部门验收→设备管理部门验收→固定资产编号

（9）付款或报账

① 采购人员应按被批准的请购单或采购协议上的付款条款申请付款。

② 付款或报账的基本凭证为请购单、常备采购计划表、发票、入库单或设备验收单（对于一般后勤物品由仓库提供入库单，对于设备类物品须提供验收单）。

③ 对于有签定采购协议或验收的采购案，采购协议或《验收单》为付款或报账的必须凭证。

④ 以请购单采购的物品的报账，须经主管副总经理、总经理批准后方可报账。

四、采购订单管理

1. 什么是采购订单

采购订单是企业根据产品的用料计划和实际能力以及相关的因素所制定的切实可行的采购订单计划，并下达至供应商执行，在执行的过程中要注意对订单进行跟踪，以使企业能从采购环境中购买到企业所需的商品，为生产部门和需求部门输送合格的原材料和配件。

2. 采购订单的术语

（1）FOB

FOB（Free on Board 的首字母缩写），也称"离岸价"，是国际贸易中常用的贸易术语之一。FOB 的全文是 Free on Board（…named port of shipment），即船上交货（…指定装运港），习惯称为装运港船上交货。按此术语成交，由买方负责派船接运货物，卖方应在合同规定的装运港和规定的期限内，将货物装上买方指定的船只，并及时通知买方。货物在装船时越过船舷，风险即由卖方转移至买方。

在 FOB 条件下，卖方要负担风险和费用，领取出口许可证或其他官方证件，并负责办理出口手续。采用 FOB 术语成交时，卖方还要自费提供证明其已按规定完成交货义务的证件，如果该证件并非运输单据，在买方要求下，并由买方承担风险和费用的情况下，卖方可以给予协助以取得提单或其他运输单据。

（2）CIF

CIF 是 Cost Insurance and Freight（…named port of destination）三个单词的第一个字母大写组成，中文意思为成本加保险费加运费（指定目的港），指当货物在装运港越过船舷时（实际为装运船舱内），卖方即完成交货。货物自装运港到目的港的运费保险费等由卖方支付，但货物装船后发生的损坏及灭失的风险由买方承担。

CFR 中卖方必须支付将货物运至指定目的港所需的运费和费用，但交货后货物灭失或损坏的风险及由于各种事件造成的任何额外费用即由卖方转移到买方。但是，在 CIF 条件下，卖方还必须办理买方货物在运输途中灭失或损坏风险的海运保险。因此，由卖方订立保险合同并支付保险费。买方应注意到，CIF 术语只要求卖方投保最低限度的保险险别。如买方需要更高的保险险别，则需要与卖方明确地达成协议，或者自行做出额外的保险安排。

（3）CFR

CFR/CNF 中文意思为成本加运费，指定目的港。CPR 的全文是 Cost and FReight（…named port of destination）成本加运费（……指定目的港）。

（4）CIP

CIP 是 Carriage and Insurance Paid to（…named place of destination），即运费及保险费付至（……指定目的地）。它指卖方除负有与运费付至（……指定目的地）术语相同的义务外，卖方还须办理货物在运输途中应由买方承担的货物灭失或损坏风险的海运保险并支付保险费。

（5）CPT

CPT 是 Carriage Paid to（Tid to）…named place of destination）即运费付至（……指定目的地）。

本术语系指卖方除了须承担术语下同样的义务外，还须对货物在运输途中灭失或损坏的买方风险取得货物保险，订立保险合同，并支付保险费。

3. 采购订单的内容

采购订单有以下几个方面的内容。

（1）质量条款

质量是指物料所具有的内在质量与外观形态的综合，包括各种性能指标和外观造型。条款的主要内容有技术规范、质量标准、规格、品牌名。

在采购作业中，需以最明确的方式去界定物料可接受的质量标准，一般有以下三种方式来表达物料的质量：

① 用图纸或技术文件来界定物料的质量标准；

② 用国际标准、国家标准或行业标准来界定物料的质量标准；

③ 用样品来界定物料的质量标准，当用文字或图示难以表达时，常用样品来表示，同时样品也可作为物料的辅助性规格，与图纸或技术文件结合使用。

（2）价格条款

价格是指交易物料每一计量单位的货币数值。价格条款的主要内容有价格术语的选用、结算币种、单价、总价等。具体包括计量单位的价格金额、货币类型、交料地点、国际贸易术语、物料定价方式等。

（3）数量条款

数量是指采用一定的度量制度对物料进行量化，以表示出物料的重量、个数、长度、面积、容积等。数量条款的主要内容包括：交料数量、单位、计量方式，必要时还应清楚说明误差范围。

（4）包装条款

包装是为了有效地保护物料在运输存放过程中的质量和数量要求，并利于分拣和环保，把物料装进适当容器的操作。包装条款的主要内容有包装材料、包装方式、包装费用和运输标志等，具体包括标识、包装方式、材料要求、环保要求、规格、成本、分拣运输标志等。

（5）装运条款

装运是指把物料装上运载工具并运送到交料地点。装运条款的主要内容有运输方式、装运时间、装运地与目的地、装运方式（分批、转运）、装运通知等。在 FOB、CIF 和 CFR 合同中，供应商只要按合同规定把物料装上船或其他运载工具并取得提单，就算履行了合同中的交料义务，提单签发的时间和地点即为交料时间和地点。

（6）检验条款

在一般的买卖交易过程中，物品的检验是指按照合同条件对交货进行检查并验收，涉及质量、数量、包装等条款，主要包括检验时间、检验机构、检验工具、检验标准及方法等。

（7）支付条款

支付是指采用一定的手段，在指定的时间、地点，使用确定的方式付货款。支付条款中应说明以下内容。

① 说明支付手段，可以有货币或汇票两种方式，一般是汇票。

② 说明付款方式，可以是银行提供信用方式（如信用证）、银行不提供信用但可作为代理（如直接付款和托收）方式。

③ 说明支付时间，包括预付款、即期付款、延期付款。

④ 说明支付地点，一般是付款人或指定银行所在地。

（8）保险条款

保险是企业向保险公司投保并缴纳保险费的过程。物料在运输过程中受到损失时，保险公司会

依据投保单向企业提供经济上的补偿。保险条款的主要内容包括:确定保险类别及其保险金额,指明投保人并支付保险费。依据国际惯例,凡是按 CIF 和 CIP 条件成交的出口物料,一般由供应商投保;按 FOB 和 CPT 条件成交的进口物料由采购方办理保险。

(9)不可抗力条款

不可抗力是指在合同执行过程中发生的、不能预见的、人力难以控制的意外事故,如战争、洪水、台风、地震等,致使合同执行过程被迫中断。遭遇不可抗力的一方可因此免除合同责任。不可抗力条款的主要内容包括:不可抗力的含义、适用范围、法律后果、双方的权利义务等。

(10)仲裁条款

仲裁协议为仲裁条款的具体体现,是指买卖双方自愿将其争议事项提交第三方仲裁机构进行裁决。仲裁协议的主要内容包括:仲裁机构、适用的仲裁程序、运用地点、裁决效力等。

4. 采购订单计划编制

一般来说,采购订单计划的编制包括准备订单计划、评估订单需求、计算订单容量、制订订单计划四个步骤,如图 9.4 所示。

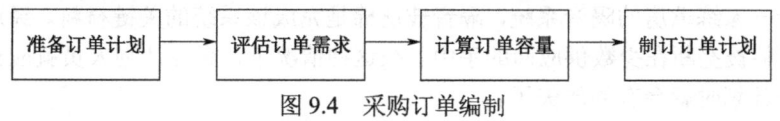

图 9.4 采购订单编制

(1)准备订单计划

准备订单计划详细步骤主要有四个方面的内容:接受市场需求、接受生产需求、准备订单环境资料和制作订单计划说明书。

① 接受市场需求。市场需求是商品采购的发动机,要想制订比较准确的订单计划,必须熟悉市场需求或市场销售情况。对市场需求的进一步分解便得到商品需求计划。企业的年度销售计划一般在上一年的年末制订,并报送至各个相关部门,同时下发到销售部门、计划部门、采购部门,以指导全年的供应链运转;企业根据年度销售计划制订季度、月度的市场销售需求计划。

② 接受生产需求。生产需求对于采购来讲可以称为生产物料需求。生产物料需求的时间是根据生产计划而产生的,通常生产物料需求计划是订单计划的主要来源处。为了利于理解生产物料需求,采购计划人员需要深入熟知生产计划以及工艺常识。在 MRP 系统中,物料需求计划是主生产计划的细化,主要来源于生产计划、独立需求的预测、物料清单文件、库存文件;编制物料需求计划的主要步骤为:决定毛需求;决定净需求;对计划订单下达日期和订单数量。

③ 准备订单环境资料。准备订单环境资料也就是准备供应商群体供应信息的资料。准备订单环境资料是准备订单计划中一个非常重要的内容。订单环境是在订单物料的认证计划完毕之后形成的,订单环境资料主要包括:a)订单物料的供应商信息;b)订单比例信息,对于有多家供应商的物料,每一个供应商分摊的下单比例由认证人员产生并给予维护;c)最小包装信息;d)订单周期,指从下单到交货的时间间隔。

订单环境资料一般使用信息系统管理,必要时订单人员可从中查询了解生产所需物料的采购环境。

④制作订单计划说明书。制作订单计划说明书也就是准备好订单计划所需的资料。其主要内容包括:a)订单计划说明书,包括物料名称、需求数量、到货日期等;b)附件,内容有市场需求计划、生产需求计划、订单环境资料等。

(2)评估订单需求

评估订单需求是采购计划中非常重要的一个环节,只有准确地评估订单需求,才能为计算订单容量提供参考依据,以便制订出好的订单计划。它主要包括以下三个方面的内容。

① 分析市场需求

制订订单计划需要分析市场要货计划的可信度。因此，必须仔细分析市场签订合同的数量、还没有签订合同的数量（包括没有及时交货的合同）等一系列数据，同时考虑其他因素，对市场需求有一个全面的了解，才能制定出一个满足企业远期发展与近期实际需求的订单计划。

② 分析生产需求

这是评估订单需求要做的工作，先要研究生产需求的产生过程后再分析生产需要量和要货时间。

③ 确定订单需求

根据对市场需求和对生产需求的分析结果，可以确定订单需求。订单需求的内容是指通过订单操作手段，在未来指定的时间内，将指定数量的合格物料采购入库。

（3）计算订单容量

计算订单容量也是采购计划中的重要组成部分，只有准确地计算订单容量，才能对比需求和容量，经过综合平衡，最后制订出正确的订单计划。计算订单容量主要有以下四个方面的内容。

① 分析项目供应资料。在采购过程中，物料和项目都是整个采购工作的操作对象。对于采购工作而言，在目前的采购环境中，所要采购物料的供应商的信息是一项非常重要的信息资料。例如某企业需要设计一家练歌房的隔音系统，隔音玻璃棉是完成该系统的关键材料。经过项目认证人员的考察，该种材料被垄断在少数供应商的手中。在这种情况下，企业计划人员就应充分利用这些情报，在下达订单计划时就会有的放矢了。

② 计算总体订单容量。总体订单容量是多方面内容的组合，一般包括两方面内容：一方面是可供给的物料数量；另一方面是可供给物料的交货时间。

③ 计算承接订单容量。承接订单量是指某供应商在指定的时间内已经签下的订单量。承接订单容量的计算过程较为复杂。

④ 确定剩余订单容量。剩余订单容量是指某物料所有供应商群体的剩余订单容量的总和。用公式表示为：物料剩余订单容量＝物料供应商群体总体订单容量－已承接订单量。

（4）制定订单计划

制订订单计划是采购计划的最后一个环节，也是最重要的环节。这一环节主要包括以下四个方面的内容。

① 对比需求与容量。对比需求与容量是制订订单计划的首要环节，只有比较出需求与容量的关系，才能有的放矢地制订订单计划。如果经过对比发现需求小于容量，即无论需求多大，容量总能满足需求，则企业要根据物料需求来制订订单计划；如果供应商的容量小于企业的物料需求，则要求企业根据容量制订合适的物料需求计划，这样就容易产生剩余物料需求，需要对剩余物料需求重新制订认证计划。

② 综合平衡。综合平衡是指综合考虑市场、生产、订单容量等要素，分析物料订单需求的可行性，必要时调整订单计划，计算容量不能满足的剩余订单容量。

③ 确定余量认证计划。在对比需求与容量的时候，如果容量小于需求就会产生剩余需求，对于剩余需求，要提交认证计划制订者处理，并确定能否按照物料需求规定的时间及数量交货。为了保证物料及时供应，此时可以通过简化认证程序，并由具有丰富经验的认证计划人员进行操作。

④ 确定订单计划。确定订单计划是采购计划的最后一个环节，订单计划做好之后就可以按照计划进行采购工作了。一份订单包含的内容有下单数量和下单时间两个方面：下单数量＝生产需求量－计划入库量－现有库存量＋安全库存量下单时间＝要求到货时间－认证周期－订单周期－缓冲时间。

五、采购退货管理

1. 什么是采购退货

采购退货是指收货过程中或收货后，因各种原因需要将料品退回给供应商的一种业务行为。可以按退货的性质区分为收货退货、IQC（来料质量控制）退货、在库退货等。

2. 采购退货的原因

由于所购货物质量、品种规格等方面与合同不符或其他原因会造成采购退回。对于采购退回业务，有以下两种情况。

（1）货到未办理入库、付款手续。由于货到未办理入库、付款手续，只需退货给供应商即可，无须做账务处理。

（2）货到已办理入库、付款手续。已经填制入库单并办理付款结算手续，则需要填制退货通知单、红字采购入库单、红字采购发票，进行相应的账务处理。

3. ERP系统中的采购退货

在ERP系统中的原料仓库/采购管理组件模块中，一般意义上对"采购退货"都理解为已入库之后发生的出库，正常有如下四种常见的情况。

（1）生产领用出库，即正常的生产领出和消耗；

（2）调拨出库，即从A仓库将物料转移到B仓库的过程。

（3）销售出库。由于某种特殊原因，直接将原料库内尚未组装或加工的原料物资销售给有需求的第三方的过程。

（4）退货出库。由于入库后发现质量未达到允许的质量标准或数量超出订单计划等方面的原因，将原料物资退回给供应商的过程。

4. 采购退货流程

采购退货一般流程如图9.5所示。

（1）型号错误

① 关联单据查看是否是销售急要，并通知采购对口、销售支持（型号不确定的通知技术部确认）。

② 制作采购退货单，备注清楚质检结果，并及时通知采购审批，查看采购处理意见是否库存。库存的话让采购通知仓库补单，将单据给制单人员重新制单，并撤销删除已做单据。

③ 采购批注退货的话，待流程审批完毕将单据跟货物一起给到退货部，并做好交接。

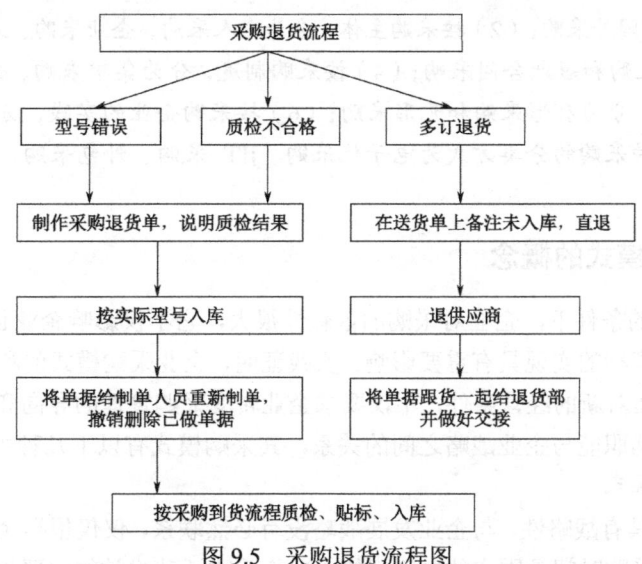

图9.5 采购退货流程图

（2）质检不合格

① 对于销售急要的，通知销售支持、采购人员，与其说明故障原因，让销售支持联系销售人

员是否需要（尤其是拆车件），不是急要及销售不要的配件，一律做单退货。

② 新开发配件到货大批量出现质量问题，联系技术相关人员并通知采购。待技术与供应商沟通后给出处理意见，并做退单退货。

③ 供应商送货上门及货运公司到货出现质量问题的，通知对口采购，并说明故障原因。供应商送货上门的话，在送货单上划掉故障配件项并让供应商签字，快递公司到货直接拒收。

（3）多订退货

跟采购沟通好多到配件的数量及型号，并在送货单上备注未入库直接退，并将货给到退货部做好交接。

第三节　采购模式

情景案例

采购模式是各类主体（包括政府、企业、事业单位、个人、组织、团体等）在采购中运用的方法和形式的总称。在学习了采购管理与采购计划的概念后，还需要掌握采购常用的几种模式。

于是朱雪峰带领团队进入了采购模式学习之中。

任务思考

1. 常用的采购模式有哪些？
2. 如何正确使用采购模式？

任务分析

企业为了保证采购的顺利进行将采购分为以下几类：（1）按采购的范围，分为国内采购和国外采购，而全球采购就属于国外采购；（2）按采购主体，分为个人采购、企业采购、政府采购；（3）按采购时间，分为长期合同采购和短期合同采购；（4）按采购制度，分为集中采购、分散采购和混合采购；（5）按采购输出结果，分为有形采购和无形采购；（6）按采购企业的实践，分为招标采购、邀请招标和比价招标。另一种采购的分类方式为电子化采购、JIT 采购、外包采购、招投标采购、集中采购与分散采购。

一、企业采购模式的概念

在社会化大生产的条件下，企业对采购的依赖性很大，它不仅影响企业正常的生产经营活动，而且对企业各项经济指标的实现具有重要影响。实践证明，企业采购模式的科学性和先进性是市场竞争力的重要表现，面对新的经营条件，不仅要求企业转变采购管理的导向和目标，而且要探索新的采购方式，按照采购职能与企业战略之间的关系，其采购模式有以下几种主要形态。

1. 进货型采购模式

这种采购模式不具有战略性，与企业发展战略没有必然联系，仅仅根据企业业务经营的需要决定采购活动。大多数采购时间是固定的、例行的，评价采购活动成效的主要指标是进货效率，采购过程也缺乏透明性，采购部门独立采购，其他部门不介入采购过程，因此各部门没有广泛沟通，在采购过程中比较重视对供应商的评价，关心供货能力。

2. 单独业务型采购模式

这种采购模式以具体的业务需要为导向，根据不同的业务分工，单独地解决单一产品的采购问题。采购活动被分解为更细的部分，突出专业采购的特点。这种采购模式虽然深化了采购活动，也采用最新采购技术和方法，但是采购活动与企业发展战略相分离，管理者只重视培养采购部门的专门能力，在评价尺度上从保证供应向考核采购成本方面转变，只重视采购人员的专业化和技术水平的提高。

3. 战略支援型采购模式

这种采购模式认识到采购活动对企业竞争能力的影响，从提高企业竞争力的角度加强采购管理，积极采用先进的采购技术和方法，强调采购活动对企业竞争战略的支持性，在这种采购模式下，通行的做法是让销售人员参与采购活动，加强购销衔接，以采购小组的方式克服专业采购人员个人采购的局限性。这种采购模式十分重视对供应商的选择、激励和控制，采购管理也从单一的购买扩展到收集市场信息等方面，但是采购管理是被动的，要求服从于竞争战略。

4. 部门统合型采购模式

在这种采购模式下，采购战略与企业竞争战略完全统一起来，从企业战略的制定阶段就考虑具体的采购职能，并将这些职能统合起来。采购部门与其他部门的沟通更加密切，专业采购人员与其他专业人员相互学习，在工作上更加有效地协调和配合，采购部门与其他部门之间建立了固定的沟通体制。此时，虽然也重视采购专业人员技能的提高，但不再仅追求"个别部门的效率化"，而是将目标定位在"对企业整体的贡献度"上。

5. 外部企业关联型采购模式

在这种采购模式下，企业采购管理的视野更加开阔，采购活动克服了封闭性和内部性，重视与其他企业的分工与合作，采购职能扩展为信息共享，产品开发和后勤管理等新的领域采购方与供应商之间的关系也在发生深刻变化，从简单的交易、单纯的竞争等讨价还价关系转变为技术支持、信息服务等合作关系。

二、JIT 采购模式

1. 什么是 JIT 采购

JIT 采购又称为准时化采购，它是由准时化生产（Just In Time）管理思想演变而来的。它的基本思想是：把合适数量、合适质量的物品，在合适的时间供应到合适的地点，最好地满足用户需要。

JIT 采购可以大大减少在制品的库存，减少零部件、原材料的库存，缩短原材料供应周期。在原材料的供应过程中实施 JIT 采购，能有效地推动供应链的整体优化。JIT 采购的基本思想是与供应商签订在需要时提供所需数量的零部件、原材料的协议。这就意味着可以一天一次、一天两次，甚至每小时好几次地供货。

JIT 采购最终目标是为每种物资和几种物资建立单一可靠的供应渠道。

2. JIT 的优势

JIT 采购的战略优势表现为：

（1）能保证频繁而可靠的交货（即多批次采购）；

（2）能有效地减少每次采购的批量（即小批量采购）；

（3）能有效地压缩采购提前期，以确保供应商快速可靠地交货；

（4）能有助于保证一贯的采购物资的高质量（即稳定的供应质量）。

3．JIT 的前提条件

JIT 的前提条件是：

（1）买方的生产计划相对平稳，物料的需求也相应地可随时预测；

（2）将更大、更稳定的订单交给少数几个供应商，从而激发供应商的绩效与忠诚；

（3）采购协议是长期的，只需很少的文书工作；

（4）只提供频繁的小批量交付，这样可以及早地暴露质量问题；

（5）被指定的少数供应商，对改进运输配送和包装标签，能做出相应的及时反应；

（6）采购方和供应商的信息沟通无极限。

4．JIT 采购流程

JIT 采购模式的流程如图 9.6 所示。

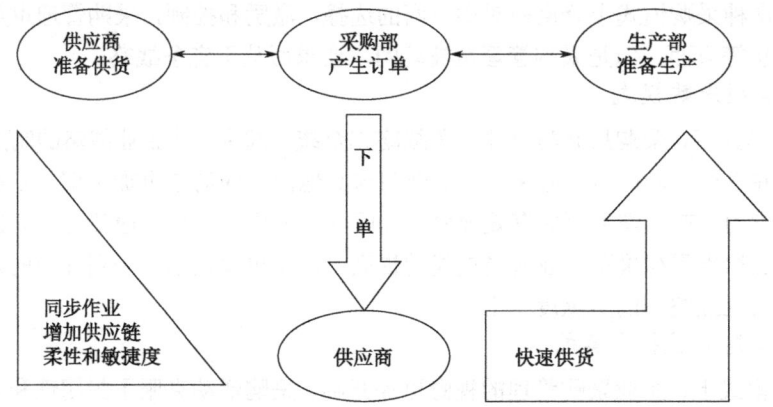

图 9.6　JIT 采购模式流程

从图 9.6 中可知 JIT 采购模式的步骤如下。

（1）创建即时制采购管理团队

世界一流企业的专业采购人员主要有以下 3 大职责：①寻找货源；②商定价格；③发展与供应商的长期稳定战略合作伙伴关系并不断地发展改进。

常见的两个专业采购团队为：

① 专门处理与供应商关系的团队，主要任务是评估供应商的信誉、能力，并签订即时制采购合同，向供应商发放免检证明并培训和指导供应商；

② 专门从事消除采购过程中的各种浪费。

（2）分析即时制采购物品，确定优先型供应商

从采购物品中选择价值大、体积大的主要原材料及零部件，优先选择伙伴型或优先型的供应商。分析采购物品及供应商情况时要考虑如下因素：

① 原料及零部件采购周期、年采购量（额）、物品的重要性；

② 供应商生产周期、供货频率、库存水平、合作态度、地理位置；

③ 物品供应周期、包装及运输方式、储存条件及存放周期；

④ 企业的现有供应商的管理水平、供应商参与改进的积极性。

（3）提出改进即时制采购模式的具体目标

针对供应商目前的供应状态，提出改进目标，具体内容包括：

① 库存控制水平；

② 供货周期、批次；

③ 改进行为的具体时间要求。

总之就是要在需要的时间内能及时地采购到所需要的物品。

（4）制订具体的即时制采购实施方案

① 明确主要行动点、负责人及其职责、完成时间、进度的检查方法；

② 将订单拆分成两部分：一部分是已确定的，另一部分是随市场变化而随时增减的；

③ 调整相应的运作程序，确保供应商按时按质按量地交货；确保供应商的生产计划与采购方的生产计划能卓有成效地联动；

④ 在相关人员之间进行充分的沟通交流，统一认识，协调行动；

⑤ 培训供应商使之完全接受即时制采购的供应理念，缩短供货周期，增加供应频次，提高库存水平。

（5）不断改进即时制采购的具体措施

① 不断改进的前提是供应原材料的质量在不断提高，循环使用的包装在不断地改善，送货的装卸及出入库时间在不断地缩短；

② 将原来的独立订单改为滚动订单，将订单与预测结合起来，首先可定期向供应商提供半年或一年的采购预测，便于供应商提前相应地安排物品采购及生产计划；

③ 向供应商定期提供每月、每季的滚动订单，内容包括固定和可变部分，而供应商就按滚动订单的要求定期定量地及时送货。

三、电子采购模式

1. 什么是电子采购

电子采购就是用计算机系统代替传统的文书系统，通过网络支持完成采购工作的一种业务处理方式，如网上招标、网上竞标、网上谈判等。企业之间在网络上进行的招标、竞价、谈判等 B2B 电子商务活动只是电子采购的一个组成部分。

电子采购比一般的电子商务和一般性的采购在本质上有了更多的概念延伸，它不仅仅完成采购行为，而且利用信息和网络技术对采购全程的各个环节进行管理，有效地整合了企业的资源，帮助供求双方降低了成本，提高了企业的核心竞争力，是企业采购电子化、企业运营信息化不可或缺的重要组成部分。

2. 电子采购特点

电子采购和一般的电子商务和传统的采购有本质上的区别，其不仅是单纯的采购，而是利用信息和网络技术对采购各个环节进行科学管理，能有效地控制成本、提高效率、增加效益。电子采购是一个全新的商业模式，可以不见面通过网络就能达成协议，实现商业交易，其之所以那么好，就是因为其自身有十分明显的优势，电子采购具有以下几个特点。

（1）节约成本

据了解电子采购能为企业节省大量成本，比如说传统采购费用是 150 美元，那电子采购就能将费用减低到 30 美元，由此可见电子采购能为企业节省很多成本。

（2）提高效率

缩短了采购周期，电子采购自采购方企业竞价采购项目正式开始至竞价结束，一般只需要 1～2 周，比传统招标采购节省 30%～60% 的时间。

（3）减少库存

有案例证明，企业在使用电子采购之后，采购成本下降、库存面积减少一半、库存资金降低、库存资金周转日期也同期下降。

（4）优化流程

电子采购依据科学的方法来设计采购流程，使其更利于企业的发展。

（5）信息共享

可以达到信息共享的作用，企业和供应商可以共享信息，可以查询相关的采购信息，有利于买卖双方更好地促成交易。

（6）供应商获益

电子采购最获利的是供应商，供应商可以通过电子采购了解更多市场，增加更多与采购商联系的机会，获得更多的贸易机会。

3．电子采购实施步骤

企业实施电子采购的步骤一般可以从以下几个方面考虑。

（1）提供培训

很多企业只在系统开发完成后才对使用者进行应用技术培训。但是国外企业和国内一些成功企业的做法表明，事先对所有使用者提供充分的培训是电子采购成功的一个关键因素。培训内容不仅包括技能方面，更重要的是让员工了解将在什么地方进行制度革新，以便将一种积极的、支持性的态度灌输给员工，这将有助于减少未来项目进展中的阻力。

（2）建立数据源

建立数据源目的是为了在互联网上进行采购和供应管理积累数据。主要包括供应商目录、供应商的原料和产品信息、各种文档样本、与采购相关的其他网站、可检索的数据库、搜索工具。

（3）成立正式的项目小组

小组需要由高层管理者直接领导，其成员应当包括项目实施的整个进程所涉及的各个层面，包括信息技术、采购、仓储、生产、计划等部门，甚至包括互联网服务提供商（ISP）、应用服务提供商（ASP）、供应商等外部组织的成员。每个成员对各种方案选择的意见、风险、成本、程序安装和监督程序运行的职责分配等进行充分地交流和讨论，以取得共识。企业的实践证明事先做好组织上的准备是保证整个过程顺利进行的前提。

（4）广泛调研，收集意见

为做好电子采购系统，应广泛听取各方面的意见，包括有技术特长的人员、管理人员、软件供应商等；同时要借鉴其他企业行之有效的做法，在统一意见的基础上，制定和完善有关的技术方案。

（5）建立企业内部管理信息系统，实现业务数据的计算机自动化管理

在企业的电子采购系统网站中，设置电子采购功能板块，使整个采购过程始终与管理层、相关部门、供应商及其他相关内外部人员保持动态的实时联系。

（6）应用之前测试所有功能模块

在电子采购系统正式应用之前，必须对所有的功能模块进行测试，因为任何一个功能模块在运行中如果存在问题都会对整个系统的运行产生很大的影响。

（7）培训使用者

对电子采购系统的实际操作人员进行培训也是十分必要的，只有这样才能确保电子采购系统能得以很好的实施。

（8）网站发布

利用电子商务网站和企业内部网收集企业内部各个单位的采购申请，并对这些申请进行统计整理，形成采购招标计划，并在网上进行发布。

（9）采购实施

中标单位按采购订单通过运输交付货物，采购单位支付货款，处理有关善后事宜。按照供应链管理思想，供需双方需要进行战略合作，实现信息的共享。采购单位可以通过网络了解供应单位的物料质量及供应情况，供应单位可以随时掌握所供物料在采购单位中的库存情况及采购单位的生产变化需求，以便及时补货，实现准时化生产和采购。

四、招标采购模式

1. 什么是招标采购

招标采购是指采购方作为招标方，事先提出采购的条件和要求，邀请众多企业参加投标，然后由采购方按照规定的程序和标准一次性的从中择优选择交易对象，并提出最有利条件的投标方签订协议等过程。整个过程要求公开、公正和择优。招标采购是政府采购最通用的方法之一。招标采购可分为竞争性采购和限制性招标采购。它们的基本的做法是差不多的，其主要的区别是招标的范围不同，一个是向整个社会公开招标，一个是在选定的若干个供应商中招标，除此以外，其他在原理上都是相同的。

一个完整的竞争性招标采购过程由供应商调查和选择、招标、投标、开标、评标、决标、合同授予等阶段组成。

2. 招标采购分类

招标是在一定范围内公开货物、工程或服务采购的条件和要求，邀请众多投标人参加投标，并按照规定程序从中选择交易对象的一种市场交易行为。

（1）公开招标

公开招标是指招标人以招标公告的方式邀请不特定的法人或者其他组织投标。

（2）邀请招标

邀请招标是指招标人以投标邀请书的方式邀请特定的法人或者其他组织投标。

（3）招标代理

招标代理是指招标人有权自行选择招标代理机构，委托其办理招标事宜。招标代理机构是依法设立从事招标代理业务并提供服务的社会中介组织。

3. 招标采购程序

政府招标采购一般程序如下。

（1）采购人编制计划，报财政厅政府采购办审核。

（2）采购办与招标代理机构办理委托手续，确定招标方式。

（3）进行市场调查，与采购人确认采购项目后，编制招标文件。招标文件至少应包括以下内容：①招标须知；②投标须知；③合同条款。

（4）技术规格。

（5）投标书的编制要求。

（6）供货一览表、报价表和工程量清单。

（7）履约保证金。

（8）供应商应当提供的有关资格和资信证明文件。

4. 发布招标公告

发布招标公告或发出招标邀请函，招标通告至少应包括以下内容：

（1）采购单位的名称和地址；

（2）采购货物的性质、数量及交货地点，需进行工程的性质和地点或所需采购的服务的性质和地点；

（3）要求供应货物的时间或工程竣工的时间或提供服务的时间表；

（4）将用以评审供应商资格的标准和程序；

（5）获取招标文件的办法和地点；

（6）采购实体对招标文件收取的费用及支付方式；

（7）提交招标书的地点和日期；

（8）开标日期、时间和地点。

5．中国政府采购招标网

中国政府采购招标网的网址为：http://www.chinabidding.org.cn，如图9.7所示。

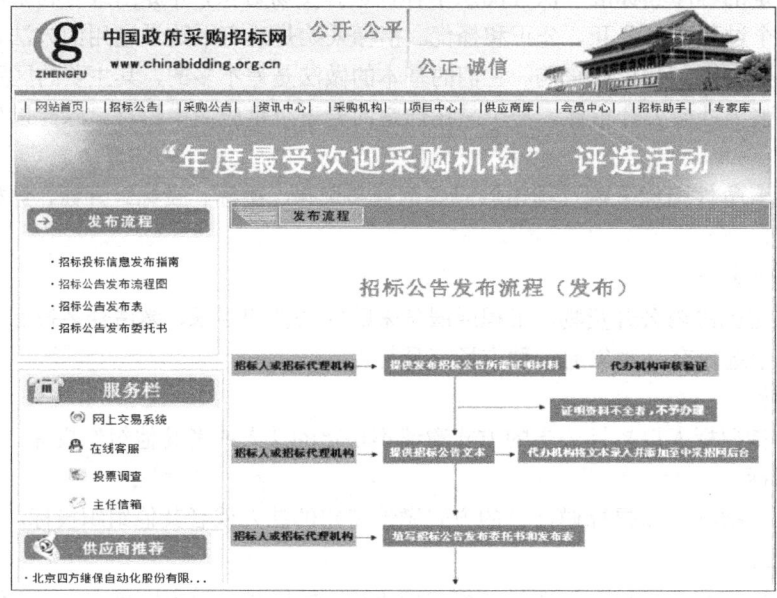

图9.7　中国政府招标采购网主页

6．中国政府采购招标网招标投标信息发布

为促进政府采购招标事业的发展，中国政府采购招标网将积极配合各招标人、招标代理机构关于政府采购招标投标信息的发布工作。为了确保各单位信息能够及时、准确发布上网，请认真阅读本指南。

（1）发布要求

① 招标人、招标代理机构均可通过本网发布政府采购招标投标信息。招标代理机构首次在本网发布信息时，需将本单位企业营业执照复印件和政府采购代理资质证书复印件加盖单位公章后，以邮件和传真的形式发送至网站。

② 各信息发布单位需在《中华人民共和国政府采购法》和《中华人民共和国招标投标法》等有关法律法规规定的发布期限之前向本网提供招标投标信息。

（2）内容要求

根据《中华人民共和国招标投标法》和《中华人民共和国财政部令 第19号》（政府采购信息公告管理办法）文件规定，招标投标信息包括公开招标公告、中标公告、成交结果、邀请招标资格预审公告及其更正公告等，公告的信息必须做到内容真实、准确可靠，不得有虚假和误导性陈述，不得遗漏依法必须公告的事项。公告招标投标各类信息时应当分别包括下列内容：

① 公开招标公告

a. 招标人、招标代理机构的名称、地址和联系方式；

b. 招标项目的名称、用途、数量、简要技术要求或者招标项目的性质；

c. 供应商资格要求；

d. 获取招标文件的时间、地点、方式及招标文件售价；

e. 投标截止时间、开标时间及地点。

2. 中标公告

a. 招标人、招标代理机构的名称、地址和联系方式；

b. 招标项目名称、用途、数量、简要技术要求及合同履行日期；

c. 定标日期（注明招标文件编号）；

d. 本项目招标公告日期；

e. 中标供应商名称、地址和中标金额；

f. 评标委员会成员名单。

3. 邀请招标资格预审公告

a. 招标人、招标代理机构的名称、地址和联系方式；

b. 招标项目的名称、用途、数量、简要技术要求或招标项目的性质；

c. 供应商资格要求；

d. 提交资格申请及证明材料的截止时间及资格审查日期。

4. 招标信息更正公告

a. 招标人、招标代理机构名称、地址和联系方式；

b. 原公告的采购项目名称及首次公告日期；

c. 更正事项、内容及日期。

（7）发布方式

招标人、招标代理机构可以通过两种途径在我网发布招标投标信息：统一发布和自助发布。

① 统一发布。统一发布是指招标投标信息经本网对其格式进行统一编辑后发布上网的形式。

（a）信息发布单位需将拟发布的信息内容同时以电子邮件和传真的方式提供给本网。

（b）发送电子邮件时应以公告标题作为邮件标题。邮件正文中应注明该招标项目的直接联系人和联系电话。

（c）传真件内容应与邮件内容一致，并且需要加盖单位公章。

（d）发布招标投标信息专用传真号码：010-83684022；电子邮箱：cnzfcg@chinabidding.org.cn。

② 自助发布。自助发布是指信息发布单位在本网注册专用账号后，登录信息发布系统自主发布信息的方式。自助发布的信息需经系统管理员审核后才能发布上网。用户在发布信息 2 小时内（系统默认时间）且未通过审核时，可对内容自行修改编辑。

（a）本网仅受理以单位名义申请注册的发布用户。

（b）各单位在网上注册提交成功后，需打印注册表并加盖单位公章，连同企业营业执照复印件和政府采购代理资质证书复印件（均需加盖单位公章）以电子邮件和传真的方式提供给本网。我单位在收到上述材料后 1 个工作日内给予回复。

（4）信息查询

① 信息发布单位在确认传真和邮件都发送至网站的情况下，两小时后可在网上查询。当天（工作日）16：00 以后发送至网站的传真和邮件，请在第二天（工作日）09：30 以后上网查询。如未查到，请及时联系我们。

② 自助发布的信息发布 2 小时之后（系统默认审核时间为 2 小时），可在网上查询。如未查到，请及时联系我们。

（5）信息的更正

招标投标信息在网站公布后不可随意撤销更改，如已发的信息内容需要修改，需要招标人、招标代理机构出具证明并加盖公章，另发更正公告。

7. 开标评标定标工作流程图

开标、评标、定标的工作流程如图 9.8 所示。

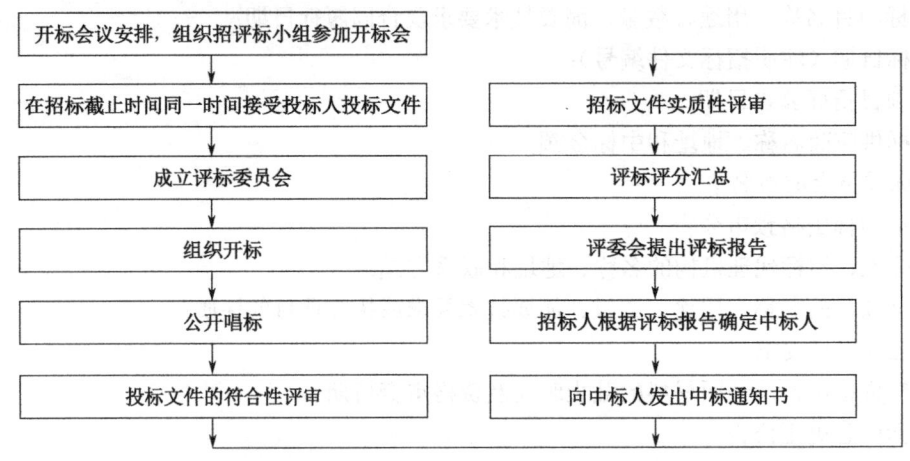

图 9.8　开标、评标、定标的工作流程图

8. 招标准备及发标流程图

招标准备及发标流程如图 9.9 所示。

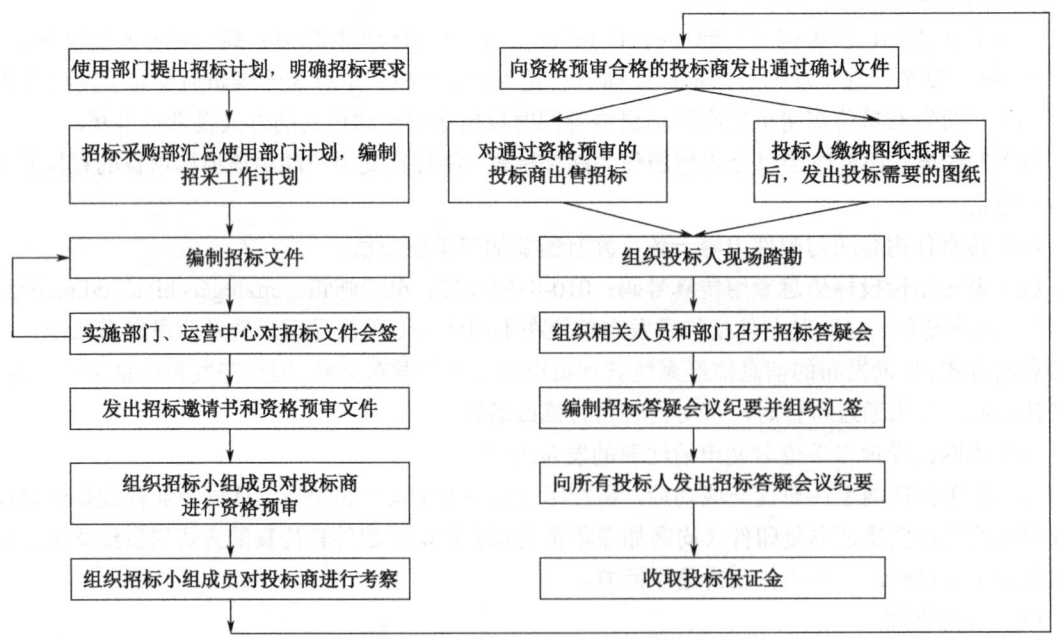

图 9.9　招标准备及发标流程图

9. 合同签定工作流程图

合同签定工作流程如图 9.10 所示。

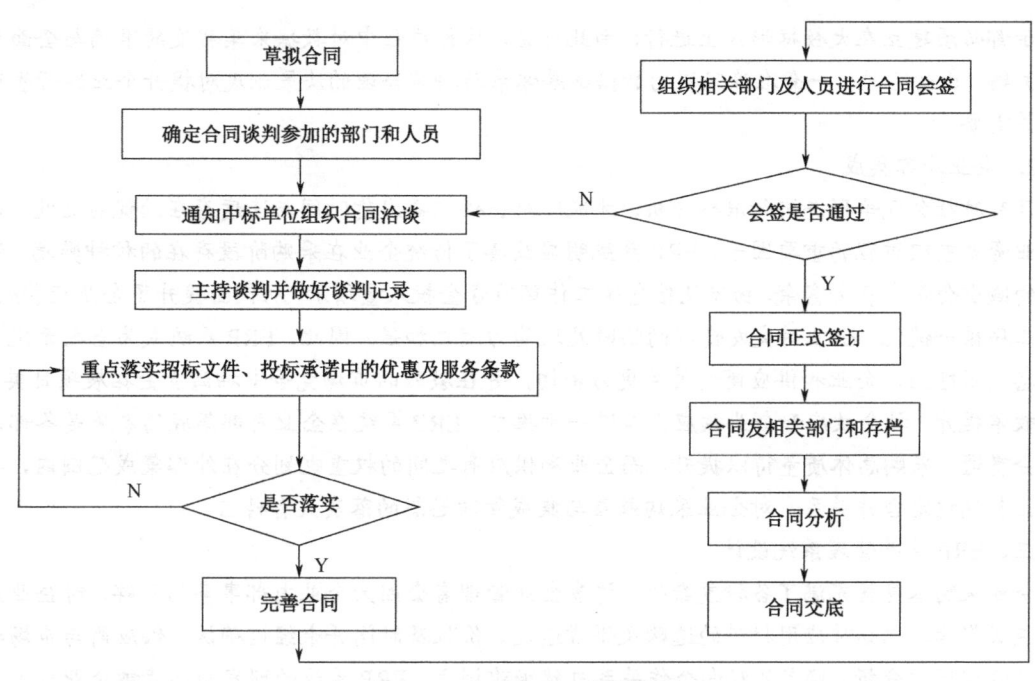

图 9.10 合同签定工作流程图

典型案例

ERP 在企业采购管理中的应用

《商场现代化》2015.22 期

一、前言

随着 ERP 系统应用在我国企业采购管理中拓展应用，上世纪 90 年代到如今的发展期肯定存在诸多需实践检验的地方，ERP 系统作为企业采购管理的支柱也必将更加完善。因此，对 ERP 系统在我国企业采购管理中应用的探讨意义重大。

二、ERP 系统与采购管理的集成

ERP 系统基于整体角度去统筹企业事务发展，相对于企业整体业务流程进行考虑，并把企业内部管理逐步拓展到外部，最终实现企业整条运行产业链的集成运算管理效果，ERP 系统在企业内部与各个子系统的集成可对资金物流与众多信息情况进行深入分析，留给企业采购人员更多的思考时间。不仅如此，企业在实际系统集成采购运行管理过程中，对产业链之外的信息也会涉及，最终在技术信息的支撑下集成化操作来保持客户持续的稳定性。总体来说，企业采购管理工作质量发生根本性的变化，从侧面说明了企业应用 ERP 系统集成化管理的效果与正确性，具体表现在以下两方面。

1. 企业内部集成

ERP 系统的主要功能便是通过现代集成运算统筹各部门发展，位于企业采购管理初始位置，是企业管理的核心要点。细化的信息共享程度更高，对企业采购完成的质量大有裨益。ERP 还对在职工作人员的工作方式有巨大影响，二次创造使其涉及的范围得以拓展，应用效果也更加强烈。唯有不断创新，企业经营效益才有机会逐步提升，采购方式的创新是首要前提，融合信息和工序流程的程度加强，ERP 系统集成得以充分彰显才是关键。当前，科技信息迅速发展，企业资源优化配置都必须依靠科技核心技术完成，计算机作为 ERP 系统应用中必须要通过的媒介，注定所有的集成效

果展示都必须建立在大数据形式上进行，由此可见，操作过程中对数据采集程度的准确与全面程度十分关键。由此可见，一套准确完整的数据统筹体系与科学合理的决策制度对提升企业经营管理效率至关重要。

2. 企业外部集成

只有对社会竞争形态进行准确分析，才能比对出供应商发货时间与速度存在的优劣之处，这也是企业资源重组过程的重要因子。ERP系统明显改善了传统企业在采购阶段存在的种种弊端，流程工序的减少会带来资金富余，物流及信息等工作环节资金投入量增加，从侧面提升了企业经营效益。冗杂工序被一键化，企业对突发情况的临时处理能力随之加强。因此，ERP系统成为当之无愧的现代信息技术结晶，企业和供应商的关系更为密切，并在激烈的市场竞争中抽离资金拓展项目类型，工作效率提升，社会效应和企业效应得以进一步推广。ERP系统在企业内部集成的本质是各部门信息融会贯通，采购总体质量得以提升，而企业和供应商之间的权重也划分在外部集成范围内，有利于建立长期稳定合作关系，对企业采购效益与集成管理思想的落实大有裨益。

三、ERP采购管理系统设计

企业采购本身就充满了各种复杂性，许多企业管理者会因为企业内部事务的牵绊，对企业正常运行造成影响，比如对应用材料的选购及供货速度、价位及时间并未经过确认，供应商与市场契合度也没经过仔细分析，稳定的双向合作关系自然很难树立。ERP系统的研发与逐步被企业应用为其内部管理带来转机，企业整体运行机制更为系统化，企业采购工作更为明了化，详见如下。

1. 设立供应商

对供应商的挑选是企业管理者要直面的问题，ERP系统自动会对各级供应商设计系统化的信息档案，并酌情根据管理者设定要求灵活进行删减，内容包括方式、价位及时间、供应商注册审核及实地考察等环节，系统在订单处理过程中，首先会有供应商删选模块运行，读取完成由操作者手动确认。由此可见，供应商的信用值是ERP采购管理的一项重要指标。

2. 制定采购单

ERP系统需要把采购数量、运输方式、周期库存等一并考虑进去，系统自动生成占据主导，操作辅助系统进行采购单要求认定需适当调整，例如有些采购材料比较稀缺或供货紧张，就需要提前几个月联系下单。与此同时，因为生产周期较长，可能会出现与预先生产进度不一样的状况。因此，这类采购单的制定需公司多部门人员协商确定，最终协商确定具体数量与交货时间。

3. 删选供应商

次系统程序设置是材料供应商的必经之路，系统展现的资料删选会为实际采购人员提供一手参考，然后综合采购人员设置的交货时间地点、方式价位及数量等因素作为综合评定展现，最终确立专项供货商。对于新进入预选系统的供货资源要严格进行审定，只有实地考察和产品质量检测合格的才能被系统收录。

4. 款项意见下发

采购订单一旦被获取认同，系统会根据实际需求和一般情况为企业自动呈现符合经济规律的资金支配计划，并进行很好的后期维护，最终经过财务部门对生产采购销售等报表情况的具体分析，给采购部下款项相关事宜。

5. 订单下发

在对采购前期数量、运输方式等条件进行综合考量后，以物料合并方式对企业采购单进行读取，工作人员核实过后打印输出，供应商最后获取。与此同时，也可利用互联网提供的专项交易平台进

行求购信息发布，对出现的额外供应商要及时进行商量。

6. 及时反馈订单生产信息

采购工作人员对生产过程中出现的意外情况，要尽可能给予帮助。产品采购交工、订单跟踪催促、质量与生产周期等都是需要着重去实时记录的，尽可能地避免一切突发情况。

7. 查收货物

工作人员对上交的产品与下发的供应商信息都要进行仔细比对，并以最快速度收进企业收货单。与此同时，也可充分发挥 ERP 系统集成特点，在获取管理员的认证后，对出现的交货延期现象予以控制。

8. 采购单核算

对货物验收工作完成后，采购与财务部门要及时进行信息交换，严格按照企业采购清单进行结算，对每笔采购成本要尽快准确整理上报。

9. 采购单结账

采购单结账是指企业在收货验收工作正式结束后，开始执行的结账工序，系统会自动依据设置形式采用分期付款，必要时也会有强制性结账现象出现。

10. 系统后期防护

ERP 系统中包含了多个子系统模块，子系统后期维护工作也同样在企业管理中发挥着重要作用，主要分为企业采购原料供应商、周期及负责人等细化信息，对这类信息的防护是保证安全性的前提。

四、ERP 采购子系统应用效益

1. 在督促供应商方面，从原先 50%降低到当下 12%，清点库存工作量得以缓解，采购速度获得空前提升。

2. ERP 系统应用后的清单清晰展现了企业各部分实际运行状况，货物验收与录入更加迅速便捷，传统数据查询工作量得以简化，流程效益的增加是企业整体效益提升的重要推动力。

3. 各部分信息中转流程缩减，信息共享程度加深及便捷程度使得文件更加直观，企业采购运转效率大幅度提升，处理信息的速度改变。

4. 企业管理投入采购的人力减少，同样的精力就可用于员工素质拓展培训方面，优秀材料供应商被发现的几率更大，业务员素质更高，企业服务提升，基础管理工作得以改善。

5. ERP 系统的应用，一般会使企业人员采购时间成本达到 36%，采购成本缩减 5%，ERP 系统的应用也间接表明企业员工素质的提升，素质是服务的核心点，服务是企业形象的关键，企业形象是企业效益的有效推动力。

当代市场运行的一般规律要求企业不断以最快速度实现创新，如此才能继续生存，不断优化自身资源与社会资源也是市场竞争的必然结果。ERP 系统经过十几年优化实践，其功能和应用逐步走向完善，在我国企业中发挥的作用也越来越明显。随着企业多元化发展路线加强，ERP 系统也需不断优化自身功能，企业管理者对其要求的加大使其局限性暴露，现代信息技术的飞速发展要求 ERP 尽快实现自我突破与多元化系统的深层次融合，以更好满足企业需求，是今后系统改进优化的必然趋势。

五、为 ERP 系统应用做好四个准备

1. 思想工作要准备好

企业高层领导要时刻保持大局观，从根本上认清 ERP 系统为企业带来的种种改变，细化到产入产出、施工成本目标及周期等，明确企业在此系统应用初始阶段和真正运行阶段存在的不同及新旧版本升级带来的种种麻烦，在系统维护过程中要更加看重工作人员的实践经验，对出现的不可抗

拒因素要尽量避免。所以，企业采购管理过程中对 ERP 系统的实施除了精准定位外，还要为其系统转化工作做好思想准备。

2. 技术工作要准备好

对全体员工形成综合的素质培训脉络，设立专门的小组对特定任务准确完成，做好网络规划及各部门信息统筹工作，并可进一步考虑设置网管中心，以便对整体安全与企业管理进行管控。

3. 资金工作要准备好

ERP 只是企业管理者在企业改造过程中的重要一环，并非包含全部改造，先进技术的引用要位居其次。上市企业对于资金使用状况要及时报备汇总，避免出现公款借用现象。对于资金的准备工作，主要包括硬件资金、场地及培训资金、顾问及软件资金等。

4. 物资工作要准备好

物资工作的预先准备也很重要，需根据实际生产布局图来安排，光缆光纤使用量直接关系着企业改造成本，场地管线处理的安全性是前提，旧设备的处理是重点。在保证安全的前提下可对有价值设备继续使用，降低生产布局成本，扩大经济效益。企业管理阶层对外界环境的认识要保持清醒，外界市场动态变化的掌握程度直接关系到企业效益，外在环境变化与企业经营战略变化息息相关，外部市场环境存在的敌意也会根据企业战略的变化不断进行自我协调。由此可知，企业在不同阶段采取的战略与外在环境匹配程度将直接影响经营效益，战略性的适应至关重要，企业在经营结构中要始终保持适度匹配，就绪依据大数据制度采购策略，可大幅度减少企业外部恶劣环境带来的冲击。

六、结语

综上所述，ERP 系统应用需多综合企业设计建设状况，企业不同阶段的发展目标需在有资金保障前提下进行，以免形成经营危机。一般控制在三年左右较好，实际应用实践一般控制在两年左右较好，第三年是系统调整和尝试运行期，与运行细则时刻对比，找出差距并尽快着手协商处理。众所周知，ERP 系统在企业后期维护费用昂贵，无必要情况则可省去专家团队的驻场指导，对出现的小问题成立专门研究小组，统筹各部门信息进行改进。对系统中数据的安全和意外情况下数据恢复等情况要形成明确责任追究制，以保证企业稳定高效运行。随着 ERP 系统应用在我国企业采购管理中的进一步普及，上世纪 90 年代到如今的发展期肯定存在诸多需实践检验的地方，随着科技和信息技术的日益改进，ERP 系统作为企业采购管理的支柱也必将会更加完善。

思考与练习 9

一、填空题

1. 采购是指企业在一定的_____从供应市场获取_____或_____作为企业资源，以保证企业生产及经营活动正常开展的一项_____活动，狭义的采购是_____。

2. 采购管理就是对整个_____过程进行_____、_____与_____，从而为生产部门适时、_____、_____、_____地提供生产所需要的原材料（或外加工件）的管理过程。

3. 采购管理的内容有：_____、_____、_____、下达订单、_____、_____等。

4. 选择供应商的方法较多，常用的方法有：_____方法、_____方法、

_____方法、_____方法、_____方法、_____方法、_____方法等。

5. 采购的 5R 管理是：_____、_____、_____、适价（Right price）、_____。

6. 采购计划是指采购部门为_____的销售和生产，对所需的_____、零部件等的_____、_____做出的翔实的计划，采购计划是企业_____计划和_____的一部分。

7. 请购就是_____的员工对于_____或_____中需要用到的办公用品、_____等物品的需求，向上级部门或是_____提出请求的过程就是请购。

8. 采购退货是指_____过程中或_____后，因_____原因需要将料品退回给供应商的一种_____行为。

二、选择题

1. 对于企业（尤其是制造业）来说，物料成本占整个产品成本的比重（　　）。
   A. 一般大；
   B. 不很大；
   C. 较大或非常大；
   D. 根本不重要。

2. 在采购管理中，供应商的评价选择对企业业绩的影响（　　）。
   A. 越来越大；
   B. 不很大；
   C. 较大或非常大；
   D. 根本不重要。

3. 部门统合型采购模式，采购战略与企业竞争战略（　　）。
   A. 部分统一起来；
   B. 完全统一起来；
   C. 没有统一起来；
   D. 以上三种说法都不正确。

4. 电子采购和一般的电子商务和传统的采购有（　　）。
   A. 部分区别；
   B. 完全区别；
   C. 本质区别；
   D. 以上三种说法都不正确。

5. 招标采购是政府采购最通用的方法之一（　　）。
   A. 最特殊的方法之一；
   B. 最通用的方法之一；
   C. 最本质的方法之一；
   D. 以上三种说法都不正确。

三、简述题

1. 请简述集中采购含义。
2. 请简述招标法的含义。
3. 请简述采购计划含义。
4. 请简述请购的含义。
5. 请简述采购订单的含义。
6. 请简述采购退货的含义。
7. 请简述 JIT 采购模式。
8. 请简述招标采购模式。

第 10 章　库存管理

学 习 目 标

◎ 知识点 ◎	◎ 能力点 ◎
● 库存管理的基本概念	● 库存管理业务的模式
● 库存管理的主要业务	● 库存管理业务的流程
● 库存管理的控制	● ABC 控制法
● 库存管理的主要策略	● 控制库存管理策略

第一节　库存与库存管理

情景案例

　　库存的重要目标就是保有最小库存量，保证销售流动能顺利进行，使库存产品量达到不致存量不足的最小限度，避免积压资金。那么怎样才能完成以上的目标呢？

　　朱雪峰团队认为只有先认真学习完库存管理的理论，然后去指导实践，才能完成以上这一目标。于是他们进入了库存管理学习之中。

任务思考

1. 库存控制的作用？
2. 库存量过大会产生什么样的问题？

任务思考

　　根据外界对库存的要求，企业订购的特点，预测，计划和执行一种补充库存的行为，并对这种行为进行控制，重点在于确定如何订货，订购多少，何时订货。过去认为仓库里的商品多，表明企业发达、兴隆。你认为这个观念正确否？

一、库存的概念

　　"库存"（Inventory）有时被译为"存储"或"储备"。在 APICS 词汇中，"库存"一词的定义是："以支持生产、维护、操作和客户服务为目的而存储的各种物料，包括原材料和在制品、维修件和生产消耗品、成品和备件等。"

　　从直观上理解，库存就是"仓库里存放东西"，这是对库存狭义的理解。从一般意义上来说，

库存是为了满足未来需要而暂时闲置的资源。闲置的资源就是库存，与这种资源是否存放在仓库中没有关系，与是否处于运动状态也没有关系。

过去认为仓库里的商品多，表明企业发达、兴隆，现在则认为"零库存是最好的库存管理"。库存多，占用资金多，利息负担加重。但是如果过度降低库存，则会出现断档。库存的成本在企业总成本当中占了相当大的比例，因此作为企业物流的关键问题之一，库存的管理和控制在企业运作中扮演了重要的角色。从市场营销的角度来看，存货作为企业物流的重要成分，其成本降低的潜力比任何市场营销环节都大得多，如企业物流成本占营销成本的 50%，其中存货费用大约要占 35%，而物流成本又会占产品全部成本的 30%~50%。在美国，直接劳动成本不足生产成本的 10%，并且还在不断下降，全部生产过程只有 5% 的时间用于加工制造，余下的 95% 时间都用于储存和运输。物流战略要以尽可能低的金融资产维持存货。存货管理的基本目的是，要在对顾客承担义务的同时实现最大限度的流通量。

传统的库存管理希望解决的基本问题是：何时订货和订多少货，旨在"保障供应而储备量最小"；而现代的库存管理关注的重点则增加了在"哪里存货、存什么货、货物种类及仓库如何搭配"等新内容，其根本目标是谋求"通过适量的库存达到合理的供应，使得总成本最低"。现代企业运作对库存管理提出了更高的要求，管理者必须保证企业物料的供应和产品的分配像流水线一样顺畅，使库存周转迅速。

二、库存的作用

库存既然是资源的闲置，就一定会造成浪费，增加企业的开支。那么，为什么还要维持一定量的库存呢？这是因为库存有其特定的作用。归纳起来，库存有以下几方面的作用。

（1）缩短订货提前期。当制造厂维持一定量的成品库存时，顾客就可以很快地采购到其所需的物品，这样缩短了顾客的订货提前期，加快了生产的速度，也使供应商争取到了顾客。

（2）稳定作用。在当代激烈的竞争中，外部需求的波动性与内部生产的均衡性是矛盾的。要满足需方的要求，又使供方的生产均衡，就需要维持一定量的成品库存。成品库存将外部需求和内部生产分隔开，像水库一样起着稳定作用。

（3）分摊订货费用。对生产过程采取批量加工，可以分摊调整准备费用（Setup Cost），但既然加工了一批，一时用不完就会造成库存。这是一种周转库存，经过一段时间，库存使用完了，将又补充一批。

（4）防止短缺。维持一定量的库存可以防止短缺。

（5）防止中断。在生产过程中维持一定量的在制品库存，可以防止生产中断所造成的缺货。显然，当某道工序的加工设备发生故障时，如果工序间有在制品库存，其后续工序就不会中断生产。同样，在运输途中维持一定量的库存，保证供应，就能使生产正常进行。

（6）降低物流成本。用适当的时间间隔补充与需求量相适应的合理的货物量以降低物流成本，消除或避免销售波动的影响。

（7）保证生产的计划性、平稳性以消除或避免销售波动的影响。

（8）储备功能。在价格下降时大量储存，减少损失，以应灾害等不时之需。

尽管库存有如此重要的作用，但库存占用大量的资金，物资库存要修建仓库，要维持库存物品不腐蚀、不生锈、不老化等都需要额外支出。此外，库存还会掩盖管理中的问题。因此，库存管理的目标不是增加库存，而是在保证一定服务水平的基础上，不断降低库存。

三、库存管理的概念

库存信息与财务的资产负债表和损益表有直接的关系。库存是可以交换和销售的流动资产，一般约占企业资产的 20%~60%，在损益表中以销售成本的形式出现。库存是说明企业收益的重要因素，可反映企业财务状况的好坏，因此，库存管理非常重要，不能仅仅看成是一个记好库存台账的问题。

库存管理（Inventory Management，IM）是企业生产过程的重要组成部分，因计划与控制的层次（独立需求件、相关需求件）、物料对象（产品、在制品、半成品、原材料、MRO）、物料的 ABC 分类、供需链上的地位（供应、制造、分销）、物料供应周期的长短而异。在供需链上的每一个经济实体都有可能出现库存和运输。

因此，库存管理主要是"与库存物料的计划与控制有关的业务"，目的是支持生产运作。其概念是指企业为了生产、销售等经营管理的需要而对计划存储、流通的有关物品进行相应的管理，如对存储的物品进行接收、发放、存储保管等一系列的管理活动。

它同仓库管理的概念是不同的：仓库管理主要针对仓库或库房的布置、物料运输和搬运以及存储自动化等的管理；而库存管理的对象是库存项目，即企业中的所有物料，它包括原材料、零部件、在制品、半成品及产品，以及起辅助作用的物料。库存管理的主要功能是在供、需之间建立缓冲区，达到缓和用户需求与企业生产能力之间，最终装配需求与零配件之间，零件加工工序之间，生产厂家需求与原材料供应商之间的矛盾。

四、库存管理的内容

1. 库存控制

库存是计划的结果，又是支持计划的先决条件。因此，库存管理的首要任务是根据产品计划的要求来控制库存。库存量应当是计划的结果，库存脱离了计划，就谈不上控制。库存管理除了保证库存信息准确，满足客户和市场需求计划之外，一项重要的任务是控制库存量，加速库存周转，降低成本。评价库存管理有以下几项标准。

（1）客户服务水准，既保证生产和销售的需求，又控制资金占用。

（2）库存占用的资金额，控制在企业预算之内。

（3）库存资金周转次数，保持或接近行业领先水平。

库存资金周转次数的计算公式为

库存资金周转次数（次）＝产品年销售成本（元）/库存年平均占用资金额（元）

JIT 模式把库存量比做江湖的水量，把水下的礁石比做由于管理不善造成的各种问题，例如，预测不准，供应不及时，计划不周，能力不足，质量不高，不注重培训，设备保养差，等等。库存量大了相当于水位高了，淹没了水下的礁石，看上去有利于通航，但是，水下被掩盖的问题（礁石）却永远不能暴露出来，也永远得不到彻底解决。因此，库存量过大被比喻为"众弊之源"。也就是说，库存量掩盖的管理问题是永远不会自动消除的，此问题可形象地用图 10.1 来表示。

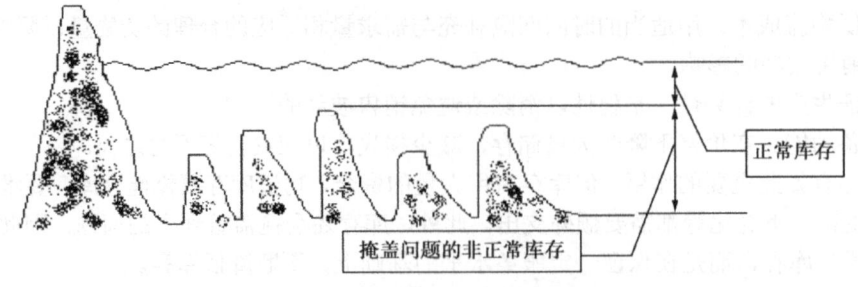

图 10.1　库存掩盖了大量的管理问题

任何船只都会有一定的吃水量，没有水是不能行船的。这里提出"合理库存"，而不是"零库存"。零库存是一种控制库存的哲理，目的是减少一切无效作业与浪费，要有效地使用各个系统和各种技术，例如，预测要准，加工周期要短，质量要保证，供应商要可靠，等等。总之，要追求没

有不必要的多余库存，而不是追求"没有"库存。控制库存量是物料管理的重要内容，在确定库存量时注意库存目的和库存费用。

2．库存目的

如果库存没有目的也就没有储存的必要，这是控制库存时第一个要注意的问题。库存的目的主要是为了保证生产和销售的正常进行，维持销售产品的稳定，维持生产的稳定，平衡企业物流，平衡流通资金的占用。

3．库存费用

控制库存的第二个要注意的问题是库存费用。库存费用一般以年计算，它包括以下 4 项：

（1）年维持库存费（Holding Cost），以 CH 表示。它是维持库存所必需的费用，包括资金成本、仓库及设备折旧、税收、保险、陈旧老化损失等。这部分费用与物品价值、平均库存量有关。

（2）年补充订货费（Reorder Cost），以 CR 表示。它与全年发生的订货次数有关，一般与一次订多少无关。

（3）年购买费（Purchasing Cost），以 CP 表示。它与价格和订货数量有关。

（4）年缺货损失费（Shortage Cost），以 CS 表示。它反映失去销售机会带来的损失、信誉损失，以及影响生产造成的损失。它与缺货数量、缺货次数有关。

以上几项费用相互影响，例如，库存量大，短缺损失可能就小，但保管费用就会高；要降低保管费用，就要降低批量，但批量小，订货次数就会增加，订货费用就会增加。控制库存就要权衡这些费用，使总费用最低，以实现降低成本的目的。若以 CT 表示年库存总费用，则

$$C_T = C_H + C_R + C_P + C_S$$

五、库存的分类

1．按库存物品需求的重复性划分

按物品需求的重复性划分，可将物品库存分为单周期需求与多周期需求。

（1）单周期需求。所谓单周期需求是指对物品在一段特定时间内的需求，过了这段时间，该物品就没有原有的使用价值了。报纸、新年贺卡、圣诞树等属于这种物品；易腐食品（如海鲜、活鱼、新鲜水果）属于这种物品；机器设备的备件也属于这种物品。对单周期物品的订货被称为一次性订货量问题。一次订货有一定的批量，就构成了单周期库存问题。

（2）多周期需求。多周期需求是指在足够长的时间里对某种物品的重复的、连续的需求，其库存需要不断地补充。机械厂所需的钢材，用完了还需要补充；家庭所需的粮食，吃完了还得再买。对多周期需求物品的库存控制问题称为多周期库存问题。

2．按库存物品需求的相关性划分

按物品需求的相关性划分，库存可分为独立需求库存和相关需求库存。来自用户的对企业产品和服务的需求称为独立需求。独立需求最明显的特征是需求的对象和数量不确定，只能通过预测方法粗略估计。相反，把在企业内部物料转化各环节之间所发生的需求称为相关需求。相关需求也称为非独立需求，它可以按对最终产品的独立需求精确地计算出来。例如，某汽车制造厂年产汽车 30 万辆，这是通过预计需求预测来确定的。一旦 30 万辆汽车的生产任务确定之后，对构成该种汽车的零部件和原材料的数量和需要时间可以通过精确计算而得到。对零部件和原材料的需求就是相关需求。

3．按库存物品形成原因划分

（1）安全库存（Safety Stock 或 Fluctuation Inventory），有时也称最小库存余量（Minimum Balance）或最低库存。企业内外的需求和供给都可能出现偏离计划或预测的情况，会遇到许多不确定因素。为了

不中断生产，在计划需求量之外经常保持一定的库存量作为保险储备。安全库存是物料主文件中一项用户设定的参数，当实际库存量低于安全库存量时，系统会自动生成订单建议用户补足安全库存。

（2）储备库存，也称季节性储备（Seasonal Stock）或预期储备（Anticipation Inventory）。受季节供应约束的采购件（如农产品），受季节市场需求约束的产品（如服装、空调机、节日礼品），或为工厂休假日及因设备计划检修需要事先储备的物料，统称为季节性储备或预期储备。这类库存一般是可以预计的，用销售与运作计划来规划。

（3）批量库存（Lot Size Inventory 或 Working Stock）。受供应、加工、运输、包装或享受折扣优惠等因素的影响，必须按一定的批量生产或采购，由此形成可能超出实际需要的库存称为批量库存。当批量规则采用固定批量法时，这类库存尤为突出。

（4）在途库存（Transportation Inventory 或 Pipeline Stock）。对厂内来讲，在途库存是工序之间因传送、等待、缓冲而形成的在制品库存。对厂外来讲，在途库存是为了保持连续向用户供货或连续满足本厂需要，在运输途中保有一定数量的物料。在分销资源计划和流程工业的管道输送中，常出现在途库存。此外，财务和实物对账（如已付款但货物尚未到厂入库）时，也要用到在途库存来对应"在途材料"账户。

（5）囤积库存（Hedge Inventory）。针对生产常用物料涨价趋势，储备一定数量，以控制成本。由于这样做要积压库存资金，必须分析涨价因素与多付利息之间的关系。如果囤积库存不是生产用的资料，应归入"不可动用量"中，不参与需求计算。系统可以按用户规定，把超过设定的"最长允许存储天数（或货架天数）"的、或在一个期间内未发生任何事务处理的、或超过规定的"最大存储量"的物料显示出来，以提醒管理人员分析原因并采取措施。

4. 按库存物品成型状态划分

按物品在企业的产品成型状态划分，可分为原材料库存、半成品库存和产品库存。

5. 按库存物品价值划分

按物品的价值可分为贵重物品与普通物品，如库存 ABC 分类法就属于按价值分类的方法。

六、库存管理业务流程分析

库存管理模块主要用于管理物料流程，是管理系统信息数据的主要来源。它可以对物料从采购到收料、物料在生产过程中的流动、物料在仓库中的存储与发货等流程的数据进行统计与分析。

企业的产品制造过程其实就是物料的转换过程，因而库存管理与销售、采购、品质、生产、财务之间有着不同的功能与管理流程。库存管理业务流程如图 10.2 所示。

1. 库存管理部门人员设置

（1）收料人员：1 人负责原材料从采购到收货处理。

（2）原材料库：2 人负责合格原材料的入库。

（3）生产仓库：2 人负责按照生产单将原材料统一领入生产仓库再发料。

（4）成品库：1 人负责按销售及生产计划进行成品的收货及发货。

2. 现行仓库管理业务流程中存在的问题

（1）手工记账导致工作效率低、出错频繁。

（2）由于仓库管理贯穿企业活动的全过程，相关业务人员多，各部门物料的名称不统一，造成发料和收料错误。

（3）工作效率低，库存报表滞后，造成财务对成本分析不准确。物流不顺畅也影响生产计划的实施，时常为了保证物料的供应，在编制生产计划时不得不增大库存数量，因而不可避免地造成库存积压。

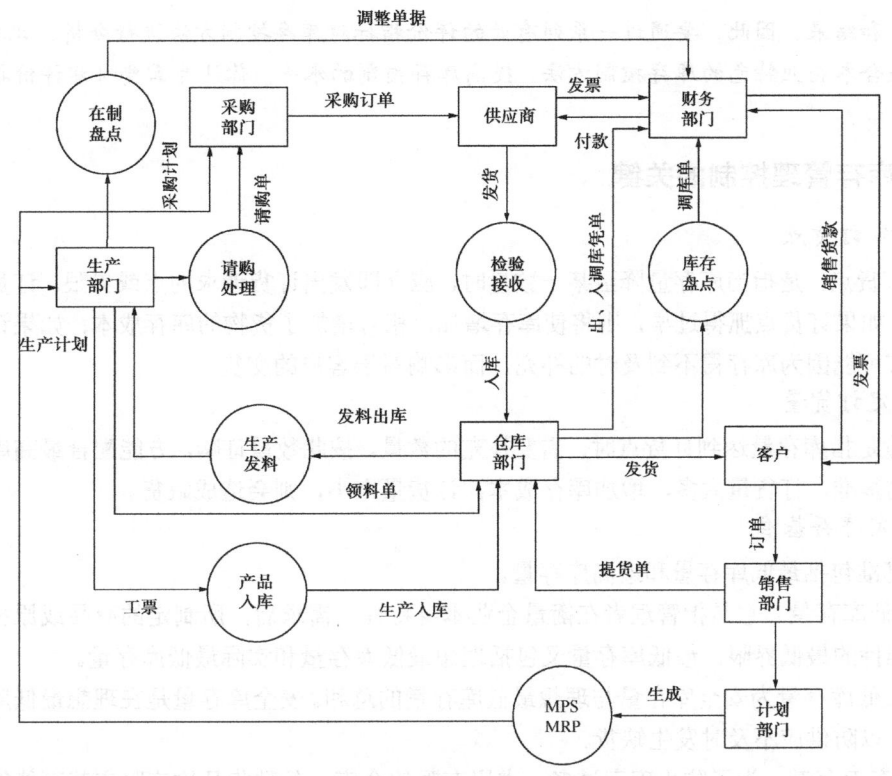

图 10.2　库存管理的业务流程图

第二节　库存管理控制方法

情景案例

　　库存量并不是越多越好，也不是越少越好，多了会造成积压，少了又会出现不能满足正常所需供应，因此保持合理的库存是为了在分销过程中保证产品销售能够连续进行。库存控制的内容包括确定产品的储存数量与储存结构、进货批量与进货周期等。把库存量控制到最佳，尽量用最少的人力、物力、财力把库存管理好，获取最大的供给保障，是很多企业追求的目标，甚至是企业之间竞争的重要环节。如何才能正确地将库存管理控制到最佳状态呢？

　　朱雪峰团队认为只有先认真学习完库存管理控制的理论，然后去指导实践，才能完成以上这一目标。于是他们进入了库存管理控制学习之中。

任务思考

　　1. 库存管理控制的目标是什么？
　　2. 库存管理控制的方法有哪些？

任务思考

　　库存管理控制在企业管理中扮演着重要的角色。库存管理控制方法的使用直接影响着库存管理控制的水平和结果，因此，要通过一系列有效的评价指标对库存控制方法进行分析、比较和选择，从中寻找适合本企业特色的库存控制方法，提高库存控制的水平。你认为需要哪些评价指标和控制方法呢？

一、库存管理控制的关键

1. 确定订货点

所谓订货点，是指当库存量降至某一数量时，应立即发出订货请求的点或界限。订货点的确定至关重要，如果订货点抓得过早，则将使库存增加，相对增加了货物的库存成本；如果订货点抓得太晚，则有可能因为库存得不到及时的补充，而影响对于客户的交货。

2. 确定订货量

订货量是指库存量达到订货点时，需要补充的数量，按此数量订购，方能配合最高库存量与最低库存量的基准。订货量太多，增加库存成本；订货量太小，则会造成缺货。

3. 确定库存基准

库存基准包括最低库存量和最高库存量。

① 最低库存量。它是指管理者在衡量企业本身特性、需求后，所制定的商品或原材料的库存数量应该维持的最低界限。最低库存量又包括理想最低库存量和实际最低库存量。

实际最低库存量为安全库存量与理想最低库存量的总和。安全库存量是在理想最低库存量之外再设定的，以防供应不及时发生缺货。

② 最高库存量。为了防止库存过多，占用有限的仓库，各种货品均应限定其可能的最高库存水平，也就是货品库存数量的最高界限，一旦达到这个界限，就应该停止订货或将该货品尽快出库。

二、库存管理成本分析

库存是包含经济价值的物资资产，购置和储存都会产生费用。库存系统的成本主要由以下几个方面组成。

1. 采购成本

某种物品的购入成本有两种含义：当物品从外部购买时，采购成本指单位购入价格；当由企业内部制造时，指单位生产成本，单位生产成本始终要以进入库存时的成本来计算。对外购物品来说，采购成本应包括商品价格加上运费。对于自制物品来说，采购成本则包括人工费、直接材料费和企业管理费用等。

2. 订货成本

订货费用是从需求的确认到最终的到货，通过采购或其他途径获得物品或原材料所发生的费用。订购成本包括提出订货申请单、分析货源、填写采购订单、来料验收、跟踪订货等各项费用，主要包括内部各部人员的费用和管理费用。

3. 保管成本

保管成本包括：储存，取暖、照明以及仓库建筑物的折旧；维持库存运行的人员成本；库存记录的保存成本；管理和系统成本，包括盘点和检查库存；安全与保险成本；库存损坏与废弃。

4. 缺货成本

缺货成本是由于外部或内部供应中断，而使客户的订货不能很好的满足而失去的销售机会。缺货成本将包括停工损失、拖欠发货损失、丧失销售机会的损失、商誉损失。不同物品的缺货成本随用户或组织内部策略的不同而很不相同。

如果发生外部缺货，将导致以下情况的发生。

（1）延期交货。延期交货可以有两种形式：或者缺货商品可以在下次正常订货时得到补充，或者利用快递延期交货。

（2）失销。由于缺货，可能造成一些用户会转向其他供应商，也就是说，许多公司都有生产替代产品的竞争者，当一个供应商没有客户所需的商品时，客户就会从其他供应商那里订货，在这种情况下，缺货导致失销，对于企业来说，直接损失就是这种商品的利润损失。因此，可以通过计算这批商品的利润来确定直接损失。

（3）失去客户。第三种可能发生的情况是由于缺货而失去客户，也就是说，客户永远转向另一个供应商。

三、定量控制方法

1. 什么是定量控制方法

定量控制方法也称为连续观测库存控制方法或订货点控制方法（ROP），是指对每件产品的库存水平进行不间断地监测，当库存水平降到特定的订货水平时再发出补充订单的一种库存管理方法。

2. 工作原理

连续不断的监视库存余量的变化，当库存余量下降到某个预定数值——订货点（Reorder Point，RP）时，就向供应商发出固定批量的订货请求，经过一段时间，我们称之为提前期（Lead Time，LT），订货到达补充库存，如图 10.3 所示。

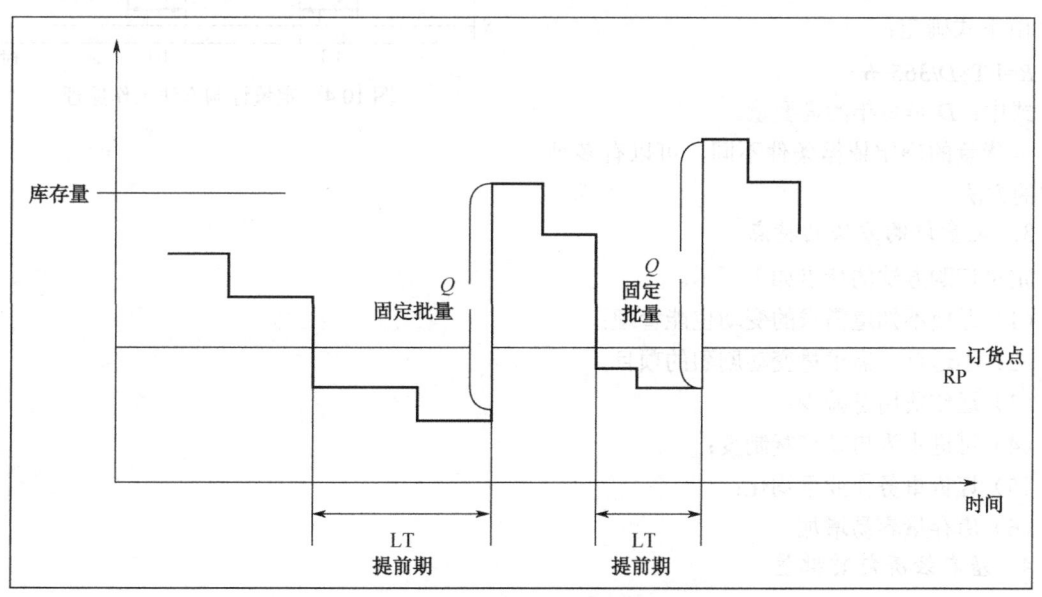

图 10.3　库存管理定量控制工作原理

3. 定量控制方法的特点

其特点是根据库存项目的重要性，选择价值较大，关键零部件等作为控制对象，为它们规定一个适当的订货批量，以此把库存量控制在一个合适的水准上，进而达到控制库存资金等方面的目的。其优点如下：

（1）订货时间稳定，可按期组织订货（采购计划）；

（2）内部库存控制严格，可避免超储，节约资金；

（3）许多物品可以同时订货，使订货处理成本与运输成本更为经济。

其缺点如下：

（1）消耗速度快时，动用保险储备量；

（2）不同物品盘点周期的设定困难；

（3）不论库存水平降得多还是少（即便企业消耗的库存量极小），都要按期发出订货。

四、定量订购方法

1. 什么是定量订购方法

当存量达到某一基准（订购点）时，便开始发出订购单，请购定量（经济订购量）以补充库存，这种请购量是固定的而请购时期是不固定的存量控制方法叫定量订购管制法。

2. 工作原理

定量订购方法的工作原理如图10.4所示。

从图10.4中可知，当库存量下降到订货点 R 时，即按预先确定的订购量 Q 发出订货单，经过交纳周期（订货至到货间隔时间）LT，库存量继续下降，到达安全库存量 S 时，收到订货 Q，库存水平上升。

该方法主要靠控制订货点 R 和订货批量 Q 两个参数来控制订货，达到既最好地满足库存需求，又能使总费用最低的目的。在需要为固定、均匀和订货交纳周期不变的条件下，订货点 R 由下式确定：

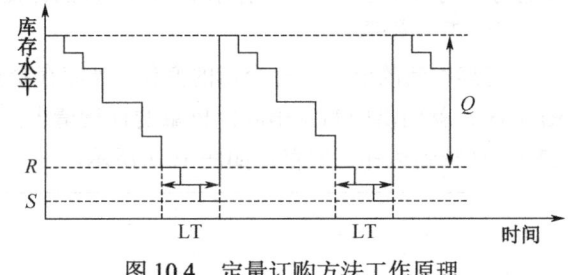

图10.4　定量订购方法工作原理

$$R=LT×D/365+S$$

式中：D 是每年的需要量。

订货量的确定依据条件不同，可以有多种确定的方法。

3. 定量订购方法的特点

定量订购方法的特点如下所示。

（1）即使不知道需求的变动也能管理；

（2）不适合于需求量变动剧烈的项目；

（3）运作费用可减少；

（4）可进步为自动订货制度；

（5）订货事务作业平均化；

（6）库存量容易增加。

4. 基本经济订货批量

基本经济订货批量是简单、理想状态的一种。通常订货点的确定主要取决于需要量和订货交纳周期这两个因素。在需要是固定均匀、订货交纳周期不变的情况下，不需要设安全库存，这时订货点：

$$R=LT×D/365$$

式中：R 是订货点的库存量；LT 是交纳周期，即从发出订单至该批货物入库间隔的时间；D 是该商品的年需求量。

但在实际工作中，常常会遇到各种波动的情况，如需要量发生变化，交纳周期因某种原因而延长等，这时必须要设置安全库存 S，这时订货点则应用下式确定：

$R=LT \times D/365+S$

式中：S 是安全库存量。

订货批量 Q 依据经济批量（EOQ）的方法来确定，即总库存成本最小时的每次订货数量。通常，年总库存成本的计算公式为：

年总库存成本＝年购置成本＋年订货成本＋年保管成本＋缺货成本

假设不允许缺货的条件下，年总库存成本＝年购置成本＋年订货成本＋年保管成本

即 $TC=DP+DC/Q+QH/2$

式中：TC 是年总库存成本；D 是年需求总量；P 是单位商品的购置成本；C 是每次订货成本，单位为元/次；H 是单位商品年保管成本，单位为元/年（$H=PF$，F 为年仓储保管费用率）；Q 是批量或订货量。

经济订货批量就是使库存总成本达到最低的订货数量，它是通过平衡订货成本和保管成本两方面得到的。其计算公式为：

经济订货批量

$$ECQ=\sqrt{\frac{2CD}{H}}=\sqrt{\frac{2CD}{PF}}$$

此时的最低年总库存成本 $TC=DP+H(EOQ)$

年订货次数

$$N=D/EOQ=\sqrt{\frac{DH}{2C}}$$

平均订货间隔周期 $T=365/N=365EOQ/D$

【例 10.1】 甲仓库 A 商品年需求量为 30 000 个，单位商品的购买价格为 20 元，每次订货成本为 240 元，单位商品的年保管费为 10 元，求：该商品的经济订购批量，最低年总库存成本，每年的订货次数及平均订货间隔周期。

解：经济批量

$$EOQ=\sqrt{\frac{2 \times 240 \times 30\,000}{10}}=1200（个）$$

每年总库存成本 $TC=30\,000 \times 20+10 \times 1200=612\,000$（元）

每年的订货次数 $N=30\,000/1200=25$（次）

平均订货间隔周期 $T=365/25=14.6$（天）

5. 批量折扣购货的订货批量

供应商为了吸引顾客一次购买更多的商品，往往会采用批量折扣购货的方法，即对于一次购买数量达到或超过某一数量标准时给予价格上的优惠。这个事先规定的数量标准，称为折扣点。在批量折扣的条件下，由于折扣之前购买的价格与折扣之后购买的价格不同，因此，需要对原经济批量模型做必要的修正。

在多重折扣点的情况下，先依据确定条件下的经济批量模型，计算最佳订货批量（Q^*），而后分析并找出多重折扣点条件下的经济批量，如表 10.1 所示。

表 10.1 多重折扣价格表

折扣区间	0	1	...	t	...	n
折扣点	Q_0	Q_1	...	Q_t	...	Q_n
折扣 价格	P0	P1	...	P_t	...	P_n

其计算步骤如下。

（1）用确定型经济批量的方法，计算出最后折扣区间（第 n 个折扣点）的经济批量 Q_n^* 与第 n 个折扣点的 Q_n 比较，如果 $Q_n^* \geqslant Q_n$，则取最佳订购量 Q_n^*；如果 $Q_n^* < Q_n$，就转入下一步骤。

（2）计算第 t 个折扣区间的经济批量 Q_t^*。

若 $Q_t \leqslant Q_t^* < Q_t+1$ 时，则计算经济批量 Q_t^* 和折扣点 Q_t+1 对应的总库存成本 TC_t^* 和 TC_t+1，并比较它们的大小，若 $TC_t^* \geqslant TC_t+1$，则令 $Q_t^* = Q_t+1$，否则就令 $Q_t^* = Q_t$。

如果 $Q_t^* < Q_t$，则令 $t=t+1$ 再重复步骤（2），直到 $t=0$，其中：$Q_0=0$。

【例 10.2】　A 商品供应商为了促销，采取以下折扣策略：一次购买 1000 个以上打 9 折；一次购买 1500 个以上打 8 折。若单位商品的仓储保管成本为单价的一半，求在这样的批量折扣条件下，甲仓库的最佳经济订货批量应为多少？根据例 10.1 的资料：$D=30\,000$ 个，$P=20$ 元，$C=240$ 元，$H=10$ 元，$F=H/P=10/20=0.5$，如表 10.2 所示。

表 10.2　多重折扣价格表

折扣区间	0	1	2
折扣点	0	1000	1500
折扣 价格	20	18	16

解：根据题意计算如下。

（1）计算折扣区间 2 的经济批量

$$Q_2^* = \sqrt{\frac{2CD}{PF}} = \sqrt{\frac{2 \times 240 \times 30\,000}{16 \times 0.5}} = 1342（个）$$

∵ 1342 < 1500

（2）计算折扣区间 1 的经济批量

$$Q_1^* = \sqrt{\frac{2CD}{PF}} = \sqrt{\frac{2 \times 240 \times 30\,000}{18 \times 0.5}} = 1265（个）$$

∵ 1000 < 1265 < 1500

∴ 还需计算 TC_1^* 和 TC_2 对应的年总库存成本：

$TC_1^* = DP + HQ_1^* = 30\,000 \times 18 + 20 \times 0.5 \times 1265 = 551\,385$（元）

$TC_2 = DP_2 + DC/Q_2 + Q_2PF/2$

$= 30\,000 \times 16 + 30\,000 \times 240/1500 + 1500 \times 16 \times 0.5/2$

$= 496\,800$（元）

由于 $TC_2 < TC_1^*$，所以在批量折扣的条件下，最佳订购批量 Q^* 为 1500 个。

6. 分批连续进货的进货批量

在连续补充库存的过程中，有时不可能在瞬间就完成大量进货，而是分批、连续进货，甚至是边补充库存边供货，直到库存量最高。这时不再继续进货，而只是向需求者供货，直到库存量降至安全库存量，又开始新一轮的库存周期循环。分批连续进货的经济批量，仍然是使存货总成本最低的经济订购批量，如图 10.5 所示。

设一次订购量为 Q，商品分批进货率为 h（kg/天），库存商品耗用率为 m（kg/天），并且 $h > m$。一次连续补充库存直至最高库存量需要的时间为 t_1；该次停止进货并不断耗用量直至最低库存量的时间为 t_2。

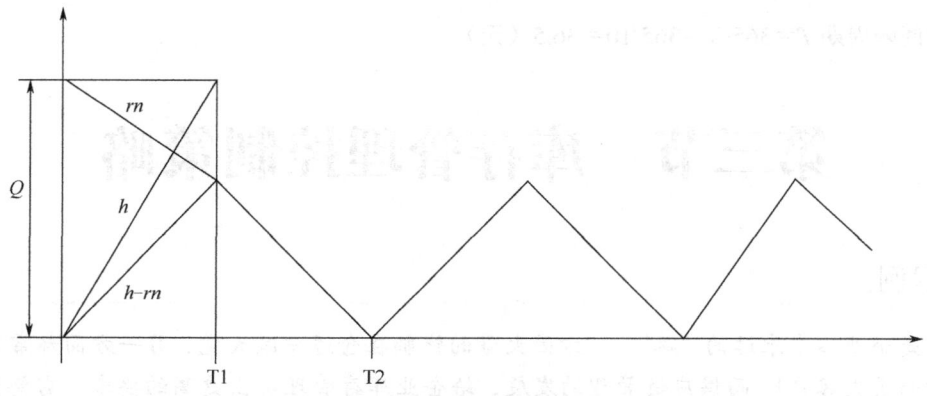

图 10.5　进货批量原理图

由此可以计算出以下指标：$t_1 = Q/h$；在 t_1 时间内的最高库存量为：$(h-m)t_1$；

在一个库存周期（$t_1 + t_2$）内的平均库存量为：$(h-m)t_1/2$；

仓库的平均保管费用为：$[(h-m)/2] \cdot [Q/H] \cdot (PF)$；

经济批量

$$Q^* = \sqrt{\frac{2CD}{PF\left(1-\dfrac{m}{h}\right)}}$$

在按经济批量 Q^* 进行订货的情况下，每年最小总库存成本 TC* 为：

$$TC^* = DP + \sqrt{2CD\,PF\left(1-\frac{m}{h}\right)}$$

每年订购次数 $N = D/Q^*$

订货间隔周期 $T = 365/N = 365 X Q^*/D$

【例 10.3】　甲仓库 B 种商品年需要量为 5000kg，一次订购成本为 100 元，B 商品的单位价格为 25 元，年单位商品的保管费率为单价的 20%，每天进货量 h 为 100kg，每天耗用量 m 为 20kg，要求计算在商品分批连续进货条件下的经济批量、每年的库存总成本、每年订货的次数和订货间隔周期。

解：经济批量

$$Q^* = \sqrt{\frac{2CD}{PF\left(1-\dfrac{m}{h}\right)}}$$

$$= \sqrt{\frac{2 \times 5000 \times 100}{0.2 \times 25 \times \left(1-\dfrac{20}{100}\right)}} = 500(\text{kg})$$

每年的库存总成本

$$TC^* = DP + \sqrt{2CD\,PF\left(1-\frac{m}{h}\right)}$$

$$= 5000 \times 25 + \sqrt{2 \times 5000 \times 100 \times 0.2 \times 25 \times \left(1-\frac{20}{100}\right)}$$

$$= 127\,000(\text{元})$$

每年订货次数 $N = D/Q^* = 5000/500 = 10$（次）

订货间隔周期 $T=365/N=365/10=36.5$（天）

第三节　库存管理控制策略

情景案例

　　库存是企业心中永远的"疼"，一方面大量的钱躺在仓库中睡大觉，另一方面却常常因缺货缺料等待而丢失客户！而供应链管理的发展，给企业库存管理提出更高的要求，需要企业以最低的存货快速响应客户的要求。而实际工作中，计划与库存控制常常面临诸多的困难，面对困难如何去克服？

　　朱雪峰团队认为只有先认真学习完库存控制策略的理论，然后去指导实践，才能完成以上这一目标。于是他们进入了库存控制策略学习之中。

任务思考

　　1. 库存控制策略的实质？
　　2. 库存控制策略的方法？

任务思考

　　库存管理控制，是对制造业或服务业生产、经营全过程的各种物品，产成品以及其他资源进行管理和控制，使其储备保持在经济合理的水平上。库存控制是使用控制库存的方法，得到更高的盈利的商业手段。你认为需要哪些策略和技术才能满足企业对库存的控制要求呢？

一、库存管理策略

　　库存管理的最佳状态应该是：既要保质、保量、按品种规格并及时成套地供应生产所需要的物品，又要保证库存资金为最小，以达到数量控制、质量控制和成本控制的目的，这完全是一个多因素的动态管理过程。

　　1. 衡量指标

　　库存管理的衡量指标有平均库存值、可供应时间等。

　　（1）平均库存值。它是指某一段时间内全部库存物品的价值之和的平均值。管理者可以通过这个指标了解企业资产的库存占用情况，但它只能起一个参考作用，因为该指标会随市场波动而变化。

　　（2）可供应时间。它是指现有库存能够满足多长时间的需求。

　　2. 降低库存的策略与措施

　　降低库存的策略与措施如表 10.3 所示。

　　3. ABC 分类法应用

　　管理讲求效率，力求"事半功倍"。ABC（Activity Based Classification）分类法是一种重点管理法，抓住重点就可以事半功倍。它简单易行，在管理中得到广泛的应用。

表 10.3　降低库存的策略与措施

库存类型	基 本 策 略	具 体 措 施
周转库存	减少批量 Q	生产采取 JIT 方式，缩短作业交换时间，降低订货费用，利用"相似性"增大生产批量
安全库存	订货时间尽量接近需求时间，订货量尽量接近于需求量	改善需求预测工作，缩短生产周期与订货周期减少供应的不稳定性，增加设备与人员的柔性
相关需求库存	用 MRP 理论解决	运行 MRP 提高 BOM 的准确率，提高库存记录的准确性
在途库存	缩短生产—配送周期	标准品库存前置，慎重选择供应商或供货商，减少批量 Q

（1）ABC 分类法的基本思想。ABC 分类法是意大利经济学家帕列图（Pareto）在统计社会财富的分配时，发现占人口总数 20%左右的人占有社会财富的 80%左右，因此也称帕雷托规则（Pareto's Law），平时也称之为"80 对 20"规则。简单地说，就是 20%左右的因素占有（带来）80%左右的成果。库存管理的 ABC 分类法正是在此规则的指导下，试图对库存进行分类，以找出占用大量资金的少数物资，并加强对它们的控制与管理；而对那些占少量资金的大多数物资，则施以较松的控制和管理。这样，只用 20%左右的精力就控制了 80%左右的资金。实际上，人们将占用了 65%~80%价值的 15%~20%的物品划为 A 类；将占用了 15%~20%价值的 30%~40%的物品划为 B 类；将占用了 5%~15%价值的 40%~55%的物品划为 C 类，其示意图如图 10.6 所示。

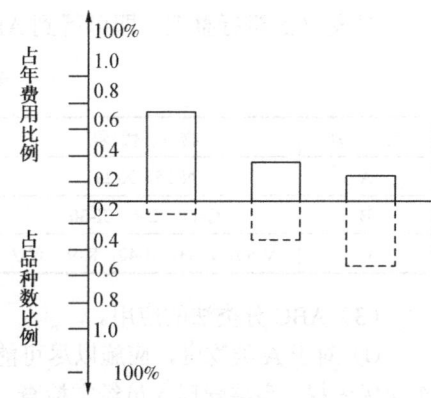

图 10-6　物资的 ABC 分类示意图

（2）ABC 分类法的实施。ABC 分类法的具体做法是将每一种物资的年用量乘以单价，然后按价值的大小从大到小排列而成。年用量可以根据历史资料或预测数据来确定。为更好地反映现状，人们更多地使用预测数据。下面用一个实例来进一步说明如何实施 ABC 分类法。

第一步，列出所有物资及其全年使用量（预测值）。将年使用量乘以单价求得其价值。按价值的高低标明各种物资的大小序号，如表 10.4 所示。

表 10.4　物资及其用量情况表（一）

物资代码	年使用量（件）	单价（元）	年费用（元）	序　号
X-30	50 000	0.08	4000	5
X-23	200 000	0.12	24000	2
K-9	6000	0.10	600	9
G-11	120 000	0.06	7200	3
H-40	7000	0.12	840	8
N-15	280 000	0.09	25200	1
Z-83	15 000	0.07	1050	7
U-6	70 000	0.08	5600	4
V-90	15 000	0.09	1350	6
W-2	2000	0.11	220	10

第二步，按序号大小将物资重新排序，并计算累计年使用金额和累计百分比，如表 10.5 所示。

表 10.5　物资及其用量情况表（二）

物资代码	年使用量（件）	累计年使用量（件）	累计百分比（%）	分类
N-15	25 200	25 200	36	A
X-23	24 000	49 200	70	A
G-11	7200	56 400	81	B
U-6	5600	62 000	88	B
X-30	4000	66 000	94	B
V-90	1350	67 350	96	C
Z-83	1050	68 400	98	C
H-40	840	69 240	99	C
K-9	600	69 840	99	C
W-2	220	70 060	100	C

对表 10.5 进行整理，即可得到 ABC 分类汇总表，如表 10.6 所示。

表 10.6　ABC 分类汇总表

类别	物资代码	种类百分比（%）	每类价值	价值百分比
A	N-15，X-23	20	49 200	70
B	G-11，U-6，X-30	30	16 800	24
C	V-90，Z-83，H-40，K-9，W-2	50	4060	6

（3）ABC 分类法的应用。

① 对于 A 类物资，应施以尽可能紧的控制，其措施包括：保持最完整、精确的记录和最高的作业优先权，高层管理人员经常检查，小心而精确地确定订货量和订货点，以及采取紧密的跟踪措施等，以使库存时间最短。

② 对于 B 类物资，进行正常的控制，包括做记录并在固定的时间进行检查；只有在紧急情况下，才赋予较高的优先权；可按经济批量订货。

③ 对于 C 类物资，只进行简单的控制，例如，设立简单的记录或不设立记录，可通过半年或一年一次的盘存来补充大量的库存，给予最低的优先作业次序等。

二、库存控制策略

1. 库存补给策略概述

订货点法库存管理的策略很多，最基本的策略有 4 种：连续性检查的固定订货量、固定订货点策略，即（Q，R）策略；连续性检查的固定订货点、最大库存策略，即（R，S）策略；周期性检查策略，即（t，S）策略；综合库存策略，即（t，R，S）策略。

（1）（Q，R）策略。图 10.7 为（Q，R）策略的示意图，其基本思想是：对库存进行连续性检

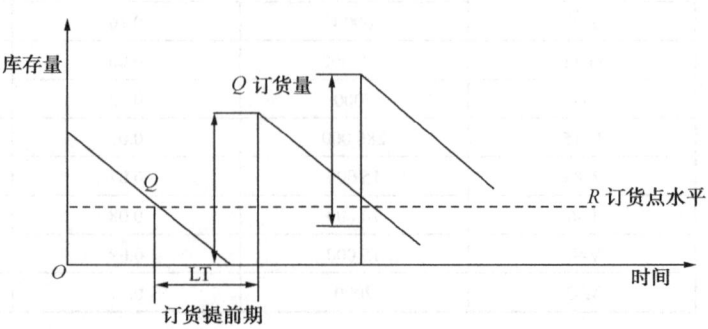

图 10.7　连续性检查（Q，R）策略

查，当库存降低到订货点水平 R 时，即发出一个订货，每次的订货量保持不变为 Q。该策略适用于需求量大、缺货费用较高、需求波动性很大的情形。

（2）（R，S）策略。该策略和（Q，R）策略一样，都是连续性检查类型的策略，也就是要随时检查库存状态。当发现库存降低到订货点水平 R 时，开始订货，订货后使最大库存保持不变，即为常量 S。若发出订单时库存量为 I，则其订货量即为（$S–I$）。该策略和（Q，R）策略的不同之处在于其订货量是按实际库存而定的，因而订货量是可变的。

（3）（t，S）策略。图 10.8 为（t，S）策略的示意图，其基本思想是：每隔一定时期检查一次库存，并发出一次订货，把现有库存补充到最大库存水平 S。如果检查时库存量为 I，则订货量为（$S–I$）。经过固定的检查期 t，发出订货，这时，库存量为 I_1，订货量为（$S–I_1$）。经过一定的时间（LT），库存补充（$S–I_1$），库存到达 A 点。再经过一个固定的检查时期 t，又发出一次订货，订货量为（$S–I_2$），经过一定的时间（LT——订货提前期，可以为随机变量），库存又达到新的高度 B。如此周期性检查库存，不断补给。该策略不设订货点，只设固定检查周期和最大库存量，适用于一些不太重要的或使用量不大的物资。

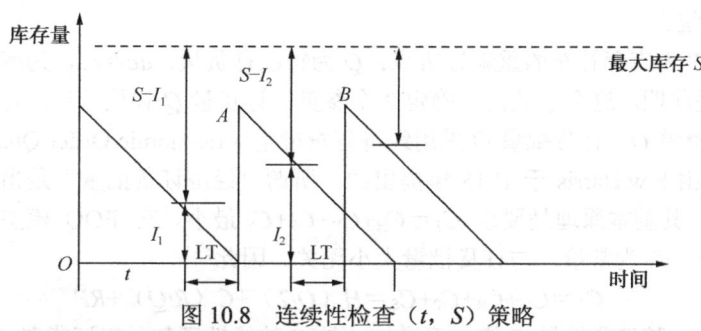

图 10.8 连续性检查（t，S）策略

（4）（t，R，S）策略。该策略是（t，S）策略和（R，S）策略的综合，如图 10.9 所示。这种补给策略有一个固定的检查周期 t、最大库存量 S、固定订货点水平 R。当经过一定的检查周期 t 后，若库存低于订货点，则发出订货；否则，不订货。订货量的大小等于最大库存量减去检查时的库存量。当经过固定的检查时期到达 A 点时，此时库存已降低到订货点水平线 R 之下，因而应发出一次订货，订货量等于最大库存量 S 与当时的库存量 I_1 的差（$S–I_1$）。经过一定的订货提前期后在 B 点订货到达，库存补充到 C 点，在第 2 个检查期到来时，此时库存位置在 D，比订货点水平位置线高，无须订货。第 3 个检查期到来时，库存点在 E，等于订货点，又发出一次订货，订货量为（$S–I_3$），如此周期性地进行下去，实现周期性库存补给。

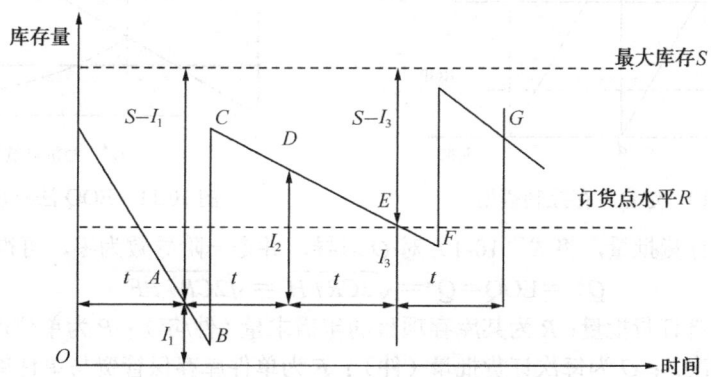

图 10.9 连续性检查（t，R，S）策略

2. 定量库存控制模型

定量库存控制模型的基本思想如图 10.10 所示。图中，系统最大的库存量为 Q，最小的库存量

为 0，不存在缺货。库存按值为 D 的固定需求率减少，当库存量降到订货点 ROP（图中 B）时，就按固定提货量 Q 发出订货。经过一个固定的订货提前期（Lead Time，LT），新的一批订货 Q 到达（订货刚好在库存变为 0 时到达），库存量立即达到 Q。显然，平均库存量为 $Q/2$，从而保证库存的供应。该模型有如下假设条件：

- 外部对库存系统的需求率已知、需求率均匀且为常量。年需求率以 D 表示，单位时间需求率以 d 表示。
- 一次订货量无最大值或最小值限制。
- 采购、运输均无价格折扣。
- 订货提前期已知，且为常量。
- 订货费与订货批量无关。
- 维持库存费是库存量的线性函数。
- 不允许缺货。
- 补充率为无限大，全部订货一次交付。
- 采用固定系统。

在图 10.7 中，B 为库存补充的重新订货点；Q 为每次订货量；$ac=ce$，为库存订货间隔期；$ab=cd=ef$，为订货提前期。这个系统需要确定 2 个参数：订货量 Q 和重新订货点 B。

（1）确定订货批量 Q。订货批量 Q 采用经济订货批量（Economic Order Quantity，EOQ）法确定，EOQ 法最早是由 F.w.Harris 于 1915 年提出的。所谓"经济订货批量"是指年度库存总成本最低的每次订货数量，其基本原理是要求 $C_T=C_H+C_R+C_P+C_S$ 最小。在 EOQ 模型的假设条件下，式（10-3）中的 C_S 为 0，C_P 为常量，与订货批量大小无关。因此

$$C_T=C_H+C_R+C_P+C_S=H(Q/2)+C(R/Q)+RP \qquad (10\text{-}1)$$

年维持库存费 C_H 随订货批量 Q 增加而增加，是 Q 的线性函数；年订货费 C_R 与 Q 的变化成反比，随订货批量 Q 增加而下降。不计年采购费 C_P，总费用 C_T 曲线为 C_H 曲线与 C_R 曲线的叠加。C_H 曲线与 C_R 曲线有一个交点，其对应的订货批量就是经济订货批量 Q^*，如图 10.11 所示。

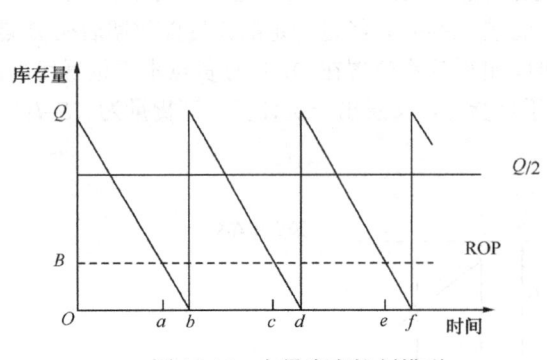

图 10.10　定量库存控制模型

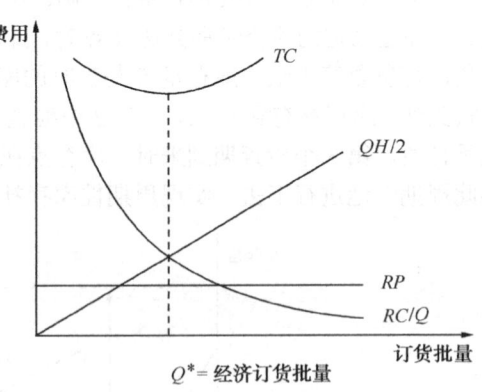

图 10.11　EOQ 法原理图

为了求出经济订货批量，将式（10-1）对 Q 求导，并令一阶导数为零，可得

$$Q^*=\text{EOQ}=Q^*=\sqrt{2CR/H}=\sqrt{2CR/PF} \qquad (10\text{-}2)$$

式中，Q^* 为经济订货批量；R 为某库存项目的年需求量（件/年）；P 为单位产品成本（元/件）；C 为采购成本（元/次）；Q 为每次订货批量（件）；F 为单件库存保管费与单件库存购买费用之比；$H=PF$ 为单位库存平均年库存保管费用（元/件·年）。

（2）订货点 ROP 的确定。由于该模型假定需求和提前期固定，且没有安全库存，所以订货点 ROP 为

$$ROP=R(LT) \tag{10-3}$$

在经济订货批量下，可得

$$C_R+C_H=C(R/Q^*)+H(Q^*/2)=CR/(\sqrt{2CR/H})+H/2\times(\sqrt{2CR/H})$$
$$=\sqrt{2CRH} \tag{10-4}$$

从式（10-4）可以看出，经济订货批量随单位订货费 C 增加而增加，随单位维持库存费 H 增加而减少。因此，价格昂贵的物品订货批量小，难采购的物品一次订货批量要大一些，这些都与人们的常识一致。

【例 10.4】 已知：某产品的年需求量为 5000 台，订购成本为 5 元/次，年存储成本为 1.25 元/台，单价为 12.5 元，提前期为 5 天，计算经济订货批量、订货点和年总成本。

解：根据题意，C＝5 元/次，R＝5000 台/年，H＝1.25 元/台，P＝12.5 元/台

订货点 $ROP=R(LT)=5000\times7/365=95.89$（台），取整数 96 台。

经济订货批量 $Q^*=\sqrt{2CR/H}=200$（台）

年总成本 $C_T=C_H+C_R+C_P+C_S=\sqrt{2CRH}+RP=62\,750$（元）

3. 定期库存控制模型

定期库存控制模型的基本假设与定量库存控制模型相同。定期库存控制模型的基本思想可由图 10.12 描述，图中 L 为订货提前期，T 为订货周期。该图表明，定期库存控制模型按一定的周期 T 检查库存，并对其进行补充，使库存达到规定库存量。这种库存控制法不存在固定的订货点，但有固定的订货周期，因此定期库存控制模型必须确定订货周期 T。

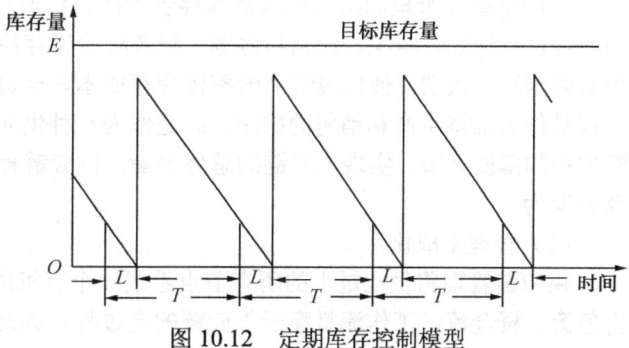

图 10.12　定期库存控制模型

（1）订货周期 T 的确定。订货周期 T 采用经济订货周期（Economic Order Interval，EOI）法确定，其基本原理也是要求总成本最小，计算方法如下所示。

经济订货周期：

$$T^*=\sqrt{2C/(RFP)}=\sqrt{2C/(RH)} \tag{10-5}$$

订货量：

$$Q=(T+L)R/365 \tag{10-6}$$

式中，Q^* 为最佳订货批量；L 为订货提前期；R 为某库存项目的年需求量（件/年）；C 为采购成本（元/次）；P 为单位产品成本（元/件）；$H=PF$，为单位库存平均年库存保管费用（元/件·年）；F 为单件库存保管费用与单件库存购买费用之比。

（2）定期库存控制模型案例。

【例 10.5】 已知某产品的年需求量为 10 000 台，订购成本为 10 元/次，年储存成本为 4 元/台，订货提前期为 8 天，计算经济订货周期。

根据题意，C＝10 元/次，R＝10 000 台/年，H＝4 元/台，L＝8 天

经济订货周期 $T^*=\sqrt{2C/(RH)}=0.022\,36$ 年＝8.167（天），取整数 9 天

订货量：$Q=(T^*+L)R/365=465.75$（台）

4. 独立需求库存的其他模型

（1）允许适度缺货情况下的订货与库存控制。

$$Q^*=(2RC_P)^{1/2}\times(1/C_H+1/C_S)^{1/2}$$

式中，R 为需求率；C_P 为每次订货费用；C_H 为单位储存费用；C_S 为单位缺货损失费。

（2）具有数量折扣条件下的订货与库存控制。

$$Q^* = [2RC/C_I(1-d)]^{1/2}$$

式中，R 为年需求量；C 为每次订货单件费用；C_I 为单位保存费用；d 为折扣率。

（3）随机需求情况下的订货与库存控制。在现实生活中，需求率和提前期二者之一或二者全部是随机变量的库存控制问题，其最佳订货批量和订货点的方法十分复杂。对于订货量，可以直接采用 EOQ 法计算；对于订货点，可以采用经验方法确定，经验方法比较粗略。例如，手头库存是提前期内需求的 2 倍（1.5 倍、1.2 倍）时提出订货。通过安全库存或服务水平来计算则比较精确，由于篇幅所限，在此不再赘述，有兴趣的读者可参阅相关书籍。

三、供应链管理库存控制策略

1. 什么是供应链库存管理

供应链库存管理是指将库存管理置于供应链之中，以降低库存成本和提高企业市场反应能力为目的，从点到链、从链到面的库存管理方法。

供应链库存管理的特点供应链库存管理的目标服从于整条供应链的目标，通过对整条供应链上的库存进行计划、组织、控制和协调，将各阶段库存控制在最小限度，从而削减库存管理成本，减少资源闲置与浪费，使供应链上的整体库存成本降至最低。与传统库存管理相比，供应链库存管理不再是作为维持生产和销售的措施，而是作为一种供应链的平衡机制。通过供应链管理，消除企业管理中的薄弱环节，实现供应链的总体平衡。供应链管理理论是对现代管理思想的发展，其特点主要表现为

（1）管理集成化

供应链管理将供应链上的所有节点看成一个有机的整体，以供应链流程为基础，物流、信息流、价值流、资金流、工作流贯穿于供应链的全过程。因此，供应链管理是一种集成化管理。

（2）资源范围扩大

传统库存管理模式下，管理者只需考虑企业内部资源的有效利用。供应链管理模式导入后，企业资源管理的范围扩大，要求管理者将整条供应链上各节点企业的资源全部纳入考虑范围，使供应链上的资源得到最佳利用。

（3）企业间关系伙伴化

供应链管理以最终客户为中心，将客户服务、客户满意与客户成功作为管理的出发点，并贯穿于供应链管理的全过程。由于企业主动关注整条供应链的管理，供应链上各成员企业间的伙伴关系得到加强，企业间由原先的竞争关系转变为"双赢"关系。供应链的形成使供应链上各企业间建立起战略合作关系，通过对市场的快速反应，共同致力于供应链总体库存的降低。因此，库存管理不再是保证企业正常生产经营的措施，而是使供应链管理平衡的机制。

2. 供应链库存管理模型（VMI）

（1）概念

所谓 VMI（Vendor Managed Inventory）是一种以用户和供应商双方都获得最低成本为目的，在一个共同的协议下由供应商管理库存，并不断监督协议执行情况和修正协议内容，使库存管理得到持续地改进的合作性策略。

这种库存管理策略打破了传统的各自为政的库存管理模式。体现了供应链的集成化管理思想，适应市场变化的要求，是一种新的、有代表性的库存管理思想。

（2）特点

VMI 具有以下几个特点：

① 信息共享，零售商帮助供应商更有效地做出计划，供应商从零售商处获得销售点数据并使用该数据来协调其生产、库存活动与及零售商的实际销售活动；

② 供应商拥有管理库存，供应商完全管理和拥有库存，直到零售商将其售出为止，但是零售商对库存有看管义务，并对库存物品的损伤或损坏负责。

③ 需求准确预测，供应商能按照销售时点的数据，对需求做出预测，能更准确地确定订货批量，减少预测的不确定性，从而减少安全库存量，存储与供货成本更小，同时，供应商能更快响应用户需求，提高服务水平，使得用户的库存水平也降低。

（3）VMI 合作原则

VMI 具有以下几个合作原则：

① 合作精神（合作性原则）。实施该策略时，相互信任与信息透明是很重要的，供应商和用户（零售商）都要有较好的合作精神，才能够相互保持较好的合作。

② 使双方成本最小（互惠原则）。VMI 不是关于成本如何分配或谁来支付的问题，而是关于减少成本的问题。通过该策略使双方的成本都获得减少。

③ 框架协议（目标一致性原则）。双方都明白各自的责任，观念上达成一致的目标。如库存放在哪里，什么时候发出，是否要花费管理费，要花费多少等问题都要回答，并且体现在框架协议中。

④ 连续改进原则。使供需双方能共享利益和消除浪费。

3. 供应链库存管理模型实施

供应链库存管理模型实施流程如图 10.13 所示。

从图 10.3 中可知：

（1）设定目标

设定目标是指设定合适的 VMI 目标，公司要明确自己所期望达到的服务水平和目前所具备的基本条件，将两者结合起来分析，进行模拟计算和综合平衡之后，确定 VMI 现阶段最合适的目标与运作方式。

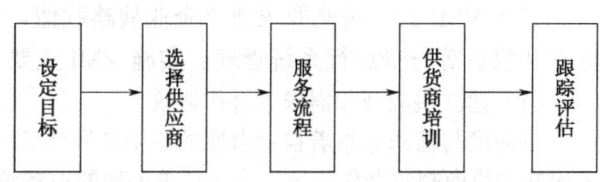

图 10.13　供应链库存管理模型实施流程

（2）选择供应商

选择供应商是指选择参与 VMI 项目的供货商。明确目标和资源条件之后，要对参与 VMI 项目的供货商进行仔细的选择。

① 分析哪些供货商可以参加这个项目，供货商管理库存的能力，信任度等；

② 提供让供货商参与 VMI 项目的动力，供货商是否愿意参与对于项目的成功实施非常重要。

例如，制造商可以通过与供货商签订一些长期采购合同，确保总体采购量的方式来增强供应商参与 VMI 项目的动力。

（3）服务流程

服务流程是指与供货商协商服务政策、服务水平及服务流程，并签订明确的合同条款，在 VMI 运作开始前，需要围绕服务需求和运作流程与每家供货商进行协商，比如供货周期和规则方式等，以免后续纠纷的产生。

（4）对供应商进行培训

供货商必须对制造商的业务运作模式有深入的了解才可能实现紧密的配合。因此在 VMI 项目运作之前，制造商需要对供货商提供详细的培训辅导，包括供货流程、如何将货物交到仓库中、如何进行物料的统一编码的方式等。

（5）跟踪评估

跟踪评估是指跟踪和评估流程，监控流程的运作，并对其中出现的问题进行及时的回馈和总结。VMI 项目从启动到变为成熟至少需要花费 1 年时间，需要参与各方慢慢进行磨合，不断调整和优化。例如，每年与供货商签定一次双方协议，更新跟进实际操作的问题点，以总结报告。

4. VMI 实施条件

企业在实施供应商管理库存时，必须具备以下条件：

（1）供应商和零售商必须建立先进的信息系统

零售商通过电子数据交换（EDI）将销售点的信息传送给供应商，而供应商则通过 EDI 将配送信息传送给零售商。同时采用条码技术和扫描技术来确保数据的准确性。

（2）供应商和零售商必须建立战略伙伴关系

双方必须发展一定的信任度。VMI 的实施需要供应商掌握零售商的销售信息、库存信息等许多机密信息，零售商必须确认这些机密信息小会被竞争者所了解。而供应商也必须确认由于这种合作使零售商的店面库存减少而增加的有效空间不会用来使竞争者受益。

（3）需要企业最高管理层的参与和支持

因为原来可能只有最高管理层才有资格了解的机密信息，现在不得不与供应商和客户共享；而且这种战略伙伴关系也可能对企业内部的权力分配产生影响。

（4）供应商和零售商必须签订合同

并就合同中的各项条款双方达成一致。这些条款主要包括商品所有权的转移时间、信用条件，订货责任、绩效指标（包括财务指标和非财务指标）等。

5. VMI 实施内容

采用 VMI 管理策略要求建立企业战略联盟，并从组织上促进企业间的信息共享，在信息、库存和物流等方喵进行系统管理。实施 VMI 主要包括如下内容：

（1）建立供应商和需求方合作协议

供应商与需求方本着自觉自愿的原则共同实施 VMI 策略。为了保证 VMI 实施的正常进行，双方应共同协商制定合作协议，确定订单处理的业务流程及库存控制的有关参数，如补充订货点、最低库存水平、安全库存水平、货物所有权、付款方式、信息传递方式等。

（2）权力转让和机构调整

在制定好合作协议之后，供需双方都要进行一定的机构调整以适应 VMI 的实施。供应商要扩大管理范围，或者说将库存管理业务流程延伸到需求方对本企业的库存和需求方的库存进行集成管理。需求方可撤销库存管理机构，并将库存管理权转让给供应商。在具体实施中，根据双方制定的合作协议，需求方库存中的货物所有权可能归属于需求方，也可能归属于供应商。

（3）构建信息系统

充分利用信息技术实现供应链上的信息集成，达到共享订货、库存状态、缺货状况、生产计划、运输安排、在途库存、资金结算等信息。按照商定的协议将订单、提单、送货单、入库单等商业文件标准化和格式化，在贸易伙伴的计算机网络系统间进行数据交换和自动处理。信息系统是 VMI 投入运行的基础，也是供需双方集成的基础。

（4）建立完备的物流系统

建立完备的物流系统，实现对储存、分销和运输货物的综合管理，使自动化系统、分销系统、存储系统和运输系统同步实现数字化管理。迅速反馈物流各个环节的信息，组织进货，指导仓储，为经营决策提供信息依据，有效地降低物流成本。

（5）为最终客户建档

为了有效地对库存进行管理，必须能够获得最终客户的有关信息。通过建立客户的信息库。跟踪客户购货行为，可掌握不同地区、不同时段、不同年龄和不同职业的客户需求变化的有关情况。

供需双方应共建、共享最终客户信息并对共同市场需求进行预测。

（6）建立监督机制

VMI 是一个动态发展的过程。不同的合作伙伴在 VMI 策略实施中会遇到不同的问题，同一合作伙伴间的 VMI 在不同时期也会面临不同的挑战。为了保证 VMI 实施的顺利展开，有必要建立一个监督机制，对 VMI 的实施进行监督，监督机制能使 VMI 在发展中不断得到完善。

四、雀巢与家乐福实施 VMI 案例分析

1. 背景介绍

雀巢公司为世界最大的食品公司，由亨利.雀巢（Henri Nestle）设立于 1867 年，总部位于瑞士威伟市，行销全球超过 81 国，200 多家子公司，超过 500 座工厂，员工总数全球约有 22 万名，主要产品涵盖婴幼儿食品、乳制品及营养品类、饮料类、冰淇淋、冷冻食品及厨房调理食品类、巧克力及糖果类、宠物食品类与药品类等。家乐福公司为世界第二大的连锁零售集团，设立于 1959 年法国，全球有 9 千零 61 家店，24 万名员工。台湾家乐福为台湾量贩店龙头拥有 23 店。

就雀巢与家乐福既有的关系而言，只是单纯的买卖关系，唯一特别的是家乐福对雀巢来说是一个重要的顾客，所以设有相对应专属的业务人员，买卖方式也仍是以家乐福具有十足的决定权，决定以购买那些产品与数量。在系统方面，双方各自有独立的内部 ERP 系统，彼此间不兼容，在推动计划的同时，家乐福也正在进行与供货商以 EDI 联机方式的推广计划，与雀巢的 VMI 计划也打算以 EDI 的方式进行联机。

2. 计划介绍

计划目标除了建置一套可行的 VMI 运作模式及系统之外，具体而言还要依据自行订定的评量表以达到：

（1）雀巢对家乐福物流中心产品到货率达 90%；

（2）家乐福物流中心对零售店面产品到货率达 95%；

（3）家乐福物流中心库存持有天数下降至预设标准，以及家乐福对雀巢建议订货单修改率下降至 10% 等具体的目标。

另外雀巢也期望将新建立的模式扩展至其他渠道上运用，特别是对其占有重大销售比率的军公教渠道，以加强掌控能力并获得更大规模的效益。相对地家乐福也会持续与更多的主要供货商来进行相关的合作。

3. 方法介绍

在计划的实际执行上，除了有两大的计划阶段外，还可细分为 5 个子计划阶段，它们是：

（1）评估

评估双方的运作方式与系统在合作上的可行性。合作前双方评估各自的运作能力与系统整合与信息实时程度等以及彼此配合的步调是否一致，来判定合作的可行性。

（2）认可

高阶主管承诺与团队建立。双方在最高主管的认可下，由部门主管出面协议细节以及取得内部投入的承诺，并且建立初步合作的范畴和对应的窗口，开始进行合作。

（3）密切的沟通与系统建立

双方合作的人员开始进行至少每周一次密集会议讨论具体细节，并且逐步建置合作方式与系统，包括补货依据、时间、决定方式、评量表建立、系统选择与建置等。

（4）同步化系统与自动化流程

不断的测试，使双方系统与作业方式与程序趋于稳定，成为每日例行性工作，并针对特定问题做处理。

（5）持续性训练与改进

回到合作计划的本身，除了使相关作业人员熟练作业方式和不断改进作业程序外，对库存的管理与策略也不断思考问题的根本性以求改进，以便长期不断进行下去，进一步会针对促销性产品做策略研讨。

4. VMI 运作方式

整个 VMI 运作方式分为 5 个步骤进行，如下所示。

（1）每日 9:30 前家乐福用 EDI 方式传送结余库存与出货资料等信息至雀巢公司。

（2）9:30—10:30 雀巢公司将收到的资料合并至 EWR 的销售数据库系统中，并产生预估的补货需求，系统将预估的需求量写入后端的 BPCS ERP 系统中，依实际库存量计算出可行的订货量，产生所谓的建议订单。

（3）10:30 前雀巢公司以 EDI 方式传送建议订单给家乐福。

（4）10:30—11:00 家乐福公司在确认订单并进行必要的修改（量与品项）后回传至雀巢公司。

（5）11:00—11:30 雀巢公司依照确认后的订单进行拣货与出货。

5. 效益分析

在成果上，除了建置了一套 VMI 运作系统与方式外，在经过近半年的实际上线执行 VMI 运作以来，对于具体目标达成上也已有显著的成果，雀巢对家乐福物流中心产品到货率由原来的 80% 左右提升到 95%（超越目标值），家乐福物流中心对零售店面产品到货率也由原来的 70% 左右提升到 90% 左右，而且仍在继续改善中，库存天数由原来的 25 天左右下降至目标值以下，在订单修改率方面也由原来的 60%～70% 的修改率下降至现在的 10% 以下。

除了在具体成果的展现上，对雀巢来说最大的收获却是在与家乐福合作的关系上，过去与家乐福是单向的买卖关系，顾客要什么就给什么，甚至是尽可能地推销产品，彼此都忽略了真正的市场需求，导致卖得好的商品经常缺货，而不畅销的商品却有很高的库存量，经过这次合作让双方更为相互了解，也愿意共同解决问题，并使原本各项问题的症结点一一浮现，有利于根本性改进供应链的整体效率，另一方面雀巢也开始推动将 VMI 系统运用到代送家商的计划，在原来与家乐福的 VMI 计划基础上，也进一步考虑针对各店降低缺货率以及促销合作等计划的可行性。

6. 结论

如果信息的运用与电子商务只是单纯地将既有作业电子化与自动化，只能带来作业成本的减少等效益，其本身意义并不大，唯有针对经营的本质做改善，才能产生较大幅度的效益提升。对流通业而言这种本质改善就是 ECR，雀巢与家乐福的 VMI 计划就是其中的一种应用，透过经营模式的改变而逐步在改善库存管理与配置的效益，就供应链的角度而言，ECR 更可能影响整个后端的工厂制造与前端店面生产与库存效率的提升。然而这些应用最难的仍在创造合作的第一步，唯有上下游双方均有宏观的思考，愿意共同合作，才会有进步的可能，雀巢与家乐福的合作计划虽然仍有很长的路要发展下去，但是却给了我们一个很好的示范，值得其他公司与产业效法投入。

典型案例

ERP 环境下库存管理浅探

《学周刊》2016.27 期

对于现代企业而言，最好的库存管理是零库存。库存多，占用资金就多，提高了企业经营成本。但是，库存过低，则容易出现断档，影响企业的正常生产。科学的库存管理能有效地降低企业的成本，提高企业的效益。

一、库存管理

所谓的库存管理即根据外界对库存的要求和企业的特点，预测、计划和执行一种补充库存的行为。其目的是在保证企业生产、经营需求的前提下，使库存量经常保持在合理的水平上；降低库存总费用；控制库存资金占用，加速资金周转。

二、ERP 环境下的库存管理

传统库存管理存在的问题：传统库存管理多以纸质表格形式进行，报表不及时，统计也不方便，普遍存在以下问题；①不能及时获得库存信息；②库存信息不够准确；③无法及时了解发料和生产用料情况。

ERP 系统是企业资源计划（Enterprise Resource Planning）的简称。ERP 系统是一个在全公司范围内应用的、高度集成的系统。数据在各业务系统之间高度共享，所有源数据只需在某一个系统中输入一次，实时更新，因此 EPR 系统数据具有精确性、实时性、及时性和一致性等特点。在 ERP 环境下，可以及时得到全面的库存信息。利用这些库存信息，通过合理的库存管理模型进行库存控制，可以保证整个供应链系统的整体优化管理。让相关的管理部门能够根据信息及早地调整生产，确保各项生产活动的顺利进行，有效地降低企业的成本。

三、ERP 环境下的库存管理模型

（一）ERP 环境下的库存降低模型

控制库存成本的目的，就是让订购成本、库存的保管费用、短缺少货的损失费用这一年的费用和总费用的平均值减到最小。在建立库存量的管理模型时，为使数学模型简易、方便理解、便于计算，本文的模型满足如下假设：①缺货费用无穷大；②在库存数量减少到零的时候，库存可以及时地到库，得到补充；③存货的消耗或者销售库存物资的数量一般不会改变，比较稳定均衡；④企业在一定时间段内的进货数量能比较准确地记录或预测到；⑤单位存储费用不变。在这样的假设条件下，相关总成本只包含相关的物料的订货成本和相关的存货的储存成本，如下：

$$TC = TC_0 + TC_C = B \cdot \frac{A}{Q} + C \cdot \frac{Q}{2} \tag{1}$$

利用相关的理论，可以得到经济批量 Q 为：

$$Q = \sqrt{\frac{2AB}{C}} \tag{2}$$

式中：Q 为经济进货批量；A 为存货的年计划进货的总量；B 为每次进货的平均费用；C 为存货的年度单位储存成本；TC 为存货相关的总成本；TC_0 为物料的订货费用；TC_C 为库存的储存成本。

如果企业根据经济订货批量数学公式模型来确定物料的订货量时，就可以达到物料的订货费用和库存的存储成本相加的最小化，在这样的状况下，物料的订货数量也可以达到最好的投资效益。

（二）ERP 环境下安全库存模型

安全库存就是为了防止意想不到的事情出现，而需要提前订购物料货物，或者购货的数量大于需求量而产生的库存量。如果安全库存量设置得太低，就很容易发生短缺库存的现象；如果安全库存量设置得太高，就可能会占用其他的资金额和储存的仓储空间。本文的安全库存模型如下式：

$$S = n\sqrt{\alpha_L^2(L) + \beta_d^2} \tag{3}$$

式中：S 为安全库存，L 为提前期的平均值，d 为需求量的日平均值；n 为在一定的服务水平下的标准差的个数；α_L 为提前期 L 的标准差；β_d 为日需求量的标准差。

由于物料的日需求量和提前期的历史数据收集困难，因此式（3）在许多企业的生产过程中难以进行有效应用。本文以提前期 L 不变和提前期 L 可以变化这两种情况对安全库存数学公式模型进行讨论。

1. 提前期 L 不变

在需求量随机分布并服从正态分布和提前期不变的假设下，式（3）中的 α_L 为零，式（3）简化为：

$$S = n \cdot \beta_d \tag{4}$$

假设一个时间单位为 T，根据统计学理论可知，一系列的独立事件的方差等于各个项目的方差之和，这样，单位提前期的需求量标准差 β_T 与日需求量的标准差 β_d 之间的关系表达式可表示为：

$$\beta_T^2 = T\beta_d^2 \tag{5}$$

由式（4）、式（5）得式（6）：

$$S = n\beta_T\sqrt{\frac{1}{T}} \tag{6}$$

式（6）就是这样一个相对简单的安全库存公式。

2. 提前期 L 变化

如果是提前期 L 有着变化的可能，同时可以设定提前期 L 的变化很大，这样的话，式（3）的 α_L 就不会是零，假设式（3）存在关系式：

$$\beta_d^2 = \alpha_L^2 \tag{7}$$

令 k 表示调整系数，结合式（3）、式（6）、式（7），可得：

$$S = n\beta_T \cdot [\frac{(1+k)}{T}] \tag{8}$$

式（8）就是适合各类企业都使用的安全库存量计算公式。

四、结论

本文针对 ERP 环境下的库存管理，研究了库存降低模型和安全库存模型，得到简单实用的安全库存量计算公式。本文的研究结果对于企业库存管理具有一定的参考价值。

思考与练习 10

一、填空题

1. 库存一词的定义是以支持生产、_____、操作和_____为目的而存储的各种物料，包括_____和_____、维修件和_____、成品和备件等。

2. 控制库存的第二个要注意的问题是库存费用，库存费用一般以_____计算，它包括以下 4 项：_____、_____、_____、_____等。

3. 库存的分类，按库存物品形成原因划分为_____、_____、_____、储备库存和_____等。其中储备库存也称为_____或_____。

4. 订货费用是从_____确认到最终的到货，通过采购或其他途径获得物品或_____所发生的费用。订购成本包括提出订货申请单、_____、填写采购订单、_____、跟踪订货等各项费用，主要包括_____的费用和管理费用。

5. 库存管理的最佳状态应该是：既要_____、_____、按品种规格并及时成套地供应生产所需要的物品，又要保证_____为最小，以达到数量控制、_____和成本控制的目的。

6. 供应链库存管理是指将_____置于_____之中，以降低库存_____和提高企业市场反应能力为目的，从_____到链、从链到_____的库存管理方法。

7. 所谓 VMI 是一种以_____和_____双方都获得最低成本为目的，在一个_____协议下由_____管理库存，并不断_____协议执行情况和修正协议内容，使库存管理得到_____改进的合作性策略。

8. 企业在实施供应商管理库存时，必须具备_____、_____、_____等条件。

二、选择题

1. 库存信息与财务的资产负债表和损益表有直接的关系，库存是可以（ ）资产。

   A. 交换和销售的固定　　　　　　　　B. 交换和销售的流动

   C. 转换和销售的固定　　　　　　　　D. 转换和销售的流动

2. 评价库存管理的标准是（ ）。

   A. 客户服务水准　　　　　　　　　　B. 库存占用的资金额

   C. 库存资金周转次数　　　　　　　　D. 以上三项都正确

3. 库存管理的最佳状态应该是：既要保质、保量、按品种规格并及时成套地供应生产所需要的物品，又要保证（ ）。

   A. 库存资金为最大，以达到总量控制和成本控制的目的

   B. 库存资金为最小，以达到总量控制和成本控制的目的

   C. 库存资金为最小，以达到数量控制、质量控制和成本控制的目的

   D. 库存资金为最大，以达到数量控制、质量控制和成本控制的目的

4. ABC 分类法是一种（ ）。

   A. 重点管理法，抓住重点　　　　　　B. 侧重管理法，抓住特点

   C. 全面管理法，抓住全面　　　　　　D. 以上三种说法都不正确

5. VMI 库存管理策略打破了传统的各自为政的库存管理模式，体现了（ ）思想。

   A. 传统库存管理　　　　　　　　　　B. 新型库存管理

   C. 供应链集成化管理　　　　　　　　D. 供应链库存管理

三、简述题

1. 请简述库存管理的含义。

2. 请简述库存费用的含义。

3. 请简述确定订货点的含义。

4. 请简述保管成本的含义。

5. 请简述定量控制方法的含义。

6. 请简述定量订购方法的含义。

7. 请简述供应链库存管理的含义。

8. 请简述实施 VMI 的条件。

第11章　企业经营管理沙盘模拟训练

◎ 知识点 ◎

- 现代企业运营理念
- ERP 沙盘模拟的概念和内容
- ERP 沙盘模拟对抗的概念
- ERP 沙盘模拟竞争规则
- JIT 的概念和核心思想

◎ 能力点 ◎

- ERP 沙盘模拟对抗技术
- 团队组织战略
- 资产负债表编制
- 企业经营分析报告编制

第一节　ERP 沙盘模拟概述

情景案例

朱雪峰团队学完了整个 ERP 理论后，总觉得还缺少什么？那就是企业经营管理沙盘模拟训练。

企业经营管理沙盘模拟训练是模拟企业的主要运作过程，让人了解、认识企业复杂多变的生存环境，熟悉企业的业务流程，亲自体会并模拟企业的团队建设、经营管理、经营决策、营销策略和企业之间的竞争与协作等。

朱雪峰决定带着他的团队进入 ERP 沙盘模拟训练之中。

任务思考

1. 什么是 ERP 沙盘？
2. 如何进行 ERP 沙盘模拟？

任务分析

ERP 沙盘，是企业资源规划（Enterprise Resource Planning）沙盘的简称，也就是利用实物沙盘直观、形象地展示企业的内部资源和外部资源。通过 ERP 沙盘可以展示企业的主要物质资源，包括厂房、设备、仓库、库存物料、资金、职员、订单、合同等各种内部资源；还可以展示包括企业上下游的供应商、客户和其他合作组织，甚至为企业提供各种服务的政府管理部门和社会服务部门等外部资源。一般来说，ERP 沙盘展示的重点是企业内部资源。

ERP 模拟沙盘是针对代表先进的现代企业经营与管理技术——ERP（企业资源计划系统）设计

的角色体验的实验平台。ERP 模拟沙盘教具主要包括：6 张沙盘盘面，代表六个相互竞争的模拟企业。模拟沙盘按照制造企业的职能部门划分了职能中心，包括营销与规划中心、生产中心、物流中心和财务中心。各职能中心涵盖了企业运营的所有关键环节：战略规划、资金筹集、市场营销、产品研发、生产组织、物资采购、设备投资与改造、财务核算与管理几个部分为设计主线，把企业运营所处的内外环境抽象为一系列的规则，由受训者组成六个相互竞争的模拟企业，模拟企业 5～6 年的经营，通过学生参与→沙盘载体→模拟经营→对抗演练→讲师评析→学生感悟等一系列的实验环节，其融和理论与实践于一体、集角色扮演与岗位体验于一身的设计思想，使受训者在分析市场、制定战略、营销策划、组织生产、财务管理等一系列活动中，参悟科学的管理规律，培养团队精神，全面提升管理能力。同时也对企业资源的管理过程有一个实际的体验。

一、ERP 沙盘模拟的概念

提到"沙盘"，很容易使人联想到在军事题材的电影、电视作品中，常常看到指挥员们站在一个地形模型前研究作战方案。这种根据地形图、航空相片或实地地形，按一定的比例关系，用泥沙、兵棋和其他材料堆制的模型就是沙盘。而"ERP 沙盘模拟"中的"沙盘"就是将 ERP 中涉及的一些概念具体化，实际化，并由参与的人员进行"角色扮演"模拟运营。在沙盘之上，企业的现金流量、产品库存、生产设备、人员实力、银行借贷等指标清晰直观。

"ERP 沙盘模拟"课程的展开就是针对一个模拟企业，把该模拟企业运营的关键环节：战略规划、资金筹集、市场营销、产品研发、生产组织、物资采购、设备投资与改造、财务核算与管理等几个部分设计为 ERP 沙盘模拟课程的主体内容，把企业运营所处的内外部环境抽象为一系列的规则，由受训者组成六个相互竞争的模拟企业，通过模拟企业六年的经营，使受训者在分析市场、制订战略、营销策划、组织生产、财务管理等一系列活动中，参悟科学的管理规律，全面提升管理能力。

"ERP 沙盘模拟"课程不同于传统的课堂灌输授课方式，是通过直观的企业经营沙盘，来模拟企业运行状况。让学生在分析市场、制订战略、组织生产、整体营销和财务结算等一系列活动中体会企业经营运作的全过程，认识到企业资源的有限性，从而深刻理解 ERP 的管理思想，领悟科学的管理规律，提升管理能力。

该训练融角色扮演、案例分析和专家诊断于一体，最大的特点是在"参与中学习"，学生的学习过程接近企业现状，在短短几天的训练中，会遇到企业经营中经常出现的各种典型问题。学生必须和同学们一起去寻找市场机会，分析规律，制订策略，实施全面管理。在各种决策的成功和失败的体验中，学习管理知识，掌握管理技巧，提高管理素质。

二、ERP 沙盘模拟的获益

ERP 沙盘模拟是对企业经营管理的全方位展现，通过学习，可以使学习者在以下几个方面获益。

1. 战略管理

成功的企业一定有着明确的企业战略，包括产品战略、市场战略、竞争战略及资金运用战略等。从最初的战略制订到最后的战略目标达成分析，经过几年的迷茫、挫折、探索，受训者将学会用战略的眼光看待企业的业务和经营，保证业务与战略的一致，在未来的工作中更多地获取战略性成功而非机会性成功。

2. 营销管理

市场营销就是企业不断用价值来满足客户需求的过程。企业所有的行为、所有的资源，无非是要满足客户的需求。通过模拟几年的市场竞争对抗，受训者将学会如何分析市场、关注竞争对手、把握消费者需求、制订营销战略、定位目标市场，制订并有效实施销售计划，达成企业战略目标。

3. 生产管理

在模拟中，把企业的采购管理、生产管理、质量管理纳入到生产管理领域，则新产品研发、物

资采购、生产动作管理、品牌建设一系列问题背后的一系列决策自然地呈现在学习者面前，它跨越了专业分隔、部门壁垒。学习者将充分运用所学知识、积极思考，在不断的成功与失败中获取新知。

4. 财务管理

在沙盘模拟过程中，团队成员将清晰掌握资产负债表、利润表的结构；掌握资本流转如何影响损益；通过"杜邦模型"解读企业经营的全局；预估长短期资金需求，以最佳方式筹资，控制融资成本，提高资金使用效率；理解现金流对企业经营的影响。

5. 人力资源管理

从岗位分工、职位定义、沟通协作、工作流程到绩效考评，沙盘模拟中每个团队经过初期组建、短暂磨合、逐渐形成团队默契，完全进入协作状态。在这个过程中，各自为战导致的效率低下、无效沟通引起的争论不休、职责不清导致的秩序混乱等情况使学员们深刻理解了局部最优不等于总体最优，学会了换位思考。在组织的全体成员有共同愿景、朝着共同的绩效目标、遵守相应的工作规范、彼此信任和支持的氛围下，企业更容易取得成功。

6. 基于信息管理的思维方式

通过 ERP 沙盘模拟，使受训者真切地体会到构建企业信息系统的紧迫性。企业信息系统如同飞行器上的仪表盘，能够时刻跟踪企业运行状况，对企业业务运行过程进行控制和监督，及时为企业管理者提供丰富的可用信息。通过沙盘信息化体验，受训者可以感受到企业信息化的实施过程及关键点，合理规划企业信息管理系统，为企业信息化做好观念和能力上的铺垫。

三、ERP 沙盘模拟训练课的特点

1. 生动有趣

管理课程一般都以理论+案例为主，比较枯燥而且很难把这些理论迅速掌握并应用到实际工作中。而本课程通过模拟沙盘进行培训，从而增强了娱乐性，使枯燥的课程变得生动有趣。通过游戏进行模拟可以激起参与者的竞争热情，让学生都有获胜学习的动机。

2. 体验实战

这种学习方式是让人们通过"做"来"学"。参与者以切实的方式体会深奥的商业思想——他们看到并触摸到商业运作的方式。体验式学习使参与者学会收集信息并在将来应用于实践。

3. 团队合作

ERP 沙盘模拟是互动的。当参与者对游戏过程中产生的不同观点进行分析时，需要不停地进行对话。除了学习商业规则和财务语言外，参与者增强了他们的沟通技能，并学会了如何以团队的方式工作。

4. 看得见，摸得着

ERP 沙盘模拟课程可以剥开经营理念的复杂外表，直探经营本质。企业结构和管理的操作全部展示在模拟沙盘上，将复杂、抽象的经营管理理论以最直观的方式让学生体验、学习。完整生动的视觉感受将极为有效地激发学生的学习兴趣，增强学习能力。在课程结束时，学生 ERP 原理的内容理解更透，记忆更深。

5. 想得到，做得到

ERP 沙盘模拟课程将平日工作中尚存疑问的决策带到课程中印证。在 2～3 天的课程中模拟 6 年的企业全面经营管理。学生有充足的自由来尝试企业经营的重大决策，并且能够直接看到结果。在现实工作中他们可能在相当长的时间里没有这样的体验机会。

四、ERP 沙盘模拟训练课的教学创新

ERP 沙盘模拟训练课程与传统的课堂教学相比，具有互动性、竞争性和趣味性。它对学生实践

能力、思维能力和创新能力的培养具有重要意义，是传统教学所不可比拟的。与传统的理论课教学相比，ERP沙盘模拟训练课程的创新性表现在以下方面。

1. **教学内容创新**

（1）教学活动从以"教"为中心转向以"学"为中心。学生成为教学活动的主体，学生的学习活动成为教学活动的中心，学生不再是容器，而是学习活动的创造者，是学习的主人；教师由知识的传授者、灌输者转变成为学生学习的组织者、指导者和促进者；课堂教学由听讲模式，变成教师为学生设计情境和组织、指导、监控、考核学生的学习活动，允许多元思维并存，让学生动脑、动口、动手。

ERP沙盘模拟训练课程涉及整体战略、产品研发、生产运营、市场与销售、财务管理、团队沟通与建设等多个方面。例如，在生产运营方面，学生必须根据本企业的具体情况选择生产线改造的方式（购买全自动还是柔性生产线），必须结合产品交货期和数量对产能设计（购买几条全自动或柔性生产线）做出自己企业的决策。

（2）学生的学习内容从单纯来自教师、来自课内转变为既来自教师与课内，也来自其他学生与课外。例如，在团队建设方面，在市场的残酷与企业失败风险及责任面前，学生由衷体会到团队协作精神的重要性。在企业运营这样一艘大船上，CEO是舵手、CFO（财务总监）保驾护航，市场营销总监冲锋陷阵……学生通过亲历亲为懂得，必须在立场不同的部门之间建立沟通协调的机制，建立以整体利益为导向的组织，每一个角色要各负其责，否则大船将经不起风浪的冲击。

（3）教学内容注重理论水平提升与实践应用能力增强之间的紧密结合。通过模拟经营活动，引导学生将零散的知识转变为系统的知识，将理论知识内化为自身的能力、素质与习惯，帮助学生实现知识的有序化、系统化，真正实现理论与实践的结合。

2. **教学方法创新**

ERP沙盘模拟训练课程充分体现了体验式创新教学法的精髓。所谓体验式创新教学法，就是指学生在老师积极有效的帮助下，开展研究式学习和体验式学习，提高创新素质，努力形成创新人格的教学方法。体验式教学具有以下几个特点。

（1）活泼创新。设计的活动节奏明快、大胆创新，学习环境中可以涵盖音乐、色彩、动感以及视觉效果。

（2）安全与相互支持的环境。培训创造的学习环境能让参与者敞开心扉、相互信任、忠实反映自己。学生不但能够更进一步认识自己，也可借此与他人建立更有意义、彼此支持的互动关系。

（3）以学生为中心。自我学习，并将之内化为一种习惯，学生的个性在教学活动中得到了充分的展现，进而落实到工作和生活中。

（4）快速学习。可结合最先进的加速式学习方法，增加学习效益，强化记忆并确保效果持久。

（5）自我认知和肯定。当克服了原以为无法克服的困难时，学生就会感受到前所未有的成就感与自我肯定；同时也对自己的能力又有重新的认知和定位，进而适时调整自己，适应社会。

3. **教学手段创新**

在选择教学手段时，强调传统手段与现代手段相结合，模拟仿真手段与实际操作手段相结合，从而形成一套融情景式教学、互动教学、自主学习、角色实训为一体的、较为完善的教学体系。

ERP沙盘模拟训练课程使学生感受到现场逼真的实战气氛。学生在模拟企业实战时，会遇到企业经营中经常出现的各种典型问题，针对出现的问题，学生们必须通过团队去共同分析问题、找出对策、制订决策，并组织实施。例如，市场竞单时，各企业为了以相对较少的投入获得较大的市场订单，短兵相接，刺探同行商情，抢攻市场，使竞标过程达到白热化程度。市场营销总监必须准确预测市场发展趋势，制订企业产品研发与市场开拓计划，建立并维护企业的市场地位，必要时做退出市场决策。这种教学模式能够全面检验学生的知识结构和理论深度上存在的不足，有效地激发学

生的学习兴趣，大大激发了学生的学习潜能。

4. 教学组织形式创新

ERP沙盘模拟训练课程融角色扮演、案例分析和专家诊断于一体，学生的学习过程接近企业实战，在仿真的企业环境中，将各小组命名为不同的公司，将各小组成员按公司岗位设置进行 CEO、市场销售总监、财务总监、生产运营总监等角色分工。学生们在一起组建公司进行生产经营活动，模拟企业 6～8 年的全面经营管理活动，并进行相应的经营决策，组织会计核算，进行账务处理，编制财务报告，各模拟公司之间始终进行着激烈的竞争，在竞争中求生存、求发展。

这种教学组织形式改变了以往的"填鸭式"教学方式，通过模拟市场运作，学生能够更清晰直观地看到企业现金流量、产品库存、生产设备、人员实力、银行借贷等指标，初步了解企业实际流程，使每个学生既能全面把握企业的运作和工作流程，了解企业的生存环境以及企业与企业、企业与市场的关系，又能深化专业知识与专业技能的学习，从而将专业知识学习与专业技能培养有机地结合起来。

这种教学组织形式学科覆盖面广，学生通过边实践边学习，加深了对理论的理解，不仅能够巩固专业知识，拓展知识面，培养系统思维，更能够利于被培养为既博又专的复合型管理人才。

第二节　ERP 沙盘模拟训练课程的组成

情景案例

经过第一节的学习，朱雪峰团队对 ERP 沙盘的基本概念有了比较深刻的了解。在进入真正的角色之前，还需要了解企业经营沙盘模拟训练课程的组成与结构。

朱雪峰带着他团队进入 ERP 沙盘模拟训练课程的学习之中。

任务思考

1. ERP 沙盘模拟训练课程的授课方式？
2. ERP 沙盘模拟训练课程的组织形式？

任务分析

ERP 沙盘模拟培训不同于传统的课堂灌输授课方式，通过运用独特直观的教具，模拟企业真实的内部经营环境与外部竞争环境，结合角色扮演、情景模拟、教师点评，使学生在虚拟的市场竞争环境中，真实经历数年的企业经营管理过程，运筹帷幄，决战商场。

在 ERP 沙盘模拟培训中，5～8 位学生被分为六个小组，每个小组代表一个企业。每个企业的主要职能定位分别为：公司总裁 CEO，负责企业长期经营战略决策，制订每年经营规划，分配成员角色，协调团队沟通合作等；财务总监 CFO，负责企业资金筹措，资金运用，费用成本控制，现金流管理，财务核算等；生产总监，负责企业生产战略制定，编制和执行生产计划、设备更新计划等。

一、ERP 沙盘模拟教具

1. 沙盘盘面全图

ERP 沙盘模拟教学以一套沙盘教具为载体。沙盘教具主要包括：沙盘盘面六张，代表六个相互竞争的模拟企业。图 11.1 所示的就是沙盘盘面全图。

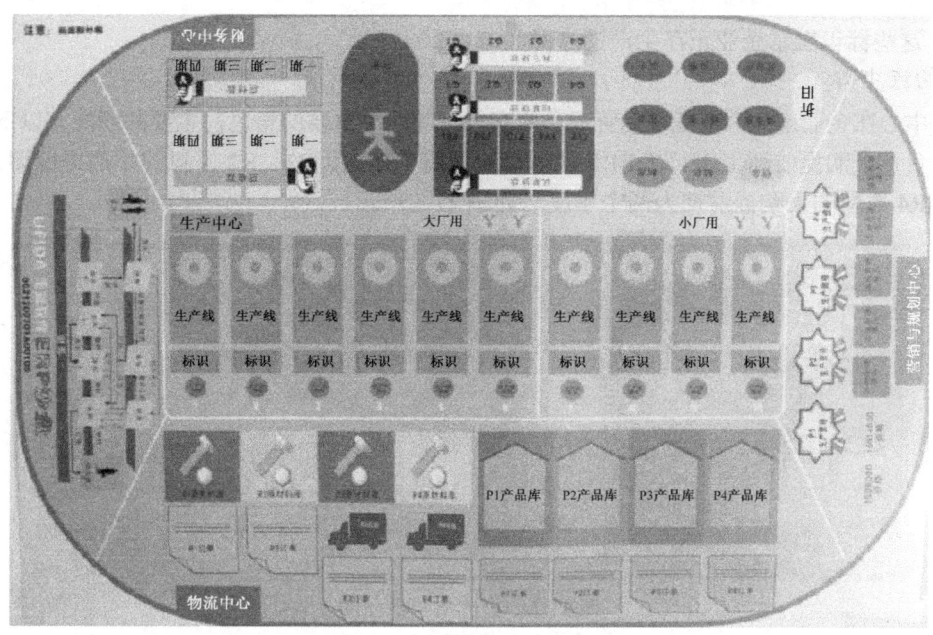

图 11.1　ERP 模拟沙盘盘面全图

从图 11.1 中可知，沙盘盘面按照制造企业的职能部门划分了四个职能中心，分别是营销与规划中心、生产中心、物流中心和财务中心。各职能中心覆盖了企业运营的所有关键环节：战略规划、市场营销、生产组织、采购管理、库存管理、财务管理等，是一个制造企业的缩影。

2．营销与规划中心

营销与规划中心在企业运营中担任战略规划与市场营销两个重要的角色，主要的职能有以下几方面。

（1）负责市场开拓规划的制订，确定企业需要开发哪些市场，可供选择的有：区域市场、国内市场、亚洲市场和国际市场，市场开拓完成后换取相应的市场准入证。

（2）负责产品研发规划的制订，确定企业需要研发哪些产品，可供选择的有：P2 产品、P3 产品、P4 产品，产品研发完成后换取相应的产品生产资格证。

（3）负责 ISO 认证规划的制订，确定企业需要争取获得哪些国际认证，包括 ISO 9000 质量认证和 ISO 14000 环境认证等。

3．生产中心

生产中心在企业运营中担任生产组织的重要角色，主要职能有以下几方面。

（1）负责工厂的厂房建设，沙盘盘面上设计了大厂房和小厂房，其中大厂房内可建设 6 条生产线，小厂房内可建设 4 条生产线，已购置的厂房由厂房右上角摆放的价值表示，如图 11.2 所示。

（2）负责生产线标识工作，在沙盘盘面上共有手工生产线、半自动生产线、全自动生产线、柔性生产线，不同生产线生产效率及灵活性是不相同的。生产线标识表示企业已购置的设备，设备净值在"生产线净值"处显示。

（3）负责产品标识工作，在沙盘盘面上共有四种产品标识，它们是：P1 产品、P2 产品、P3 产品、

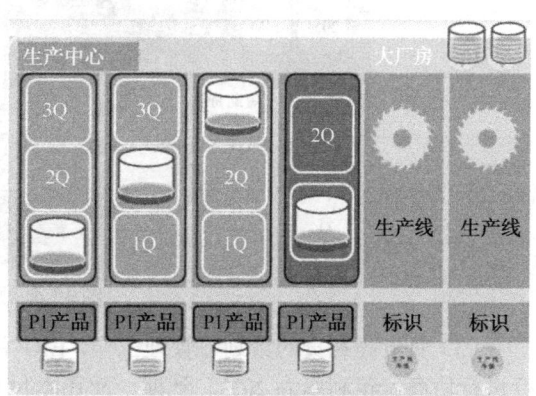

图 11.2　生产中心盘面图

P4 产品，这些标识表示企业正在生产的产品。

4．物流中心

物流中心在企业运营中担任采购管理和库存管理等两个重要的角色，主要的职能有以下几方面。

（1）负责采购提前期工作。在 ERP 沙盘模拟训练中规定，R1、R2 原料的采购提前期为一个季度，R3、R4 原料的采购提前期为两个季度，如图 11.3 所示。

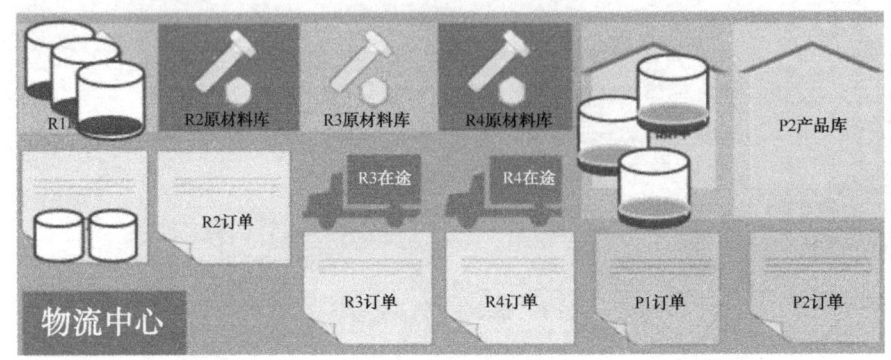

图 11.3　物流中心盘面图

（2）负责四个原材料库的管理工作。原材料库用来分别存放 R1、R2、R3、R4 原料，每个原料的价值为 1M 币值。

（3）负责原料订单工作。原料订单代表与供应商签订的订货合同，用放在原料订单处的空桶数量来表示。

（4）负责四个成品库的管理工作。成品库用来分别存放 P1、P2、P3、P4 产品。

5．财务中心

财务中心在企业运营中担任财务管理和总监等两个重要的角色，主要的任务是管理好现金流，按需求支付各项费用、核算成本，按时报送财务报表并做好财务分析，进行现金预算、采用经济有效的方式筹集资金，将资金成本控制到最低水平。图 11.4 所示的是沙盘盘面上的财务中心。

财务中心的主要职能有以下几个方面。

（1）负责长期贷款的策划与管理工作，ERP 沙盘模拟规定贷款的时间为每年年末，贷款额度为权益的 2 倍，年利率为 10%，还款方式为每年付利息，到期还本。

（2）负责短期贷款的策划与管理工作，ERP 沙盘模拟规定贷款的时间为每季度初，贷款额度为权益的 2 倍，年利率为 5%，到期一次还本付息。

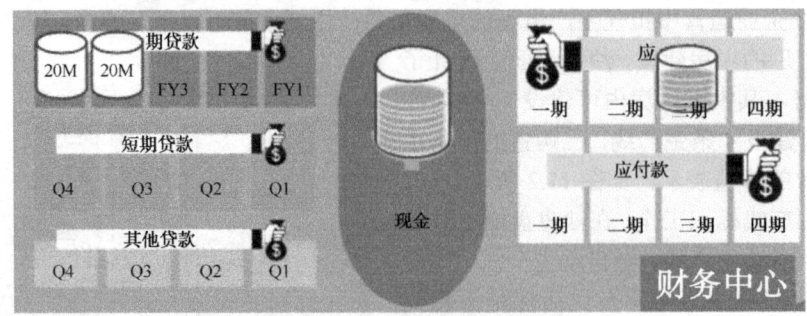

图 11.4　财务中心盘面图

（3）负责高利贷的策划与管理工作，ERP 沙盘模拟规定贷款的时间为每季度初，贷款额度与银行进行协商，年利率为 20%，到期一次还本付息。

（4）资金贴现的策划与管理工作，ERP 沙盘模拟规定贴现时间可以是任何时间，贴现的额度视应收款而定，利率为 1∶6，变现时贴息。

二、ERP 沙盘模拟教学环节

1. 组织准备工作

组织准备工作是 ERP 沙盘模拟的首要环节，主要包括以下几方面内容。

① 学生分组。一般每组为 6~8 人，这样一个班级的学生就组成了六个相互竞争的模拟企业（为简化起见，可将六个模拟企业依次命名为 A 组、B 组、C 组、D 组、E 组、F 组。

② 角色职能定位。学生分组后进行每个角色的职能定位，明确企业组织内每个角色的岗位责任，一般分为 CEO（Chief Executive Officer）、营销总监、运营总监、采购总监、财务总监等主要角色。当人数较多时，还可以适当增加商业间谍、财务助理等辅助角色，如图 11.5 所示。

在几年的经营过程中，可以进行角色互换，从而体验角色转换后考虑问题的出发点的相应变化，也就是学会换位思考。特别需要提醒的是：诚信和亲历亲为。诚信是企业的生命，是企业生存之本。在企业经营模拟过程中，不要怕犯错误，学习的目的就是为了发现问题，努力寻求解决问题的手段。在学习过程中，谁犯的错误越多，谁的收获也就越大。

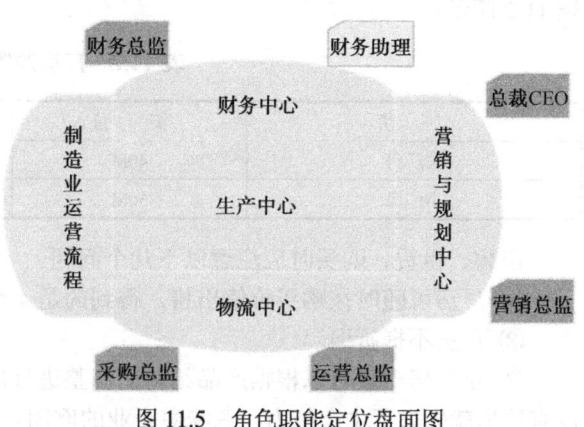

图 11.5 角色职能定位盘面图

2. 基本情况描述

对于学生刚刚入门的企业来说，需要对企业有一个基本的了解，包括企业经营规划、产品销售现状、市场占有率、股东期望、企业的人力资源状况、员工的基本情况、企业目前的财务状况、生产设施、赢利能力等。基本情况描述以企业起始年的两张主要财务报表（资产负债表和利润表）为基本索引，逐项描述了企业目前的财务状况和经营成果，并对其他相关方面进行补充说明。

3. 市场开发规则

市场是企业进行产品宣传和销售的场所，是任何企业不可缺少的场所，它标志着一个企业的销售能力。在 ERP 沙盘模拟训练中，假设企业一开始就拥有了本地市场，即该企业可以在本地市场销售自己的产品，不需要办理任何手续。

除了本地市场以外，还有区域市场、国内市场、亚洲市场、国际市场，这些市场还需要企业进一步地去开发，开发时需要各种费用和步骤，开发不同市场所需要的时间和资金投入如表 11.1 所示。

表 11.1 市场开发与拓展一览表

市 场	持续时间	开拓费用	市 场	持续时间	开拓费用
区域	1 年	1M①/年	亚洲	3 年	1M/年
国内	2 年	1M/年	国际	4 年	1M/年

注：M 表示百万元，Q 表示千万元，下同。

开发不同市场时应该注意以下几个问题。

① 各市场开发可以同时进行。

② 资金短缺时可随时中断或终止投入。

③ 开发费用按开发时间平均支付，不允许加速投资。

市场开拓完成后，可领取相应的市场准入证。该企业就可以在该相应的市场上经营自己的产品，以后就可以在该市场上进行广告宣传，争取客户订单了。

对于所有已进入的市场来说，如果因为资金维持或其他方面的原因，企业某年不准备在该市场上进行广告投放，那么也必须投入 1M 的资金维持当地办事处的正常运转，否则就被视为放弃了该市场的一切经营权。如果处于某种原因，还想再次进入该市场，则需要重新开发，开发费用与前相同。市场开发准入证如图 11.6 所示。

| 本地市场不需要开发 | 区域市场准入 | 国内市场准入 | 亚洲市场准入 | 国际市场准入 |

图 11.6　各市场的准入证

4. 厂房购买、出售与租赁规则

ERP 沙盘模拟训练初期，每个企业拥有自主厂房——大厂房，价值为 40M，另外有小厂可供选择使用，各厂房购买、租赁、出售的相关信息如表 11.2 所示。

表 11.2　厂房购置与租赁一览表

厂　房	买　价	售　价	租　金
大厂房	40M	40M（4 Q）	5M/年
小厂房	30M	30M（4 Q）	3M/年

出售、租赁、购买时应注意以下几个问题。

① 厂房可随时按购买价值出售，得到的是 4 个账期的应收款。

② 厂房不提折旧。

③ 小厂房一般可以根据产品结构的调整进行出售、租赁或购买，大厂房不建议这样做。否则，没有厂房就失去了生产能力，意味着企业的倒闭。

5. 生产线购置、安装、调整与维护规则

ERP 沙盘模拟训练初期，企业拥有三条手工生产线和一条半自动生产线，另外可供选择的生产线还有全自动生产线和柔性生产线。不同类型生产线的主要区别在于生产效率和生产的灵活性。

生产效率是指单位时间内生产产品的数量；灵活性是指转产生产新产品时设备调整的能力，即难易的程度。有关生产线购置、安装、调整与维护规则如表 11.3 所示。

表 11.3　生产线购置、安装、调整与维护一览表

生产线	购买价格	安装周期	生产周期	转产周期	转产费用	维护费用	规定残值
手工线	5M	无	3Q	—	—	1M/年	1M
半自动	8M	2Q	2Q	1Q	1M	1M/年	2M
全自动	16M	4Q	1Q	2Q	4M	1M/年	4M
柔性线	24M	4Q	1Q	—	—	1M/年	6M

生产线购置、安装、调整与维护时应注意以下几个问题。

① 所有生产线均可以生产所有的产品。

② 投资新生产线时按照安装周期平均支付投资，全部投资到位后的下一周期可以领取产品标识，开始生产。资金短缺时，在任何时候都可以中断投资。

③ 生产线转产是指生产线上转产其他产品，如半自动生产线原来生产 P1 产品，如果转产 P2 产品，需要改装生产线，因此需要停工一个周期，并支付 1M 的改装费用。

④ 当年投资的生产线价值计入在建工程，当年不提折旧，从下一年按余额递减法——设备价值的 1/3（取整）计提折旧费用。设备价值小于 3M 时，每次提折旧 1M，直至提完。

⑤ 当年已售出的生产线不用支付维修费用。

⑥ 出售生产线时，如果该生产线净值小于残值，将生产线净值直接转到现金库中；如果该生产线净值大于残值，从生产线净值中取出等同于残值的部分置于现金库中，将差额部分置于综合费用的其他项中。各条生产线的标志如图 11.7 所示。

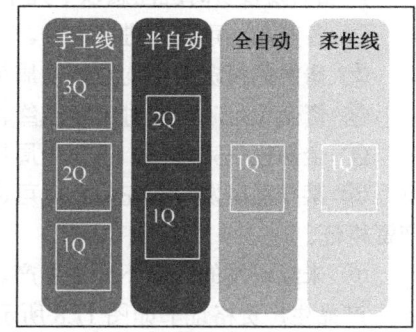

图 11.7　各条生产线的标志图

6．产品生产与原料采购规则

① 原材料采购规则。产品生产前需要进行原材料的采购，根据上季度所下采购订单接收相应原料入库，并按规定付款或计入应付款。用空桶表示原材料订货，将其放在相应的订单上，R1、R2 订购必须提前一个季度；R3、R4 订购必须提前两个季度。

② 产品生产规则。产品研发完成后，可以进行广告宣传并接收客户的订单开始生产。生产不同的产品需要不同的原料，各种产品所用的原料及数量如表 11.4 所示。

表 11.4　产品 BOM 结构一览表

P1 产品结构	P2 产品结构	P3 产品结构	P4 产品结构
P1 | R1	P2 / \\ R1　R2	P3 / \\ 2R2　R3	P4 / | \\ R2　R3　2R4

产品规划与生产时应注意以下几个问题。

① 每条生产线同时只能有一个产品在线。

② 产品上线时需要支付加工费用。

③ 不同生产线的生产效率不相同，但需要支付的加工费用是相同的，均为 1M，如表 11.5 所示。

表 11.5　生产加工费支付一览表

产　品	手　工　线	半　自　动	全　自　动	柔　性　线
P1	1M	1M	1M	1M
P2	1M	1M	1M	1M
P3	1M	1M	1M	1M
P4	1M	1M	1M	1M

7．产品研发投资规则

ERP 沙盘模拟训练初期，企业可以生产并销售 P1 产品。根据预测，另有技术含量不同的产品 P2、P3、P4，其价值也不相同。不同技术含量的产品，需要投入的研发时间和研发投资是不相同的，如表 11.6 所示。

表 11.6　产品研发投资一览表

产　品	P2	P3	P4
研发时间	6Q	6Q	6Q
研发投资	1M/Q	2M/Q	3M/Q

产品研发投资时应注意以下几个问题。

① 各产品均可同步进行研发。

② 研发的投资费用均按研发周期平均支付。

③ 资金不足时可随时中断或终止研发的产品。

④ 全部投资完成后，下一个周期才能开始生产。

⑤ 某产品研发投入完成后，可领取产品生产资格证。

⑥ 未经研发的产品不允许生产。

产品生产资格证书如图 11.8 所示。

图 11.8　产品生产资格证书

8. ISO 论证规则

随着市场的开发，客户对产品质量的要求越来越高，对产品的环境要求也越来越高。经过一定时间的市场孕育，最终反映在客户的订单上。企业要进行 ISO 论证，需要经过一段时间并需要花费一定的费用，如表 11.7 所示。

表 11.7　ISO 资格论证投资一览表

管 理 体 系	持 续 时 间	所 需 投 资
ISO 9000	2 年	1M/年
ISO 14000	3 年	1M/年

ISO 论证时应注意以下几个问题。

① 几项论证可以同时进行。

② 在资金短缺的情况下，投资可随时中断或终止。

③ 论证完成后可以领取相应的 ISO 资格证。

ISO 资格证书如图 11.9 所示。

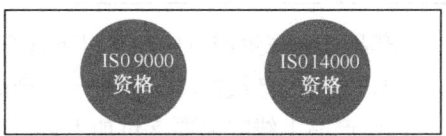

图 11.9　ISO 资格证书

9. 贷款融资与贴现规则

企业要进行长期长足的发展，必须要有充足的资金，资金是企业的血液，是企业任何活动的支撑。在 ERP 沙盘模拟训练初期，企业都没有上市，因此，其融资渠道只能靠银行贷款、高利贷和应收账款贴现。如表 11.8 所示的是几种融资的方式。

表 11.8　ISO 资格论证投资一览表

贷款类型	贷款时间	贷款额度	年利率	还款方式
长期贷款	每年年末	权益 2 倍	10%	每年付息，到期还本
短期贷款	每季度初	权益 2 倍	5%	到期一次还本付息
高利贷	每季度初	银行协商	20%	到期一次还本付息
资金贴现	任何时间	视应收款	1 : 6	变现时贴息

贷款融资与贴现时应注意以下几个问题。

① 无论长期贷款、短期贷款还是高利贷均以 20M 为基本贷款单位。

② 长期贷款最长期限为 5 年，短期贷款期限为 1 年，不足 1 年的按 1 年计息，贷款到期后返还。

③ 应收账款贴现可随时进行，金额必须是 7 的倍数，不考虑应收账款的账期，每 7M 的应收款交纳 1M 的贴现费用，其余 6M 作为现金放入现金库。

10. 订单选择规则

① 由上年在该市场的订单价值决定市场领导者，并由其最先选择订单；

② 按产品的广告投入量的多少，依次选择订单；

③ 若在同一产品上有多家企业的广告投入相同，则按该市场上全部产品的广告投入量决定选单顺序；

④ 若市场的广告投入量也相同，则按上年订单销售额的排名决定顺序；

⑤ 否则通过招标方式选择订单。

11. 管理费的规则

管理费用是企业行政管理部门为组织和管理生产经营活动而发生的费用，包括应付工资、应付福利费、累计折旧、待摊费用、技术开发费、坏账损失、存货盘亏、毁损和报废（减盘盈）损失，以及其他管理费用。在这里管理费用、设备折旧费用和所得税的规则如表 11.9 所示。

表 11.9　其他费用一览表

管理费	设备折旧费	所得税
每季度支付 1M	余额递减法，折旧率 1/3	弥补以前年度亏损后计税，税率 33%

三、模拟企业概况

1. 企业基本概况

金鑫电子科技有限公司是一家集开发设计、生产制造、营业销售、技术服务于一体的独资高新科技企业，由一批专门从事仪器设备生产与销售服务工作多年的专业技术人员组成，销售服务中心坐落在风景秀美、交通便利的珠江三角洲最具发展潜力的城市，公司主要以生产环境试验设备、力学试验设备为主，销售并代理经营光学测试仪器、电子安全测试仪器等来满足日益增长的市场需求，为客户提供全面专业的技术服务；产品广泛用于计算机、手机、电线电缆、玩具、电动工具、家用电器、电机、电子、纺织、制鞋等产品行业的产品研发、品质控制。公司以"持久创新，诚信服务"为宗旨，为把自己打造成为珠三角最受客户欢迎与信赖的仪器生产商而努力，为达到永续性经营目的而奋斗。通过公司全体同仁的不懈努力，以兢兢业业的工作态度广获同行与客户的认可，也使"金鑫"能够在持续改善中茁壮成长。技术的进步和高素质的人才是金鑫始终贯彻的发展之路，目前公司职工 90% 具有大专以上学历或高级职称，并通过了严格的技术培训，不仅能提供优质的产品，更能提供高效的服务。公司致力于推动与发展环保仪器之路，共同为环境保护承担应尽的责任。

假设该企业是一个典型的离散型企业，创建已有五年之久，长期以来一直专注于这个行业的 P 系列产品的生产与经营。目前企业拥有自主厂房，其中安装了三条手工生产线和一条半自动生产线，运行状态良好。所有生产设备全部生产 P1 产品，几年以来一直只在本地市场进行销售，有一定的知名度，客户也很满意。

2. 企业各角色岗位职能

（1）总裁 CEO 岗位职能：①制订发展战略；②竞争格局分析；③经营指标确定；④业务策略制订；⑤全面预算管理；⑥管理团队协同；⑦企业绩效分析；⑧业绩考评管理；⑨管理授权与总结。

（2）财务/会计主管岗位职能：①日常财务记账和登账；②向税务部门报税；③提供财务报表；④企业融资策略制订；⑤日常现金管理；⑥财务制度与风险管理；⑦资金调度与风险管理；⑧成本费用控制；⑨财务分析与协助决策。

（3）市场/销售主管岗位职能：①市场调查分析；②市场进入策略；③品种发展策略；④广告宣传策略；⑤制订销售计划；⑥争取订单与谈判；⑦签订合同与过程控制；⑧销售绩效分析；⑨按时发货应收款管理。

（4）生产/研发主管岗位职能：①产品研发管理；②管理体系认证；③固定资产投资；④编制生产计划；⑤平衡生产能力；⑥生产车间管理；⑦产品质量保证；⑧成品库存管理；⑨产品外协管理。

（5）供应主管岗位职能：①编制采购计划；②供应商谈判；③签订采购合同；④监控采购过程；⑤到货验收；⑥仓储管理；⑦采购支付抉择；⑧与财务部协调；⑨与生产部协同。

3．企业的财务状况

所谓财务就是关于资金的筹集、投资、资金的耗费和回收。财务状况就是从企业的资金来源和占用上，对企业的经营能力、赢利能力、财务能力、成长性、偿债能力、现金流量进行分析。

企业财务状况是企业一定日期的资产及权益情况，是资金运动相对静止状态时的表现。财务状况是用价值形态反映的企业经营活动的状况，通常通过资金平衡表、利润表及有关附表反映，是企业生产经营活动的成果在财务方面的反映。目前，常常将资产负债表称为财务状况表（Statement of Financial Position）。在当前公认的资产负债表定义中，也常常认为资产负债表是反映企业某一特定时点财务状况的报表。显然，这里的"财务状况"指的是资产负债表状况，也就是指资产负债表所包括的所有内容。

在 ERP 沙盘模拟训练中，根据课程设计所涉及的业务对资产负债表中的项目进行了适当的简化，形成了如表 11.10 所示的资产负债表的简易结构。

表 11.10　资产负债表

单位：百万元

资　产		金　额	负债+权益		金　额
现金	+	20	长期负债	+	40
应收款	+	15	短期负债	+	0
在制品	+	8	应收款	+	0
成品	+	6	应交税	+	1
原料	+	3	一年到期的长贷	+	0
流动资产合计	=	52	负债合计	=	41
固定资产			权益		
土地和建筑	+	40	股东资本		50
机器和设备	+	13	利润留存		11
在建工程	+	0	年度净利		3
固定资产合计	=	53	所有者权益合计		64
总资产	=	105	负债+权益		105

4．企业经营成果

资产负债表、经营业绩表、资金收益分配表、资金净值变动表等都能反映一个企业的财务状况和经营成果，企业在一定期间的经营成果表现为企业在该期间所取得的利润，由利润表反映出来。利润表是用来反映收入与费用相抵后确定的企业经营成果的会计报表。

在 ERP 沙盘模拟训练中，根据课程设计所涉及的业务对利润表中的项目进行了适当的简化，形成了如表 11.11 所示的利润表的简易结构。

5．公司发展与股东期望

企业长期以来一直专注于某行业 P 产品的生产与经营，目前生产的 P1 产品在本地市场知名度很高，客户也很满意。同时企业拥有自己的厂房，生产设施齐备，状态良好。最近，一家权威机构对该行业的发展前景进行了预测，认为 P 产品将会从目前的相对低水平发展为一个高技术产品。

为此，公司董事会及全体股东决定将企业交给一批优秀的新人去发展，他们希望新的管理层能做好以下几件大事。

表 11.11 利润表

单位：百万元

项　　目		本　期　数	对应利润表的项目
销售收入	+	35	主营业务收入
直接成本	−	12	主营业务收入
毛利	=	23	主营业务收入
综合费用	−	11	营业费用、管理费用
折旧前利润	=	12	
折旧	−	4	利润表中的管理费用、营业费用及主营业务成本已含折旧，这里折旧单独列示
支付利息前利润	=	8	营业利润
财务收入/支出	+/−	4	财务费用
额外收入/支出	+/−		营业外收入/支出
税前利润	=	4	利润总额
所得税	−	1	所得税
净利润	=	3	净利润

（1）投资新产品的开发，使公司的市场地位得到进一步的提升。

（2）开发本地市场以外的其他新市场，进一步拓展市场领域。

（3）扩大生产规模，采用现代化生产手段，获取更多的利润。

四、初始数据设定

从资产负债表和利润表两张财务报告中虽然可以了解企业的财务状况及经营成果，但不能得到更为细节的内容，例如，长期借款什么时候到期，应收账款什么时候可以回笼，等等。为了让大家有一个公平的竞争环境，需要统一设定模拟企业的初始状态。

从资产负债表上可以看出，模拟企业总资产为 1.05 亿（模拟货币单位，下同），因此，各组目前拥有 105 个单位为 1 百万（用 M 表示）的币值（灰币）。下面就按照资产负债表上各项目的排列顺序将企业资源分布状况复原到沙盘上，复原的过程中最好请各个角色各司其职，从熟悉本岗位工作开始。

1. 初始状态设定

初始状态设定如图 11.10 所示。

（1）原材料。原材料有 R1（红色）、R2（橙色）、R3（蓝色）、R4（绿色）四种彩色币代表，每种的材料费用都是 1M。

（2）资金。资金是用灰币代表，一个灰币价值为 1M。

（3）产品或在制品。产品或在制品分别由 P1、P2、P3、P4 四种构成，它们的组合分别是：

① P1＝R1+1M，即 2 百万；

② P2＝R1+R2+1M，即 3 百万；

③ P3＝2R2+R3+1M，即 4 百万；

④ P4＝R2+R3+2R4+1M，即 5 百万。

（4）原材料订单。原材料订单由空桶构成，空桶没有价值。

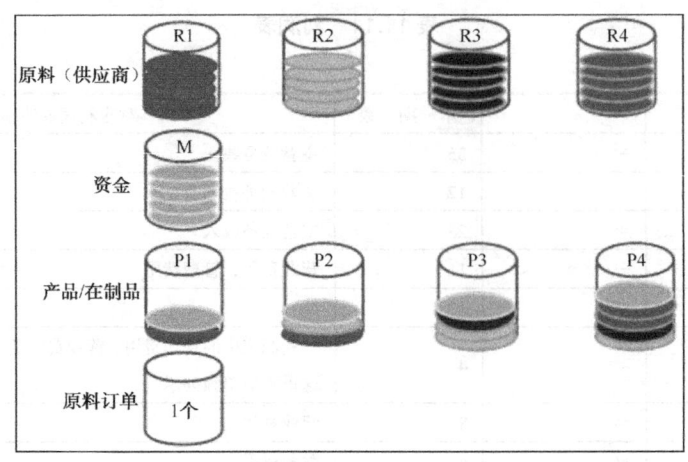

图 11.10 初始状态设定

2. 生产中心

（1）大厂房 40M。本企业拥有大厂房一个，价值 40M。

（2）在制品 8M。大厂房里拥有 4 条生产线，其中手工生产线 3 条，半自动生产线 1 条，每条生产线上各有一个 P1 产品在生产。手工生产线有三个生产周期，靠近左下方的为第一个生产周期，3 条手工生产线上的三个 P1 在制品分别位于第一、第二、第三周期。半自动生产线有两个生产周期，P1 在制品位于第一个周期。P1 的在制品价值为 8M，设备价值为 13M，如图 11.11 所示。

所谓在制品是指处于生产加工过程中，尚未完工入库的产品。每个 P1 产品成本由 R1 原料费 1M 和人工费用 1M 两部分构成，取一个空桶放置一个 R1 原料（红色彩币）和一个人工费用（灰币）构成一个 P1 产品。由生产总监、采购总监与财务总监配合制成四个 P1 在制品并摆放到生产中心的相应位置上。

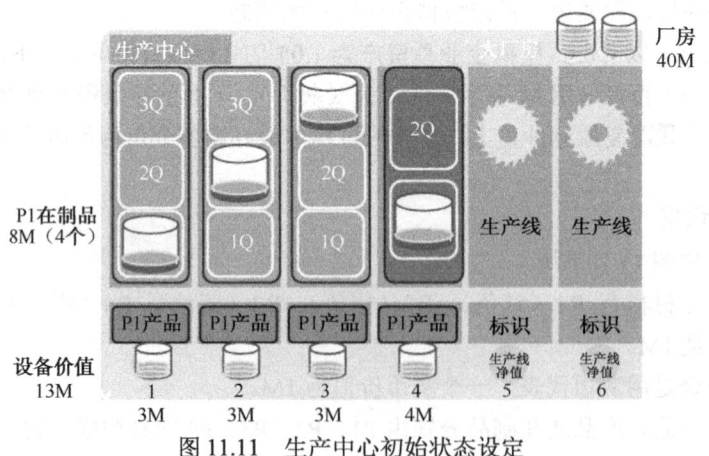

图 11.11 生产中心初始状态设定

3. 物流中心

（1）成品 6M。P1 的成品库中有 3 个成品，每个成品同样由一个 R1 原料费 1M 和人工费用 1M 构成。由生产总监、采购总监与财务总监配合制作 3 个 P1 成品并摆放到 P1 成品库中。

（2）原料 3M。R1 原料库中有 3 个原料，每个价值 1M，由采购总监取出三个空桶，每个空桶中分别放置 1 个 R1 原料，并摆放在 R1 原料库中。

（3）订单 2M。另外还有已向供应商发出的采购订货，预定 R1 原料 2 个，采购总监将 2 个空桶放置到的原料订单处，如图 11.12 所示。

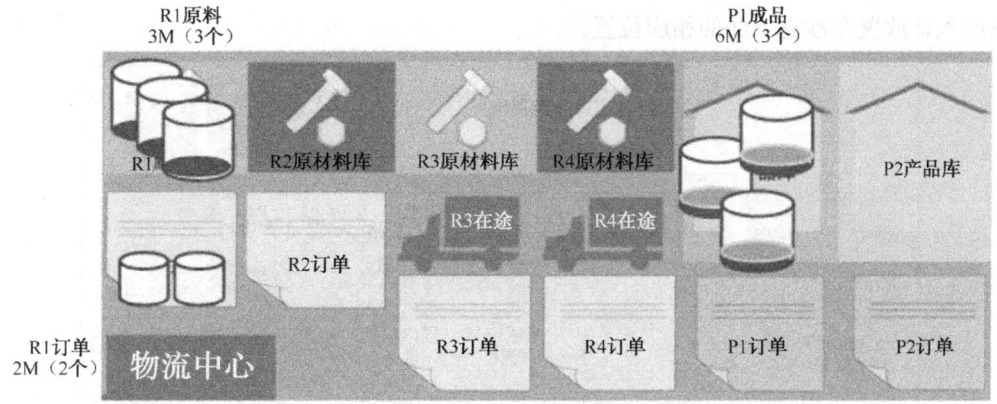

图 11.12　物流中心初始状态设定

4. 财务中心

（1）现金 20M。请财务总监拿出一满桶灰币（共计 20M）放置于现金库的位置。

（2）应收账款 15M。为获得尽可能多的客户，企业一般采用赊销策略，即允许客户在一定期限内缴清货款而不是货到即付款。应收账款是分期的，请财务总监拿一个空桶，装 15 个灰币，置于应收账款第 3 账期的位置。要注意的是，账期的单位为季度，离现金库最近的为第 1 账期，最远的为第 4 账期，如图 11.13 所示。

（3）长期贷款 40M。企业有 40M 长期借款，分别于长期借款第四年和第五年到期。我们约定每个空桶代表 20M，请财务总监将两个空桶分别置于第四年和第五年位置。

要注意的是：

① 对长期借款来说，沙盘上的纵列代表年度，离现金库最近的为第 1 年，以此类推。

② 对短期借款来说，沙盘上的纵列代表季度，离现金库最近的为第 1 季度，以此类推。

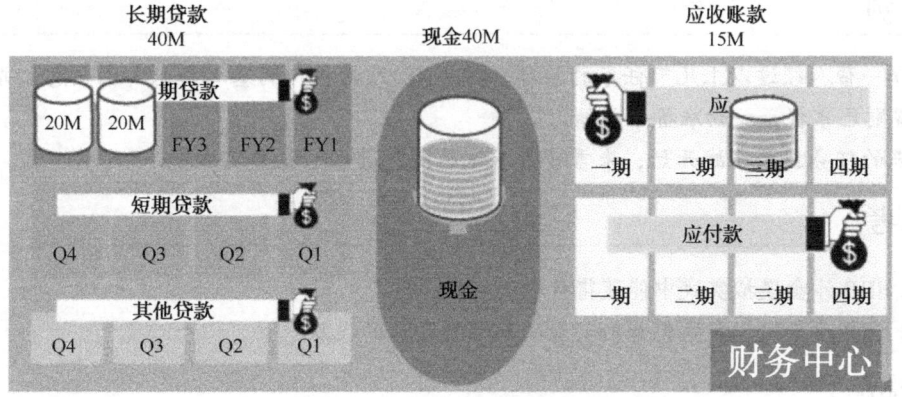

图 11.13　财务中心初始状态设定

③ 如果以高利贷方式融资，可用倒置的空桶表示，于短期借款处放置。

（4）应付税 1M。企业上一年税前利润 4M，按规定需交纳 1M 税金，税金是下一年度缴纳。

5. 营销与规划中心

营销与规划中心如图 11.14 所示。

（1）P1 生产资格：沙盘模拟初始设定，所有企业都已取得 P1 生产资格。请营销总监将 P1 生产资格证书放置在沙盘面上的相应位置。

（2）市场准入证：沙盘模拟初始设定，所有企业都已取得本地市场的准入证，请营销总监将本地市场准入证放置在沙盘上面的相应位置。

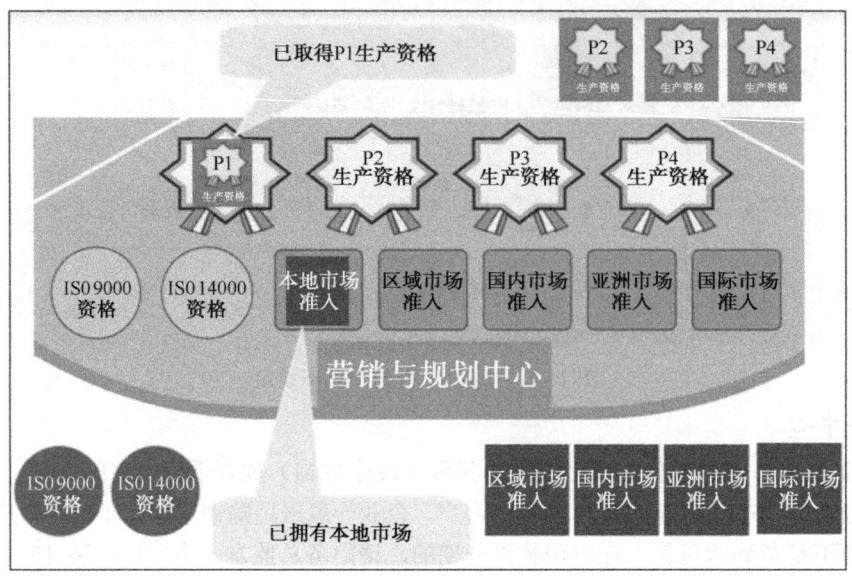

图 11.14　营销与规划中心初始状态设定

此时没有对应原操作了，开始进入初始年的运营。

第三节　ERP 沙盘模拟竞争实战

情景案例

朱雪峰一帮人经过以上几节任务的学习，对 ERP 沙盘模拟的基本知识都已熟悉，并对沙盘模拟竞争的规则已掌握，一切准备已就绪。

接下来的任务就是实战开始，朱雪峰带着他的团队进入了竞争实战中。

任务思考

1. 在 ERP 沙盘模拟实战中能获得什么？
2. 在 ERP 沙盘模拟实战中如何实现从感性到理性的飞跃？

任务分析

ERP 沙盘模拟作为企业经营管理仿真教学系统还可以用于综合素质训练，可以在以下方面获益：① 树立共赢理念。市场竞争是激烈的，也是不可避免的，但竞争并不意味着你死我活。寻求与合作伙伴之间的双赢、共赢才是企业发展的长久之道。这就要求企业知彼知己，在市场分析、竞争对手分析上做足文章，在竞争中寻求合作，企业才会有无限的发展机遇。② 全局观念与团队合作。通过 ERP 沙盘模拟对抗课程的学习，可以深刻体会到团队协作精神的重要性。在企业运营这样一艘大船上，CEO 是舵手、CFO 保驾护航、营销总监冲锋陷阵……在这里，每一个角色都要以企业总体最优为出发点，各司其职，相互协作，才能赢得竞争，实现目标。③ 保持诚信。诚信是

一个企业立足之本，发展之本。诚信原则在 ERP 沙盘模拟课程中体现为对"游戏规则"的遵守，如市场竞争规则、产能计算规则、生产设备购置以及转产等具体业务的处理。保持诚信是学员立足社会、发展自我的基本素质。④ 个性与职业定位。每个个体因为拥有不同的个性而存在，这种个性在 ERP 沙盘模拟对抗中会显露无遗。⑤ 感悟人生。在市场的残酷与企业经营风险面前，是"轻言放弃"还是"坚持到底"，这不仅是一个企业可能面临的问题，更是在人生中不断需要抉择的问题，经营自己的人生与经营一个企业具有一定的相通性。

实现从感性到理性的飞跃，在 ERP 沙盘模拟中，每一个人经历了一个从理论到实践再到理论的上升过程，把自己亲身经历的宝贵实践经验转化为全面的理论模型。借助 ERP 沙盘推演自己的企业经营管理思路，每一次基于现场的案例分析及基于数据分析的企业诊断，都会受益匪浅，达到磨炼商业决策敏感度，提升决策能力及长期规划能力的目的。

一、起始年

1. 起始年概况

起始年表示新的管理层接替老领导并开始新一轮的工作。企业选定接班人之后，原有管理层总要"扶上马，送一程"，因此在起始年里，新任管理层仍受制于老领导，企业的决策由老领导定夺，新管理层只能执行，主要目的是团队磨合，进一步熟悉规则，明晰企业的运营过程。

由于起始年的决策仍以上一届老领导所定的为主，因此，企业运营方向继续保持原有的保守经营，不投资新产品研发，不购买固定资产，不尝试新的融资，只是维持原有的生产规模，第 1 季度和第 2 季度各订购 2 批 R1 原料，第 3 季度和第 4 季度各订购 1 批 R1 原料。

2. 公司各职务职责

（1）CEO（首席执行官/总经理）

负责制定和实施公司总体战略与年度经营计划；主持公司的日常经营管理工作，实现公司经营管理目标和发展目标。现代企业的治理结构分为股东会、董事会和经理班子三个层次。

在企业经营沙盘模拟中，省略了股东会和董事会，企业所有的重要决策均由 CEO 带领团队成员共同决定，如果大家意见相左，由 CEO 拍板决定；做出有利于企业发展的战略决策是 CEO 的最大职责，同时 CEO 还要负责控制企业按流程运行。与此同时，CEO 在模拟中还要特别关注每个人是否能胜任其岗位。

（2）COO（首席运营官）

在实际企业中，COO 是个重要的角色，负责组织协调企业的日常运营活动。在模拟中，COO 协助 CEO 控制企业按流程运行，起着盘面运行监督的作用。此角色为可选角色，在人数较少时可不设。

（3）CFO（财务总监）

在企业中，财务与会计的职能常常是分离的，他们有着不同的目标和工作内容。会计主要负责日常现金收支管理，定期核查企业的经营状况，核算企业的经营成果，制定预算及对成本数据的分类和分析。财务的职责主要负责资金的筹集、管理；做好现金预算，管好、用好资金。如果说资金是企业的血液，财务部门就是企业的心脏。财务总监要参与企业重大决策方案的讨论，如设备投资、产品研发、市场开拓、ISO 资格认证、购置厂房等。公司进出的任何一笔资金，都要经过财务部门。

在培训者较少时，将上述两大职能归并到财务总监身上，统一负责对企业的资金进行预测、筹集、调度与监控。在培训者人数允许时，增设主管会计（财务总监助理）分担会计职能。

（4）营销总监/销售总监

企业的利润是由销售收入带来的，销售实现是企业生存和发展的关键。营销总监所担负的责任主要是：开拓市场、实现销售。为此，营销总监应结合市场预测及客户需求制定销售计划，有选择地进行广告投放，取得与企业生产能力相匹配的客户订单，与生产部门做好沟通，保证按时交货给客户，监督货款的回收，进行客户关系管理。

营销总监还可以兼任商业间谍的角色和任务，因为他最方便监控竞争对手的情况，比如对手正在开拓哪些市场，未涉足哪些市场，他们在销售上取得了多大的成功，他们拥有哪类生产线，生产能力如何等，充分了解市场，明确竞争对手的动向可以有利于今后的竞争与合作。

（5）生产总监

指挥生产运营过程的正常进行，生产设备的维护。生产总监是企业生产部门的核心人物，对企业的一切生产活动进行管理，并对企业的一切生产活动及产品负最终的责任。生产总监既是生产计划的制定者和决策者，又是生产过程的监控者，对企业目标的实现负有重大的责任。他的工作是通过计划、组织、指挥和控制等手段实现企业资源的优化配置，创造最大经济效益。

在企业经营沙盘模拟中，生产总监负责维护与设备变更处理、管理成品库等工作。在模拟中，生产能力往往是制约企业发展的重要因素，因此生产总监要有计划地扩大生产能力，以满足市场竞争的需要。

（6）采购总监

采购是企业生产的首要环节。采购总监负责各种原料的及时采购和安全管理，确保企业生产的正常进行；负责编制并实施采购供应计划，分析各种物资供应渠道及市场供求变化情况，力求从价格上、质量上把好第一关，为企业生产做好后勤保障；进行供应商管理；进行原材料库存的数据统计与分析。

在企业经营沙盘模拟中，采购总监负责制定采购计划，与供应商签订供货合同，监督原料采购过程并按计划向供应商付款，管理原料库等具体工作，确保在合适的时间点，采购合适的品种及数量的物质。

（7）商业情报人员/商业间谍

知己知彼，方能百战百胜，闭门造车是不行的。商业情报工作在现代商业竞争中有着非常重要的作用，不容小觑。在受训者人数较少时，此项工作可由营销总监承担；在人数较多时，可设专人协助营销总监来负责此项工作。

（8）其他角色

在培训人数较多时，可适当增加财务助理、CEO助理、营销助理、生产助理等辅助角色，特别是财务助理很值得设立。为使这些辅助角色不被边缘化，应尽可能明确其所承担的职责和具体任务。

二、企业运营流程

所谓企业运营流程是指企业从采购、生产到销售整个过程中代表了企业简化的工作流程，也是企业竞争模拟中各项工作需要遵守的执行顺序。分为以下几个工作。（要注意的是，执行企业运营流程时，必须按照自上而下、自左至右的顺序严格执行。）

1. 年初4项工作

（1）新年度规划会议。新的一年开始之际，企业都会开始进行新一年度的规划方案制订，甚至把区域经理以上的人员集中在总部共同进行。企业对上年度的工作进行总结，对新年度的思路策略进行重新探讨。制订企业战略、经营规划、设备投资规划、营销策划方案等，也就是说，企业需要进行销售预

算和可承诺量的计算。请财务总监或助理财务总监在"企业每年运营流程表"上画一个"★"。

（2）参加订货会议/登记销售订单。每年初各企业的销售经理与客户见面并召开销售会议，根据市场地位、产品广告投入、市场广告投入和市场需求及竞争态势，按顺序选择订单。要注意的是：

① 争取客户订单前，应以企业的产能、设备投资计划等为依据，避免接单不足或过剩、设备闲置或超负荷，无法按时交货，引起企业信誉降低。

② 登记销售订单，客户订单相当于与企业签订的订货合同，需要进行登记管理。营销总监领取订单后，负责将订单登记在"订单登记表"中，记录每张订单的订单号、所属市场、所订产品、产品数量、订单销售额、应收账期，如表 11.12 所示。将广告费放置在沙盘上的"广告费"位置上，财务总监记录支出的广告费。请财务总监或助理财务总监在"企业每年运营流程表"上记一个"1"。

表 11.12　订单登记一览表

订单号	0012								
市场	本地								
产品	P1								
数量	6								
账期	2Q								
销售额									
成本									
毛利									

注：表 11.12 中的销售额、成本、毛利三项内容在交货时填写

（3）制订新年度计划。在明确今年的销售任务后，需要以销售为龙头，结合企业对未来的预期，编制生产计划、采购计划、设备投资计划并进行相应的资金预算。将企业的供产销活动有机结合起来，使企业各部门的工作形成一个有机的整体。请财务总监或助理财务总监在"企业每年运营流程表"上画一个"★"。

（4）支付应付税。按照法律法规，请财务总监按照上一年度利润表的"所得税"一项的数值取出相应的现金放置于沙盘上的"税金"处并做好现金收支记录。请财务总监或助理财务总监在"企业每年运营流程表"上记一个"1"。

2. 每季度 19 项工作

（1）季度开始初期现金盘点，请财务总监或助理财务总监在"企业每年运营流程表"上填入现金余额为 18M。企业每年运营流程如表 11.13 所示。

（2）更新短期贷款/还本付息/申请短期贷款

① 更新短期贷款。如果企业有短期贷款，请财务总监或助理财务总监将空桶向现金库方向移动一格。移至现金库时，表示短期贷款到期。

② 还本付息。短期贷款的还款规则是利随本清。短期贷款到期时，每桶需要支付的利息为 $20M \times 5\% = 1M$，因此，本金与利息共计 21M。请财务总监或助理财务总监从现金库中提取现金，其中 20M 还给银行，1M 放置在沙盘上的"利息"处并做好现金收支记录。

③ 申请短期贷款。短期贷款只有在这一时点上可以申请。申请短期贷款的数量的规定是：上一年度所有者权益×2−（已有短期贷款＋一年内到期的长期负债）。

请财务总监或助理财务总监在"企业每年运营流程表"上记一个"×"。要注意的是：企业随时可以向银行申请高利贷，高利贷的贷款额度视企业当时的具体情况而定，如果贷了高利贷，可以用

倒置的空桶表示，并与短期借款同样管理。

表 11.13　企业每年运营流程一览表

新年度规划会议	★			
参加订货会/登记销售订单	1			
制订新年度计划	★			
支付应付税	1			
季度开始初期现金盘点	18	14	10	22
更新短贷/支付利息/获得新贷款	×	★	★	★
更新应付款/归还应付款	×	×	×	×
原材料入库/更新原材料订单	2	1	1	1
下原料订单	★	★	★	★
更新生产/完工入库	★	★	★	★
投资新生产线/变卖生产线/生产线转产	★	★	★	★
向其他企业购买原材料/出售原材料	×	×	×	×
开始下一批生产	1	2	1	2
更新应收款/应收款收现	★	★	15	32
出售厂房	×	×	×	×
向其他企业购买成品/出售成品	×	×	×	×
按订单交货	×	★	×	×
产品研发投资	×	×	×	×
支付行政管理费	1	1	1	1
其他现金收支情况登记	×	×	×	×
支付利息/更新长期贷款/申请长期贷款				4
支付设备维护费				4
支付租金/购买厂房				★
计提折旧				(4)
新市场开拓/ISO 认证投资				★
结账				★
现金收入合计	0	0	15	32
现金支出合计	4	4	3	12
期末现金对账	14	10	22	42

（3）更新应付款/归还应付款。请财务总监或助理财务总监向现金库方向推进一格。到达现金库时，从现金库中取现金付清应付款并做好现金收支记录。请财务总监或助理财务总监在"企业每年运营流程表"上记一个"×"。

（4）原材料入库/更新原材料订单。供应商发出的订货已运抵企业时，企业必须无条件接收货物并支付料款。采购总监将原料订单区中的空桶向原料库方向推进一格，到达原料库时，向财务总监申请原料款，支付给供应商，换取相应的原料。如果现金支付，财务总监要做好现金收支记录。如果启用应付款，在沙盘上做相应的标记。请财务总监或助理财务总监在"企业每年运营流程表"上记一个"2"。

（5）下原料订单。采购总监需要根据年初制订的采购计划，决定采购的原材料的品种及数量，每个空桶代表一批原料，将相应数量的空桶放置于对应品种的原料订单处。请财务总监或助理财务总监在"企业每年运营流程表"上记一个"★"。

（6）更新生产/完工入库。由运营总监将各生产线上的在制品上推进一格，产品下线表示产品完工，将产品放置相应的产品库。请财务总监或助理财务总监在"企业每年运营流程表"上记一个"★"。

（7）投资新生产线/变卖生产线/生产线转产

① 投资新生产线。投资新设备时，运营总监向指导老师领取新生产线标识，翻转放置于某厂房相应的位置，其上放置与该生产线安装周期相同的空桶数，每个季度向财务总监申请建设资金，其额度＝设备总购买价值/安装周期，财务总监做好现金收支记录。在全部投资完成后的下一季度，将生产线标识翻转过来，领取产品标识后才能投入生产。

要注意的是：空生产线才能上线生产，一条生产线只能生产一个产品，上线生产必须有原料，否则必须"停工待料"。

② 变卖生产线。当生产线上的在制品完工后，可以变卖生产线。如果此时该生产线净值小于残值，将生产线净值直接转到现金库中；如果该生产线净值大于或等于残值，从生产线净值中取出等同于残值的部分置于现金库，将差额部分置于综合费用的其他项。财务总监做好现金收支记录。

③ 生产线转产。生产线转产是指某生产线转为生产其他产品。不同生产线类型转产所需的调整时间及资金投入是不同的。

如果需要转产且该生产线需要一定的转产周期及转产费用，请运营总监翻转生产线标识，按季度向财务总监申请并支付转产费用，停工满足转产周期要求并支付全部的转产费用后，再次翻转生产线标识，领取新的产品标识，开始新的生产。财务总监做好现金收支记录。

要注意的是：生产线一旦建设完成，不得在各厂房间随意移动。请财务总监或助理财务总监在"企业每年运营流程表"上记一个"★"。

（8）向其他企业购买原材料/出售原材料。新产品上线时，原料库中必须备有足够的原料，否则需要停工待料。这时采购总监可以考虑向其他企业购买，如果按原料的原值购入，购买方视同"原材料入库"处理，出售方采购总监从原料库中取出原料，向购买方收取等值现金，放入现金库并做好现金收支记录。如果高于原料价值购入，购买方将差额（支出现金–原料价值）记入利润表中的其他支出；出售方将差额记入利润表中的其他收入，财务总监做好现金收支记录并在"企业每年运营流程表"上记一个"×"。

（9）开始下一批生产。当更新生产/完工入库后，某些生产线的在制品已经完工，可以考虑开始生产新产品。由运营总监按照产品结构从原料库中取出原料，并向财务总监申请产品加工费，将上线产品摆放到离原料库最近的生产周期。请财务总监或助理财务总监在"企业每年运营流程表"上记一个"1"。

（10）更新应收款/应收款收现。财务总监将应收款向现金库方向推进一格，到达现金库时即可成为现金，做好现金收支记录。请财务总监或助理财务总监在"企业每年运营流程表"上记一个"★"。

要注意的是：在资金出现缺口且不具备银行贷款的情况下，可以考虑应收款贴现，应收款贴现随时可以进行，财务总监按7倍的倍数取应收账款，其中1/7作为贴现费用置于沙盘上的"贴息"处，6/7放入现金库，并做好现金收支记录。应收账款贴现时不考虑账期因素。

（11）出售厂房。在资金不足时可以出售厂房，厂房按购买价值出售，但得到的是4账期的应收账款。请财务总监或助理财务总监在"企业每年运营流程表"上记一个"×"。

（12）向其他企业购买成品/出售成品。如果产能计算有误，有可能本年度不能交付客户的订单，这样不仅信誉尽失，且要接受订单总额的25%的罚款。这时营销总监可以考虑向其他企业购买产品。如果以成本价购买，买卖双方正常处理；如果高于成本价购买，购买方将差价（支付现金–产品成本）记入直接成本，出售方将差价记入销售收入，财务总监做好现金收支记录。请财务总监或助理财务总监在"企业每年运营流程表"上记一个"×"。

（13）按订单交货。营销总监检查各成品库中的成品数量是否满足客户订单要求，满足则按照客户订单交付约定的数量产品给客户，并在订单登记表中登记该批产品的成本。客户按订单收货，并按订单上列明的条件支付货款。如果为现金（0账期）付款，营销总监直接将现金置于现金库，财务总监做好收支记录；如果为应收账款，营销总监将现金置于应收账款相应的账期处。请财务总监或助理财务总监在"企业每年运营流程表"上记一个"×"。

（14）产品研发投资。按照年初制订的产品研发计划，运营总监向财务总监申请研发资金，置于相应产品生产资格位置，财务总监做好现金收支记录。请财务总监或助理财务总监在"企业每年运营流程表"上记一个"×"。

（15）支付行政管理费。管理费用是指企业为了维持运营发放的管理人员工资、必要的差旅费和招待费等。财务总监取出1M摆放在"管理费"处，并做好现金收支记录。请财务总监或助理财务总监在"企业每年运营流程表"上记一个"1"。

（16）其他现金收支情况登记。除以上引起现金流动的项目外，还有一些没有对应项目的，例如，应收账款贴现、高利贷支付的费用等，可以直接记录在该项目中。请财务总监或助理财务总监在"企业每年运营流程表"上记一个"×"。

（17）现金收入合计。统计本季度现金收入总额。请财务总监或助理财务总监在"企业每年运营流程表"上记一个"0"。

（18）现金支出合计。统计本季度现金支出总额，第四季度的统计数字中包括四季度本身的和年底发生的。请财务总监或助理财务总监在"企业每年运营流程表"上记一个"4"。

（19）期末现金对账。1～3季度及年末，账务总监盘点现金金额并做好记录。请财务总监或助理财务总监在"企业每年运营流程表"上记一个"14"。

以上19个项目的工作每个季度都要执行一次。以后的几个季度中各项数据见表11.13。

3. 年末6项工作

（1）支付利息/更新长期贷款/申请长期贷款

① 支付利息。长期贷款的还款规则是每年付息，到期还本。如果当年未到期，每桶需要支付20M×10%＝2M的利息。财务总监从现金库中取出长期贷款的利息置于沙盘上的"利息"处，并做现金收支记录。长期贷款到期时，财务总监从现金库中取出现金归还本金及当年的利息，并做好现金收支记录。

② 更新长期贷款。如果企业有长期贷款，请财务总监将空桶向现金库方向移动一格；当移至现金库时，表示长期贷款到期。

③ 申请长期贷款。长期贷款只有在年末可以申请，可以申请的额度为：上一年所有者权益×2–已有长期贷款+一年内到期的长期贷款。

（2）支付设备维修费。在线的每条生产线支付1M的维护费。财务总监取出相应的现金置于沙盘上的"维修费"处，并做好现金收支记录。

（3）支付租金/购买厂房。大厂房为自主厂房，如果本年在小厂房中安装了生产线，此时要决定该厂房是购买还是租用，如果购买，财务总监取出与厂房价值相等的现金置于沙盘上的厂房价值处；如果租赁，财务总监取出与厂房租金价值相等的现金置于沙盘上的"租金"处，无论购买还是租赁，财务总监应做好现金收支记录。

（4）计提折旧。厂房不要折旧。设备按余额减法计提折旧，在建工程及当年新建设备不提折旧。折旧＝原有设备价值/3 向下取整。财务总监从设备价值中取折旧费放置于沙盘上的"折旧"处。当设备价值下降至3M时，每年折旧为1M。

要注意的是：计提折旧时只可能涉及生产线净值和其他费用两个项目，与现金无关，因此，在企业运营流程中标注了（　　　）以示区别，计算现金收/支合计时不应考虑该项目。

（5）新市场开拓/ISO 资格认证投资

① 新市场开拓。财务总监取出现金放置在要开拓的市场区域，并做好现金收支记录。市场开发完成，从指导教师处领取相应市场准入证。

② ISO 认证投资。财务总监取出现金放置在要认证的区域，并做好现金收支记录，认证完成，从指导教师处领取 ISO 资格证。

（6）结账。一年经营下来，年终要做一次"盘点"，编制利润表和资产负债表。在报表做好之后，指导教师将会取走沙盘上的企业已支出的各项成本，为来年做好准备。

三、利润表编制

企业每年按计划完成运营流程后，需要编制财务报表，例如，商品核算统计表、费用明细表、利润表、资产负债表等。

1. 商品核算统计表

以 P1 产品为例，如表 11.14 所示。

表 11.14 商品核算统计表

	P1	P2	P3	P4	合　计
数量	6				6
销售额	32				32
成本	12				12
毛利	20				20

2. 费用明细表

费用明细表是指企业一个期间内所有消费的明细清单，包括管理费、广告费、保养费、租金、转产费等，如表 11.15 所示。

表 11.15 费用明细表

项　目	金　额	备　注
管理费	4	
广告费	1	
保养费	4	
租金		
转产费		
市场准入		□区域　　□国内　　□亚洲　　□国际
ISO 资格认证		□ISO 9000　　　□ ISO 14000
产品研发		P2（　　）P3（　　　）P4（　　　　）
其他		
合计	9	

3. 什么是利润表

利润表又称损益表，是反映企业一定期间（如一年、半年）生产经营成果的会计报表。利润表把一定期间的营业收入与同一会计期间相关的营业费用进行配比，以计算出企业一定时期的净利润（或净亏损）。利润表中的收入、费用等情况反映了企业生产经营的收益和成本耗费情况，表明企业生产经营成果，利润表提供的不同时期的比较数字，可用于分析企业今后利润的发展趋势及获利能

力，了解投资者投入资本的完整性。由于利润是企业经营业绩的综合体现，又是进行利润分配的主要依据。因此，利润表是会计报表中的主要报表。

4．利润表的主要内容

（1）构成主营业务利润的各项要素。主营业务利润从主营业务收入出发，减去为取得主营业务收入而发生的相关费用（包括有关的流转税）后得出。

（2）构成营业利润的各项要素。营业利润在主营业务利润的基础上，加上其他业务利润，减去存货跌价损失、营业费用、管理费用和财务费用后得出。

（3）构成利润总额（或亏损总额）的各项要素。利润总额（或亏损总额）在营业利润的基础上，加减投资收益（损失）、补贴收入和营业外收支等后得出。

（4）构成净利润（或净亏损）的各项要素。净利润（或净亏损）在利润总额（或亏损总额）的基础上，减去本期计入损益的所得税费用后得出。

5．利润表的编制

利润表的编制是遵照"收入–费用＝利润"的原理来编制的，主要反映一定时期内企业的收入减去支出之后的净收益。通过利润表可以对企业的经营业绩、管理的成功程度做出评估，从而评价投资者的投资价值和报酬。利润表包括两个方面：一是反映企业的收入及费用，说明企业在一定时期内的利润或亏损数额，据以分析企业的经济效益及赢利能力，评价企业的管理业绩；另一部分反映企业财务成果的来源，说明企业的各种利润来源在利润总额中占的比例，以及这些来源之间的相互关系。

对利润表进行分析，主要从以下几个方面入手。

（1）收入项目分析。企业通过销售产品、提供劳务取得各项营业收入，也可以将资源提供给他人使用，获取租金与利息等营业收入。收入的增加，则意味着企业资产的增加或负债的减少。记入收入账的包括当期收讫的现金收入、应收票据或应收账款，以实际收到的金额或账面价值入账。

（2）费用项目分析。费用是收入的扣除，费用的确认、扣除正确与否直接关系到企业的赢利。所以分析费用项目时，应首先注意费用包含的内容是否适当，确认费用应贯彻权责发生制原则、历史成本原则、划分收益性支出与资本性支出的原则等。其次，要对成本费用的结构与变动趋势进行分析，分析各项费用占营业收入百分比，分析费用结构是否合理，对不合理的费用要查明原因。同时对费用的各个项目进行分析，看看各个项目的增减变动趋势，以此判定企业的管理水平和财务状况，预测企业的发展前景。看利润表时要与企业的财务情况说明书联系起来。它主要说明企业的生产经营状况；利润实现和分配情况；应收账款和存货周转情况；各项财产物资变动情况；税金的缴纳情况；预计下一会计期间对企业财务状况变动有重大影响的事项。财务情况说明书为财务分析提供了了解、评价企业财务状况的详细资料。

利润表中各项目的计算结果如表 11.16 所示。

表 11.16　利润表

项　　目	行　　次	运 算 符	上　年	本　年	数 据 来 源
销售收入	1	＋	35	32	产品核算统计中的销售额合计
直接成本	2	－	12	12	产品核算统计表中的成本合计
毛利	3	＝	23	20	第 1 行数据–第 2 行数据
综合费用	4	－	11	9	管理费＋广告费＋维修费＋租金＋转产费＋市场准入开拓＋ISO 资格论证＋产品研发＋其他
折旧前利润	5	＝	12	11	第 3 行数据–第 4 行数据

续表

项　　目	行　次	运　算　符	上　　年	本　　年	数　据　来　源
折旧	6	－	4	4	上年设备价值的 1/3 向下取整
支付利息前利润	7	＝	8	7	第 5 行数据−第 6 行数据
财务收入/支出	8	+/−	4	4	借款、高利贷、贴现等支付的利息计入财务支出
额外收入/支出	9	+/−			出租厂房收入、购销原材料的收支
税前利润	10	＝	4	3	第 7 行数据+财务收入+其他收入−财务支出−其他支出
所得税	11	－	1	1	第 10 行数据除以 3 取整
净利润	12	＝	3	2	第 10 行数据−第 11 行数据

四、资产负债表编制

1. 什么是资产负债表

资产负债表是反映企业某一特定日期资产、负债、所有者权益等财务状况的会计报表。通俗地说，在资产负债表上，企业有多少资产，是什么资产，有多少负债，是哪些负债，净资产是多少，其构成怎样，都反映得清清楚楚。在对财务报表的学习中，资产负债表是一个很好的开端，因为它体现了企业的财务结构和状况。资产负债表描述了它在发布那一时点企业的财务状况。

2. 资产负债表的作用

从资产负债表的功能上说，主要有四方面的作用。

（1）反映资产及其分布状况。资产负债表能够反映企业在特定时点拥有的资产及其分布状况的信息。它表明企业在特定时点所拥有的资产总量有多少，资产是什么。例如，流动资产有多少，固定资产有多少，长期投资有多少，无形资产有多少，等等。

（2）表明企业所承担的债务及其偿还时间。资产负债表能够表明企业在特定时点所承担的债务、偿还时间及偿还对象。如果是流动负债，就必须在 1 年内偿还；如果是长期负债，偿还期限就可以超过 1 年。因此，从负债表可以清楚地知道，在特定时点上企业欠了谁多少钱，该什么时候偿还。

（3）反映净资产及其形成原因。资产负债表能够反映在特定时点投资人所拥有的净资产及其形成的原因。净资产其实是股东权益，或者是所有者权益的另外一种叫法。在某一个特定时点，资产应该等于负债加股东权益，因此，净资产就是资产减负债。应该注意的是，可以说资产等于负债加股东权益，但绝不能说资产等于股东权益加负债，它们有着根本性的区别。因为会计规则特别强调先人后己，也就是说，企业的资产首先要用来偿还债务，剩下的不管多少，都归投资人所有。如果先讲所有者权益，就是先己后人，这在会计规则中是不允许的。

（4）反映企业财务发展状况趋势。资产负债表能够反映企业财务发展状况的趋势。当然，孤立地看一个时点数，也许反映的问题不够明显，但是如果把几个时点数排列在一起，企业财务发展状况的趋势就很明显了。例如，企业的应收账款，第 1 年是 10 万元，第 2 年是 20 万元，第 3 年是 30 万元，第 4 年是 40 万元。如果把这 4 年的时点数字排在一起，就很容易发现，这个企业的应收账款呈逐年上升的趋势。应收账款逐年上升的趋势表明，或者销售环节没有管好应收款，或者说明企业做好了，市场扩大了，相应的应收账款也增加了。例如，拍电影时，摄影师只能一个个镜头地拍摄，每个镜头仅仅是一幅静态的画面。但是，如果把每一个镜头有机地连起来，就会构成一部生动形象的动态电影。从这个角度来说，如果一个企业的管理者能够关注每一个时点的状况，就会对企业的财务状况有一个比较全面的了解；反之，不注重捕捉时点数，将会给企业的管理造成比较大的失误。

3. 一般资产负债表的编制

（1）"货币资金"项目。该项目反映企业的现金、银行存款和其他货币资金的合计数。应根据

"现金"、"银行存款"、"其他货币资金"三个账户的期末余额合计填列。

（2）"应收账款"项目。该项目反映因销售商品、产品和提供劳务而向购买方和接受劳务方支付的各种款项。如果企业没有预收账款业务，"应收账款"项目应根据该账户的期末余额填列；如果有预收账款业务并且企业没有设置"预收账款"账户时，"应收账款"项目应根据所属各明细账的期末借方余额合计填列；如果单独设置了"预收账款"账户的，并且该账户有借方余额时，"应收账款"项目应根据"应收账款"账户的借方余额与"预收账款"账户借方余额的合计填列。

（3）"坏账准备"项目。该项目反映期末估计的坏账金额，应根据该账户的期末贷方余额填列（以负数反映）。

（4）"预付账款"项目。该项目反映企业预付给供应单位的款项。如果单独设置"预付账款"账户时，可以直接根据"预付账款"账户与"应收账款"账户所属的明细账借方余额合计填列。如果没有单独设置"预付账款"账户，应根据"应付账款"所属明细账的期末借方余额填列。

（5）"其他应收款"项目。该项目反映企业对其他单位和个人的应收和暂付的款项。应根据"其他应收款"账户的借方余额填列。如果通过"其他应收款"账户核算有其他应付款的内容，则"其他应收款"项目应根据"其他应收款"账户所属明细账的期末借方余额的合计数填列。

（6）"存货"项目。该项目反映企业期末库存的各项存货的实际成本，包括材料、在产品、产成品等。应根据"材料采购"、"原材料"、"生产成本"、"产成品"等账户期末余额的合计数填列。

（7）"待摊费用"项目。该项目反映企业已经支出但应由以后各期分期摊销的费用。应根据"待摊费用"账户的期末余额填列。如果"预提费用"账户期末为借方余额，具有待摊费用的性质，则"待摊费用"项目应根据"待摊费用"账户、"预提费用"所属明细账借方余额的合计数填列。

（8）"其他流动资产"项目。该项目反映企业除以上流动资产项目外的其他流动资产的实际成本。

（9）"长期投资"项目。该项目反映企业所有的对外投资，包括长期股权投资和长期债权投资。

（10）"固定资产原价"项目和"累计折旧"项目。该项目反映企业各种固定资产的原始价值和累计折旧，应根据"固定资产"账户和"累计折旧"账户的期末余额直接填列。

（11）"无形资产"项目。该项目反映企业各项无形资产的净额。

（12）"其他长期资产"项目。该项目反映除以上资产以外的其他长期资产。

（13）"应付账款"项目。该项目反映企业购买材料或接受劳务而应付给供应单位的款项。应根据"应付账款"账户的期末余额填列。如果通过"应付账款"账户核算有预付款项的内容；如果"预付账款"账户表现为贷方余额，则"应付账款"项目应根据"应付账款"、"预付账款"账户所属明细账的贷方余额的合计数填列。

（14）"预付账款"项目。该项目反映企业预收购买单位的贷款，应根据"预付账款"账户的期末余额填列。如果预收的款项并入"应收账款"账户核算；如果"预收账款"账户变现为借方余额，则"预收账款"项目应根据"应收账款"、"预收账款"账户所属明细账的贷方余额合计数填列。

（15）"应付工资"项目。该项目反映应付未付的工资总额。应根据该账户的期末贷方余额填列。如果出现借方余额时，应以负数填列。

（16）"应交税金"项目。该项目反映企业应交未交的各种税金，应根据该账户的贷方余额填列。如果出现借方余额时，应以负数填列。

（17）"应付利润"项目。该项目反映企业应付未付给投资者的利润，应根据该账户的贷方余额填列。如果出现借方余额时，应以负数填列。

（18）"其他应付款"项目。该项目反映企业应付、暂收其他单位或个人的款项。如果其他应付账款业务在"其他应付款"中核算，则应根据"其他应付款"账户的贷方分析填列。

（19）"预提费用"项目。该项目反映企业已经预提计入成本和费用但尚未支付的各项费用，应根据"预提费用"账户和"待摊费用"账户的期末贷方余额合计填列。

（20）"其他流动负债"项目。该项目反映企业除以上流动负债以外的其他流动负债的金额，应根据有关账户的贷方余额或贷方与余额之和填列。

（21）"一年内到期的长期负债"项目。该项目根据各长期负债所属的有关明细账户的余额分析填列。

（22）"长期借款"项目。该项目应根据有关账户的贷方余额，扣除相关的一年内到期的长期负债后的数额填列。

（23）"实收资本"项目。该项目反映企业实际收到的资本总额。应根据该账户的期末贷方余额直接填列。

（24）"资本公积"项目。该项目反映企业的资本溢价、股权投资准备和接受捐赠的资产价值等金额。应直接根据该账户的贷方余额填列。

（25）"盈余公积"项目。该项目反映企业从税后利润中提取的累计金额，应根据该账户的期末贷方余额填列。

（26）"未分配利润"项目。该项目反映企业尚未分配的利润。应根据"本年利润"账户和"利润分配"账户余额之差或之和填列，二者相抵或相加后贷方余额以"+"号表示，二者相抵或相加后的借方余额，以"-"号表示。

资产负债表上各项目均须同时填列年初和年末数。年初数是根据上年年末资产负债表上的期末数填列，年末数是根据本年年末各科目的余额填列。如果企业在编制资产负债表之前编制了工作底稿，可直接根据工作底稿中的资产负债表栏内各项目的金额填列。

4. ERP 模拟沙盘资产负债表的编制

为了实训的需要，在 ERP 模拟沙盘上的资产负债表简化了许多，资产负债表中的各项的计算如下所示。

（1）资产类的流动资产部分

① 现金——盘点现金库中的现金。

② 应收账款——盘点应收账款。

③ 在制品——盘点生产线上的在制品的数量。

④ 成品——盘点成品库中的成品数量。

⑤ 原料——盘点原料库中的原料数量。

⑥ 流动资产合计——将以上 5 项相加。

（2）资产类的固定资产部分

① 土地和建筑——厂房价值之和。

② 机器与设备——设备价值之和。

③ 在建工程——正在建设中的设备之和。

④ 固定资产合计——将以上三项相加。

⑤ 资产总计——流动资产合计+固定资产合计。

（3）负债部分

① 长期负债——一年内到期的长期负债。

② 短期负债——盘点短期借款。

③ 应付账款——盘点应付账款。

④ 应交税金——根据利润表中的所得税填列。

⑤ 一年内到期的长期负债——盘点一年内到期的长期借款。

⑥ 负债合计——将以上 5 项相加。

（4）所有者权益部分

① 股东资本——股东不增资的情况下为50。

② 利润留存——上一年利润留存+上一年利润。

③ 年度净利——利润表中的净利润。

④ 所有者权益合计——将以上三项相加。

⑤ 负债和所有者权益总计——负债合计+所有者权益合计。

资产负债表如表11.17所示。

表11.17　资产负债表

资　产	符号	年初数	期末数	负债+权益	符号	年初数	期末数
现金	+	20	42	长期负债	+	40	40
应收款	+	15	0	短期负债	+	0	0
在制品	+	8	8	应付账款	+	0	0
成品	+	6	6	应交税金	+	1	1
原料	+	3	2	一年内到期的长期负债	+		
流动资产合计	=	52	58	负债合计	=	41	41
固　定　资　产				权　　益			
土地和建筑	+	40	40	股东资本	+	50	50
机器设备	+	13	9	利润留存	+	11	14
在建工程	+			年度净利	+	3	2
固定资产合计	=	53	49	所有者权益合计	=	64	66
总资产		105	107	负债+权益	=	105	107

5．总得分分布情况

（1）开发完成并形成销售的市场：区域为10分、国内为15分、亚洲为20分、国际为25分。

（2）研发完成并形成销售的产品：P1为5分、P2为5分、P3为10分、P4为15分。

（3）目前拥有自主产权的厂房：大厂房为15分、小厂房为10分。

（4）目前拥有的生产线：手工为5分/条、半自动为10分/条、全自动为15分/条、柔性为15分/条。

（5）完成管理体系认证：ISO 9000为10分、ISO 14000为15分。

五、企业经营过程记录表

1．起始年企业经营过程记录表

企业经营流程表可以按顺序执行表11.18所示的各项操作，每执行完一项操作，CEO在相应的方格内打钩，财务总监（助理）在方格中填写现金收支情况。

表11.18　起始年企业经营过程记录表

新年度规划会议				
参加订货会/登记销售订单				
制订新年度计划				
支付应付税				
季度开始初期现金盘点（请填余额）				

续表

更新短期贷款/还本付息/申请短期贷款（高利贷）				
更新应付款/归还应付款				
原材料入库/更新原材料订单				
下原料订单				
更新生产/完工入库				
投资新生产线/变卖生产线/生产线转产				
向其他企业购买原材料/出售原材料				
开始下一批生产				
更新应收款/应收款收现				
出售厂房				
向其他企业购买成品/出售成品				
按订单交货				
产品研发投资				
支付行政管理费				
其他现金收支情况登记				
支付利息/更新长期贷款/申请长期贷款				
支付设备维护费				
支付租金/购买厂房				
计提折旧				
新市场开拓/ISO 资格认证投资				
结账				
现金收入合计				
现金支出合计				
期末现金对账（请填余额）				

2. 起始年各种登记表

（1）订单登记表。订单登记表主要是指由于广告后产生的各种订单，包括订单号、市场、产品、数量、账期、销售额、成本、毛利、未售等内容，如表 11.19 所示。

表 11.19　订单登记表

订单号											合计
市场											
产品											
数量											
账期											
销售额											
成本											
毛利											
未售											

（2）产品核算统计表。产品核算统计如表 11.20 所示。

表 11.20　产品核算统计表

	P1	P2	P3	P4	合计
数量					
销售额					
成本					
毛利					

（3）综合管理费用明细表。综合管理费用明细如表 11.21 所示。

表 11.21　综合管理费用明细表

单位：百万元

项　目	金　额	备　注
管理费		
广告费		
保养费		
租　金		
转产费		
市场准入开拓		□区域　　□国内　　□亚洲　　□国际
ISO 资格认证		□ISO 9000　　　□1SO 14000
产品研发		P2（　　）　P3（　　）　P4（　　）
其　他		
合　计		

（4）利润表。利润表如表 11.22 所示。

表 11.22　利润表

项　目	上 年 数	本 年 数	项　目	上 年 数	本 年 数
销售收入	35		支付利息前利润	8	
直接成本	12		财务收入/支出	4	
毛利	23		其他收入/支出		
综合费用	11		税前利润	4	
折旧前利润	12		所得税	1	
折旧	4		净利润	3	

（5）资产负债表。资产负债表如表 11.23 所示。

表 11.23　资产负债表

资　产	期初数	期末数	负债和所有者权益	期初数	期末数
流动资产：			负债：		
现金	20		长期负债	40	
应收款	15		短期负债	0	
在制品	8		应付账款	0	
成品	6		应交税金	1	
原料	3		一年内到期的长期负债		
流动资产合计	52		负债合计	41	

续表

资　产	期初数	期末数	负债和所有者权益	期初数	期末数
固定资产:			所有者权益:		
土地和建筑	40		股东资本	50	
机器与设备	13		利润留存	11	
在建工程			年度净利	3	
固定资产合计	53		所有者权益合计	64	
资产总计	105		负债和所有者权益总计	105	

3. 以后几年企业经营过程记录表

企业经营流程表可以按顺序执行表 11.24 所示的各项操作，每执行完一项操作，CEO 在相应的方格内打钩，财务总监（助理）在方格中填写现金收支情况。

表 11.24　以后几年企业经营过程记录表

新年度规划会议				
参加订货会/登记销售订单				
制订新年度计划				
支付应付税				
季度开始初期现金盘点（请填余额）				
更新短期贷款/还本付息/申请短期贷款（高利贷）				
更新应付款/归还应付款				
原材料入库/更新原材料订单				
下原料订单				
更新生产/完工入库				
投资新生产线/变卖生产线/生产线转产				
向其他企业购买原材料/出售原材料				
开始下一批生产				
更新应收款/应收款收现				
出售厂房				
向其他企业购买成品/出售成品				
按订单交货				
产品研发投资				
支付行政管理费				
其他现金收支情况登记				
支付利息/更新长期贷款/申请长期贷款				
支付设备维护费				
支付租金/购买厂房				
计提折旧				
新市场开拓/ISO 资格认证投资				
结账				
现金收入合计				
现金支出合计				
期末现金对账（请填余额）				

4. 以后几年各种登记表

（1）现金预算表。现金预算表如表 11.25 所示。

表 11.25　现金预算表

	1	2	3	4
期初库存现金				
支付上年应交税				
市场广告投入				
贴现费用				
利息（短期贷款）				
支付到期短期贷款				
原料采购支付现金				
转产费用				
生产线投资				
工人工资				
产品研发投资				
收到现金前的所有支出				
应收款到期				
支付管理费用				
利息（长期贷款）				
支付到期长期贷款				
设备维护费用				
租金				
购买新建筑				
市场开拓投资				
ISO 认证投资				
其他				
库存现金余额				

要点记录。

第一季度：＿＿＿＿＿＿＿＿＿＿＿＿＿＿＿＿＿＿＿＿＿＿＿＿＿＿＿＿＿＿＿

第二季度：＿＿＿＿＿＿＿＿＿＿＿＿＿＿＿＿＿＿＿＿＿＿＿＿＿＿＿＿＿＿＿

第三季度：＿＿＿＿＿＿＿＿＿＿＿＿＿＿＿＿＿＿＿＿＿＿＿＿＿＿＿＿＿＿＿

第四季度：＿＿＿＿＿＿＿＿＿＿＿＿＿＿＿＿＿＿＿＿＿＿＿＿＿＿＿＿＿＿＿

年底小结：＿＿＿＿＿＿＿＿＿＿＿＿＿＿＿＿＿＿＿＿＿＿＿＿＿＿＿＿＿＿＿

＿＿＿＿＿＿＿＿＿＿＿＿＿＿＿＿＿＿＿＿＿＿＿＿＿＿＿＿＿＿＿＿＿＿＿＿＿

（2）订单登记表。订单登记表如表 11.26 所示。

表 11.26　订单登记表

订单号									合计
市场									
产品									
数量									
账期									

销售额										
成本										
毛利										
未售										

（3）产品核算统计表。产品核算统计表如表 11.27 所示。

表 11.27 产品核算统计表

	P1	P2	P3	P4	合计
数量					
销售额					
成本					
毛利					

（4）综合管理费用明细表。综合管理费用明细表如表 11.28 所示。

表 11.28 综合管理费用明细表

项　　目	金　　额	备　　注
管理费		
广告费		
保养费		
租　金		
转产费		
市场准入开拓		□区域　　□国内　　□亚洲　　□国际
ISO 资格认证		□ISO 9000　　□ISO 14000
产品研发		P2（　　）　P3（　　）　P4（　　）
其　他		
合　计		

（5）利润表。利润表如表 11.29 所示。

表 11.29 利润表

项　　目	上 年 数	本 年 数
销售收入		
直接成本		
毛利		
综合费用		
折旧前利润		
折旧		
支付利息前利润		

续表

项　　目	上　年　数	本　年　数
财务收入/支出		
其他收入/支出		
税前利润		
所得税		
净利润		

（6）资产负债表。资产负债表如表 11.30 所示。

表 11.30　资产负债表

资　　产	期初数	期末数	负债和所有者权益	期初数	期末数
流动资产：			负债：		
现金			长期负债		
应收款			短期负债		
在制品			应付账款		
成品			应交税金		
原料			一年内到期的长期负债		
流动资产合计			负债合计		
固定资产：			所有者权益：		
土地和建筑			股东资本		
机器与设备			利润留存		
在建工程			年度净利		
固定资产合计			所有者权益合计		
资产总计			负债和所有者权益总计		

典型案例

ERP 沙盘模拟实验课程教学问题研究

《中国管理信息化》2015.18 期

0　引言

企业资源计划（Enterprise Resource Planning，ERP）是以信息技术为基础、以现代企业的先进管理思想为核心，全面集成企业所有资源信息，为企业决策与经营提供全方位服务的管理平台。作为企业管理信息化的主要组成部分，企业资源计划在企业的日常管理及运营中起着非常重要的作用。

随着 ERP 在企业的应用推广，ERP 人才的市场需求量也大幅度增加，不断增加 ERP 专业人才的供给是我国社会经济发展的要求。因此，近年来许多本科及高职类院校将 ERP 课程的相关教学内容引入校园并加以丰富，为学生学习 ERP 知识提供了平台，使他们能够结合实际社会需要进行针对性的学习，同时也为企业培养了众多急需的 ERP 人才。

但是，由于该课程属于新增学科，在教学方法、内容及评估等方面处于不断的探索过程中，在吸取传统教学优点的同时，也一定程度上产生了问题，这主要是因为该课程的实践应用性比较强，注重理论与实际的紧密结合。作为 ERP 教学方法之一的沙盘模拟实验是为了实现学生学习的知识与社会发展需要的人才之间的对接，是为了让学生能够在实验中获得实际工作中可能需要具备的知识和能力。该实验课程的开设使得学生的综合专业素质有了大幅度的提高，但是在教学过程中也存在一定的问题，下面笔者就 ERP 沙盘模拟实验课程教学中的相关内容和问题加以分析研究。

1 ERP 沙盘模拟实验课程简介

ERP 沙盘模拟课程是集知识性、趣味性、对抗性于一体的管理类实战演练课程。学生分成 6~8 个小组，每组 5~7 人组成一个虚拟公司团队，分别设立总经理、财务总监、营销总监、生产总监、采购总监和信息总监等职位。每个小组接手经营一个拥有 1 亿多资产的设施齐备、销售良好、资金充裕的同行业的虚拟公司，连续从事 6 个会计年度的经营活动。通过直观的企业沙盘和真实的竞争对手，模拟现实企业实际运行状况和同行业竞争情况，内容涉及企业战略规划、订单争取、产品研发、生产、销售、原材料采购、市场开拓、设备投资、财务管理以及团队协作等多个方面，让学生在游戏般的课程中学习管理知识，体验企业经营，提升组织沟通能力，感悟正确的经营思路和管理理念。

2 学生在实验中存在的问题

作为实战性比较强的实验课程，ERP 沙盘实验课程需要充分调动学生的一些管理能力，比如团队协调、自我认知等，但是由于对实验课程认识及自我意识方面的原因，存在的问题比较多，主要表现在以下几方面。

2.1 角色混淆，效率低下。 ERP 沙盘实验课程中，5~7 个学生组成一个模拟企业，分别担任企业的各个高级管理角色，每个岗位职责明确。但在实际操作中，学生角色意识淡薄，不能各司其职，大家共同参与企业的所有决策，而不能独立胜任自己岗位的工作。这造成企业管理混乱、领导工作效率低下、企业经营仓促、学生对企业经营认识不深刻等问题，不利于企业发展。

2.2 不熟悉规则。 企业经营实验模拟，需要按照一定的规则进行。在 ERP 沙盘实验教学中，学生普遍不重视规则讲解，往往在对规则不甚理解的情况下便匆匆动手，导致企业经营被动，许多决策难以执行。具体如企业融资问题，本企业的融资渠道以及融资额度，学生们刚开始时都不是很清楚，有时会错过贷款时机，甚至经常错误估计本企业的融资能力，导致企业资金出现问题。再比如生产线的投资问题，在本沙盘实验中，除手工生产线可以即买即用外，其余 3 种生产线（半自动、全自动及柔性生产线）都需分期投资，但在实际操作时，总有很多学生直接拿现金购买。

2.3 盲目经营企业。 在 ERP 沙盘实验课程中，大部分学生没有制定企业整体战略规划，经营企业很随意，想怎么做就怎么做，做成什么算什么，对自身资源、外部环境、竞争对手不作分析，造成订单盲目、采购与生产脱节、产品与市场不挂钩、产品研发与设备不配套以及现金短缺等诸多问题。如在第一年广告费的投入上，学生通常不考虑本企业自身情况、不收集对手信息、拍脑袋决定广告数额，有时甚至不计代价争夺标王（某市场销售冠军），而忽略争夺标王的目的是实现本企业的利润最大化。第一年年初，每个企业均有 4400 万元现金，但学生的广告投入有时却多达 3100 万元。在市场开拓方面，学生通常没有长远规划，在企业经营第一年，不进行市场开拓，导致企业经营初期市场小、订单少、同行竞争激烈、企业产品严重积压。为推销产品，在第二年学生通常会投入更多的广告费来与同行业竞争，直接导致企业现金严重短缺，企业经营困难重重，有的企业甚至会到达破产边缘。

在产品研发方面，学生们对新的高科技产品比较青睐，通常都在第一年年初便开始研发新产品。但也存在企业研发力度太大、亏损严重的现象。也有的企业把握不好与产品配套的设备投资时间，通常是产品研发已经完成，设备还没有准备好，或是设备早早备好了，产品还没有研发成功，造成企业资金积压。

在实验过程中，各企业的财务总监总把大部分精力都放在经营结束后报表的编制上，而忽略了财务预算环节，导致企业现金短缺，通常是拆东补西，从而把企业拉入借贷还贷的资金漩涡。

2.4 不重视实验报告。 对于 ERP 沙盘实验，学生热情高涨，从采购到生产再到销售，每个学生都兢兢业业、勤勤恳恳，认真对待企业经营的每个细小工作，努力经营企业，期望把企业经营得更好，并且能在激烈的竞争中脱颖而出成为龙头企业。但在撰写实验报告环节，学生则存在诸多问题。

首先，思路不明确。报告没有主线，想到什么写什么，杂乱无序。课后没有深入思考，只是就事论事。其次，态度不端正。图表只是简单堆砌于报告中，不做深入分析。还有的学生存在抄袭现象。

3　对策和建议

针对上述问题，笔者结合自身的教学经验提出相应的对策建议，以期能够妥善解决此类问题，使得ERP沙盘实验课程的教学效果达到最大化。

3.1　各司其职。角色分工不同，各个岗位的具体职责也不同，学生应分工合作，各司其职。充分发挥各企业总经理角色的作用，调动小组成员的工作热情，监督各个岗位成员的工作态度，检查各个岗位的工作成效，订立评价体系，每年进行优秀组员评选工作。对于优秀的组员，实验成绩给予适当的加分。

3.2　将规则讲解融入企业经营中。ERP沙盘实验需要按照一定的规则来进行，因此，熟悉规则是必要的。但是，单纯进行规则讲解，效果并不好。如果在企业经营中，根据实际实验内容进行相应的规则学习，将会有事半功倍的效果。

只有在学生能熟练应用规则的情况下，才能使沙盘模拟越来越接近真实的企业经营和竞争，让学生参与到"真实的"企业运营过程，去体验、去品尝、去学习、去成长。

3.3　加强引导和监督。学生在企业经营实验中会犯各种各样的错误，对于策略性错误，过错越多学生感悟就越多，教师要及时抓住机会讲授理论，这对学生管理学的学习会起到事半功倍的效果。对于学生的规则性错误，则需要加强监督力度，教师可借用原材料采购订单登记表、贷款表、应收账款登记表、组间交易表等来规范学生操作，同时，还可让各小组间互相监督。

3.4　结合教师的讲解和评价，督促学生进行年度总结。每经营完一年度，让学生做岗位总结，引导其进行企业经营分析，用理论联系沙盘的"实际"，从而透彻理解理论，也可将理论更好地用于实际，还可为写实验报告提供素材。

4　结束语

在ERP沙盘实验课上，教师应敦促学生掌握实验规则，各司其职，在充分分析市场和竞争对手的基础上合理制定企业发展策略，运用专业知识指导实验过程，最后将在实验中领悟的专业知识反馈于实验报告中，从而完成从理论到实践再到理论的循环。

ERP沙盘实验课对学生有着极大的吸引力，学生们在游戏中将所学知识融会贯通，既检测了学生理论课的学习效果，也完美体现出学生应对实际竞争的智慧，是一门非常好的课程。教师应尽量完善教学内容，加强对学生的引导，使这门课的教学效果达到最优，为学生由学习向工作过渡做出贡献。

思考与练习11

一、填空题

1. "ERP沙盘模拟"课程不同于传统的_____方式，是通过直观的_____，来_____企业运行状况。让学生在_____，制订战略，_____，整体营销和_____等一系列活动中体会企业经营运作的全过程，认识到_____的有限性，从而深刻理解_____，领悟科学的管理规律，提升_____能力。

2. ERP沙盘模拟是对企业经营管理的_____，通过学习，可以使学习者在以下几个方面获益，它们是：_____、_____、_____、财务管理、_____、_____等。

3. 在选择教学手段时，强调_____与现代手段相结合，_____手段与实际操作手段相结合，从而形成一套_____教学、_____教学、_____、角色实训为一体的、较为完善的_____体系。

4. 营销与规划中心在企业运营中担任_____与_____两个重要的角色，主要的职能有：_____制订、_____制订、_____制订。

5. 财务中心在企业运营中担任_____和_____等两个重要的角色，主要的任务是管理好_____，按_____费用、_____、按时报送_____并做好_____，进行_____、采用经济有效的方式_____，将资金成本控制到_____水平。

6. 产品生产前需要进行_____，根据_____所下采购订单接收相应_____入库，并按规定付款或_____。用_____表示原材料订货，将其放在相应的_____，R1、R2 订购必须提前_____；R3、R4 订购必须提前_____。

7. 所谓在制品是指处于_____过程中，尚未_____的产品。每个 P1 产品成本由_____原料费 1M 和_____1M 两部分构成。取一个空桶放置一个_____和一个人工费用（灰币）构成一个 P1 产品。

8. 年初 4 项工作是：_____、_____、_____、_____。

二、选择题

1. ERP 沙盘模拟训练课的特点是（　　）。
   - A. 体验实战、看得见，摸不着
   - B. 生动有趣、体验实战、团队合作
   - C. 生动有趣、想得到，做不到
   - D. 以上三种说法都正确
2. ERP 沙盘模拟训练课程（　　）于一体。
   - A. 融角色扮演、案例分析和专家诊断
   - B. 强调传统手段与现代手段相结合
   - C. 体现了体验式创新教学法的精髓
   - D. 以上三种说法都正确
3. 生产中心在企业运营中担任（　　）。
   - A. 采购管理和库存管理
   - B. 战略规划与市场营销两个重要的角色
   - C. 生产组织的重要角色
   - D. 以上三种说法都正确
4. 学生分组，一般每组为（　　）人。
   - A. 6～8
   - B. 5～7
   - C. 4～6
   - D. 3～5
5. 小厂房的买价和售价分别为（　　）。
   - A. 20M、30M
   - B. 30M、40M
   - C. 40M、40M
   - D. 30M、30M

三、简答题

1. 请简述 ERP 沙盘课程。
2. 请简述 ERP 教学内容创新。
3. 请简述 ERP 教学手段创新。
4. 请简述 ERP 教学组织形式创新。
5. 请简述市场开发规则。
6. 请简述产品规划与生产时应注意的问题。
7. 请简述产品研发投资时应注意的问题。
8. 请简述 ISO 论证时应注意的问题。

参 考 文 献

[1] 周玉清，刘伯莹，周强等. ERP 原理与应用简明教程. 北京：清华华大学出版社，2016.

[2] 庄小兰. ERP 原理与应用实训教程. 福建：厦门大学出版社，2016.

[3] 罗鸿. ERP 原理·设计·实施·4 版. 北京：电子工业出版社，2016.

[4] 牛永芹，赵德良，曹方林. ERP 供应链管理系统实训教程·2 版. 北京：高等教育出版社，2016.

[5] 张前. ERP 沙盘模拟原理与实训. 北京：清华大学出版社，2013.

[6] 欧阳文霞. ERP 原理与应用·2 版. 北京：人民邮电出版社，2016.

[7] 黄传禄. 用友 ERP 财务管理从入门到精通. 北京：人民邮电出版社，2015.

[8] 程控，革扬. MRPII/ERP 原理与应用·3 版. 北京：清华大学出版社，2012.

[9] 张琳，李静宜，贺永强. ERP 供应链管理实务. 北京：清华大学出版社，2011.

[10] 台湾中大管理学院 ERP 中心. 企业资源计划基础教程. 北京：中国铁道出版社，2003.

[11] 郑克明，何宁. 企业资源计划：理论·实践. 北京：科学出版社，2004.

[12] 杨建华. ERP 原理与应用. 北京：电子工业出版社，2011.

[13] 李健. 企业资源计划（ERP）及其应用. 北京：电子工业出版社，2004.

[14] 汪国章. ERP 原理实施与案例. 北京：电子工业出版社，2003.

[15] 陈庄，杨立星，刘永梅等. ERP 原理与应用教程. 北京：电子工业出版社，2003.

[16] 罗鸿. ERP 实施全程指南. 北京：电子工业出版社，2003.

[17] 王新玲，柯明，耿锡润. ERP 沙盘模拟学习指导书. 北京：电子工业出版社，2006.

[18] 唐东平. ERP 原理与应用. 广州：华南理工大学出版社，2012.

[19] 刘金安. ERP 原理与应用教程. 北京：清华大学出版社，2013.

[20] 李震. ERP 原理、应用与实践. 北京：清华大学出版社，2012.

[21] 修桂华，李玉梅. ERP 原理与实践. 北京：清华大学出版社，2013.